科技创新创业政策环境研究

杜跃平　王林雪　段利民　著

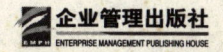

企业管理出版社

图书在版编目（CIP）数据

科技创新创业政策环境研究/杜跃平，王林雪，段利民著. — 北京：企业管理出版社，2016.6
ISBN 978-7-5164-1284-8

Ⅰ.①科… Ⅱ.①杜…②王…③段… Ⅲ.①企业创新—创新管理—研究 Ⅳ.①F270

中国版本图书馆CIP数据核字(2016)第123362号

书　　名：科技创新创业政策环境研究
作　　者：杜跃平　王林雪　段利民
责任编辑：申先菊
书　　号：ISBN 978-7-5164-1284-8
出版发行：企业管理出版社
地　　址：北京市海淀区紫竹院南路17号　邮编：100048
网　　址：http://www.emph.com
电　　话：总编室（010）68701719　发行部（010）68701073
　　　　　编辑部（010）68456991
电子信箱：emph003@sina.cn
印　　刷：北京大运河印刷有限责任公司
经　　销：新华书店
规　　格：185毫米×260毫米　16开本　23.75印张　445千字
版　　次：2016年6月第1版　2016年6月第1次印刷
定　　价：69.00元

版权所有　翻印必究·印装有误　负责调换

以良好的政策环境促进创新创业的持续活跃

创新创业是市场经济国家经济发展的永恒动力。我国作为新兴经济体和转轨国家，20世纪80年代中后期以来，创新创业逐步成为经济发展的重要动力。2010年后，逐步将"创新驱动发展"作为经济发展的国家战略。2014年，中央政府又提出了"大众创业、万众创新"的重要方针。这表明，创新创业已成为"国家议程"。在此背景下，西安电子科技大学创新创业管理研究所杜跃平、王林雪、段利民等朋友所著的《科技创新创业政策环境研究》的出版，无疑是恰逢其时。

就内容而言，本书有以下特点：

（一）聚焦于科技创新创业，系统梳理了我国科技创新创业相关政策实践；深入分析了陕西省的科技创新创业政策环境；鉴于现阶段大学生科技创新创业的特殊性，专门分析了在陕西大学生科技创新创业的相关情况。

（二）在对"创新创业环境"概念进行合理界定和解构的基础上，分析了"市场失灵"背景下"政府干预"的合理性，解读了政府引导并支持科技创新创业的政策构成与促进机理。在提出创新创业政策的"知晓度"与"满意度"等评价指标的基础上，阐述了创新创业政府公共服务质量评价的相关思路，提出了创新创业政策环境评价的相关框架、要素、方法和指标。

（三）系统梳理典型国家（美国、印度、新加坡、日本、韩国）的科技创新创业政策环境，以此为借鉴，全面梳理、分析了我国科技创新创业政策环境演变的阶段性进程和特点，以及现阶段存在的主要问题，并就进一步完善我国科技创新创业政策环境构建提出了相关建议。

（四）在进行国家层面创新创业政策环境分析的基础上，分析了陕西省科技创新创业的政策环境，分析了陕西省西安市、咸阳市、宝鸡市的科技创新创业的政策环境情况，特别是分析评价了这些城市创新创业政策的"知晓度"和"满意度"，揭示了影响政策满意度的相关因素。

（五）以陕西高校为背景，在大样本调查基础上，分析了在校大学生的创业态度和创业倾向，分析了背景差异对在校大学生创业态度和创业倾向的差异的影响，特别是其中采用了规范的相关性分析和层次回归分析方法，从而使得相关分析结果更为可信。

就价值而言，本书有以下特点：

（一）近年来我国经济出现了诸多新的现象，其中，创新创业的持续活跃已成为社会各界共识的新常态。要使这类新常态有效地贡献于我国的经济转型，促进全要素生产率的持续提高，促进经济增长质量的持续提升，政策的阶段性创新是必须的。同时，本书相关分析结论对于各级政府进一步调整并优化相关政策，会有一定程度上的借鉴价值。

（二）目前不少政策研究机构和创新创业研究机构都在关注我国创新创业政策的有效性，就此开展了不少研究。本书相关分析内容所采用的研究逻辑、分析框架和分析方法，对于政策研究者和创新创业研究者会有一定程度的借鉴价值。相信通过相关同行的持续努力，我国创新创业及其政策的研究水平必会持续提高。

（三）我国创新创业相关政策的持续完善，需要社会各界的共同努力。本书取材于作者团队承担的2014年度陕西省软科学研究重大项目《科技创新创业政策环境研究》的课题报告，体现了作者扎实、系统的研究工作。相信本书相关内容对于关心创新创业及其政策的大多数读者，都会有一定启发。

期待本书出版之后能有多方面的积极作用和良好效果，期待更多同行和朋友共同来推动我国创新创业相关政策的持续创新和完善。

雷家骕

清华大学经管学院教授、博士生导师

教育部高校创业教育指导委员会委员

2016年5月20日

目 录
Contents

上篇 科技创新创业理论与我国的实践

第一章 绪论 ············ 3
1.1 研究背景和研究意义 ············ 3
1.2 研究内容和研究方法 ············ 8
1.3 研究思路和技术路线 ············ 11

第二章 国内外相关研究综述 ············ 13
2.1 关于创业与创业型经济的研究 ············ 13
2.2 关于创新创业环境构成和作用机制的研究 ············ 21
2.3 关于创新创业政策环境构成及作用机制研究 ············ 29
2.4 关于创新创业政策环境评估方法的研究 ············ 36
2.5 关于大学生创业的研究 ············ 40

第三章 科技创新创业政策环境理论及评价方法 ············ 48
3.1 创新、科技创新和创业概念 ············ 48
3.2 创新创业政策环境的理论分析 ············ 57
3.3 创新创业政策的知晓度与满意度 ············ 69

  3.4 创新创业的公共服务质量评价 ··· 73

  3.5 创新创业政策环境评价 ··· 75

第四章 典型国家科技创新创业政策环境比较 ································· 87

  4.1 创新创业型经济兴起与发展 ·· 87

  4.2 财税政策比较 ·· 90

  4.3 金融政策比较 ·· 97

  4.4 人员政策比较 ·· 103

  4.5 其他政策比较 ·· 113

  4.6 比较结论 ·· 119

第五章 我国科技创新创业发展及政策演变 ····································· 122

  5.1 我国科技创新创业的兴起与发展 ··· 122

  5.2 我国科技创新创业政策环境演变 ··· 136

  5.3 我国科技创新创业政策存在的主要问题 ································ 156

  5.4 完善我国科技创新创业政策环境的思考和建议 ···················· 163

中篇　陕西省科技创新创业政策环境研究

第六章 陕西省科技创新创业的兴起和发展 ····································· 175

  6.1 陕西省科技创新创业的兴起 ·· 175

  6.2 陕西省科技创新创业的加快发展 ··· 178

  6.3 陕西省科技创新创业的爆发式发展 ······································· 186

第七章 陕西省科技创新创业政策满意度研究的理论假设与回归分析 ··· 191

  7.1 研究假设 ·· 191

  7.2 问卷设计与样本特征 ··· 194

  7.3 信效度检验分析 ··· 198

7.4 回归分析 ………………………………………………………………… 223

7.5 分析结论 ………………………………………………………………… 226

第八章 陕西省科技创新创业政策满意度总体评价 ……………………… 227

8.1 陕西省科技创业者政策满意度评价 …………………………………… 227

8.2 西安市科技创业者政策满意度评价 …………………………………… 235

8.3 咸阳市科技创业者政策满意度评价 …………………………………… 238

8.4 宝鸡市科技创业者政策满意度评价 …………………………………… 241

8.5 评价结论 ………………………………………………………………… 244

第九章 陕西省科技创新创业政策满意度关键因素识别 ………………… 245

9.1 影响陕西省满意度的关键因素识别与分析 …………………………… 245

9.2 咸阳市政策满意度关键影响因素识别与分析 ………………………… 255

9.3 宝鸡市政策满意度关键影响因素识别与分析 ………………………… 263

9.4 研究结论 ………………………………………………………………… 267

下篇 陕西省大学生创新创业研究

第十章 大学生创业环境认知对创业意向影响理论模型与研究设计 …… 271

10.1 大学生创业环境认知概念与理论 ……………………………………… 271

10.2 研究假设 ………………………………………………………………… 274

10.3 数据来源 ………………………………………………………………… 277

第十一章 大学生创业环境认知对创业意向影响实证分析 ……………… 281

11.1 调查对象描述性统计 …………………………………………………… 281

11.2 问卷的信度和效度检验 ………………………………………………… 282

11.3 大学生对创业环境的认知情况分析 …………………………………… 290

11.4 大学生的创业态度和创业倾向的调查分析 …………………………… 297

  11.5 相关与回归分析 ………………………………………… 303

  11.6 分析结论 ………………………………………………… 309

第十二章 陕西省科技创新创业政策环境的研究结论与政策建议 ……… 311

  12.1 陕西省科技创新创业政策环境的研究结论 …………… 311

  12.2 完善科技创新创业公共服务和政策环境的建议 ……… 314

  12.3 完善大学生科技创新创业政策环境的建议 …………… 321

附录 A 企业关于有关政策评价的调查问卷（Ⅰ）……………… 329

附录 B 企业关于有关政策评价的调查问卷（Ⅱ）……………… 337

附录 C 大学生创新创业调查问卷 ………………………………… 346

参考文献 ……………………………………………………………… 351

后　　记 ……………………………………………………………… 369

上篇

科技创新创业理论与我国的实践

第一章 绪论

科技创新创业经济是经济增长和发展的重要引擎，世界各国正在前所未有地重视推动科技创新创业的发展。我国改革开放以来，科技创新创业在曲折中前行，特别是党的十八大以来，随着全面深化改革和创新驱动战略的实施，大众创业、万众创新蓬勃发展。研究我国科技创新创业的政策环境存在的问题以及进一步完善的方向具有重要的理论和现实意义。本章阐述了研究的提出背景和研究意义、研究内容和研究方法，以及研究的思路和研究的技术路线，为整体研究目标的实现提供支持。

1.1 研究背景和研究意义

1.1.1 研究背景

1. 创新创业型经济是现代经济增长的重要引擎

伴随着经济的高速发展以及信息科技的不断突破，彼德·德鲁克、约翰·奈斯比特、戴维·西尔弗等国外学者纷纷提出"创业经济"的概念，国内外研究者不断深入研究，取得了研究创业型经济的丰富的理论成果，为创业者以及国家创业型经济的发展提供了科学的理论支撑以及创新思维引导。许多学者认为，创业型经济对于区域乃至国家经济发展具有四大作用：一是引领产业发展方向，二是推动社会技术进步，三是创造新的就业机会，四是活跃经济生活。美国的硅谷、日本的筑波科学城、印度的班加罗尔软件技术园区以及我国高新技术产业开发园区在创新创业道路上的不断探索与实践，都取得了令人瞩目的成效，印证了创新以及创业在一国或一地区经济发展与产业升级全过程中不可磨灭的"加速器"作用，不断丰富了创新创业领域的理论研究与科学实践。显然，创新创业型经济已经是推动社会经济增长、产业结构优化、市场经济体制完善、经济质量效益提升以及创新创业文化形成的重要引擎。

2. 发展创新创业型经济是实现创新驱动发展战略的关键

创新创业型经济是那些以高水平、高质量的科技创新成果为基础的创业活动，在此过程中会不断创造出新产品、新企业、新经济部门和新兴产业的经济活动。创新促成创业，创业带动区域经济发展，经济发展进一步推动创新创业兴业，从而形成良性循环。研究者认为，我国构建创新创业型经济体系，一是有利于经济的持续增长。长期以来，我国经济增长主要靠大量投资支撑，很容易造成需求不足和产能过剩。我国经济要保持经济中高速增长，也必须着力营造鼓励创新创业的环境。二是有利于调整产业结构。创新创业型经济有利于我国高新技术产业和战略性新兴产业的培育和发展，加快产业结构高度化。三是有利于解决我国日益严重的就业问题。知识创新、技术创新所带来的丰厚利润刺激个人创业者层出不穷，小企业的灵活性、开发性、创新性及吸引最优秀人才的优势，为社会增加无数的就业机会。

我国各类高新技术开发区的经济高速度成长则是创新创业推动经济发展的有力见证。园区中企业可以获取区别于园区外的各种网络资源：隐性知识、网络渠道、企业间信任和集群品牌。通过获取、吸收、同化、整合这些知识和资源，园区内企业可以更有效地组织实现知识创新、技术创新、产业创新、商业模式创新、经营管理创新、产品创新、生产工艺方法创新，从而提高技术成果转化率；同时，园区中企业可以通过网络中的各种关系渠道开发市场，拓展潜在消费圈，更好更快地将新产品、新工艺推向市场，扩大市场份额。此外，园区的良好发展能够不断地为社会提供丰富的岗位空缺和工作机会，减少失业、待业数量，解决社会的就业难题。1965年—1985年，美国的工作岗位量在原有的基础上增加了50%，其中半数以上都是由新生企业和中小型企业创造的。除增加就业外，创新创业对当地乃至国家的经济增长与发展起到了积极作用。我国科技部火炬中心的数据表明，1991年—2011年，国家高新技术开发区的营业总收入增至131,595亿元，净利润增至7,672亿元；工业总产值增至104,931亿元，工业增加值增至27,432亿元，占到同期全国第二产业增加值的12.4%；每年上缴的税费增至6,613亿元；出口创汇增至3,000亿美元，占到同期全国外贸出口总额的15.8%。显然，国家高新区已经是我国经济发展浪潮中最具活力的增长点，也是带动整个社会经济发展的中流砥柱，更是我国科技创新创业的急先锋。

我国经济社会发展进入了新常态，面临经济下行、结构升级、动力转换、扩大就业的巨大压力，我国正在大力实施创新驱动发展战略。大力促进和活跃科技创新创业具有战略价值。一是可以培育和催生经济社会发展新动力。经济发展进入新常态，需要从要素驱动、投资驱动转向创新驱动。推进科技创新创业的活跃可以推动结构性改革、体制机制创新，消除不利于创业创新发展的各种制度束缚和桎梏，支持各类市场主体不断开办新企业、开发新产品、开拓新市场，培育新兴产业，形成小企业"铺天盖地"、大企业"顶天立地"的发展格局，实现创新驱动发展，打造新引擎、形成新动力。二是扩大就业、实现富民之道的根本举措。我国有13亿多人口、9亿多劳动力，每年高校毕业生、农村转移劳动力、城镇困难人员、退役军人数量较大，人力资源转化为人力资本的潜力巨大，但就业总量压力较大，结构性矛盾凸显。推进大众创业、万众创新，大力培育发展科技创新创业，可以推动转变政府职能、建设服务型政府，营造公平竞争的创业环境，使有梦想、有意愿、有能力的科技人员、高校毕业生、农民工、退役军人、失业人员等各类市场创业主体"如鱼得水"，通过创业增加收入，让更多的人富起来，促进收入分配结构调整，实现创新支持创业、创业带动就业的良性互动发展。三是激发全社会创新潜能和创业活力的有效途径。目前，我国创业创新理念还没有深入人心，创业教育培训体系还不健全，善于创造、勇于创业的能力不足，鼓励创新、宽容失败的良好环境尚未形成。大力培育发展科技创新创业，可以加强全社会以创新为核心的创业教育，弘扬"敢为人先、追求创新、百折不挠"的创业精神，厚植创新文化，不断增强创业创新意识，使创业创新成为全社会共同的价值追求和行为习惯。

3. 加快陕西经济发展需要更加完善的创新创业政策环境

"十二五"以来，陕西省经济社会发展面临各种严峻挑战和压力，大力追赶超越，综合实力大幅跃升，生产总值年均增长11.1%，总量列全国第15位，财政收入翻一番，站在了新的历史起点上，实现了由欠发达省份向中等发达省份的历史性跨越。

陕西省有着厚实的科学技术资源和强大的科研实力，近年来，随着科技体制、经济体制改革的不断突破和深化，创新潜能得到有效释放，相继被国家列为创新型省份、全面创新改革试验区和自主创新示范区，五年获国家科学技术奖163项，主导制定国际标准17项，2015年技术交易额721.7亿元、专利授权量3.34万件，分别是五年前的7倍和2.9倍，技术进步对经济增长的贡献率达到55%。目前，陕西省共有科技型中小企业2万多家，其中经认定的民营科技企业13,125家，从业人员44万人，科技人员23万人，技工贸总收入突破2000亿元；年收入过百万元的企业2000多家，其中过千万元的500多家，过亿元的65家；先后创出中国名牌产品6个、中国驰名商标2个、陕西省名牌产品205个、国家免检产品58个、全国创名牌重点企业43个。民营科技企业在高新技术企业中占比90%。科技创新型企业在经济增长、结构调整、社会发展中发挥着越来越重要的作用。

我国经济发展进入了新常态，陕西省面临着保持经济中高速增长和产业结构升级的严峻挑战：经济的不确定性、不稳定性较大，尤其是国际能源价格持续下滑，致使经济下行压力还在加大；受资源环境约束和市场波动双重影响，产业结构的深层次矛盾更加显现，增长动力不足问题十分突出；实现速度换挡、结构调整、动力转换面临着新的巨大挑战。陕西省在科技创新创业方面面临诸多的体制和政策问题，主要条块分割等多方因素表现在：各类高等学府、研究机构、科研院所以及企业等所拥有的科技资源相对分散、分离甚至分隔，使得其在科技资源方面的优势未能充分地转化为其自身乃至社会经济发展过程中的主要优势。具体表现为：企业在技术创新方面缺乏强大动力，科技创新创业有待进一步激活，科技创新创业政策需要进一步完善，军民科技融合渠道与路径不顺畅，科技成果不能被及时且高效地就地转化，科技资源在开放与共享方面处于低水平状态，科技体制方面的改革需要得到进一步深化与落实，科学技术人才需要进一步增强创新创业活力，在科学技术方面的创新投入需要得到扩大与增强，等等。

陕西省"十三五"的主要发展目标是，在提高质量与效益基础上，经济增长高于全国平均水平。2020年，生产总值达到3万亿元、人均超过1万美元，城乡居民收入赶超全国平均水平，现行标准下农村贫困人口全部脱贫，基本公共服务实现均等化，人民生活水平和质量进一步提高，同步够格全面建成小康社会，"三个陕西"建设迈上更高水平。

加快陕西发展目标的重大机遇之一在于：科技、人才优势凸显和不断增长的标准、专利、技术交易成果，为创新驱动发展奠定了坚实基础。为了激活陕西省在科技创新创业方面的动力与能力，发挥创新创业经济在推动经济增长迈向中高速、产业结构迈向中高端、实现充分就业中的巨大潜力，近年来陕西省出台了一系列促进科技创新创业的政策措施，发挥了积极的推动作用，但是效果仍然不够理想，与陕西省的科技创新创业潜力和实力相比仍然具有比较大的差距，与新常态下陕西省经济快速发展的强大需求相比，仍然不协调、不平衡。因此，通过深入地调查研究，评估已经出台的体制机制改革措施和扶持支持政策的效应，突破体制机制和政策障碍、解决深层次矛盾，不断释放改革红利和政策扶持鼓励，进一步推进科技创新创业活力具有重要的战略意义。

1.1.2 研究意义

1. 理论意义

国内外文献中关于科技创新创业政策满意度评价研究仍然不足，特别是几乎没有将政策知晓度、政策满意度、政府公共服务、企业创业绩效结合在一起进行专门研究的，现有的一些研究主要是研究评价某个方面的政策满意度，少有全面研究科技创新创业政策体系满意度的。现有政策满意度研究多集中在医疗政策、农业政策方面。因而，以科技创新创业政策系统（包括财税政策、金融政策、商事活动政策、人才政策、留学人员政策）为视角，研究创业者政策满意度与政策知晓度、政府公共服务（包括公共服务程序、公共服务态度、服务人员素质）质量的相互关系及影响因素，可以弥补相关理论研究的空白，为科技创新创业政策的相关研究者和制定者提供理论研究参考。

2. 现实意义

通过调查分析和实证研究，可以在大量真实数据信息的基础上，揭示政策满意度、政策知晓度、公共服务（公共服务程序、公共服务态度、服务人员素质）质量、创业绩效间的关键影响因素及作用机理，可以为陕西省西安市、宝鸡市、咸阳市等重点创新创业集聚区的政策制定者和执行者提供具有针对性的对策建议，不断完善科技创新创业政策环境、激活科技创业活力，促进大众创业、万众创新的发展。

（1）有助于不断提高相关政策措施的科学性和适应性。选择具有典型区域的科技创新创业者进行调查，获得真实信息化数据，经过科学分析、比较和评价，探索发现创业者对于科技创业体制机制和政策诉求，了解现有政策与实际需求方面存在的差距、问题，客观评价陕西省科技创业的活跃度、相关政策体系和政策工具的科学性、实际执行的效应性及政策执行力度和效果，有助于将科技创业者对相关政策的现实诉求传递给政府有关决策部门和职能执行机构，使得政策的后续调整或出台新政策更具方向性和对接性，增强科技创新创业政策的科学性和实用性。

（2）有助于真实了解大学生的创业认知和诉求，进一步完善大学生创业的政策环境。大学生对当前创业环境的认知对其创业有重要的引导作用。创业需要有创业环境的支持，与大学生相关的创业环境，例如创业的社会环境、家庭环境、大学环境、政策环境等等都在深刻影响着其创业态度、创业倾向和创业行为。大学生作为创业的潜在生力军，理解他们对创业成功关键要素和创业政策环境的认知，将有助于了解大学生创业面临的问题、急需的创业支持和创业资源，既有助于分析研究当前大学生创业形势的成因，也能够让其他机构（例如政府、学校等）了解当前大学生对创业环境的认知情况，不断为调整优化大学生创业政策环境提供决策参考。

1.2 研究内容和研究方法

1.2.1 研究内容

本书的研究内容为科技创新创业政策环境。所谓的科技创新创业企业，即指基于科技创新成果的研究开发、转化和应用而创立发展的科技型企业。单纯的商业经营性企业除外。政策环境是指各级政府激励创业的政策体系及实施规定，一般不包括科技创新本身的相关政策措施，主要有企业创立政策、商事活动政策、财政支持政策、税费政策、金融政策、市场交易政策、教育培训政策、公共服务政策、文化和社会政策以及相关政策的执行、落实和实施效率情况等。

本书在综合运用经济学、管理学、创新管理学、公共政策与管理学、应用统计学等多学科相关理论和方法基础上，借鉴国内外相关研究文献成果，构建了研究的逻辑结构和内容体系。主要包括三方面的研究内容：

（1）全面系统地阐述了科技创新创业政策环境的相关理论和评价方法；总结梳理了改革开放以来我国科技创新创业的兴起发展和政策环境演变过程，分析了科技创新创业及政策环境存在的主要问题，提出进一步完善优化科技创新创业政策环境的对策建议。

（2）总结梳理了改革开放以来陕西省科技创新创业和相关政策环境的演变过程；依据有关科技创业、政策知晓度、政策满意度、政府公共服务、企业创业绩效方面的相关理论，构建了有关政策知晓度、政策满意度、公共服务（包括公共服务程序、公共服务态度、服务人员素质）质量、企业创业绩效的假设模型；通过对陕西省西安市、咸阳市、宝鸡市 300 余家科技创新型中小企业的问卷调查和访谈获取的数据和信息的研究分析，对概念模型进行实证分析和验证；运用模糊综合评价法，分别测量了创业者对陕西省西安市、咸阳市、宝鸡市科技创业政策环境的总体满意水平，以及科技型企业对相关的财税政策、金融政策、商事活动政策、人才政策、留学人员政策的满意程度，提出了进一步完善优化科技创新创业政策环境、扶持鼓励科技创新创业提的对策建议。还通过构建四分象限图模型以及分析相关作答数据，深度剖析了影响科技创新创业政策满意度的关键要素，并针对存在的问题提出了不同城市进一步完善政策环境的对策措施。

（3）对西安地区的若干公办理工科大学、综合性大学和民办大学的 400 多位大学生开展了关于大学生创业认知、创业倾向和创业政策环境满意度的问卷调查，在获取的数据和信息的基础上，应用相关理论和方法分析研究了当前大学生对创业环境的认知、对创业态度和创业倾向的影响及对创业政策环境满意度评价。基于实证分析得出，大学生的背景差异导致大学生对创业环境认知及其创业态度、创业倾向产生明显的差异；越有机会接触创业环境的大学生对创业环境的满意度越低，大学生对创业的社会环境、高校环境和政策环境的认知和满意度差异会影响大学生的创业态度和创业倾向，只是影响程度有所差异；针对发现的关键因素和问题，提出了创新大学生创业引导和教育、优化创业环境、完善创业政策的对策建议。

1.2.2 研究方法

1. 文献研究方法

广泛阅读了已有的国内外相关研究成果并加以消化、吸收、借鉴，认真研究整理总结了有关经济学、管理学、创业管理理论、创新管理理论、公共政策与管理理论、认知理论以及政策知晓度、政策满意度评价的理论和方法工具，研读了众多有关政策以及科技创业政策满意度评价模型和指标体系构建的相关文献。

2. 比较研究方法

科技创新创业型经济的快速兴起和蓬勃发展是国内外经济发展的共同趋势，国际上许多国家和地区的政府为了扶持鼓励创新创业经济的发展，制定和实施了丰富的政策措施。发达国家扶持鼓励创新创业经济发展和企业成长的做法和经验，具有重要的借鉴价值。因此，在研究中比较分析了美国、印度、新加坡、韩国和日本政府创新创业方面的政策，比较分析了他们的共同点和差异，提出了可供借鉴的价值所在。

（3）调查研究方法

根据调查研究的理论方法以及研究对象、研究目的和研究内容，设计了针对企业科技创新创业企业的创业者、高层经营管理者和大学生的调查问卷，采用整群抽样的方法选取了西安市、宝鸡市、咸阳市高新技术开发区内300余家科技创新型中小企业和若干所高等院校400余名大学生作为调查抽样对象，通过委托相关政府部门组织协助进行问卷数据采集、集中企业负责人现场采集问卷数据、深入企业现场采集问卷数据、集中企业负责人开展焦点小组访谈和单独走访企业负责人等多渠道、多方式的数据采集，以及深入大学生班级面对面现场数据采集和网络调查问卷采集数据，力求调查数据信息的科学性、全面性、丰富性和真实性。

4. 实证研究方法

本研究通过问卷调查方法收集了大量系统数据，以这些数据为应用统计学方法进行定量分析是本书的一大研究特色和亮点。其方法主要包括：

（1）方差分析方法。该方法主要用于大学生创业环境认知差异中，分析大学生个体特征如性别、是否独生子女、背景差异等是否对创业环境认知具有显著影响。另外，在大学生创业态度和创业倾向影响因素的分析中也同样采用了方差分析方法，以检验性别等个体特征的影响。

（2）回归分析方法。本研究主要在两个地方使用到了回归分析方法：一是关于创新创业政策环境满意度的回归分析。以政策满意度作为因变量，以创业者创业年龄、性别、教育背景、企业目前的员工数量、企业登记类型、企业成立年数六个特征变量为控制变量，以政策知晓度、公共服务程序、公共服务态度和服务人员素质为解释变量，并将政策知晓度与政府公共服务的三个方面的乘积交互项作为自变量，从而检验各因素对政策满意度的影响程度及其显著性。二是大学生创业态度和创业倾向影响因素的回归分析。分别以创业态度和创业倾向为因变量，以性别、攻读学位、年级、专业、成绩排名、参加创业竞赛的次数、参加创业竞赛的级别、竞赛获奖次数、竞赛获奖级别、参加创业活动级别、成长环境、父亲工作类型、父亲文化程度、母亲工作类型、母亲文化程度作为控制变量引入方程，逐步将创业的社会环境认知、创业的高校环境认知、政策社会效应评价、创业政策满意度、政府服务工作评价、创业成功关键要素认知作为自变量引入回归模型，检验以上因素对创业态度和创业倾的影响及其显著性。

（3）模糊综合评价方法。该方法主要用于陕西省尤其是主要城市西安市、咸阳市、宝鸡市的创业者对创新创业政策的总体满意度水平测量。测量过程中目标层为陕西省科技创业政策满意度；一级指标层，分别为财税政策满意度、金融政策满意度、商事活动政策满意度、人才政策满意度和留学人员政策满意度，二级指标层总共包括99个指标。依次确定评价因子集、评语集合权重集，最终将调查所得数据经过计算之后得到了各评价对象的评价结果。

1.3 研究思路和技术路线

1.3.1 研究思路

课题的研究按照下面的思路进行：

（1）文献阅读。通过阅读大量国内外的相关文献资料成果，了解和把握了有关科技创新创业及政策评价的理论和方法，明确了研究的典型、研究思路、研究内容和研究目标。

（2）理论探讨。应用相关理论和方法，研究科技创新创业的理论方法基础和效应评价工具，比较研究国外典型国家科技创新创业政策并以此为借鉴，梳理我国和陕西省科技创新创业活动和政策环境的演变过程，探讨存在的主要问题和完善的对策建议。

（3）实证研究。探索科技创新创业者的主要影响因素及相互关系，构建理论模型、研究假设、假设验证、数据采集，应用相关实证研究方法工具进行分析和结果讨论。

（4）结论对策。在所有研究的基础上，提出陕西省尤其是西安、宝鸡、咸阳三市进一步改善科技创新创业政策环境的对策建议。

1.3.2 研究的技术路线

关于我国科技创新创业政策的研究，其技术路线如图1-1所示。

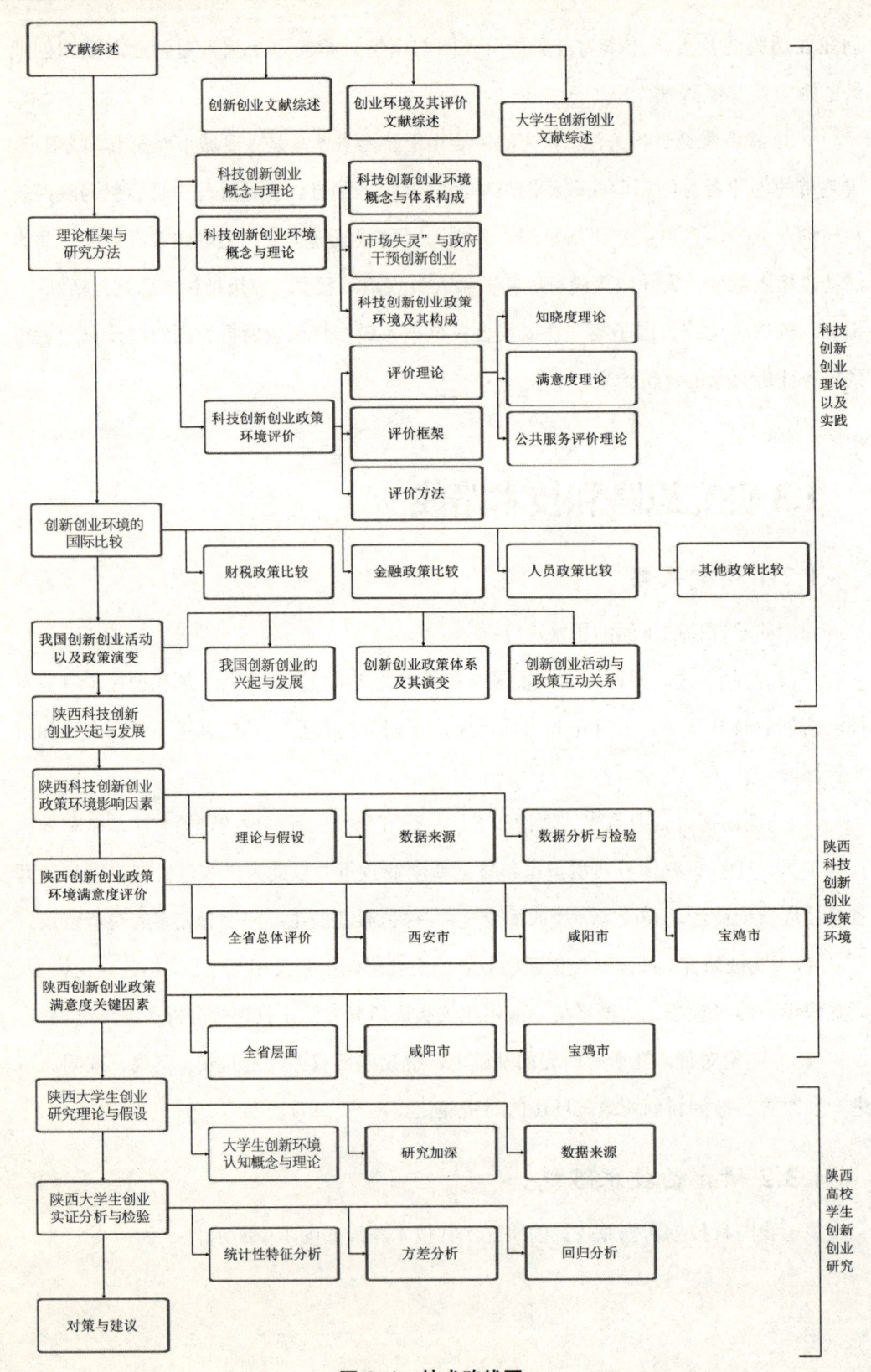

图 1-1 技术路线图

第二章 国内外相关研究综述

本章的目的是对国内外同类研究文献进行回顾和梳理。主要对国内外创新与创业、创新创业环境、创新创业政策环境、政策环境评价以及大学生创业等与本书研究范围相关的领域内的现有研究成果进行了综述,使得本研究能够与国内外前沿理论看齐,并在此基础上力争有所创新。

2.1 关于创业与创业型经济的研究

创业型企业在现代经济中发挥越来越重要的作用,美国著名管理学家彼得·德鲁克认为,创业型企业是美国经济发展的主要动力之一,是美国就业政策成功的核心,鼓励创业是带动经济增长和就业增长的主要措施。

2.1.1 关于创业内涵的研究

熊彼特曾指出,"创业包括创新和未曾尝试过的技术"。虽然"创业"和"创新"是两个不同的概念,但是两个范畴之间存在着本质上的契合、内涵上的相互包容和实践过程中的互动发展。国外学者对于创业的研究视角不同,理解的范畴也会不同,侧重点决定了研究学者对于创业的本质理解。国外代表性学者对于创业的定义,如表2-1所示。

表2-1　　　　　　　　　　　创业的定义

研究视角	作者	定义/解释
识别机会的能力	奈特(1921)	成功地预测未来的能力
	科兹纳(1973)	正确地预测下一个不完全市场和不均衡现象在何处发生的套利行为与能力
	莱本斯坦(1978)	比你的竞争对手更明智、更努力地完成工作的能力

续表

研究视角	作者	定义/解释
识别机会的能力	史蒂文森、罗伯茨和格罗斯柏克（1985）	是洞察机会的能力，而不是已控制的资源驱动了创业
	康纳（1991）	按照资源观点，从根本上说，辨识合适投入的能力属于创业者的远见和直觉。但在目前，这种远见下的创造性行为却还没有成为资源理论发展的重点
创业者个性/心理	比格雷夫（1989）	首创精神、想象力、灵活性、创造性、乐于理性思考和在变化中发现机会的能力
获取机会	史蒂文森、罗伯茨和格罗斯柏克（1994）	根据已控制的资源去获取机会
	沙恩、弗恩卡特雷蒙（2000）	创业就是发现和利用有利可图的机会
	美国全国创业委员会（2003）	不断地变化会产生创造财富的新机会，创业就是经济主体利用这些新机会的方式
创建新组织与开展新业务的活动	Schumpeter（1934）	进行新的组合
	科尔（1968）	发起、维持和开展以利润为导向的有目的的业务活动
	维斯珀（1983）	开展独立的新业务
	加特纳（1985）	建立新组织
	管理学会（1987）	创办和管理新业务、小企业和家族企业，创业者特征和创业者的特殊问题
	洛和麦克米伦（1988）	创办新企业
综合	朱仁宏（2004）	创业是指商业行为者在一定的创业环境中如何识别机会并利用机会、动员资源、创建新组织和开展新业务的活动的概念
	莫瑞斯（1998）	通过对欧美地区创业文献的回顾，指出定义中的几个关键词：创建新组织、开创新事业、创造资源的新组合、创新、捕捉机会、承担风险、价值创造等
	库拉科、霍杰茨（1985）	将公司创业或内部创业定义为：以创新为目的，并且得到企业的赞同和资源投入的创业行为，核心在于激发企业内部的创业精神，从而营造出一种创新的氛围。因此，似乎创业已不再仅仅限于创建新组织
创业活动	伦德斯托姆、斯蒂文森	将创业活动归纳为动机（motivation）、技能（skill）、机会（opportunity）三因素。动机通常是指人们意识到创业活动是一种可行的选择，并且有意愿去实践；技能是指选择者具有从事这项活动所需要具备的知识、技巧和能力；机会则是指创业者或潜在创业者可以得到启动一项创业活动所能够获得的支持，例如信息、管理和顾问建议、商业合约、融资支持和鼓励等

续表

研究视角	作者	定义/解释
创业活动阶段	四阶段理论	种子期（seed stage）、启动期（start-up stage）、成长期（expansion stage）、成熟期（mature stage）
	五阶段理论	意识期（awareness）、初生期或启动前时期（nascent or pre-start-up）、启动期、启动后早期（early post-start-up）、维持和扩张期（maintenance and expansion）。也有将其划分为种子期、起步期、成长期、扩张期、成熟期
	六阶段理论	研究开发期、创业期、早期成长期、加速成长期、稳定成长期和成熟期。
	关键要素	创业活动的关键要素有四个：创业者、创业机会、创业资源、创业环境
	创业活动分类	包括：生存型创业和机会型创业（前者是指那些由于没有其他更好的工作选择而从事创业的创业活动；后者是指那些为了追求一个商业机会而从事创业的创业活动；模仿型创业和创新性创业（前者是指那些通过模仿或跟随别人而不进行创新或很少进行创新的创业活动；后者是指那些通过创新、变革或领先抓住具有较高创新性机会的创业活动；个体创业和公司创业（前者是指与原有组织实体不相关的个体或团队进行的创业行为；后者主要是指由已有组织发起的组织创造、更新和创新活动，是组织内部的个体或群体通过与组织联合来创建新的业务机构、推动组织内部战略更新和创新的过程

从表 2-1 创业的定义可以看出，虽然学者对于创业的研究视角不同，但是创业总是和"新"字联系到一起，无论是新机会、新组合、新业务、新组织、新企业乃至新事业。Morris（1998）对欧美 77 个流行的创业定义中，经过整理发现出现频次最高的关键词主要包括：开创新视野、创建新组织，创造资源的新组合、创新，捕捉机会，风险承担，价值创造，等等。德鲁克认为，没有创新的企业创建活动不是创业，也就是说仅仅开张一家"既没有创造出新的令人满意的服务，也没有创造出新的顾客需求"的熟食店就不是创业；而国内学者常忠义（2008）认为，创业是创新的重要内容，是创新的组成部分，创业的能力与活力是技术创新体系在创业过程中所应具备的基本条件和潜力。

2.1.2 关于创业类型的研究

从现有文献看，目前创业的层次和结构类型（见图 2-1），学者们倾向于将现存组织外部的创业活动界定为独立创业（Independent Entrepreneurship）或个体创业（Individual Entrepreneurship），将现存组织内部的创业活动称为公司创业（Corporate

Entrepreneurship）。对于公司创业，又可进一步从不同角度予以描述，如内部创业（InternalCorporateVenturing）、外部创业（ExternalCorporateVenturing）、创新（Innovation）、战略性更新（StrategicRonewal）等。全球创业观察（GEM，Global Entrepreneurship Monitor）根据创业动机的不同将创业分为机会型创业和生存型创业。机会型创业是指遇到具有吸引力的机会而选择创业，生存型创业是指没有其他合适的工作而不得不创业。

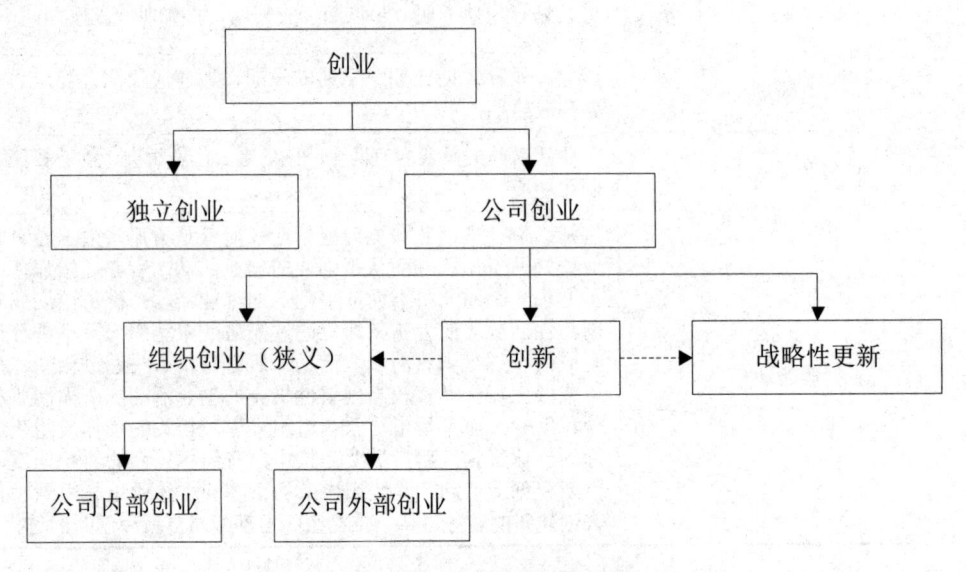

图 2-1 创业的层次和结构

创业可以在现有的组织内部进行（Amit Glosten & Mueller,1993；Casson,1982），这种创业学界称为"内部创业"或"内创业"。"内创业"概念由 Pinchot（1985）提出，1990 年，美国《战略管理月刊》（SMJ）杂志发表关于企业"内创业"的特刊，标志着"内创业"正式成为战略管理研究中的一个新兴的分支。Schollhammer、Burgelman、Nielson、Peters、Stevenson、Zahra 等国外学者对"内创业"定义进行了研究，总体来看，"内创业"具有以下特征：①内创业是现有组织的继续，而不是新单位的创建；②内创业还指公司内部其他的创新活动和意向，如新产品、新技术、新服务和新管理方式的发展以及新战略和新竞争态势的形成等。③内部创业的特征维度有：风险创业、创新、自我变革、行动领先。④内创业的类型有：冒险型、模仿型、复制型、稳定型四大类。

2.1.3 关于创新创业的研究

所谓创新创业，则将创业提高到一个层次，是创业的一种，但以创新为主。熊彼特的创新理论指出，创新来源于创业，创新应该成为评判创业的标准。在熊彼特看来，企业家的职能就是实现创新，引进生产要素的"新组合"，而创业活动则是创造竞争性经济体系的重要力量。肖玲（2012）指出，科技创新创业是美国经济增长和社会进步的主要因素，她以高校作为研究对象，认为高校是美国科技创新的主要基地，高校科技创新是美国经济增长的"发动机"，要把"潜在"转化为现实"存在"就必须把"创新"转变为"创业"。技术创新是科技创业的先决条件，创业是科学知识价值的终极体现，科技成果转化程序是科技创新创业的有效保证。

刘红玉、彭福扬、梁也（2015）研究了经济新常态下的创富新思路，建立了创新创业与创富的互动关系模式图（见图2-2和图2-3）。他们认为，创新创业对创富有积极互动，也有消极互动。积极互动下，创新创业促进创富各要素的积极发展，夯实经济持续发展的基础，从而促使产业共性技术不断提高，产业全面竞争力逐渐增强。消极互动下，是受国家大经济形势影响，由于企业财富减少，国家GDP下降，现金流量和资本存量不足的情况下，企业的各项创新创业活动将会受到阻碍。这说明创新创业与经济形势有很大的关系。

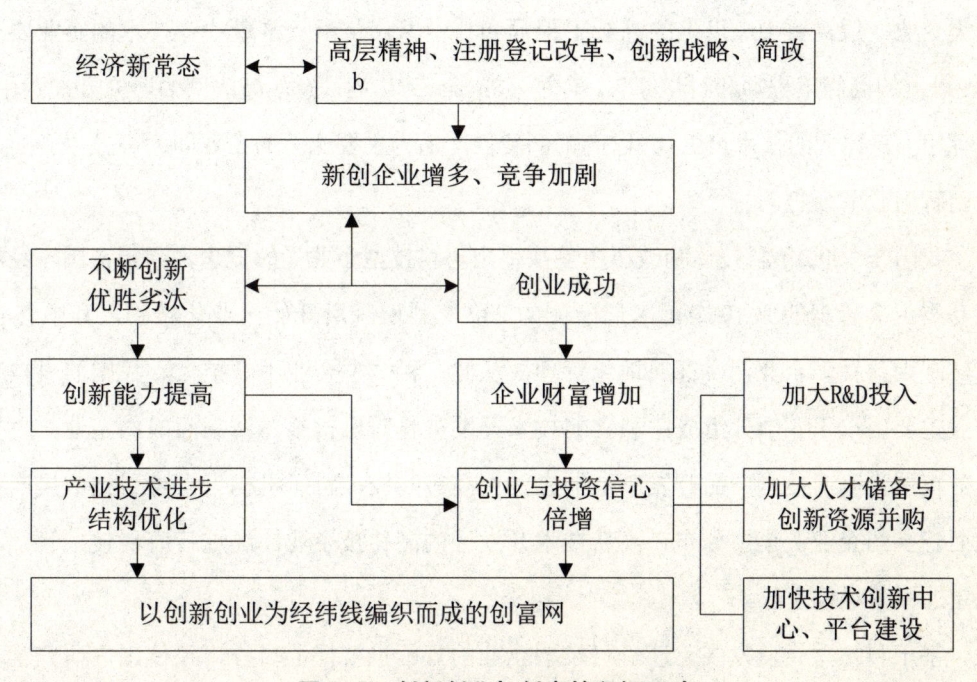

图 2-2 创新创业与创富的积极互动

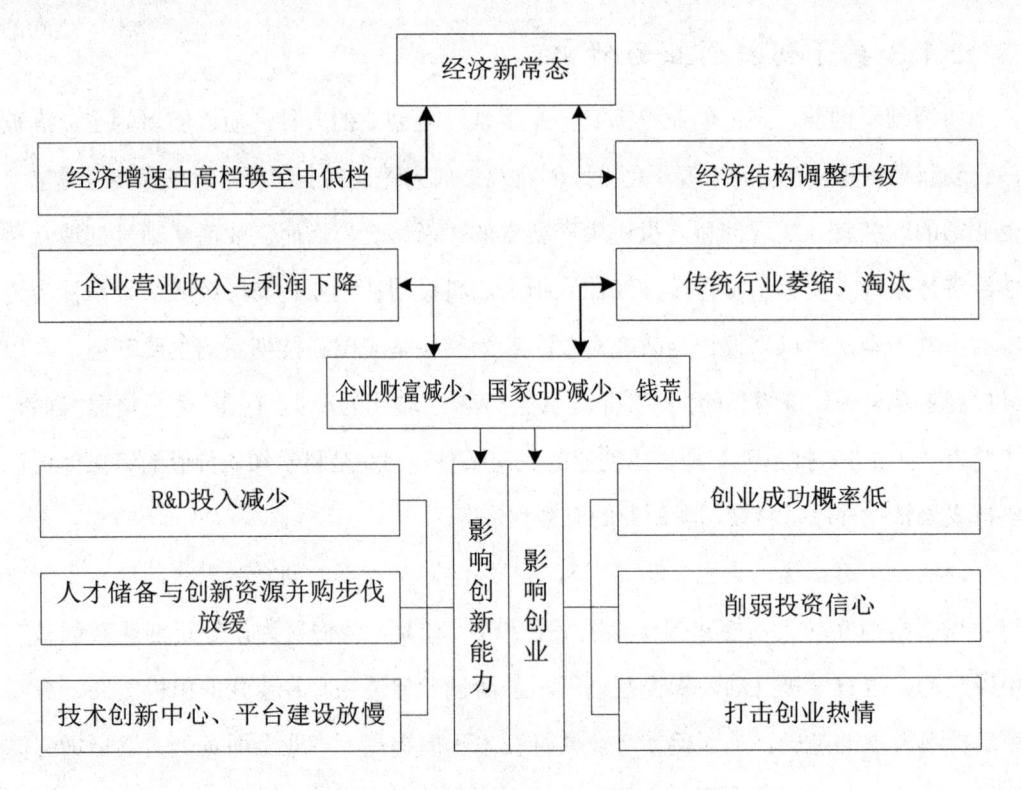

图 2-3 创新创业与创富的消极互动

要理解科技创新创业,首先要理解科技型企业。《科学美国人》杂志对科技型企业的定义是"需要不断进行高水平创新的企业,其市场可能在一夜之间进行变化,这类企业一般需要10%以上的高级工程师和科学家,至于从事最边缘技术的企业要有15%以上的高级工程师和科学家"。舍曼(Sheman)认为,投入高比例的研究开发费用,拥有相当高比例的技术员工,并以产销创新性产品为主要业务的企业即为高技术企业,即创新创业型企业。

我国在1999年科技体制改革中首次提出"科技型企业"的概念,当年,国家经济贸易委员会管理的原10个国家局所属的242家科研院所开始企业化转制,其中有40家转制为科技型企业,实行属地化管理,从此,科技型企业不断扩大。我国的科技型企业主要由以下5部分组成:独立的技术开发类科研机构整体转制而成的企业;主要业务范围为高新技术产品开发制造的企业;高等院校、科研机构为自身科技成果产业化而建立的企业;集中分布在高新技术开发区的高科技企业;经过政府科技主管部门认定的民营科技企业。

基于科技型企业发展迅速,科技型企业的规范也被提上日程,致使国内研究学者将科技型企业的研究推到前列。陆立军、盛世豪（2002）将科技型企业界定为"高技术在企业的价值活动"。王旭、刘玉国（2003）认为，科技型企业是科技人员创办的，主要从事高新技术产品的研制、开发、生产和服务的中小规模企业。王宇（2003）将科技型企业定义为"以创新为发展动力，以高技术含量为产品特征，主要从事高新技术产品的研制、开发、生产和服务业务的企业"。综上所述，所谓科技型企业，是指从事高新技术产品的研发、生产和服务的企业，以创新为主要特征，技术创新在企业发展过程中占据最为重要的地位，具有相当比例科技人员，需投入高额的研究与开发费用，高额附加值；具有高投入、高风险、高增长率并进行高水平创新的企业。

在科技型企业概念基础上，理解科技型创新创业就比较容易了。常忠义（2008）认为，技术创新的实现在很大程度上是通过为数众多的高科技企业，特别是高科技企业的创业活动推动的。所谓科技创新创业，就是以创新为主进行的创业，创办的企业多为科技型企业。

2.1.4 关于创业型经济相关研究

1. 创业型经济的相关概念特征

德鲁克在1985年首次提出了有关创业型经济的概念，明确了创新与创业间的内在经济驱动关系以及创新创业对企业或组织成长的推动作用。此后，众多国内外学者延伸了在创业型经济领域的研究。Stevenson（2002）指出，创业型经济更多地关注市场需求方面的多元化和经济活动方面的灵活性，同时格外强调风险投资以及社会资本网络的相关经济影响等。Audretsch & Thurik（2004）分别从基础支持力量、外部资源与环境、企业管理运营、政府制度政策等不同研究角度出发，分析并明确了有关创业型经济的构成和特点。国内学者刘常勇（1998）研究发现，创业型经济具备对包括高科技在内的知识加以创新、应用的能力，而创业家则致力于鼓励企业积极投身于创新中，创新变革精神与创业精神是推动社会创业、促进那些致力于创业的企业持续发展的"燃料"。景云祥等（2006）指出，创业型经济是以创新为依托的一种全面性创业活动，同时，创业型经济也是一种最终能够调整并改变社会经济增长逻辑和发展轨道的经济创新发展模式。刘昱于2007年指出，创业型经济是创业者在创业精神的不断激发下，依托创业活动，最终将科技成果转化为生产力的一种经济形态。其中，知识是创业型经济发展的关键生产要素资本，创业者则是企业进行创新创业的重要领路人。朱萌博（2009）

认为，创业型经济是一种全新的经济发展模式，它主要利用创新和创业活动间的相互促进与融合而不断创造出新的需求并且提供新的供给，帮助广大的创业者最终实现其自身价值。

2. 创业型经济的作用研究

国内外众多学者研究发现，创业型经济形态已经成为推动社会经济增长、生产结构优化、创新创业效益转化与模式升级的重要引擎。从就业方面而言，Robson & Gallagher（1994）发现，1971年—1981年英国将近1/3的新增就业均由那些拥有20多名工作人员的小企业创造并提供。Baldwin & Picot（1995）同样发现，加拿大地区的新生企业和广大小企业在产业创新的过程中主要将知识作为创新基础，从而向社会输送大量的就业岗位，为员工提供较高的薪资福利。Audretsch（2002）分析了OECD国家数据，结果发现一国的中小企业和创业活动数量与该国的失业率呈现负相关关系。Delgado等（2010）从"区域－产业"的角度研究发现，创新集群对于新企业形成和员工就业具有较高的增长性。众多国内学者（刘仙梅、饶健、吴家曦、李长安和谢远涛等）也纷纷认识到发展中小型企业有助于扩大就业，削弱整个社会的就业瓶颈，解决影响社会就业的根本难题。就创新而言，熊彼特在其创新理论中指出，创业是创新的源头，创新理应成为用于评判和衡量创业的核心标准，创业过程伴随着新产品的产生和新市场的创造。Feldman等（2005）认为，硅谷创新集群中活跃的创业网络创造了大量的新产品和新工艺，保持了强大的创新竞争力，增加了创新区域的经济财富并提供了众多就业机会。国内学者李政（2008）认为，创业型经济是经济创新的支柱，在制度与体制结构、政策构成与战略选择上不断促进经济发展，保持良好的创新效率与效益，同时促进企业的不断创生、成长和发展。就经济增长和发展方式变革而言，Bygrave（1988）指出，美国浓厚的创新创业文化以及活跃的创新创业活动成为美国最显著的战略优势和竞争优势，为美国在经济的持续发展中创造了不可或缺的新的增长点。LarryFarrell（2001）视创业型经济为21世纪全球经济竞争中最为关键的要素之一。Wennekers等（2005）依据OECD中具有高收入水平国家的实际数据，分析了这些国家存在的潜在创业机会与数量，同时也分析了其经济增长的速度与水平，结果认为创业活动与经济的不同发展阶段具有U型关系。Acs等（2005）研究了"机会－生存比率"与一国人均收入之间的相互关系，得出了一国的机会型创业活动的数量与该国的人均收入呈现正向关系。Acs & Szerb（2008）研究了2003年—2006年54国的数据，发现社会创业活动与社会经济增长间普遍呈现出近似于 S 型的显著正向相关关系。方世建等人（2009）分析了创业与经济发展的静态和动态关系，发现其创新驱动作用，通过推动创新发展，从而带动经济增长。张青（2009）从经济学、内生经济增长理论等角度，系统地梳理了有关创业与社会经济发展的关系研究。

2.2 关于创新创业环境构成和作用机制的研究

2.2.1 创新创业环境构成的研究

随着创业的经济贡献不断增长和扩大，各国纷纷意识到政府及其他组织在推动创新创业发展中的重要作用。Ebner（2006）在熊彼特理论的基础上研究分析了政府在扶持创业活动方面的积极作用。Toivanen（2008）通过研究芬兰的创业活动状况，分析了政府支持机构在创业活动发展上的影响与作用。Colwell & Narayanan（2010）研究认为，发达国家与发展中国家应采取不同的政府支持政策。李剑力（2010）指出，创业者、创业活动、创业机会、创业资源、创业环境、创业政策和创业企业等共同构建有关创业型经济发展与运行机制，促进创业型经济持续健康发展。陈姗姗（2012）指出，创业型经济始于创业单元，依托于政府主导，在此基础上利用健全的经济管理模式，进而促进社会经济形态的不断升级与转型。目前，主要的创业政策环境的研究模型有 GEM 模型、MOS 模型、欧盟委员会所用框架和欧盟创业绿皮书所用的分析研究框架。Lundstrom & Stevenson（2005）归纳了有关创业文化机制、目标群体政策、程序与法律法规体系、创业融资渠道以及创业教育的创业政策的体系框架。Lim 等（2010）认为金融、教育以及法律等构成的制度环境对创业者创业具有很大影响。Meek 等（2010）研究得出，社会规范作用是政府在制定创业政策以及制度时需要加以考虑的。王延荣和宋冬凌等（2015）认为，影响创业活动的创业政策实施的制度安排应该包括政府相关部门、区域相关部门与创业相关的第三方部门以及与此相适应的机制体制，具体为国家战略和宣传部门、政府制定部门、教育与培训部门、金融服务部门、基础建设部门、社会保障部门、第三方机构。主要学者在创业环境构成方面的主要研究观点如表 2-2 所示。

表 2-2　　　　　　　　　　　创业环境构成研究

代表人物	代表观点（创业环境构成）
Devi, R.Gnywali & Daniel (1994)	创业环境由创业氛围与文化、创业所需的服务环境、创业政策实施与执行的环境、融资条件与环境组成
张玉利、陈立新（2004）	创业环境囊括政府出台并执行的相关政策与工作服务程序、社会整体经济发展态势与条件、创业能力与经营管理技能、金融与非金融支持
王晓飞（2004）	创业环境由政策系统、融资系统、智力系统、社会服务系统、产业支撑系统组成
Lundstrom & Stevenson (2005)	创业环境由创业文化机制、目标群体政策、程序与法律法规体系、创业融资渠道以及创业教育组成
陈宝（2006）	创业环境涵盖经济、政治、法律、文化、技术、自然
郭元源（2006）	创业环境包括基础、服务、科教、文化、环境五个方面的支撑系统
Lim 等（2010）	金融、教育、法律等构成的制度环境影响创业
Meek 等（2010）	社会规范作用应该被加入到创业环境
王观松、龙小康、毛敏、翟一博、谢标（2010）	科技创业政策由人才政策、金融政策、工商政策、政府项目计划、创业平台与载体建设、知识产权保护与科技成果转让、技术股份、产业政策、创业理念的教育与培养组成
白芮（2013）	创业环境包括市场环境、政策环境、资源环境、人文环境
王延荣、宋冬凌（2015）	创业政策实施应包括国家战略和宣传部门、政府制定部门、教育与培训部门、金融服务部门、基础建设部门、社会保障部门、第三方机构
全球创业观察（GEM）	创业环境包含金融支持、政府政策、政府项目、教育与培训、研究开发转移、商业和专业基础设施、市场开放程度／进入障碍、有形基础设施、社会规范

可以看出，一般认为创业环境就是与创业相关的外部环境因素，包括经济环境、技术环境、社会环境、政治法律环境、文化历史环境和自然环境因素，环境对创业和创业行为具有重要意义。夏维力、曾文水、白桦（2007）坚持认为，创业是要有环境支撑的，王飞绒（2005）、罗良忠（2007）等一大批学者也都在不同程度上强调了这一点。常忠义（2008）也认为，创新创业环境是创新创业活动的外部条件，没有适宜的环境，创新创业活动难以顺利进行。徐家庆在谈到大学生创业时，认为有四大因素促使创业产生，包括现实的就业压力、自我实现的强烈欲望、知识经济时代的召唤、市场经济的无限商机。Joseph Schumpeter（1936）认为，创业型企业经过创新，企业

将会在一定时期内以集群的方式产生。资源依附理论研究者 Brumo&Tyebjee（1982）、Eisinger（1988）& Shapero（1982）等认为，资源依附理论强调任何一个企业组织都处于一种与环境因素相交易的关系；种群生态学理论研究者认为，创业活动和其所处的环境是相互作用、相互影响的。国内学者从不同视角对创业环境进行界定，最具有概括性和综合性的是以"系统论"和"平台论"为主的两种观点。"系统论"观点认为，创业环境是由各类系统如经济系统、社会系统、政治系统等组成的；"平台论"认为，创业环境是指由政府和社会为创业者提供的一个创办新企业的公共平台，在这个平台上创业者可以获取资源，整合生产要素。综合来看，国内外对于创新创业环境的研究，都在这两种理论之内。总结近期代表性的研究观点，如表 2-3 所示。

表 2-3　　　　　　　　　　创业环境的平台论与系统论

观点	具体内涵	代表研究
系统论	自然环境 社会环境 政治环境 经济环境 文化环境	陈晨（2005）认为，科技创新创业环境分为社会环境（包括政治环境、经济环境、舆论环境、法制环境、科学技术发展环境），科技人才的成长与工作环境（包括家庭、学校和工作环境），科技人才的结构环境和科技创新创业的激励环境 王晓飞（2004）从七个方面对浙江高技术创新企业的创业环境进行了分析评价，七个方面包括自然、经济、法律政策支撑系统，融资支撑系统，智力支撑系统，社会服务支撑系统，产业支撑系统，包括了 32 个指标 陈宝（2006）选取经济、政治法律、社会文化、技术、自然五个方面 37 个指标对福建沿海科技型创新创业者的创业环境进行了评估
平台论	服务支持 政策项目支持 金融支持 教育、培训 技术支持	Devi, R.Gnywali 和 Daniel（1994）把创业环境描述为：创业者进行创业活动和实现其创业理想的过程中必须面对和能够利用的各种因素的总和，一般包括创业文化、创业服务环境、政策环境、融资环境等环境要素 郭元源（2006）把创业环境区分为经济基础、服务支撑、科教支撑、文化支撑和环境支撑系统 张玉利、陈立新将创业环境归为四大类，即政府政策与工作程序、社会经济条件、创业与管理技能，以及金融与非金融支持

在以往研究的基础上，白芮（2013）通过主成分分析，将创新创业环境归纳为以下 4 个大方面、19 个小方面。如表 2-4 所示。

表 2-4　　　　　　　　　　　白芮的创新创业环境

4大创新创业环境	具体内容
市场经营环境	竞争的公平性
	经济及安全度
	商务服务
	知识的迅速转移
政府政策环境	基础设施
	政府管理水平
	创业孵化器
	政府项目和订单量
	鼓励政策优惠
	税务政策
资源获得性环境	金融服务支持
	公共创新平台
	高端人才
	劳动力
	原材料
社会人文环境	失败的宽容程度
	创新冒险鼓励程度
	大学商业管理教育
	职业教育社会再教育

2.2.2 创新创业环境作用机制的研究

加纳的创业模型中包含着创业环境的作用机制。加纳（William.B.Gartner）在其发表的一篇论文中提到了其所研究的独特的创业模型（见图2-4）。加纳认为，新企业的创建是将各个相互独立的行为要素组成合理的序列并产生理想的结果，于是，基于他理解的创业行为，提出了创业学模型。加纳的创业模型包含四个维度，任何一个创业行为都是这四个维度综合相互作用的结果。加纳认为，创业面临的环境要素包括技术因素、供应商因素、政府因素、大学因素、交通因素、人口因素等，这些环境因素是创业活动的基本过程。葛宝山（2008）指出，加纳模型中所指的环境主要是指商务环境，在创业过程中，商务环境的优化会带来创业的便利。

萨尔曼创业模型的核心创业要素也是创业环境，其他三要素均以环境为中心而相互调节，同时对环境又有反作用。创业环境、创业机会、人和资源以及交易行为这四点构成了创业过程的主要方面，并且在这四点相互促进、相互协调的过程中形成了一个完整的创业过程（见图2-5）。萨尔曼模型强调了要素之间的适应性和匹配性，并扩展了要素的外延，从组织行为学的角度研究了创业活动。萨尔曼认为，成功的创业意味着四个要素之间良好的协调，尤其是在环境作用下，其他三个要素更好地支持了创业活动。

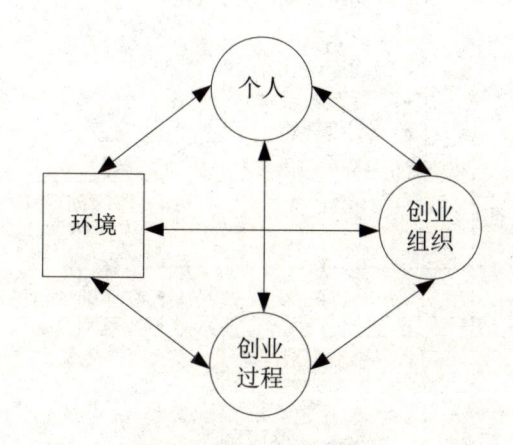

图 2-4 加纳的创业模型

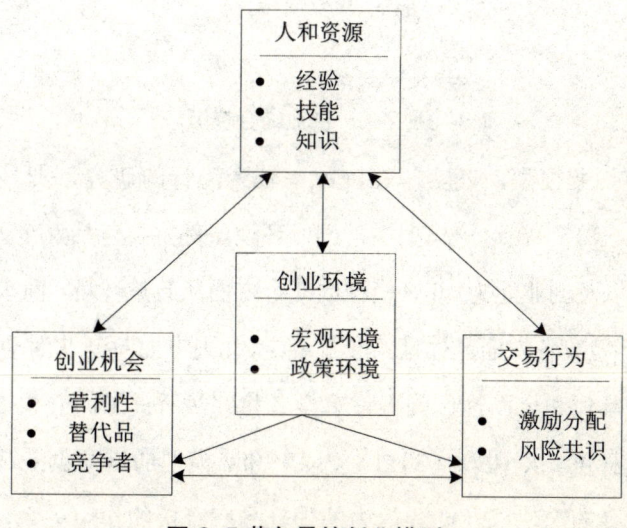

图 2-5 萨尔曼的创业模型

经典的创业模型理论还有蒂蒙斯（Timmins）模型、威科姆（Wickham）模型、克里斯蒂安（Christian-Julien）模型等，这几个模型中都将环境作为外部影响因素，配合其他要素对创业活动进行影响。后来，佐拉（Zahra）和乔治亚（George）综合了以往的创业模型，提出了创业综合模型。这一模型的关注点在于将创业置于国际角度，认为国际创业受三大因素的影响，主要是环境因素、组织因素和战略因素。他们将环境因素分为竞争压力、成长机会、国家文化、行政收益率、制度环境、经济规模等，如图 2-6 所示。

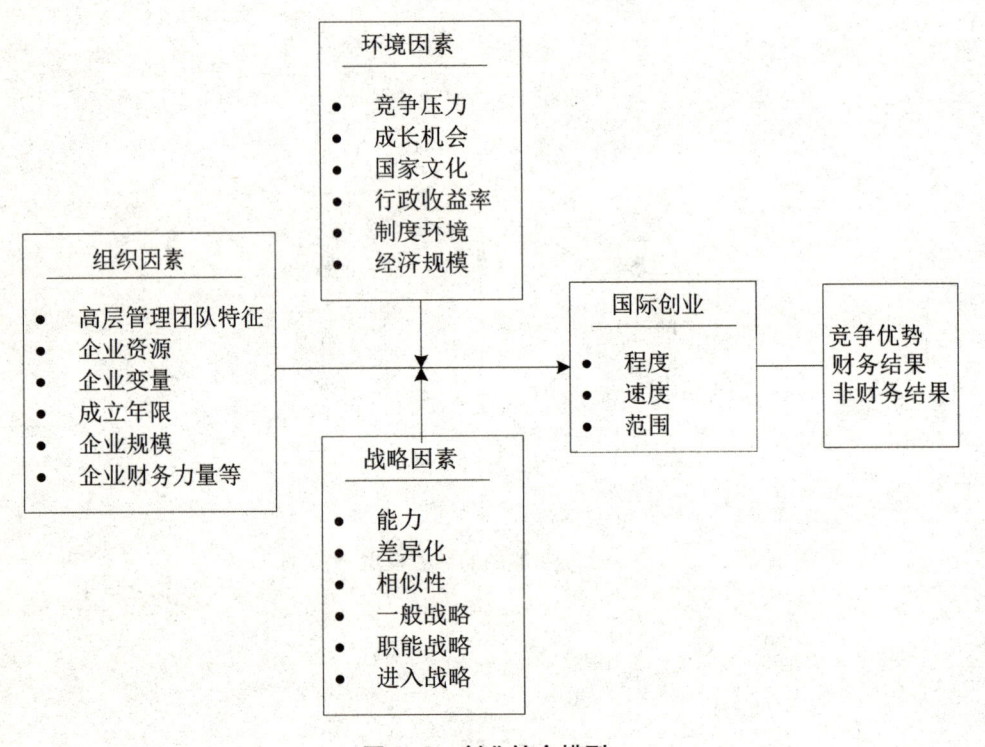

图 2-6　创业综合模型

除了经典的创业模型，其实，在国际上较为流行的研究创业环境影响机理的是 GEM 模型（见图 2-7）。在这一模型中，创业环境条件主要包括九个方面，九个方面分别影响创业机会以及创业能力。GEM 模型的九个方面从政策环境、商事活动、基础设施、法律环境、社会环境等各方面具体地给予了界定，九大方面对创业活动的作用更为明显，由于本身存在的具体和全面性，国内许多学者将 GEM 所提出的九大方面作为评价一个创业环境的指标标准。刘树森（2014）认为，GEM 模型的这些创业环境条件的识别和评价与新创业机会的产生以及创业能力的提升具有直接的作用关系，而对于创业环境条件的识别形成了城市创业环境评价的基础。这些创业环境因素对创业机会和创业能力产生影响后最终会合并影响为创业合成，从而形成创业活动或创建出新的企业。

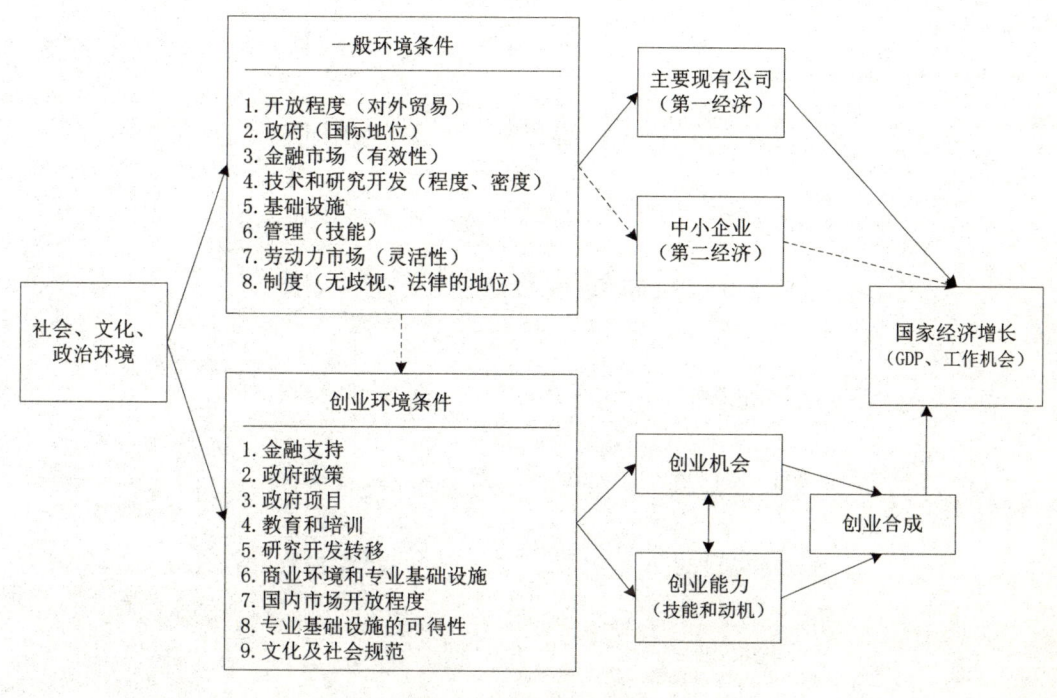

图 2-7 GEM 创业模型

在创业模型的理论指导下，众学者不断深化创业环境对创业活动的影响机理的研究。朱蕾蕾（2014）研究了创业环境对大学生创业意向的影响，她通过回归模型方法对调研问卷收集的数据进行分析，得出结论是：改善创业环境有助于增强大学生的创业意愿；基于GEM模型的创业环境的九个要素对大学生创业意愿的影响程度不尽相同，即政府政策、金融支持、研发转移、教育和培训以及国内市场开放程度对大学生创业意愿的影响显著，文化及社会规范和政府项目对大学生创业意愿具有一定影响，而专业基础设施、有形技术设施的可得性和商业环境对大学生创业意愿的影响不显著。

朱蕾蕾的研究是基于大学生创业的视角，刘树森的研究则关注于科技创新创业企业。他的研究基于他所设立的创业环境的三种特性（动态性、宽松性、复杂性）对科技创新创业企业成长的作用机理。他认为，创业环境的动态性是指创业环境本身所包含的诸多要素随着时间而不断变化；宽松性是指创业环境在怎样一种程度上支持科技创新创业企业的持续增长；复杂性是指企业在创业过程中有关的各种创业因素的异质化程度。本文根据他的研究结论做出三种创业环境特性对科技创新企业创业过程的影响机理，如图2-8、图2-9、图2-10所示。

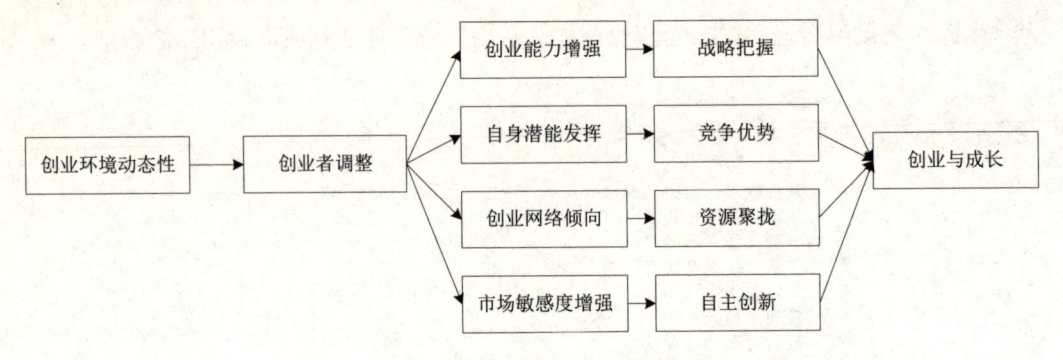

图 2-8　创业环境动态性对创业活动的影响机理

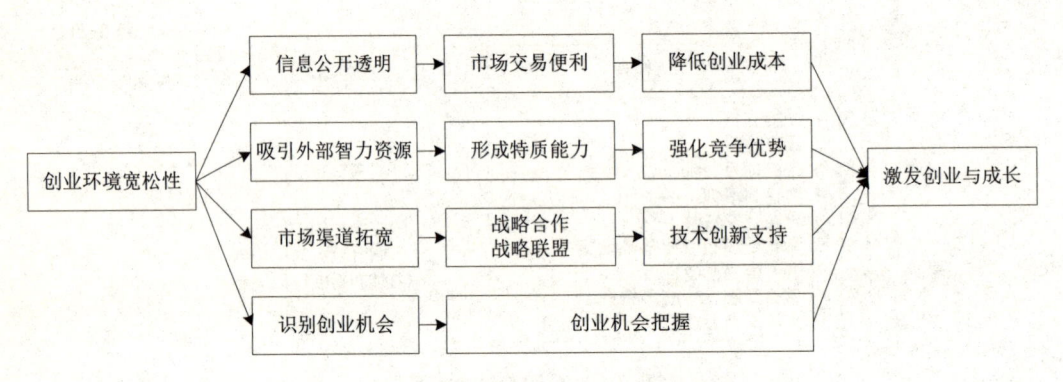

图 2-9　创业环境宽松性对创业活动的影响机理

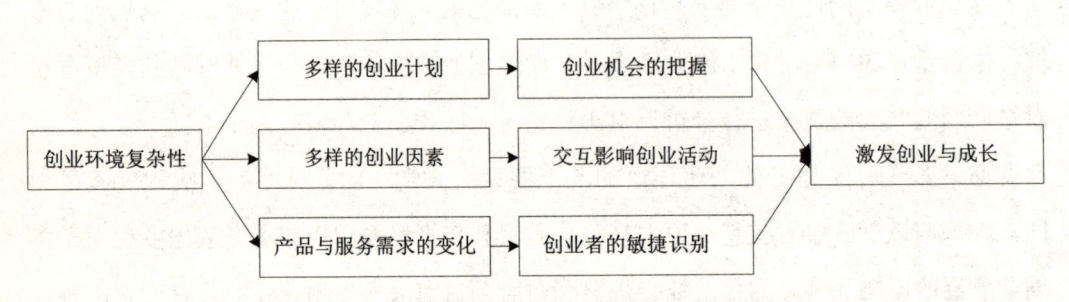

图 2-10　创业环境复杂性对创业活动的影响机理

从以上创业环境的影响机理可以看出，创业环境对创业活动的作用，关键在于通过创业主体即创业者来进行运作。

白芮（2013）认为，创业环境中市场经营环境、资源获得性环境和社会人文环境对创业绩效影响较为显著，而政府政策环境对创业绩效的影响呈现低度相关。白芮认为，当企业能充分利用周围环境中的资源或便捷地获得配套设施和服务时，企业的运营成本就会降低，从而提高效率；完善的经济及安全度、产业链配套措施、健全地方市场环境提供的商务服务、加强企业与大学的合作，在很大程度上可提高企业成长绩效。当企业在创业过程中获得属于政策优惠或者得到政府的扶持项目时，企业会在一定程度上获得支持资金和相关部门的关注,从而更可能度过孵化期和起步期。可以看出,政府政策环境在企业创业初期有着十分重要的作用。

2.3 关于创新创业政策环境构成及作用机制研究

2.3.1 创新创业政策概念与内容的研究

1. 关于政策环境概念及特征的研究

创新创业需要环境的支持,环境是一种外因,能够给创业提供一种平台,搭建这个平台的基石是完善的市场经济体制、健全的创业服务体系、逐步深化的社会化专业分工、公正透明高效的政策环境。政策环境作为创新创业的重要环境被许多学者加以研究。

20世纪80年代以来。我国的政策科学逐步发展起来,发展历程大体经过了两个阶段:首先是孕育阶段,始于20世纪80年代,一些学者、实际工作者纷纷撰文著书,倡议建立一门以政策为研究对象的新学科,这就是"政策学"。其次是创立阶段,始于20世纪90年代,这一时期,我国的政策科学从政治学、行政学、社会学中分离出来,发展成为一门独立的学科,并得到学术界的普遍认可。政策环境是政策学的一部分,也是核心内容之一,随着政策科学的发展,政策环境研究也逐渐发展起来。

首先,政策环境是一个大环境。关于"环境"的定义,有学者从生态学上定义为以整个生物界为中心构成生物生存的必要条件的外部空间,有学者从系统论上认为环境是与系统发生一定物质、能量、信息交换的外部客观存在。总体而言,"环境"这一概念是相对于某个中心(也可以说是主体)而言的,只是在探讨环境与其相对主体时,是单纯考虑围绕这一主体的外在环境,还是以主体为中心,包括所有与对主体活动效果产生影响的一切环境因素的综合。谢志薇认为,环境可以分为两个层面:第一层面是指独立于主体之外的环境,对整个主体的活动产生影响,分为自然环境和社会环境;第二层面是指主体在活动中自主选择的环境,是有计划地进行选择、加工和整合的对主体发生积极作用的环境。这在大部分学者的研究中称为"内环境"。

其次,政策环境要突出政策这一限定。"政策环境"的概念最初是伴随着行政生态学的发展而出现的。从19世纪的达尔文派学者开始广泛运用"生态"的概念来描述生物与环境之间的关系，到 20 世纪 30 年代的哈佛大学教授高斯初次把行政问题与其外部环境联系起来，再到 1961 年美国夏威夷大学教授雷格斯出版专著《行政生态学》，都从理论上论述了行政环境对行政管理的影响。这些理论是早期政策环境的雏形。美国公共决策学者詹姆斯·E·安德森认为，政策行动的要求产生于政策环境，并从政策环境传导到政治系统。目前学术界关于政策环境的研究，往往是与公共政策紧紧相连的。陶学荣（2011）认为，公共政策环境是指影响公共政策的所有外部因素的综合，它涵盖了政策面临的一切外部条件。国内学者谢志薇在综合国外学者的观点后认为，政策环境是指针对某事物进行的政策制定、运行及其执行效果等产生作用和影响的该事物系统的内部构成和外部构成的综合。从定义来看，从政策环境本身的特征看，具有复杂性、多元性、综合性；有学者认为政策环境还有可变性（即政策环境并非一成不变，随着政策的变化以及外部条件的变化而不断变化）、特殊性（或称为"特指性"，政策在不同的地方或针对不同的群体的效果是不同的）等。

2. 关于创业政策目标与内容的研究

从 20 世纪 90 年代中期开始，经济合作与发展组织、欧洲委员会、联合国国际发展组织及亚太经济合作组织等开始考察、研究创业活动对经济所做出的贡献，并试图探寻提高区域创业活动水平的解决方案。Degadh（2004）和 Lundstrom & Stevenson（2001）认为，创业政策的本质就是刺激创业。Hart（2003）认为，创业政策的作用是减少初创企业面临的不确定性。undstrom & Stevenso（2001）认为创业政策是直接影响一个国家或地区的创业活动水平的手段或策略，更确切地说，创业政策表现在开始前阶段、开始阶段以及开始后 42 个月内的创业过程中，通过设计和传递动力、技能和机会这三个要素来鼓励更多的人选择创业。Hart（2003）认为，创业政策涉及的范围很广，从地区到国家，从低技术经济到高技术经济，它全面地涵盖了政府的管理能力，从制度政策到经济发展，进而改善贫困局面。高建、盖罗它（2007）认为，创业政策就是政府通过地区、产业及国家促进创业活动的政策，制定创业政策应该考虑以下三个层面：一是在个人层面上激发人们进行创业；二是使创业者获得创业所需要的知识和技能；三是为潜在创业者提供资源和环境支持。创业政策体系构成包括 6 个方面的内容（见图 2-11），即促进创业文化、开展创业教育、减少进入障碍、启动资金／金融支持、商务支持以及刺激目标群体。

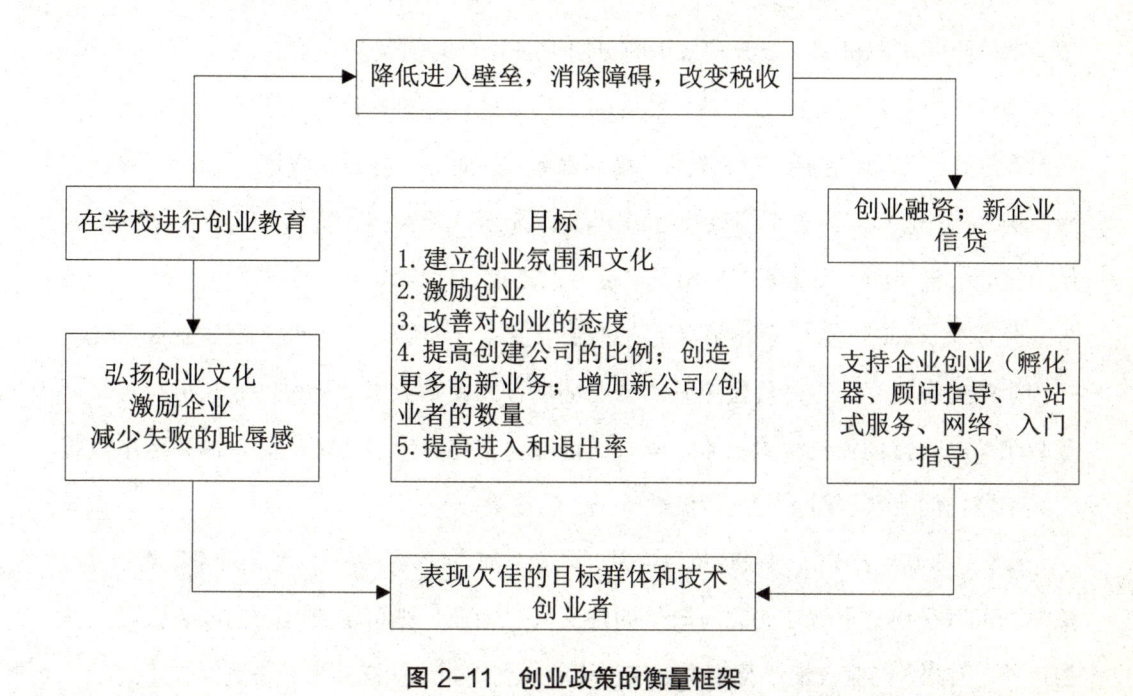

```
                    ┌─────────────────────────────────────┐
                    │  降低进入壁垒,消除障碍,改变税收        │
                    └─────────────────────────────────────┘
                                    │
┌──────────────┐    ┌─────────────────────────┐    ┌──────────────┐
│在学校进行创业教育│    │          目标            │    │创业融资;新企业│
│              │    │1.建立创业氛围和文化       │    │   信贷       │
└──────────────┘    │2.激励创业                │    └──────────────┘
        │           │3.改善对创业的态度         │            │
        ▼           │4.提高创建公司的比例;创造   │            ▼
┌──────────────┐    │  更多的新业务;增加新公司/  │    ┌──────────────┐
│弘扬创业文化    │    │  创业者的数量            │    │支持企业创业(孵化│
│激励企业       │    │5.提高进入和退出率         │    │器、顾问指导、一站│
│减少失败的耻辱感│    └─────────────────────────┘    │式服务、网络、入门│
└──────────────┘                                    │指导)          │
        │                                           └──────────────┘
        │           ┌─────────────────────────┐            │
        └──────────▶│表现欠佳的目标群体和技术   │◀───────────┘
                    │       创业者            │
                    └─────────────────────────┘
```

图 2-11 创业政策的衡量框架

凯尼(Kayne,1999)把创业政策集中在新企业的出现及增长上,他认为创业政策应该包括创业共识、税收和规制环境、资金的获取尤其是创业初期的权益资本、创业教育、知识资本等。

创业机会协会(Associationfor Enterprise Opportunity, AEO, 2003)从支持创业者和完善创业环境出发,提出6项促进地方创业的政策内容,这些政策包括:建立创业社团、创造竞争优势、开展创业教育、提供金融支持、进行网络建设、有形基础设施建设。

芬兰贸易与产业部(Ministry of Tradeand Industries,2004)提出了涉及5个方面的创业政策,包括:创业教育、培训和咨询,创业初期、成长阶段和全球化过程,税收政策,地区创业,法律制度。

伦德斯特罗姆和史蒂文森(2001)根据10个国家和地区的经济结构、发展层级阶段、政府角色、创业发展动态以及自身的经济、政治和社会状况等一系列因素,将创业政策进行了归纳整理,认为创业政策有四大方面,包括:中小企业政策的推广(旨在促进创立企业、支持服务及种子基金的政策)、新企业的创立政策(旨在减少进入和退出障碍)、细分创业政策(旨在刺激特定人群增加创业活动)、全面的创业政策(旨在加强创业文化和创业能力的政策)。

维尔休尔(Verheul)等人(2001)给出了5种创业政策,包括创业需求、创业供给、创业的风险—奖励机制、资源和知识的可用性、社会的创业价值。

陈成文、孙淇庭（2009）对大学生创业政策进行评价，他们从以下几个方面对创业政策进行了归类，包括：创业教育、培训政策，创业促进方面的政策（税收优惠政策、降低进入壁垒政策、商务支持政策），创业融资政策（小额担保贷款、创业基金政策），创业环境政策（创业文化氛围、国民对创业的态度、基础设施、场地等）。

张茉楠（2007）指出创业政策包括两层含义：一是激励更多的人创建企业，提高初创企业的存活率；二是营造更好的创业环境，为新企业创造更好的成长机会等。创业政策是以支持创业过程为核心，同时通过改善文化、制度等环境因素，并运用政策工具来培育创业家、创业企业乃至新兴产业的政策。

Hart（2003）指出，创业政策可以从"创业"和"政策"两个角度来理解，对于"政策"，可以采用一个宽泛的政府政策的定义，"创业"则可定义为开创或扩张新企业的过程。因此，创业政策涉及范围很广，从地区到国家，从低技术经济到高技术经济，它全面涵盖了政府的经济管理能力。

Degadt（2004）认为，就本质而言，创业政策的本质就是刺激创业，但是它首先应是经济政策的组织部分，目标也是为了实现经济增长、收入增加和扩大就业。

全球创业观察（GEM）对创业政策的界定是，政府以支持创建企业活动为核心，为激励本国或地区经济主体的创业精神并提高其创业活动水平而采取的一系列政策措施。

Collins（2003）指出，创业政策就是政府所采取的鼓励小企业创立、成长的政策和支持措施。

StevensenLundstrom（2005）通过对13个国家创业政策的全方位考察，认为创业政策是针对创业过程的前期、中期和后期各个阶段，以满足创业动机、机会和技能要求进行设计的，目的是鼓励更多的人创办新企业，从而促进一个国家或地区创业活动水平的提高而采取的一系列政策措施。

李政、邓丰（2006）综合国外研究认为，创业政策是以支持创业过程为核心，同时通过改善文化、制度等环境因素，并运用政策工具来培育创业家和中小企业的政策。辜胜阻等（2008）综合国外研究将创业政策概括为"通过一系列的制度安排或政策工具来增加创业机会、提高创业技能、增强创业意愿，从而提升创业水平，促进创业型经济的发展"。

2.3.2 创新创业政策环境构成研究

创新创业活动是将先进技术实现其重要价值的过程，为了扶持那些处于科技创业初期的企业顺利地实现其发展过程，使其潜在价值得以表现，这就需要政府对创新创业企业的大力支持。正是因为如此，创新创业政策体系在经济发展中发挥着重要作用，也越来越被政府和学术界重视。

创新创业主要是通过创建企业的方式，将科技创新成果转化为生产力。在这一阶段，虽然企业拥有一定的技术优势，但由于是初创期，企业在资金、人力资源等方面都需要一定的支持。童话（2007）认为，科技创业政策支持是指对由科研成果转化而创建新的科技型企业所需的各方面的政策支持，如资金、税收、企业注册等。俞秀宝、杨轶（2002）通过研究海外对科技创新创业的支持情况，总结出科技创新创业发展过程的系统图（见图2-12），可以看到，对高新技术研发及科技创新企业的政策支持的实践覆盖了科技创新创业过程的大部分，政府政策支持的内容，涉及从科研基金的注入到扶持中小型企业成长的全过程，从这个意义上讲，可以广义地将创新创业支持理解为是从科学研究到科技型企业成长全过程的政策支持。

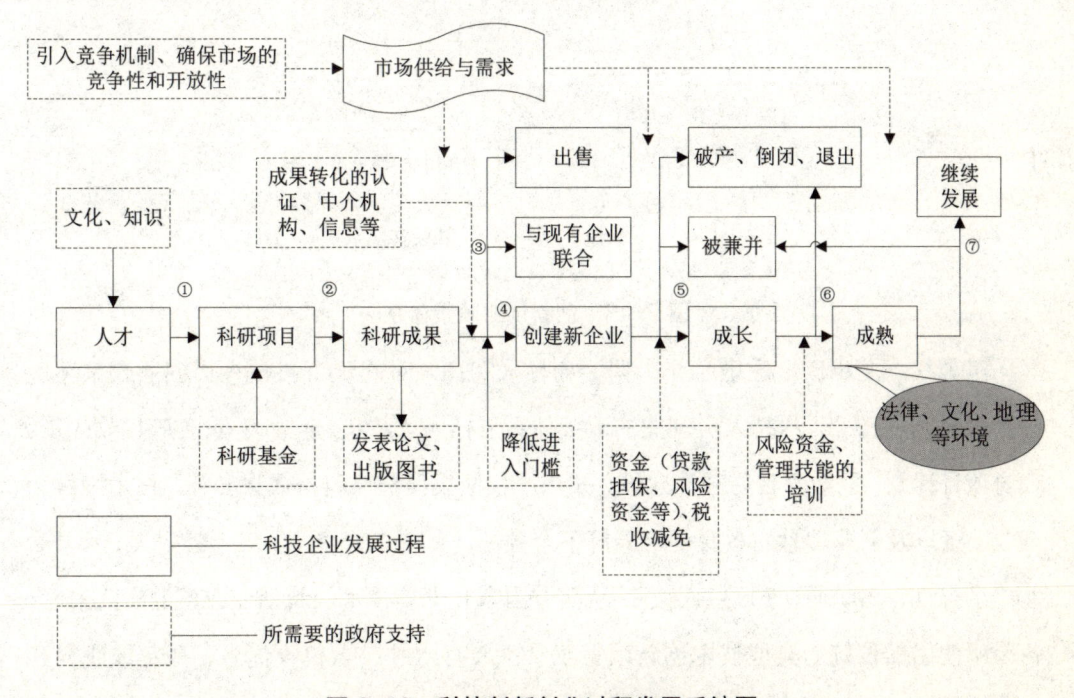

图 2-12 科技创新创业过程发展系统图

常忠义（2008）对区域科技创新创业进行了研究，他指出，对于企业来说，创新创业活动表现为制度创新，关于企业制度创新的相关政策大体可以分为两个作用方向，一是政府作为国有企业的投资者与所有者,在实现政策目标的过程中主要运用行政与所有者力量,直接组织企业改革;二是政府通过建立和完善法律体系,从外部规范民营企业的产权结构和法人治理结构。除此之外,他还研究了创新创业的其他相关政策体系,如图2-13所示。

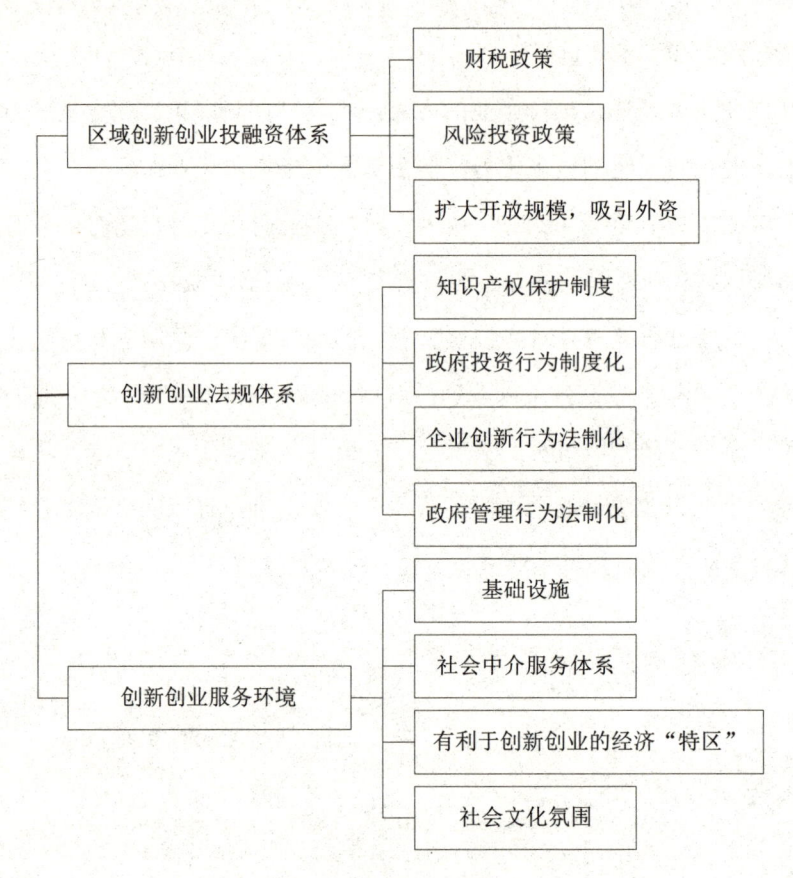

```
区域创新创业投融资体系 ─┬─ 财税政策
                      ├─ 风险投资政策
                      └─ 扩大开放规模,吸引外资

创新创业法规体系 ─┬─ 知识产权保护制度
                ├─ 政府投资行为制度化
                ├─ 企业创新行为法制化
                └─ 政府管理行为法制化

创新创业服务环境 ─┬─ 基础设施
                ├─ 社会中介服务体系
                ├─ 有利于创新创业的经济"特区"
                └─ 社会文化氛围
```

图 2-13 创新创业政策体系

王观松、龙小康、毛敏、翟一博、谢标(2010)对武汉市科技人员创业政策环境进行研究。他们认为,科技人员创业的政策体系包括人才政策、金融政策、工商税收政策、政府项目计划、创业平台与载体建设、知识产权成果保护与科技成果转让、技术股份、产业政策以及创业理念的教育与培养等各个领域。

余志良、谢洪明(2003)指出,从西方国家几十年技术创新创业政策的实践来看,各国所使用的传统的典型技术创新政策工具主要有六种:以税收优惠、减免或研究开发财政拨款、补贴等形式提供支持的财政激励政策;以创造或者扩大对创新产品市场需求为目标的政府购买政策;鼓励风险投资发展的风险投资政策以及中小企业政策;专利制度和规制政策等。

2.3.3 创新创业政策作用机理的研究

李剑力等（2002）总结了已有研究，认为关于创业政策发挥作用的途径和方式，目前主要存在以下几方面的结论：①政府直接介入创业活动，如提供技术服务、增加资金供给；②政府致力于营造创业环境，政府最好以协调者或促进者的身份而不是以参与者的身份来推动创业；③政府应该发挥政策的导向作用，比如通过降低或取消州所得税来提高生产性创业的回报等。李剑力等对创业政策与创业活动作用机理的研究，如图 2-14 所示。

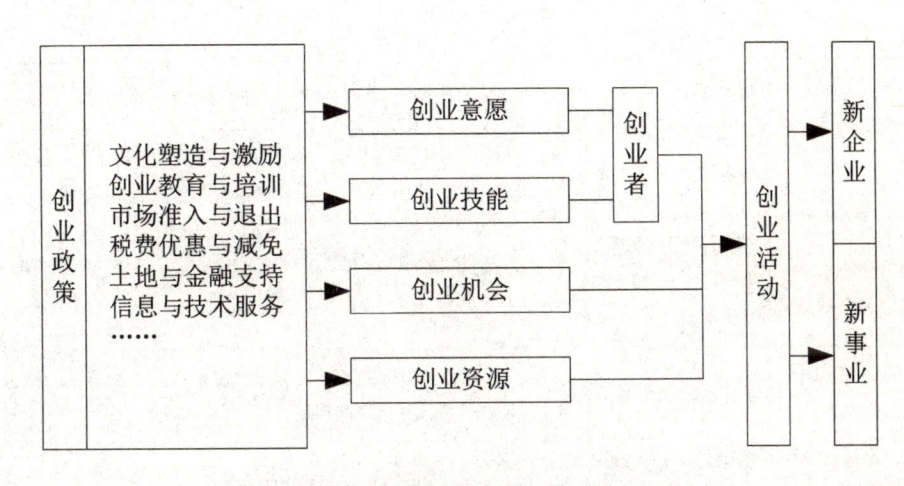

图 2-14 创业政策促进创业活动的作用机制

从创业主体主观条件出发，创业政策通过激发创业动机，增强个体创业意愿。从创业主体客观条件出发，创业政策通过培育创业技能，提高个体创业能力。从创业客体存在条件出发，创业政策通过制度变革，创造和增加创业机会。从创业外部环境条件出发，创业政策通过设计变化，改善和提供创业资源。

胡希（2010）关注创业服务中心在聚合资源、综合运营过程之后的结果对于创业者进入活动的影响。他指出"政府的投入与扶持、资源的聚合、运营的效率则体现为结果产生的原因与过程"，作用机制如图 2-15 所示。

图 2-15 胡希的政府、创业服务中心与创业活动关系图

对于政策环境的作用机制，有些学者将政策环境下的因素作为研究对象，研究某一种政策对创新创业活动的作用机制，不同研究者的研究视角及研究结论总结如表 2-5 所示。

表 2-5　政策环境对经济或创业活动的作用机制研究

研究学者	研究视角	作用机制
Arrow（1062）	科技投资	投资 → 知识与学习 → 技术进步 / Learning-by-doing 效应 / 知识外溢 → 技术效率的提高
Romer（1990）	R&D 投入	R&D 投入 → 技术进步 → 创新产出与应用 → 经济增长
Muller（1996）	R&D 支出	基础科研、应用研究、试验发展研究支出和 R&D 人数作为投入因素，对产出（即专利数量）有显著正相关关系
Dominique & Bruno（2003）	直接 R&D 经费投入，科技投入	政府的直接 R&D 经费投入对企业 R&D 有正向影响，直接投资和税收优惠对企业 R&D 有直接积极作用
未平芳、徐伟民（2003）	科技激励政策	政府的科技拨款和税收减免是促进大中型工业企业专利产出和自筹 R&D 投入的积极手段
Szogs & Wilson（2008）	资金投入，政策扶持	对创新创业活动有较大的积极影响
江涛（2008）	财政科技投入	财政科技投入 —正相关→ 自主创新能力；自主创新是财政科技投入的格兰杰原因，反过来不是
李琳（2013）	政府科技投入	科技进步始于创新活动开展，而科技创新活动的有效运行需要科技投入的支持
白芮（2014）	政府政策环境	政策发布 → 政策宣传 → 政策执行 → 创业活动；政策监督

2.4 关于创新创业政策环境评估方法的研究

2.4.1 创新创业政策评估方法的研究

国内学者赵大晖、卢凤君（1998）通过构建数学模型和评价指标体系，从产业政策对可持续发展的作用关系角度评价了产业政策的制定和实施对经济可持续发展的影响。他们指出，常用的政策评估方法是前后对比分析法，通过比较分析政策作用对象在政策执行前后的变化情况来判断政策效果。

马国贤、任晓辉（2012）将公共政策分析和评估方法分为三大类，包括过程对比法、回归分析法和调查法。其中，过程对比法又分为"始/终对比法"，包括简单前后对比分析法、"投射－实施后"对比分析法、"控制对象－实验对象"对比分析法和有无对比分析法。回归分析法指当存在着影响政策的两个及其以上因素时，运用回归分析方法找出相关性并用于政策预测的方法，包括线性回归分析方法、二项式回归分析法和多项式回归分析方法，常用的软件是 SARS 和 Excel。调查方法是指借助一定的调查手段，通过听取被调查者的感受，而获得对公共政策必要性或政策结果的认识，从而论证公共政策的方法，包括直接调查法、问卷调查法和访谈法等。

在前后对比分析法的基础上，一些学者又结合经济学和数理分析工具，研究出了"成本－效益分析方法"和"统计抽样分析方法"，用于评估政策效果。测度政策的收益和成本及其比较是"成本－收益分析方法"评估政策效果的核心，政策成本包括政策制定费用、执行费用、新旧政策交替过程中造成的效益损失和社会浪费，政策效益则包括政策目标效益和非政策目标效益，但这种方法仅仅适用于政策执行过程简单且涉及面较小的情况。

借助抽样调查资料对政策对象的总体进行统计推断，是统计抽样分析方法评估政策效果的关键，尽管利用该方法能够获得比较准确的评估结果，但由于运用该方法对政策作用对象比较复杂的政策进行评估时耗资巨大，所以实际应用较少。

一些学者把系统工程方法和计算机技术相结合，提出了适用于政策评估的系统模拟评估法和多目标综合评估法。系统模拟评估法主要用于事前评估，把影响政策制定、实施和效应的各要素构成一个有机的整体，通过分析评估目标、控制参数、评估指标等各要素间的关系构建系统模拟模型。该方法具有定量分析政策方案效应的功能，但建立系统模拟模型所需经费较多，而且由于本身的复杂性和跨学科性，需要大量的前期工作和多学科专业的人才通力协作，本身带有一定的局限性。多目标综合评估法是一种能够对政策效应进行多目标的定性分析和定量评估的方法。主要用于事后评估，该方法步骤主要包括确定政策方案、选择评估目标和指标、确定评估标准和计算指标的评分值、计算多指标综合评估值以及根据综合评估值对政策效果进行判断。此方法结合系统工程中的某些评判工具，得到较为广泛的运用。

还有学者运用综合评价方法，所谓综合评价方法是指对多属性体系结构描述的对象系统做出全局性、整体性的评价。综合评价的方法目前大致有 9 大类：定性评价方法、技术经济分析方法、多属性决策方法（MODM）、运筹学方法（狭义）、统计分析方法、系统评价方法、模糊数学方法、对话式评价方法、智能化评价方法。根据最近学术研究，对于政策评估方法运用较多的是定性评价方法与模糊数学方法相结合的综合评价方法。例如于澎田（2007）运用系统工程中的层次分析法和结合模糊数学的灰色综合评估方法对高新技术产业政策的效力进行了评估，这种评估方法需要先建立评估指标体系，评估过程中涉及专家调研和访谈（德尔菲法）等方法。武超（2009）运用专家排序打分法对指标权重进行确定，然后结合模糊数学隶属度进行综合评估。

值得注意的是，由于各种分析方法都有一定的优缺点，适用场合各不相同，故而使用单一方法评估可能会产生非常严重的误导。过分倚重量化评估方法，忽视必要的定性分析也是不可取的。各种不同方法之间存在互补性，在实践中需要根据具体情况选择一种主要的分析方法，同时结合其他方法分析的结果综合地做出评估结论。

2.4.2 有关创业绩效研究

1. 创业绩效的概念与影响因素研究

在战略管理的有关研究中，企业绩效属于绝对意义上的因变量。若在研究的相关问题中未明确指出其与企业绩效间的作用，则此研究不具有任何价值。创新创业活动在推动社会经济发展、经济体制改革、生产方式转变等方面发挥着重要作用。众多国内外学者研究了创业活动与企业创业绩效二者间的交互作用关系，主要有以下层面的研究。

（1）集中研究了创业团队与科技创业企业创业绩效间的关系，例如创业团队的结构、创业团队的过程特征、创业能力等对企业创业绩效的影响。创业者及其整个创业团队是创业活动以及全过程的主体，是影响科技创新创业企业生存、成长与发展的关键因素。一些学者从人口统计特征、职能或行业经验、认知观念、文化、价值观等方面研究创业团队成员的异质性特征对企业创业绩效的影响；创业学习（指创业者获得、积累、创造知识的全过程）与创业能力（指创业者在创业的过程中，能够及时感知到环境所发生的变化，借助多种渠道或方式识别到那些具有潜在使用与开发价值的创业机会，并且能够有效地对企业所拥有的内部和外部资源加以高效管理与配置，成功把握和利用创业机会）同样对企业创业绩效产生关键的作用与影响。

（2）集中在创业导向与企业创业绩效间的研究与探讨。创业导向来源于战略选择观，是能够反映企业战略决策模式的成熟构念。其实质是以创新作为核心，展现企业的先动趋向以及风险承担精神，创造性地将企业资源整合起来，引导企业把握商机、占领市场、更好地生存与发展的长期战略。对于新创企业而言，拥有较强的创业导向可以帮助其把握机遇、创造价值，从而规避"新进入缺陷"，实现短时间内的快速成长与发展。创业导向与创业绩效的研究依次经历了三个主要阶段：直接影响关系研究——引入第三方变量（如环境变量、战略变量）对创业导向与创业绩效二者间的调节作用研究——创业导向与创业绩效在转化路径中的中介效应研究。

（3）集中在创业环境（包括创业资源、创业战略、创业氛围、创业机会等）对企业创业绩效的作用影响。环境作为影响企业创立、续存、成长与发展的核心要素之一，包含着企业在创业过程中所需要的稀缺资源和价值资源。创业者若能准确、快速且及时地识别出环境中存在的机会以及资源，发掘、评价、开发有价值且具备可行性的创新创业机会，并适当调整自身企业以适应现有的创业环境，则能提高自身的创业绩效。

（4）除上述主要影响要素外，还有一些学者发现并分析了其他影响企业创业绩效的因素。例如，产业结构的影响；创业者所选择进入的行业以及行业结构的特征；行业目前的集中程度、行业所具备的未来成长性以及在广告和研发方面投资的密集程度等行业的结构特征；有关风险投资的要素，例如，创业者在风险投资方面积累的经验、机会识别与评估的能力、合同在设计上的合理性等。

2. 创业绩效评价方法研究

国内外众多学者研究分析了企业创业绩效的测量指标以及评价方法，主要可以分为四大类：客观评价法、主观评价法、绝对评价法、相对评价法。其中，客观评价法主要采用那些可以量化的财务指标作为评价指标，例如，Perters & Waterman（1982）使用总投资平均报酬率、平均资产报酬率、销售回报率；Ensley（2002）采用销售额增长率；董保宝、葛宝山（2014）利用投资回报率、销售增长率、销售净利润、收入增长率来衡量创业绩效。主观评价法则是主要采用非财务指标评价打分的方式评价创业绩效，例如，新产品开发能力、组织承诺、服务质量、顾客满意度以及忠诚度等，在难以进行客观评价和量化时可以使用该种评价方法。例如，Chakravarthy（1986，1996）运用产品和服务所能提供的质量和数量、新产品研究与开发方面的能力、员工生产效率评价了企业的创业绩效；Brouthers & Bakos（2004）从市场占有的份额、市场策划与营销的能力、市场准入角度评价企业的创业绩效；沈超红、罗亮（2006）运用产品合格率、产品开发周期、产品升级周期、员工满意度、消费者满意度和忠诚度作为测量指标；李宇、张雁鸣（2012）从企业相对于其竞争对手而言的创新性、成长性和盈利性角度分析了企业创业绩效。绝对评价法则是创业企业将自身禀赋、机会成本等客观标准与其自身比较的评价方法，此法需要考虑诸多的控制变量。相对评价法则是与同行业的竞争对手做比较从而评价自身的创业绩效，有利于企业排除干扰因素，进行跨行业以及跨阶段的比较，从而明确自身创业绩效的优劣。

可见，对于企业创业绩效的研究，几乎均集中于创业活动本身与绩效彼此间相互作用的研究，很少有涉及创业政策层面与企业创业绩效间关系的研究，有关政府公共服务在创业过程中所起的作用、与企业创业绩效的关系研究更是少之又少。所以，本书将研究视角拓展到那些支持科技创业的政策措施以及政府公共服务在创业全过程中的作用机制及其对企业创业绩效的影响。

2.5 关于大学生创业的研究

2.5.1 大学生创业概念及内涵研究

郭必裕（2002）认为，大学生创业，是指目前还未毕业的大学生或应届毕业生开创属于自己事业的活动，大学生创业需要具备雄厚的知识基础和技术优势，其本质是将所学的知识或科研、科技成果投入生产，转化为科技生产力和财富。季丹（2010）认为，大学生创业是学生、家长、学校和社会共同参与的系统工程。

胡赪（2007）在 Stevenson & Thompson 对创业理解的基础上，认为大学生创业是大学生为实现自我价值而利用自身的知识、能力等可利用要素，在所处的环境中识别并掌握机会创建一家企业的过程。

吴文娟（2008）指出，大学生创新创业是指作为创业的大学生从企业创立之初以及经营企业过程中伴随企业成长的一种过程性活动。其本质是要创造、发现和利用商业机会，以创新方式将各种经济要素综合起来以实现创业企业价值最大化为目的的经济活动。

陈劲（2007）指出，大学生的创业行为应从以下三个方面来定义：参与公司创业过程，拥有与企业的部分产权，以及参与企业经营。这样定义是因为在参与公司创业过程中大学生会充分展现创业者特征；而如果让大学生拥有企业的部分产权将会使得大学生有更多的机会参与企业的经营决策；让大学生参与企业的日常经营会使大学生在经营过程中形成自己的管理思路和模式。向春（2011）认为，有过创业活动经历的学生，无论是成功还是失败，都会更愿意再一次尝试创业，这是因为当代大学生对于失败所持的一种不服输的精神在起作用。

2.5.2 有关大学生创业行为研究

大学生创业竞赛兴起于20世纪50年代，主要发生在美国高校，当时的创业竞赛以鼓励和推动科研和科技成果转化为目标，借助风险投资来运作。Kolvereid（1996）研究认为，大学生选择创业的其中一个很重要的原因是其对传统大公司的职业产生失望感。Jackson & Vitberg（1987）认为，传统大公司所具有的工作安全（Jobsecurity）、报酬稳定（Stablereturns）等对大学生来说都已失去了吸引力，而创业所带来的诸如独立、挑战、自我价值的实现、成绩感和社会地位逐渐吸引着越来越多的大学生。1992年，Hart & Harrison对北爱尔兰的在校学生群体进行了一次创业调查，调查结果显示有超过一半的学生有创业意向，但他的调查群体大部分是高中生，而高中生对于就业规划并不是十分清晰，具有很大的局限性，也因此其调查可信性受到质疑。

我国的大学生创业竞赛始于1998年，当时"清华大学创业计划大赛"是我国大学生创业的初次尝试。从此，很多高校纷纷加入举办大学生创业大赛的行列中，主要是激发广大大学生的创业热情。2000年上海交通大学承办的"挑战杯"创业计划大赛、2002年浙江大学承办的第三届"挑战杯"创业计划大赛等都是这一时期大学生创业活动的典范。值得一提的是，每一届创业计划大赛的举行，都有着很多方面的好处，一方面吸引着大学生积极参与创业活动，另一方面给创业者们带来创业指导、创业资金、创业教育与创业培训等资源，甚至有很多好的创业项目经过层层选拔也进入实际运行操作阶段，技术、资本与市场不断结合。近年来，陕西省大力支持大学生创业，"闪电孵化器"是一家致力于服务早期科技创业项目的专业孵化器，2015年陕西省科技厅、陕西省科技资源统筹中心与"闪电孵化器"合作共建了"陕西众创空间"，表明了陕西省对大学生创业的支持。目前，"闪电孵化器"有孵化项目21个，很多大学生创业孵化项目已正常运作，包括由西北工业大学、西安电子科技大学、陕西科技大学、陕西师范大学等在校生组成的"脑洞科技"；专注于智能硬件、嵌入式系统研发的技术型初创团队的"子科技"；业务已覆盖西安本地7所高校的专注于打印及资料共享平台的"淘印印"；由西安电子科技大学和陕西科技大学组成的"慕声定制耳机"团队，专注于根据每个人耳道特有的模型，定制化制造出耳机壳体等等。这些良好的大学生创业项目一旦孵化成功便可以推向市场。这也激发了大学生的创业热情。目前还有已经成功成立公司的西安电子科技大学的"蒜泥电子科技有限责任公司"，西安交通大学的"爽吧果园"在线水果公司等。

王巍（2003）研究了大学生的创业模式，他认为，按照大学生参与创业的时间，大学生的创业模式可以划分为：兼职创业、休学创业和毕业以后创业。这种概括提供给政府、高校、企业对选择不同创业模式的大学生有针对性地辅导和规划。其中兼职创业和毕业以后创业较为常见，但休学创业模式直至目前还不普遍，因为休学创业申请很难批准，目前国家出台支持休学创业的政策，但是休学的时间、休学的责任、休学的风险等问题一直困扰着大学生。毕业后创业是当前创业者最多的选择，大多数将创业作为就业的途径，或出于自我实现的需要。毕业后创业由于本身对社会经济发展和缓解大学生毕业后的就业压力上有突出贡献，所以国家大力支持。

可见，大学生创业已成为一种促进大学生自我价值实现和国家经济社会发展的双赢的就业形势，为了更好地挖掘大学生创业的潜力，促使更多的大学生通过创业实现就业，国家出台一系列大学生创业政策，不断优化各种创业环境，在"大众创业，万众创新"的口号下，深入开展各类创业活动，支持各类创业措施。

2.5.3 大学生创业态度和创业倾向研究

Krueger（1993）指出，创业意向是指个人（personal）有多大可能性创办一家新公司以及其创办公司的行为倾向；Davidsson（1995）认为，创业意向是指个人选择决定创业的行为偏好；Lumpkin & Dess（1996），Lee & Peterson（2000）分析认为，一个人的创业倾向是指这个人倾向于创业的程度。Phan（2002）对新加坡学生进行了一次创业倾向的研究调查，在他的研究报告中指出：创业态度是指大学生对自身独立、成就价值、获得权利和财富、取得社会尊重等的态度。同时，他认为，创业倾向是指学生有多大的可能来选择自主创业，实际上是一种可能性的衡量尺度。

ChristianLuthje（2003）在调查了麻省理工学院的大学生的创业倾向后则认为，衡量大学生创业倾向应结合大学生对未来的预期，所以他们认为大学生的创业倾向是指"毕业后在可预见的将来创业的可能性"。

关于大学生创业态度和创业倾向的影响因素的研究。Shapero（1980）认为，大学生的创业倾向取决于其个人特征、对于创业的可行性认知和个人的行动力。Muller（2004）研究了性别对创业意向的影响，认为男性的创业意向高于女性的创业意向。陈劲、贺丹、邱嘉铭（2007）通过对浙江大学在校学生的创业态度和创业倾向的调查研究也证明了这一点。Chen（1998）为了研究专业对创业意向的影响，特意选择美国MBA的学生作为调查对象，调查结果显示学生对管理知识的摄入量越多，其创业意向也越高，证明了专业确实会影响创业意向。我国学者范巍、王重鸣（2005）在研究中发现，大学生的专业与其创业态度和创业倾向有显著的关系，结果为经济与管理类专业的学生更倾向于创办企业。王晔（2013）调查了内蒙古学生的背景对创业意向的影响，分析认为，受创业教育程度越大，学生的创业态度越好，越倾向于创业。Scott & Twomey（1988）认为，家庭背景会影响大学生的创业意向，家庭实力强的大学生倾向于创业，且家庭中的父母曾经创业过的大学生更倾向于选择创业，而经济实力雄厚的家庭比其他家庭更倾向于支持孩子创业。我国学者高静（2014）以重庆市高校大学生作为调查对象，对大学生的家庭经济状况对创业倾向的影响做了调查研究，研究结果表明家庭经济优越能正向影响大学生的创业倾向，而且其这种倾向性较为普遍。陈劲、贺丹、邱嘉铭（2007），王晔（2013），刘银红（2013）等人对大学生是否有创业竞赛经历对创业态度和创业倾向的影响做了研究验证，结果表明，有创业竞赛经历的大学生的创业态度和创业倾向高于未参加过创业竞赛的同学，但是他们并没有探讨参加创业竞赛的级别和是否获奖对大学生的创业意向的影响。Gurel E. & Altinay L.（2010）以土耳其的学生为调查对象进行了创业倾向的研究，研究结果表明，拥有高创业倾向的学生在渴望成就、自身内控制源、对于失败的容忍和风险承担、创新能力上表现得更为突出。

2.5.4 大学生创业面临的困难和问题研究

在当前形势下，虽然大学生创业是一种热点，但是存在各种原因使得创业人员较少。所以有学者研究大学生创业存在的问题和困难。从大学生目前创业存在的问题上来说，研究学者主要集中于以下几个方面：①创业切入口难找，创业存在迷茫（龚江洪，2013）。②创业活动集中在技术含量相对较低的部门（韦志江，2014；蓝盛建，张怀刚，2015）。③参与创业的大学生人数较少（韦志江，2014；梁正瀚，2013）。④即使创业，创业的失败率也较高（韦志江，2014；梁正瀚，2013）。⑤对创业形式的注重远远胜过对创业目的的注重，从而出现盲目追求利润，而忽略盈利模式和市场调研（韦志江，2014）。⑥创业思想认识不足。一方面思想保守，缺乏创业自信心（王凌菲，2008；梁正瀚，2013）；另一方面虽然拥有较高的创业热情，但眼高手低，乐观估量市场，急功近利（蓝盛建，张怀刚，2015）。

关于大学生创业存在的困难和障碍主要从以下几个视角来探讨：

（1）大学生自身方面的问题。许多研究学者认为，大学生自身存在各种各样的问题导致创业困难：大学生自身素质不高，如抗压能力低、抗风险准备不足、对失败的容忍程度低、社会化程度低、团队合作能力差、冲动暴躁等（王凌菲，2008；廖卓彦，2009；刘建设，2010；雷宇桥，2014）。

（2）政府、社会方面的问题。许多学者将政府政策、服务等方面的责任不到位作为大学生创业困难的原因。包括：①大学生缺乏创业启动资金，创业初期筹措资金存在困难（廖卓彦，2009；刘建设，2010；龚江洪，2013；蓝盛建，张怀刚，2015）。②缺乏细化的政策保障，创业政策不完善，创业政策体系不健全（刘建设，2010；张帆，2010；韦志江，2014；雷宇桥，2014）。③创业环境不够宽松，这包括了家庭创业阻碍（韦志江，2014）、社会创业氛围不够好（曾建国，2014）、创业培训机构对大学生创业关注度不高（朱永跃、胡蓓、孙鹏，2012）、创业舆论环境不好，创业宣传不到位，大学生对创业政策知之甚少（陈裕先、郭向荣，2006；龚江洪，2013）。④创业基础配套不够完善，创业设施供应紧张，创业孵化园建设相对滞后（朱永跃、胡蓓、孙鹏，2012）。

（3）高校创业教育方面的问题。许多学者研究认为，创业教育是大学生创业意识培育的一个重要起点。可是往往在实际中，创业教育在大学生创业过程中的作用发挥并不是很理想。这包括：创业教育仅限于理论，与实践结合不紧密（董亮、罗明明、涂小东，2007；韦志江，2014；蓝盛建，张怀刚，2015）；创业课程体系设置不健全、不合理，缺乏创业导师，创业训练不足（项意、项喜章、吴素春，2015）；学校创业教育类型单一，学生缺乏积累知识和经验的平台（张帆，2010）。

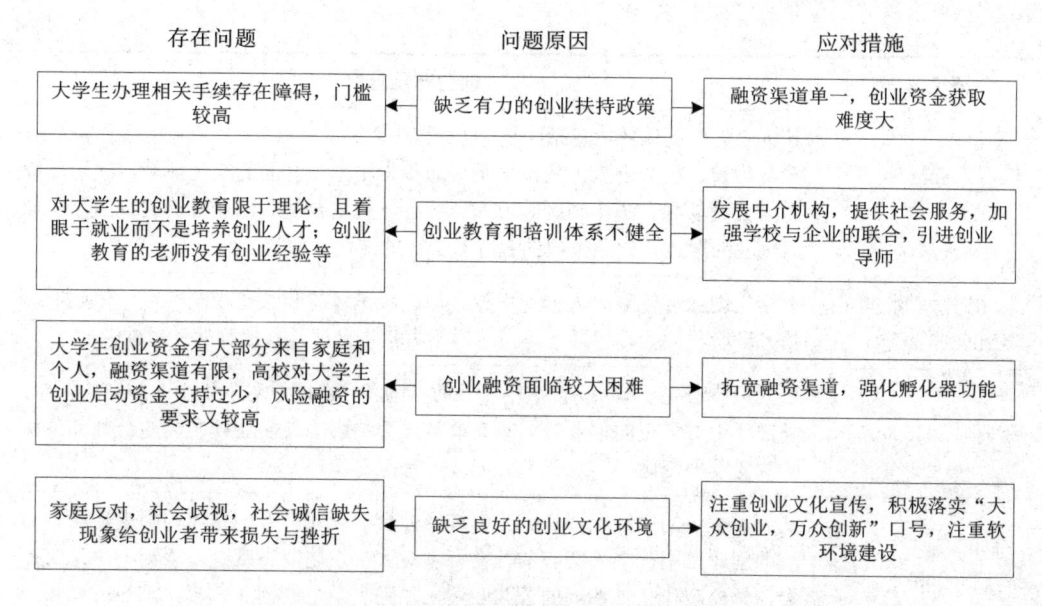

存在问题	问题原因	应对措施
大学生办理相关手续存在障碍，门槛较高	缺乏有力的创业扶持政策	融资渠道单一，创业资金获取难度大
对大学生的创业教育限于理论，且着眼于就业而不是培养创业人才；创业教育的老师没有创业经验等	创业教育和培训体系不健全	发展中介机构，提供社会服务，加强学校与企业的联合，引进创业导师
大学生创业资金有大部分来自家庭和个人，融资渠道有限，高校对大学生创业启动资金支持过少，风险融资的要求又较高	创业融资面临较大困难	拓宽融资渠道，强化孵化器功能
家庭反对，社会歧视，社会诚信缺失现象给创业者带来损失与挫折	缺乏良好的创业文化环境	注重创业文化宣传，积极落实"大众创业，万众创新"口号，注重软环境建设

图 2-16　大学生创新创业存在问题研究

还有学者研究了海归人才创新创业。杨月坤（2013）研究海归人才创新创业，他指出目前海归人才创新创业存在的主要问题是：资金和人才缺乏，市场不易开拓，产业集聚不明显、海归企业游离于主导产业之外，重引进、轻考核、淡激励，创新创业环境有待改善、配套服务参差不齐，等等。他同时指出，要解决这些问题，需要：大力推进"人才+资本"的创新创业模式，解决融资难问题；加大引进力度的同时完善人才评价体系，做到引进、使用与考核并重；创新海归人才的创新创业政策，不断提高服务水平。

2.5.5 大学生创业环境研究

大学生创业环境，是指大学生创业活动的各种外部条件和因素的总和，是大学生从创业意识的培育到进行创业的整个过程中，影响其创业行为的各种因素的综合体。本文总结了代表性研究学者对于大学生创业环境对大学生创业意向的影响的研究，如表2-6所示。

表 2-6　代表性研究学者对大学生创业环境研究

研究学者	创业环境分类
Hisri & Brush（1985）	研究了政府对于创业扶持和创业支持行为（包括税收和融资）对大学生创业的影响
徐家庆（2000）	大学生创业环境按规模可以划分为大环境和小环境。"大环境"具体是指社会、学校和父母以及亲朋好友的支持，"小环境"具体是指创业场所、创业设备和创业工具等

续表

研究学者	创业环境分类
Scott Shane（2003）	认为大学生创业环境包括经济、政治和社会等要素。经济环境包含收入、税制，经济增长、社会进步，物价水平、通货膨胀率等方面的宏观环境。政治环境包含公民权利、法律制度等方面。社会环境主要是对创业营造的氛围，包含对创业的尊重、创业失败的包容和稳定的文化信仰等方面
陈裕先、郭向荣（2006）	大学生创业环境划分为创业舆论环境、政策环境和法律规制环境、创业市场信息环境、创业教育环境等，这对于大学生来说具有很强的针对性
贺丹（2006）	研究整体宏观环境、高校鼓励创业的氛围和社会网络对学生创业倾向的影响，外部环境对学生的创业倾向具有非常显著的影响，创业倾向会随着外部条件的改变发生变化
蒋雁（2008）	认为大学生的家庭经济实力、学校及社会的创业教育、整体的宏观环境、高校的创业氛围、个人拥有的社会资本对大学生创业态度有显著影响，建议社会、学校应建立一系列的公共政策来加强大学生的创业教育、创业研究和创业资源的提供
梁正瀚（2008）	认为目前大学生创业存在以下问题：由于传统安稳观念的影响，大部分学生不会冒险去创业。即使创业，由于创业本身存在的风险与大学生本身的年龄与初入社会的盲目之间存在不相适应性，创业的成功率也很低，他认为要鼓励大学生积极创业需要优化创业环境，包括政策环境、舆论宣传、高校的创业教育等
Lundstrom & Stevenson（2010）	认为创业环境包括了创业教育、创业促进、减少进入障碍、启动支持、启动融资和目标群体政策等
金启慧（2010）	将大学生创业环境划分为宏观环境、高校环境、社会网络资源等。其中，宏观环境包括国家方针法规、公共管理的完善程度、经济发展状况以及地域文化等等；高校环境主要包括学校氛围、创业教育情况、学校支持大学科技园的建立等；大学生的社会网资源络主要指的是大学生的家庭、亲戚、朋友的支持与资金支持等
张帆（2010）	对中美大学生创业环境进行了对比分析，他认为影响大学生创业的因素包括大学生个人自身条件以及客观存在的创业条件，例如社会创业氛围、经济发展情况、创业资源利用、人才自由流动的机制等
张芳艳（2011）	认为创业政策环境中对大学生创业有影响的因素有经济方面的金融支持、高校方面的创业教育、社会上各类主体的创业服务、国家的配套政策和社会文化氛围等
韩力争（2011）	认为大学生的创业环境包括了经济环境、社会文化环境、高校教育环境、个人家庭环境。创业环境对创业态度有协调缓和作用
张云川等（2011）	研究认为大学生自身对于机遇的识别和把握受个人的家庭环境、当前的就业形势因素的影响

续表

研究学者	创业环境分类
段利民、杜跃平（2012）	按照GEM模型的九大方面研究了创业环境，GEM模型包含了资金、政府项目、政府政策、研究开发转移、市场变化和壁垒、教育和培训、有形基础设施、商业环境、文化和社会规范九大方面，这包括了本文所研究的大学生社会创业环境和创业政策环境，但是缺少学校创业环境的研究
李静薇（2013）	着重研究高校创业环境，如大学的创业教育、大学创业教育课堂教学情况、创业模拟以及创业实践、创业教育教师能力等。她认为，创业环境感知对在校大学生的创业意向和实际创业行为具有影响作用，就业环境感知度越好，其创业意向和实际创业行为就越高
吕晓帆（2013）	着重研究高校创业环境对大学生创业意向的影响，高校良好的校园创业环境，如开设创业相关课程、成立创业孵化基地、举办创业计划大赛等活动，能够激发大学生的创业意识

综上所述，并没有一个学者将大学生创业环境的所有方面和维度（包括国家经济形势、社会氛围、社会文化、家庭环境、政策环境、学校环境等）放在一个研究中进行研究。本文将综合大学生所处的各种能够影响其创业行为的环境进行研究分析。

第三章 科技创新创业政策环境理论及评价方法

本章的主要目的是提供一个理论分析框架和分析工具,为后续的研究奠定坚实的理论基础。其主要内容包括:创新创业、创新创业环境等概念的界定,创新创业政策环境评价一般框架与要素,创新创业政策环境评价的常见方法以及指标体系设计,等等。

3.1 创新、科技创新和创业概念

3.1.1 创新

近十几年来,"创新"一词越来越为人们所熟悉,"大众创业、万众创新"国家政策更是把中国的创新推向前所未有的高潮。许多事物均被冠以"创新"的名称,更是增加了我们对"创新"理解的困难,也提出了对"创新"概念界定的必要性。

"创新(Innovation)"的基本概念由约瑟夫·熊彼特(Joseph Alois Schumpeter,1883-1950)在其代表作《经济发展理论》中首次提出,他认为所谓创新就是要"建立一种新的生产函数",即"生产要素的重新组合",就是要把一种从来没有的关于生产要素和生产条件的"新组合"引进生产体系中,以实现对生产要素或生产条件的"新组合"。该定义虽然经典,但是无助于我们区分什么是真正的创新,近年来许多创新研究学者有了进一步修正和补充,提出了一些新的概念:

(1) Rogers(1995)认为,"创新是一个创意、一个操作流程或者一个物体,它被个人或者组织作为新的东西加以采用"。

(2) Betje（1998）认为，"创新是在生产、配送以及消费产品或者服务过程中所采用的新东西"。

(3) DTI（2004）认为"创新是对创意的成功采用"。

(4) FreemanandSoete（1997）认为，"创新是对新流程的首次商业化应用，或者新产品的首次商业化生产"。

与熊彼特创新概念相比较，后面的概念更接近创新的本质，因为他们提到了企业和商业，这正是所有创新均具备的重要特性。这些概念也强调了一个事实，创新是对创意或者发明的商业化开发和应用，以便能在市场上交易。Freeman & Soete（1997）的概念更加有用，因为它指出尽管创新需要新颖，但是同时也需要商业化流程去把发明转化为能够上市的产品。但是Freeman & Soete（1997）的概念也有一个缺陷，在他们的定义中创新意味着必须是物理实体或者事物，比如产品和流程，因而没有清楚地指出创新也包括服务。事实上新颖的创意早已构成了创新的一个重要门类。近年来，互联网更是大大提高了服务创新所占的比例，Facebook、eBay、Youtube、淘宝、微信等普遍受欢迎的新型服务因互联网技术而生，满足了消费者各类需求。

因此，创新包含了技术和利用两个维度。通常我们把第一个维度视作发明；而第二个维度视为商业化。对发明的开发利用，把一个模型或者原型变为市场上可供消费者购买的东西。与创造一项发明相比，后者更缺乏英雄主义的迷人色彩，但是更加重要。不幸的是商业化往往被人忽略，由于没有商业化，发明仅仅停留于伟大的创意，无法给消费者带来满意的产品。只有两个维度均被有效地实施，才成功地实现了创新，如图3-1所示。

图3-1 发明、商业化与扩散

所以，我们对创新的定义可以简单概括为：创新 = 发明 + 商业化。需要注意的是，这个简单概括主要针对于"产品创新"这种模式，能够很好地反映其实质；对于服务创新和流程创新，"发明"一词可能不太合适，"创新＝创意＋商业化"更贴切一些。从本质上看，创新本身就天然地包含了创业的内容和过程活动。

3.1.2 科技创新

1. 科技创新的实质

在技术创新领域，"创新"一词还被冠以各种修饰词汇，形成了诸如"技术创新""科技创新"等衍生名词，那么它们和"创新"是否有区别呢？如果有的话，区别又在哪里呢？

追溯早期研究文献，也可以证实"技术创新"的概念是逐步衍生出来的。1912年，奥地利经济学家熊彼特在其《经济发展理论》一书中首次提出"创新"的概念，认为创新是生产要素的新的组合从而获取潜在利润的过程，不断打破旧有结构，创造新结构的过程，主要包括产品创新、工艺创新、市场创新、资源开发利用创新、体制和管理创新。熊彼特并未明确地将"科技创新"从"创新"概念中分离出来，于是，Solow对其理论进行了深入研究和探讨，提出了"科技创新"的概念及其"两步论"。1962年伊诺斯（J. L. Enos）在其发表的《石油加工业中的发明和创新》一文中明确提出技术创新的定义："技术创新是几种行为综合的结果，这些行为包括发明的选择、资本投入保证、组织建立、制订计划、招用工人和开辟市场等。"正是由于伊诺斯的定义，学术界产生了对创新的定义和研究的浓厚兴趣，不同学者纷纷就"创新"的概念进行了定义和研究。厄特巴克（J. M. Utterback）从区别发明或技术样本的角度来定义技术创新就是技术的实际采用或首次应用。弗里曼（C. Freeman）在《工业创新经济学》中明确指出："技术创新就是指新产品、新过程、新系统和新服务的首次商业性转化。"

根据百度百科对科技创新的定义，科技创新是指"创造和应用新知识和新技术、新工艺，采用新的生产方式和经营管理模式，开发新产品，提高产品质量，提供新服务的过程"。科技创新可以分成三种类型：知识创新、技术创新和现代科技引领科技创新的管理创新。

归纳上述概念，不难看出所有的创新与发明存在千丝万缕的联系，而所有的发明均是科学发现和技术进步的产物。追根溯源，创新始于科学与技术，特别是当我们把"科技"一词的外延拓展至管理技术、生产方式甚至是商业模式时，我们就更能肯定技术在创新当中的作用，无论是有形的产品创新或者是无形的服务创新和流程创新，均和科学与技术脱离不了关系（见图3-2）。所以毫不奇怪，为了突出科学技术在创新中的作用，人们常用"科技创新"或者"技术创新"来称呼"创新"。

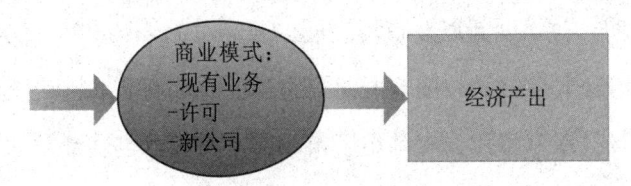

图 3-2 科技创新

用"科技创新"指代"创新"的好处是，能够充分肯定科学与技术进步在创新中的作用，引起人们对科学与技术研发工作的重视，而且这一概念也比较容易被政府科技管理部门，如科技部、科技厅、科技局等科技管理工作者所接受。

但是，其缺陷也是比较明显的，甚至有时候是致命的。如果不谨慎处理会引发人们理解的混乱，甚至是创新管理工作理念的错误。这些缺陷包括：其一，既然有"科技创新"，那么肯定就存在"非科技创新"了，基于非此即彼的思维模式，于是就很容易把基于"软科学"的生产方式创新、商业模式创新、服务创新等归类为"非科技创新"，甚至干脆认为他们就是"非创新"。事实上，从创新的本质上，所有这些都应归为"创新"，并且都是基于广义的科学技术的。其二，"科技创新"的提法更倾向于强调"科技"在"创新"中的作用，使人们有意无意地忽略了创新的第二个维度"商业化"，容易误导人们认为"科技创新"是科技工作者的事情，单纯依赖科技工作者的努力即可完成。事实上，任何一项创新均离不开商业化，成功地把一项发明商业化需要商业努力。

因此，我们的理解是，从本质上来讲："科技创新＝创新"。但是，其前提条件是科技不仅仅局限于自然科学技术，而是包括生产技术、管理技术、商业技术等"软科学"技术。

2. 科技创新的模式

早期的技术创新理论，倡导的主要是技术推进模式（见图 3-3）。技术创新取决于科学技术进展，只有当科学技术上获得重大发现，技术创新活动才得以产生和开展，并最终实现科学技术成果的商品化。由此可以看出，科技创新是技术创新的一个阶段性过程，科技创新的技术成果被企业产业化或得到企业的首次应用和实际采用，即转入到技术创新的阶段。

图 3-3 技术创新的技术推动模式

大约从 20 世纪 60 年代开始，技术推动模式受到了种种指责，人们注意到了科学技术的发现和发明、技术创新以及市场之间的复杂关系。1966 年，美国经济学家施莫克乐（J. Schmookler）提出了与技术推动模式相反的市场需求拉动模式（见图 3-4）。技术创新源于市场需求信息，只有满足了市场需求的技术创新活动才会获得成功。

市场需求 → 构思 → 研究开发 → 生产 → 投入市场

图 3-4　技术创新的市场拉动模式

以上两种模式都是单因素决定的线性模式，它们虽然能够解释一部分技术创新活动，但又难以避免各自的局限性或片面性。美国经济学家莫厄里（D. Mowery）和罗森堡（N. Rosenberg）最早阐述了"推－拉综合作用模式"（见图 3-5）。他们认为，技术创新是一个非常复杂的过程，是科学发现和技术发明所提供的技术机会和由市场需求或社会需要提供的市场机会综合作用的情况下产生的。

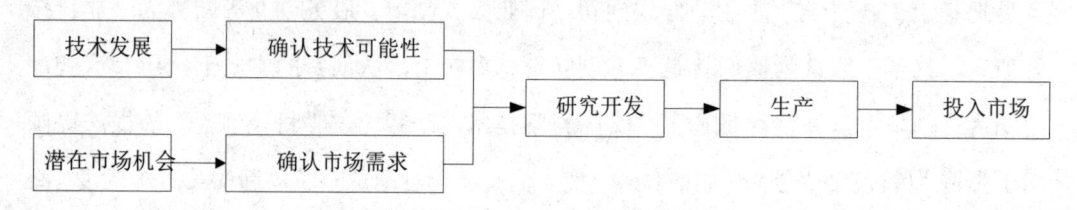

技术发展 → 确认技术可能性 ↘
                              研究开发 → 生产 → 投入市场
潜在市场机会 → 确认市场需求 ↗

图 3-5　技术创新的综合作用模式

以上的几种技术创新过程都是单向无反馈的模式，有学者认为，不管是技术推动、市场拉动还是两者的综合作用，都没有能较好地反映出创新系统应具有的敏感性和协调性，以及整合与转化的功能。由此，我国学者关士续等对技术创新的过程进行了模式化研究，提出双向循环模式（Two-wayCycle）（见图 3-6）。他认为，需求拉动最终决定了转化过程的方向和快慢，科技推动则决定了转化实现的方式和途径。

基础研究 ⇄ 应用研究 ⇄ 开发研究 ⇄ 生产应用 ⇄ 市场需求

图 3-6　双向循环模式

国外学者霍夫勒将科技创新活动和企业的技术创新活动视为两个循环过程（见图 3-7），它们之间通过"信息转让和培训活动"而联系，表明了技术创新的本质特征在于科技创新和经济活动两循环的有效结合。

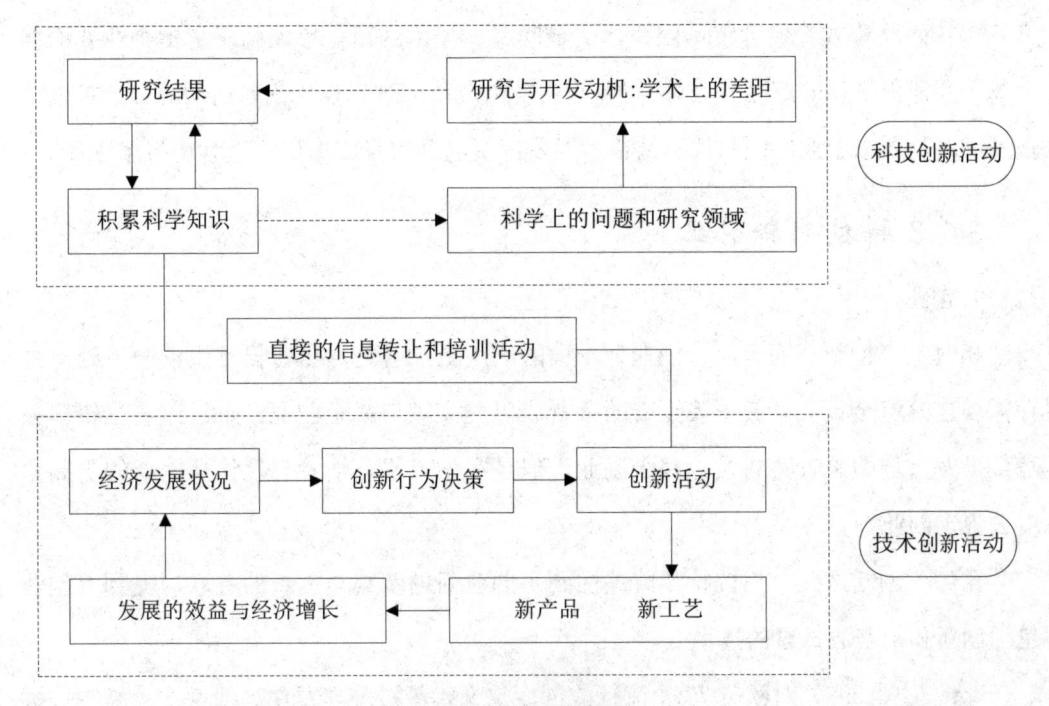

图 3-7 霍夫勒模式

关于企业内部的技术创新过程，岳清唐指出：企业要进行技术创新，至少要涉及以下因素，包括市场的发现与开拓、技术的开发与研究、人员的培训与调整、设备的更新与改造、资金的筹集与使用、资源的开发与供应等；而这正是企业技术创新运行机制需要平衡和综合的。于是，岳清唐提出了"三回路模式"，如图 3-8 所示。

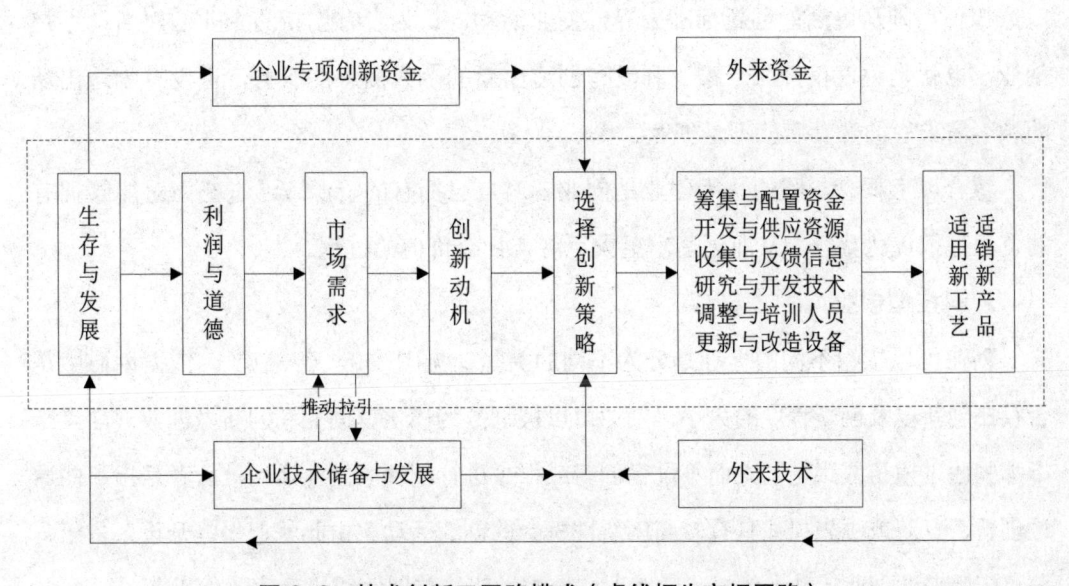

图 3-8 技术创新三回路模式（虚线框为市场回路）

"三回路模式"包含市场回路、资金回路、技术回路。市场回路是指企业要面向市场不断地提供新的产品与服务,资金回路是指企业要进行技术创新活动的资金投入,技术回路是要求企业必须和技术结合才能发挥资金和市场的作用,造就出技术创新。

3.1.3 科技创新创业

1. 创业

相对于"创新"而言,"创业"一词的泛用更加普遍。尽管日常生活中,处于生存需要自筹资金设立一家平淡无奇的杂货店以养家糊口属于创业,每日蹬着三轮车去蔬菜批发市场贩来青菜售卖也属于创业。但是在学术界,学者们往往从创新的更高角度去界定创业。

比如"创新之父"熊彼特早就关注到了创业问题及其与创新的关联,提到"创业包括创新和未曾尝试过的技术"。

Morris(1998)对欧美77个流行的创业定义,经过整理发现出现频次最高的关键词主要包括:开创新视野、创建新组织,创造资源的新组合,捕捉机会,风险承担,价值创造,等等。可见创业总是和"新"字联系在一起,无论是新机会、新组合、新业务、新组织、新企业乃至新事业。国内学者常忠义(2008)认为,创业是创新的重要内容,是创新的组成部分,创业的能力与活力是技术创新体系在创业过程中所应具备的基本条件和潜力。

德鲁克则从更高的创新标准去界定创业活动,认为没有创新的企业创建活动不是创业,也就是说仅仅开张一家"既没有创造出新的令人满意的服务,也没有创造出新的顾客需求"的熟食店就不是创业。

综合以上概念,我们认为创业是创业者对自己拥有的资源或通过努力对能够拥有的资源进行优化整合,从而创造出更大经济或社会价值的过程。

2. 科技型创业

创业可以依据不同的标准划分为不同的类型(见图3-9,表3-1)。依据创业中是否存在创新以及创新程度的大小,创业可以被划分为模仿型创业和创新型创业。前者是指那些通过模仿或跟随别人而不进行创新或很少进行创新的创业活动,后者是指那些通过创新、变革或领先抓住具有较高创新性机会的创业活动。由此就把那些开设杂货店、蔬菜店等普通创业活动和依托科学发现和技术发明的首创性创业活动区分开来。

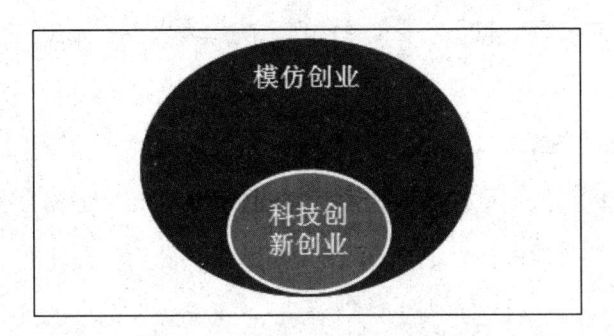

图 3-9　模仿创业与科技创新创业

表 3-1　　　　　　　　　　　　　　创业的类型

分类依据	子类	说明
创业目的	生存型创业	指那些由于没有其他更好的工作选择而从事创业的创业活动
	机会型创业	指那些为了追求一个商业机会而从事创业的创业活动
创新程度	模仿型创业	指那些通过模仿或跟随别人而不进行创新或很少进行创新的创业活动
	创新型创业	指那些通过创新、变革或领先抓住具有较高创新性机会的创业活动
创业主体	个体创业	指与原有组织实体不相关的个体或团队进行的创业行为
	公司创业	指由已有组织发起的组织创造、更新和创新活动，是组织内部的个体或群体通过与组织联合来创建新的业务机构、推动组织内部战略更新和创新的过程

资料来源：《中国创业型经济政策研究》。

我们所要研究的科技创新创业，就是那些以科技为支撑、以创新为手段的创业活动。其实质就是通过新建组织的方式把一项发明或者创意顺利转化为产品推向市场，消费者通过产品/服务购买而从中受益，对于流程创新（资本品创新）而言，则是企业购买并纳入到生产/服务流程中，从而提高生产效率。通过上述活动，创业者获得自己应有的商业回报。

可见，科技创新创业则将创业提高到一个层次，与普通创业活动相比较创新是它的关键特征。科技创新是科技创业的先决条件，创业是科学知识价值的终极体现，科技成果转化程序是科技创新创业的有效保证。熊彼特的创新理论也指出了这一点，创新来源于创业，创新应该成为评判创业的标准。在熊彼特看来，企业家的职能就是实现创新，引进生产要素的"新组合"。科技创新创业活动则是创造竞争性经济体系的重要力量。肖玲（2003）指出，科技创新创业是经济增长和社会进步的主要因素，科技创新是经济增长的"发动机",要把"潜在"转化为现实"存在"就必须把"创新"转变为"创业"。

3. 创新与创业的关系

创业和创新之间的关系尽管在各种文献中已被讨论多年,但仍存在较大的争议。很多学者尝试对两者的差异进行界定。如米克斯(2004)认为,创业是创造新的商业,然而创新是在市场中应用一种发明。创业不是创新,创新也不是创业。创业可能涉及创新,或者并不涉及创新;创新可能涉及创业,或者并不涉及创业。创业强调以下的问题:如"企业从何而来""人们为什么创建新的商业""商业是如何被创造的"等等。刘键钧(2003)认为,创新泛指"创新成果被商业化的价值实现过程",创业则特指"创建企业的过程"。前者完全可以在已有的企业组织框架内实现,不一定涉及企业组织制度的建设;而后者必然要涉及企业组织制度的建设。尽管创业活动必然地涉及创新活动,但创新活动并不必然地是创业活动。从熊彼特"生产函数"的角度来分析,"创新"主要是通过改变函数的自变量来建立新的生产函数,"创业"则必须通过改变函数式来建立新的生产函数。李乾文(2004)通过对相关领域国外专家的网上访谈,竟得到十余种关于创业与创新差异的不同解答,如Cheri Stahl认为,创新包含新技术的导入,而创业导致新财富的创造。Monica Diochon认为,创新体现的是一种"结果",而创业是"工具或手段",它是通过创业而获得创新的过程。Lars Kolvereid则认为,创业更多指的是新创建企业的行为,假如你想给一个更宽些的定义,可以为个体或团体识别和开发风险机会的过程;创新则是给组织、产业或地区等介绍了新的东西,创新一般发生于已有组织、产业或地区中,分析的单位通常是组织、产业或地区层面。

学者们在关注"创业"与"创新"差异的同时,也在努力探索"创业"与"创新"之间的联系及其本质上的渗透与融合。从创新和创业的基本内涵不难发现,创新与创业相互融合,相辅相成。创新是创业的基础,创业的成败根本依赖于创新程度;创业是创新的载体和表现形式,只有通过创业实践才能检验创新。二者相互促进又相互制约,是密不可分的辩证统一体。熊彼特在其创新理论中指出,创新来源于创业,创新应该成为评判创业的标准。在他看来,企业家的职能就是实现创新,而创业活动则是创造竞争性经济体系的重要力量。

Kanungo等人认为,创新是创业的特殊工具,在创新和创业之间存在着不可忽视的交集。Herbig等人认为,新企业的创业和创新的潜力高度相关。彼得·德鲁克在书中提出：“企业家从事创新，而创新是展现创业精神的特定工具，是赋予资源一种新的能力，使之成为创造财富的活动。”"任何一家企业都能获取创业精神及从事创新。创业精神和创新可以通过学习而获得，但这仍需要付出辛勤的劳动。"此外，国内学者张玉利指出，创业的本质是创新、变革，没有创新的创业不可能有很好的发展，没有创业精神也同样不可能有重大的创新产生。张映红（2006）提出，公司创业就是以创新和战略变革为核心的组织行为和特征。南京大学王永贵、张晓（2006）通过对129 份企业高层经理人员的调查问卷进行探索因子（EFA）分析，识别出公司创业的新企业开拓、创新性、自我更新、先动性和风险承担5 个关键维度。任迎伟、张宁俊（2006）认为，公司创业的实质是组织主导下的创新，它在很大程度上依赖于组织对外部知识的吸收和转化。周艳春（2009）概括认为，创新是创业的源泉，是创业的本质，创新的价值在于创业，创业推动并深化创新。

综上所述，我们认为创新和创业之间存在着如下的关系（见图3-10）：首先，创新和创业属于两个不同的概念，两者不能等同，也不能完全相互替代；其次，创新和创业又存在着密不可分的关系，创新和创业互为手段、相互依托；最后，在某种情形下，创新和创业的过程是一致的，二者可以同时实现成功，例如我们所要研究的科技创新创业就属于这种情形。

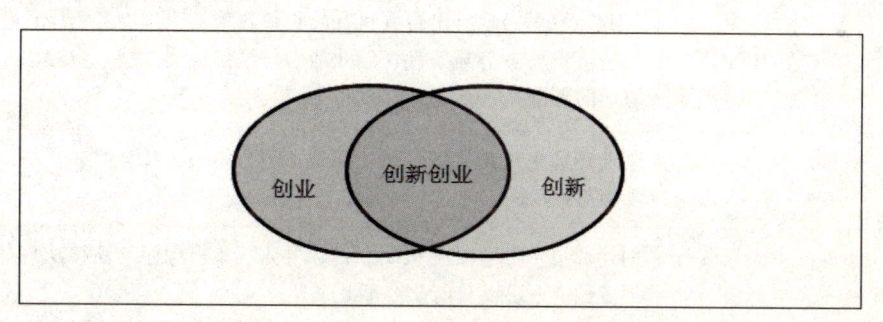

图3-10 创业、创新与创新创业的关系

3.2 创新创业政策环境的理论分析

3.2.1 创新创业环境概念及其构成

1. 创业环境的概念

任何创业活动都必须面对一定的创业环境，整个创业活动无不受到特定的创业环境的影响和制约。理论界对影响创业经营活动的环境关注已久，后来随着创新创业活动越来越受到理论界的重视，一些学者开始把对创新创业有重要影响的环境因素从管理（组织）环境中分离出来单独进行研究。Gnyawali & Fogel（1994）指出，外部环境因素是影响新创企业成长与发展的最为重要的要素，创业过程中所需要的创业能力、创业意愿和创业机会等众多要素集体构成了创业环境，并在此基础上构建了有关创业环境的整合模型。

创业环境是一个内涵丰富、外延广阔的概念，目前尚未有学者对创业环境归纳出清晰的定义。国内学者从不同视角对创业环境进行界定，最具有概括性和综合性的是以"系统论"和"平台论"为主的两种观点。"系统论"观点认为，创业环境是由各类系统如经济系统、社会系统、政治系统等组成的。"平台论"认为，创业环境是指由政府和社会为创业者提供的一个创办新企业的公共平台，在这个平台上创业者可以获取资源，整合生产要素。综合来看，国内外对于创新创业环境的研究，都在这两种理论之内，如表3-2所示。

表3-2　　　　　　　　　　国内外创业环境体系观点

研究学者/组织	创业环境构体系
Devi, R.Gnywali & Daniel（1994）	创业环境由创业氛围与文化、创业所需的服务环境、创业政策实施与执行的环境、融资条件与环境组成
张玉利、陈立新（2004）	创业环境囊括政府出台并执行的相关政策与工作服务程序、社会整体经济发展态势与条件、创业能力与经营管理技能、金融与非金融方面的支持
王晓飞（2004）	创业环境由政策系统、融资系统、智力系统、社会服务系统、产业支撑系统组成
Lundstrom & Stevenson（2005）	创业环境由创业文化机制、目标群体政策、程序与法律法规体系、创业融资渠道以及创业教育组成
陈宝（2006）	创业环境涵盖经济、政治、法律、文化、技术、自然
郭元源（2006）	创业环境包括基础、服务、科教、文化、环境五个方面的支撑系统
Lim等（2010）	金融、教育、法律等构成的制度环境影响创业
Meek等（2010）	社会规范作用应该被加入到创业环境
王观松、龙小康、毛敏、翟一博、谢标（2010）	科技创业政策由人才政策、金融政策、工商政策、政府项目计划、创业平台与载体建设、知识产权保护与科技成果转让、技术股份、产业政策、创业理念的教育与培养组成
白芮（2013）	创业环境包括市场环境、政策环境、资源环境、人文环境

续表

研究学者/组织	创业环境构体系
王延荣、宋冬凌（2015）	创业政策实施安排应具体包括国家战略和宣传部门、政策制定部门、教育与培训部门、金融服务部门、基础建设部门、社会保障部门、第三方机构
全球创业观察（GEM）	创业环境包含金融支持、政府政策、政府项目、教育与培训、研究开发转移、商业和专业基础设施、市场开放程度/进入障碍、有形基础设施、社会规范

我们认为，创业环境就是与创业相关的环境因素，自然环境因素、社会环境因素都包含在内，对创业者的创业意愿、创业行为和创业结果有着重要影响。创业环境是创业者进行创业活动和实现其创业理想的过程中必须面对和能够利用的各种因素与条件的总和，主要是有利的交易规律，很高的知识密集度，人才的高素质和以认股权为中心的凝聚人才的机制，鼓励冒险和宽容失败的氛围，开放的经营环境，与产业界密切结合的研究型大学，高质量的生活环境，与企业运营有关的专业化的商业基础设施和社会服务体系，等等。

2. 科技创新创业环境的构成体系

科技创新创业环境是创新创业活动的外部条件，没有适宜的环境，创新创业活动难以顺利进行。科技创新创业环境构成体系能为我们在评价创业环境时提供一个清晰的创业环境分析框架。表3-2列举了国内外诸多创业体系构建的建议和研究成果，其中GEM（Global Entrepreneurship Monitor）全球创业观察模型影响力较广。因此在构建创新环境模型时，我们充分考虑了GEM模型对一般创业环境九个维度的考察，并对其进行了适度的修正和简化，认为科技创新创业环境主要涉及七个方面内容，如图3-11所示。

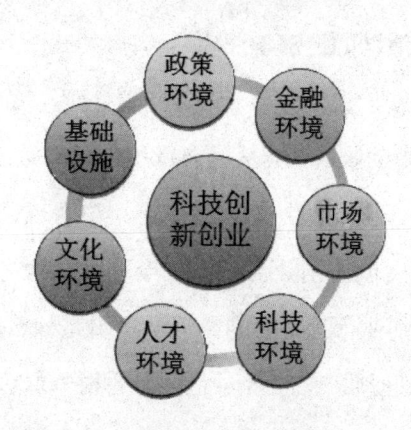

图3-11 科技创新创业环境构成

（1）政策环境。政府政策法规环境主要考察地区或城市政府及相关部门对科技创业企业的相关政策支持及其政策执行的具体情况，包括创业企业技术支持、专业人才供给政策、专项资金支持、税收优惠、对创业活动和成长企业的规定、环境和安全的规定多个方面。

（2）金融环境。融资问题一直是科技创业面临的难题，金融环境的评价主要从融资渠道、融资政策、融资方式三个方面考察。

（3）市场环境。市场环境可以说是立足于企业微观角度，考察新创企业市场进入障碍、企业间的公平、有效的竞争机制以及企业在市场中获取中介机构支持的可能性。

（4）科技环境。主要考察科技创业获取核心技术资源的情况，主要包括：科技成果交易市场建设完善程度，公共技术服务平台的完善程度，与高校、科研所合作情况，大专院校、科研所数量，大学、科研机构分布合理性，R&D经费比例，等等。

（5）人才环境。人才环境是科技创业环境的一个重要组成部分。主要从企业获取专有技术人才、科技人才的人力资源的丰富程度和企业自身的用人机制两个方面来考察企业的人才环境。

（6）文化环境。一个国家或区域的社会文化环境对创业的影响是潜移默化的效应，在一定程度上说地区间文化差异是导致创业结果差异的主要影响因素之一。创业机会的发现部分取决于企业服务地区和特殊顾客所处的文化环境。

（7）基础设施。主要考察有形资源的质量和企业获取基础设施支持的状况。主要包括：能源供应、土地、场所、电话、互联网等通信设施、城市交通建设完善程度。

3.2.2 科技创新创业的"市场失灵"与政府干预

1. 政府干预创新创业活动的经济学逻辑

市场经济体制下，创新创业应该属于企业自主行为，企业家支付和承担创新行为的成本，享受创新成功带来的收益，当然也要承担创新失败所带来的不良后果。但是，从世界各国创新实践来看，主要世界发达国家无不出台鼓励创新创业的政府政策，不遗余力地支持本国企业开展创新创业活动。完全违背了西方社会"自由市场经济"的信条。这种政府干预创新创业行为背后的经济学逻辑是什么呢？

"市场失灵"是政府干预企业创新创业行为的根本原因。经济学鼻祖亚当·斯密的"看不见的手"理论认为，自发的市场调节在经济资源的配置过程中可以达到实现均衡的效果,即生产者可以以最低的成本生产社会最需要的产品,同时能够达到最优产量;与此同时,消费者能够以等于生产成本的价格购买到商品,即商品价格等于边际成本。张伯伦、罗宾逊夫人、庇古、帕累托、萨缪尔森等一批经济学家认为,市场经济在资源配置时还存在"市场失灵"现象,即市场在发挥资源配置作用时出现低效率或无效率的情况。市场失灵的主要表现为:①市场存在着垄断或不完全竞争,使其并不总是产生最有效的结果;②市场行为的外部性可能产生负面的外溢效果;③市场机制不能保证公共物品的供给;④市场信息的不完全性或不对称性所导致的经济中的不确定性;⑤市场所导致的收入分配后果在政治上或道义上无法接受。

因此,在出现"市场失灵时"需要政府的积极介入,以"看得见的手"弥补"看不见的手"的不足之处。如 Schilder & Dirk(2006)认为,政府应该对创业投资市场进行干预:首先,从静态角度来讲,政府的创业投资活动主要是解决市场失灵问题,市场失灵可能会引起早期的创新公司的股权空缺;其次,从动态角度考虑,早期发展的创业企业需要刺激来激发它的创业热情;第三,政府创造一个刺激创业和创新活动的环境,可以发挥技术溢出效应和社会带动效用。

Markku & Gordon(2003)认为,政府干预手段分为直接干预和间接干预两种:直接干预就是政府通过直接为高潜力的早期创业公司提供融资;间接干预就是以引导基金的形式参与私人投资,并要求私人资本对创业企业进行投资。这些政策的目的是刺激私人投资公司进行投资,即发挥引导基金的杠杆作用,引导私人资本进入它们不愿意进入的投资领域。

如果把"创新创业"视为一种有用的产品供给,在该市场上也存在着失灵问题。其突出表现是"创新创业"产品供给不足,即单纯的市场手段无法动员足够的创新创业资源投入到创新创业的过程中。在创新创业市场中,政府干预是十分必要的。各国的实践也表明,设立创业投资引导基金等经济干预行为,是纠正创业投资市场失灵的有效方法。创业投资引导基金的宗旨是发挥财政资金的杠杆放大效应,增加创业投资资本的供给,克服单纯通过市场配置创业投资资本的市场失灵问题,特别是通过鼓励创业投资企业投资于种子期、起步期等创业早期的企业,弥补商业创业投资资本主要投资于成长期、成熟期和重建企业的不足。

2. 从研究开发(R&D)的特征看"市场失灵"的表现及原因

关于研究开发(R&D)的"市场失灵"问题的研究,国内外研究者提出了比较深入的分析，吴知音（2011）从研究开发的特征分析，认为主要表现在三方面：

首先，R&D的不确定性和风险。在R&D初始阶段，其投资回报率很难确定，这种不确定性阻碍决策的制定。当不确定性很高时，私人部门会明显减少总的R&D投入，或者抛弃长期R&D项目，转而投向短期R&D项目，使社会福利受到损失。

其次，R&D产出品的专用性。在基础技术的开发上，由于所需的专业技术不同，不同产业或者不同私人部门的开发方式、开发程度是不同的，从而导致私人部门资助的基础技术通常在数量、质量和一致性上是不同的。如果社会中有许多单位使用某种基础技术，那么将产生一个标准，这样，单个私人部门的基础技术就变得没有价值，或者必须与其他企业分享它所开发的基础技术。又由于技术的专用性非常强，同一技术很难被其他行业甚至部门顺利使用，为了使用某项关键基础技术，其他行业或部门将不得不重新进行R&D，这种重复研究浪费了R&D资源，降低了社会福利水平。

最后，R&D利益的外溢。根据内生增长理论，R&D产出的知识品与一般的私人商品具有极不相同的性质。它具有使用的非竞争性，也就是说当知识品创造出来以后，任何相关使用人都可以对其进行应用。在假设不存在专利保护制度和知识产权的条件下，复制、使用和传播知识品的成本与生产成本相比极其微小，甚至可以忽略不计。知识品高度的利益外溢使其排他非常困难。知识产权与专利制度的确立使得知识品部分地具有了私人产权，排他成本大大降低，可在一定程度上解决"免费搭车"问题，然而知识品的私有产权并不能通过专利与知识产权完全解决，知识品的利益外溢难以阻止，如专利过期、模仿创新等。总而言之，R&D产出品的利益外溢无法完全解决。利益的外溢使私人部门生产这类产品没有足够的利益刺激，对整个社会来说将产生福利损失。

3. 从科技创新创业过程看"市场失灵"的表现及原因

首先，技术自身的发展规律即技术生命周期的存在成为市场失灵的原因之一。技术生命周期观点认为，技术的进步被看作是知识按照一定的步骤逐渐具备有用性并商业化的过程，当这个过程达到极限后不再满足市场需要，就会被新技术所淘汰。因为科技创新实际上是一个动态过程，即具有共性的基础知识逐渐物化为具有经济价值的商品过程，并且从发明创新到商业化再到最终凸显其经济价值，需要一个较长的时间，而且那些采用旧技术的企业，由于与新技术相配套的熟练劳动力、资本以及基础设施等互补性经济资源不能和新技术并行开发，导致企业技术生命周期进行转型很困难，与此同时，创新过程中的小的新的产品和工艺创新，随着市场竞争的加剧周期可能越来越短、而转型过程中互补性经济资源不能及时跟进，可能会使大多数企业只注重研发周期较短、收效较快的技术和产品，例如引进、模仿成熟技术成为众多企业的选择，而不愿将人力、财力和物力投入到具有长周期、收益回收慢的突破性创新的领域。市场的资源配置功能遭到破坏，虽然企业获得了短期利益，但就整个国家的技术水平和创新能力来说却是进展缓慢或停步不前。

其次，科技创新的溢出效应，即科技创新所获得的经济利益并没有被创造技术知识的公司获得，而是大部分知识溢出到别的企业和公司，出现"搭便车"现象。这种体现为知识的科技创新的成果一旦溢出，就具有公共产品的性质，市场机制无法保护创新者的利益，抑制了公司创新的积极性。

再次，科技创新的不确定性风险引致市场失灵，这种不确定性表现在技术研发和市场的不确定性两个方面。由于科学研究必然面临未知的领域，一切研究的结果是未知的，技术研发过程中无法提前知晓研发过程和结果所面临的各种状况，对于技术前景做出过于乐观的预测，造成过量投资也是市场失灵的原因。另外，研究过程的复杂性致使多个来自不同学科研发团队共同参与并合作，使用多种技术共同结合创新而成的结果，限于资金财力有限，很多企业没有能力组织庞大的研发团队并投入大量资金进行如此大规模的研发活动。市场的不确定性包括产品和技术能否进入市场、能否满足市场需求等方面，能否进入市场与技术本身的成熟度没有直接关系，即便是一项成熟技术也可能由于缺乏与之配套的种种技术生态环境而面临着无法进入市场的状况。

最后，科技创新的路径依赖与锁定引发市场失灵。路径依赖是指一种技术一旦形成，不管是否有效，都会在一定时期内持续存在并影响其后的技术选择，以后的技术变迁更容易按照这种技术走下去。如果这种技术路线一旦达成就很难退出，技术系统不得不走入一个特定的路线而难以再返回，那么该技术系统就形成了技术锁定（Lock-in）。技术的路径依赖和锁定说明技术选择的结果可能是无效的，优秀的技术在市场上输给一般的技术，这可能是由于在获取市场关联性时运气不好。因此，市场表现的并不一定是"优胜劣汰"，也有可能是"劣胜优汰"，而导致"劣胜优汰"的原因往往是小的事件和偶然情形，这些都是人为无法控制和预测的。在均衡的条件下，居于支配地位的技术和解决方案可能并不一定是最有效率的，因此技术锁定也可以看成是一种市场失灵。

科技创新受到市场失灵的影响，使得创新资源不能得到市场机制的优化配置，需要依靠市场以外的干预进行协调规范，干预正是政府的职能并得以发挥作用矫正市场运行机制的常用策略。

4. 从创业投资产业运营特征看"市场失灵"的表现及原因

首先，创业投资产业与一般产业相比，具有市场不完全、双重委托－代理关系、信息严重不对称和明显的科技创新创业外部性等特征，这些特征往往导致市场失灵。Schilder & Dirk（2006）指出，创业投资的市场失灵主要表现在：①股权资本总体供给不足。创业投资公司和创业者之间的信息不对称、道德风险问题会引起资本供给不足。②小规模投资融资困难。市场不完全主要表现为市场机制不完全。由于创业投资风险极大、创业投资家素质要求极高，致使创业投资市场的资本提供者和资本需求者都十分稀缺，难以形成正常的供求机制、价格机制和竞争机制。

其次，在创业投资产业的运行过程中存在创业资本家与创业投资家之间、创业投资家与创业企业家之间的双重委托－代理关系，这就必然面临代理问题。新制度经济学创立者布坎南（1989）指出，"代理活动所实际造成的经济利益或经济损失在并不完全由他个人承担的情况下，即在不同于以纯粹私人身份进行经济交易活动情况下，便很难保证他在任何场合都能够做到明智决策，并按照最佳方式采取行动"。在委托－代理模式中，逆向选择和道德风险则不可避免发生，这将造成市场效率的下降。

再次，创业投资市场存在的信息严重不对称，加重了逆向选择和道德风险发生的可能性。Brander & Hellmann（2010）指出，创业投资市场的信息不对称使创业投资融资中的逆向选择和代理问题更加严重。创业投资家运用相关的技能背景以获取企业和技术方面的信息，实现企业增值，但他们的努力不能完全消除由创业融资引起的市场失灵。双重委托－代理关系和信息严重不对称加剧了市场失灵。

最后，创业投资主要发生在高新技术产业领域，科技创新是高新技术产业形成、发展的源泉。然而，科技创新的一个明显特征是具有外部经济性。这种外部经济性使得创新企业往往不愿意独自承担创新可能失败的全部成本，而创业投资者也往往不愿意在高技术的研究开发阶段进入投资。Lerner、Moore & Shepherd（2005）指出，R&D和创新的外部效应导致公司创新减少。一个公司的创新可能会让其他公司抄袭或者效仿而获取，这种技术外溢性质削弱科技创新企业投资的积极性和能力。另外，由于高技术创业过程中的高风险，特别是早期阶段存在"死亡之谷"的高风险，市场中的投资者往往是不愿意介入，绝大多数创业投资企业是以创业后期阶段项目为主要投资对象，导致大量科技成果难以快速转化为经济价值。

5. 从科技创新创业融资现实看"市场失灵"的表现和原因

科技创新创业产生的大多数是小微企业或者中小企业，它们在不同的成长和发展阶段具有不同的融资特征和资源供给需求，但是，由于科技型企业创立就存在的先天不足和现有制度机制的原因，导致其在经营过程中难以获得有效的资金和其他资源的有效供给，必然产生种种"市场失灵"。根据《证券日报》2013年9月18日刊文分析认为，我国科技型中小企业融资的"市场失灵"和困难主要表现在：

首先，按照现在金融市场的制度机制设计，难以获得有效的资本供给，表现出"市场失灵"。科技型中小企业融资仍以银行贷款为主要渠道。虽然目前中小企业融资有银行借贷、第三方机构担保和民间融资等多种渠道，但我国中小企业融资的主要来源仍是商业银行等各类金融机构提供的间接融资。但是，往往由于科技创新的中小企业缺少有形资产，使通过担保获得融资的途径不畅，而民间融资的高利率大大限制了科技型中小企业长期性的大额融资需求。

其次，公司债券市场和资本市场，由于受法规制度限制以及最低资本规模、经营年限的要求，对刚起步的科技型中小企业来说门槛太高。风险投资的发展虽然在一定程度上缓解了科技型中小企业外部融资难题，但其规模有限，对投资方向、运行机制等有着严格的规定，通常指向特定的经济部门和行业，这自然会使许多科技型中小企业难以获得风险投资。

再次，科技型中小企业技术创新融资具有一定的风险性。企业创立初期，产品的研制开发、生产和销售等方面都具有高风险，主要表现在：企业受经营环境的影响，变数大且无法预估；企业贷款多为流动资金，贷款需求急，频率高且管理成本高；企业发展历史短，规模小。资产的无形性，往往缺乏可用于抵押的实物资产；企业缺乏市场竞争力、管理水平较低；企业没有或者缺乏信用记录，信息透明度低，与投资方存在很强的信息不对称。上述特征决定了科技型中小企业很难在市场机制之下从银行得到足够的贷款，也很难从债券市场和股票市场筹集到充足的资金。

最后，科技型中小企业临时性融资普遍具有迅捷性。一般而言，在企业资金需求中，用于临时性生产周转资金需要的数量不大，但时间紧，对便利性要求很高；而目前商业银行对资金需求的层层审批机制手续烦琐复杂、时间较长，尤其是临时性资金需求，这种审批常常错失企业的市场机会。

可以看出，在科技型企业创立成长过程中，政府和社会必须给予扶持支持，采取特殊的优惠政策，以弥补市场机制的失灵，促进企业的创立和成长发展，特别是在我国的环境中，市场经济不够成熟，市场机制不够完善，市场体系不够健全，市场监督管理水平和能力需要不断提升。其实，从世界各国看，同样的问题和困难具有普遍性，即使在市场经济发达的国家一样存在科技型企业创业发展的融资难题。

3.2.3 政府引导支持科技创新创业政策构成与促进机理

1. 政府引导支持科技创新创业的政策构成

正如在前面的研究综述里面介绍的那样，关于政府支持科技创新创业政策的构成，不同的研究者从不同的视角提出了不同的观点。我们在研究中，将我国政府引导支持科技创新创业的政策划分为七个方面，包括：财税政策、金融政策、科技成果转化政策、知识产权保护政策、创业人才政策、政府和社会组织服务政策、商事活动政策。

在我们课题组的调查研究和问卷设计中，基本按照七个方面的政策构成设计和开展，当然也涉及其他的一些政策，如政治法规、就业政策、社会文化政策等。

2. 创新创业政策促进创业活动的机理

在科技创新系统中政府的作用不容忽视，而政策工具是政府合理介入科技创新过程、优化配置科技创新资源、有效保护科技创新成果的最重要的手段之一。例如，财政政策主要通过财政投入对科技创新活动进行资助、补贴和引导，为提高科技创新能力提供财力保障；税收政策通过各种税收优惠措施以及开征特别税，降低研发成本，减少科技投资风险，增加科技投入预期收入；产业政策通过对产业的机构、技术、组织、布局的调控，引导产业发展方向，提升产业竞争力；等等。李京文、叶裕民指出："地方政府应从宏观上为区域创新创造制度上的条件；建立企业的创新机制，增加地方政府对研发的投入，建立技术、知识与人才的流动机制等产业政策。"

创新创业主要是通过创建科技型企业的方式，将科技创新成果转化为生产力。在这一阶段，虽然企业拥有一定的技术优势，但由于是初创期，企业在资金、人力资源等方面都需要一定的支持。Ebner（2006）在熊彼特理论的基础上研究分析了政府在扶持创业活动方面的积极作用。Toivanen（2008）通过研究芬兰的创业活动状况，分析了政府支持机构在创业活动发展上的影响与作用。Colwell & Narayanan（2010）研究认为，发达国家与发展中国家应采取不同的政府支持政策。童话（2007）认为，科技创业政策支持是指对由科研成果转化而创建新的科技型企业所需的各方面的政策支持，如资金、税收、企业注册等。

科技创新创业政策工具是政府介入科技创新创业发展的具体手段，换言之，政策工具对科技创新创业发展的影响是全面性的，从研发投入、创新过程、市场需求的控制，各类型政策工具对于企业活动的各阶段的关联性如图3-12所示。

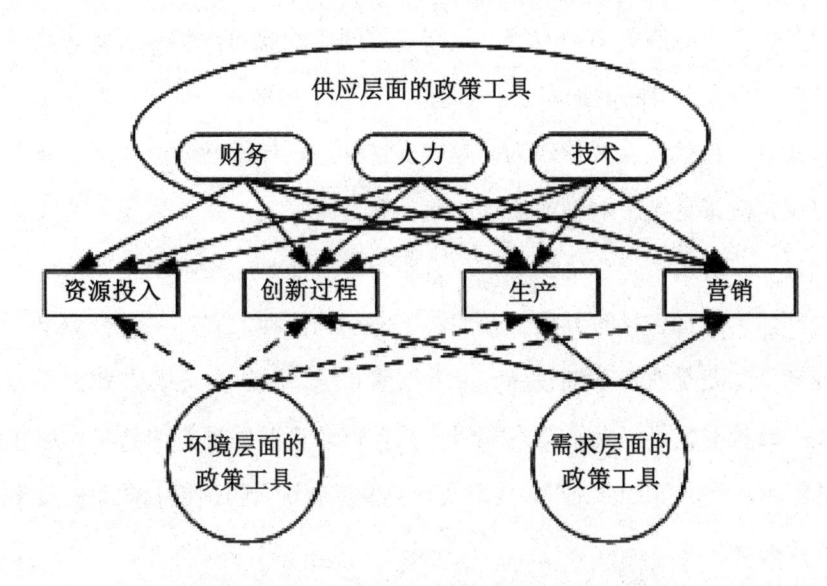

图 3-12 创新创业政策工具与创新的关联

相关政策的促进机理和效应表现在科技创新创业活动的各个要素和环节中。从创业主体主观条件出发，创业政策通过激发创业动机，增强个体创业意愿。如在美国设立企业家的年度奖，以增加社会公众对创业的承认和赞赏，因而，政府制定相关政策和措施，通过奖励、宣传、塑造楷模、培养风气等方面，提高全民创业意识，激发创业动机；从创业主体客观条件出发，创业政策通过培育创业技能，提高个体创业能力。政府制定政策和措施，特别是支持创业教育，广泛开展多层次的创业教育与培训，使创业者容易获得创业所需要的，如创意设计、制定创业计划书、新企业创建等的知识和技能，从而提升个体创业能力，较好地识别和把握创业机会；从创业客体存在条件出发，创业政策通过制度变革，创造和增加创业机会。创业机会来源于创新变革、政治与规制变革、社会与人口变化、产业结构变化等因素，因此，从这个意义上讲，政府通过政策与制度变革，如减少市场进入和退出障碍、改变行业准入规则、提供税收优惠或减免、降低创业成本等,来改善创业环境,创造和增加创业机会;从创业外部环境条件出发,创业政策通过设计变化,改善和提供创业资源。创业资源主要包括资金、技术、信息和人力资本等一般创业资源、环境资源、政策资源、基础设施等基础性资源,以及由关系、社会资本、文化等构成的高级创业资源。政府可以通过制定相关政策和措施,为创业活动提供土地、资金、技术、人才、信息、服务和基础设施条件等方面的支持,如建立创业基地和科技孵化器,提供融资担保,构建公共技术研发平台,鼓励创业服务中介,疏通关系渠道等,从而满足创业所需的资源,促使创业者和创业机会迅速结合,形成大量的创新和创业活动。

创业政策的支持效应主要体现为,政府支持行为直接影响创业活动,并产生积极效果。政府制定政策直接影响创业活动的途径和方式很多,主要体现为税收、创新基金、政府项目、政府采购、孵化基地、政府服务等方面。间接效应主要体现为,政府是通过改善环境或政策引导等其他途径间接影响创业活动,并产生积极效果。政府间接影响创业活动主要是改善基础设施、完善要素市场、鼓励中介、产业引导等方面。尽管创业支持政策对促进创业活动有积极作用,但政策要发挥好的效果,还需要掌握创业政策的特点,根据当地的经济、技术及社会发展状况,明确创业政策的支持对象,注意创业政策的针对性。

3. 创新创业不同阶段政府政策工具选择

根据熊彼特Ⅰ型创新模型,创新创业大致可分为基础研究、应用研究、技术开发与扩散以及市场进入这几个阶段(见图3-13)。在不同阶段,政府介入时选择的政策工具手段应有所差异。

基础研究 ⇒ 应用研究 ⇒ 共用技术开发 ⇒ 产品开发及生产过程设定 ⇒ 试产和测试 ⇒ 生产 ⇒ 营销和服务

基础研究　　　应用研究　　　技术开发　　　市场进入

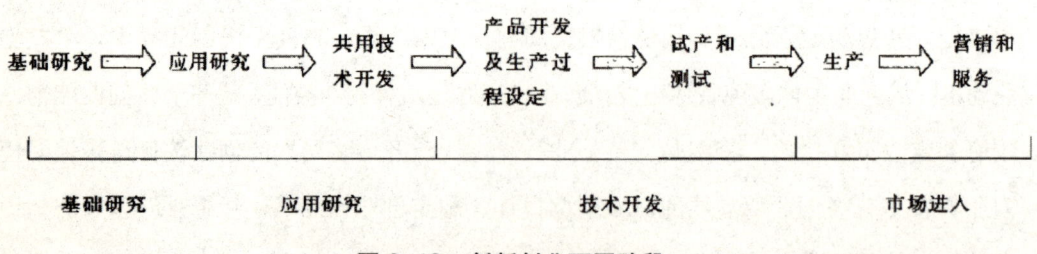

图3-13 创新创业不同阶段

(1)基础研究阶段。在科技创业链中,技术的源头均是外生的,一般来源于高校科研院所的基础性研究,这些研究大都具有公共品的性质,回报不确定且周期长,技术风险较高,私人与企业一般不可能参与其中。因此,政府应提升源头创新能力。一方面，应加大对区域内大学开展基础性研究的支持力度，提高其参与国家重点攻关项目的能力；另一方面，也要高度重视创新型人才"带土移植"的创新模式，积极吸纳国内外领军型科技创新人才，并对人才引进创造宽松、优越的政策环境。

（2）应用性研究阶段。应用性研究阶段的科技成果产出形式仍然部分具有公共品特征，对于单个企业来说，仍存在着适用性有限、回报周期太长而不愿投入的现象。这一阶段的政策工具包括对企业研发活动予以补贴以及整合资源；政府牵头进行多元投入；建设面向社会、资源共享的创新技术平台；对前瞻性、共性的关键技术进行联合攻关；等等。

（3）技术开发与扩散阶段。这一阶段是在企业家介入技术商业化的初期，这一过程在发达国家大都是一个完全市场化的过程（依托其完善的风险投资机制），但在我国现阶段的科技创新领域，还存在着"小市场"现象，也就是说与市场紧密相关的企业要么尚未成为市场的主体，创新动力不足，要么企业实力相对较弱，积累不足导致的创新能力不足。因此，在这一阶段，我们要根据自身的特点，在市场应该发挥作用的领域，培育市场的主体，着手引导"市场进入"，然后根据"市场进入"的程序引导政府逐步退出。相关的政策工作包括：政府牵头设立风险投资基金、支持建立企业孵化器、完善中小企业融资渠道、推进中小企业社会化服务体系建设、扶持和培育中介服务机构等。

市场进入阶段。这一阶段是创新性产品或服务进入市场的阶段，市场失灵主要表现为科技创新成果的潜在市场尚未形成，或传统的市场垄断尚未打破，市场机会尚需培育，等等。这一阶段的政策选择主要包括：政府对垄断市场的监控，将区域自主创新产品和服务纳入政府采购目录，为处于市场化初期的科技创新成果创造一个最初的市场需求，等等。

3.3 创新创业政策的知晓度与满意度

政策知晓度指创业者对已出台的科技创业政策的知晓情况、了解程度；政策满意度指创业者对已出台的科技创业政策是否有效执行、是否符合创业者创业需求、是否促进了创业等方面的满意水平，主要偏向于对目前已有科技创业政策效果的评价；政府公共服务主要指在科技创业政策的宣传、实施过程中，政府工作服务程序是否简洁高效、工作人员对待服务对象的态度是否热情友好、工作人员是否具有较高素质；科技创新型企业的创业绩效则是新创企业的科技创新投入、产出水平、科技成果转化程度、科技创业的活跃程度以及成功率。根据前文所阐述的有关政策知晓度理论、政策满意度理论、公共服务理论、企业创业绩效理论，同时结合"AIDA模型（知晓－兴趣－期望－行动）"，可以推断，只有当创业者了解现有的科技创业激励政策，并能够通过各种途径获得有关的政策信息，创业者才会考虑到是否对有关激励政策加以应用。在此过程中，政策质量越好，越能够加强创业者对政策的关注度，促进其应用政策进行创业活动。在政策的整个宣传推广、执行推进的过程中，政府服务工作的效率以及人员的服务水平等将严重影响创业者对政策的理解度与满意度，以及创业者创业的能动性，最终彰显在企业的创业绩效中。

3.3.1 政策知晓度

1. 政策知晓度的概念和影响因素

政策知晓度指社会公众对政策具体内容、实施与执行过程以及政策实施的最终效果等方面的了解和熟悉的程度，即公众对政策或制度了解多少，了解到何种程度，从而实现提高公众对制度以及政策的理解的目的。只有当社会公众对政策出台的政策有所知晓的时候，才会主动地去获取那些对于其自身发展有益处的政策信息，进而推进政策的实施进程，提高政策的实施效果；而一旦政策能够很好地发挥其作用，公众则会对其给予更多的关注，更加有利于政策实现其价值，这是一个双向互动的过程。在ElmoLewis的"AIDA模型"中，销售人员在向消费者推销产品的全过程中，对其形成的影响逐层分为注意、兴趣、愿望和行动。后来，Strong将该模型运用到广告实施效果的评价分析中，并将"注意"层次定义为消费者通过广告所形成的对商品的"知晓度"，由此形成了知晓、兴趣、期望、行动的逐层认知过程。政府通过制定相关制度或政策促进社会公众从事某种行为的过程同样符合"AIDA"模型。公众要能够通过各种渠道或途径获得有关这些政策措施的信息，同时这些政策还要符合公众的需求（即政策质量影响着政策知晓度），进而才能进一步催生公众对政策的关注和兴趣。

2. 政策知晓度的测量方法

本文搜集并整理大量相关文献，发现国外对于知晓度的研究相当匮乏，国内近几年才逐渐开始对政策知晓度进行研究，主要采用两类不同的研究方法：一是简单的描述性统计分析方法。例如,李辉、齐金玲(2009)通过发放问卷回收有效数据,运用一般性描述分析的方法研究分析了农民对惠农政策的知晓情况、执行情况的满意水平及其相互关系;陈敏生、赖伟等(2010)选取了上海松江区 21 所公立医院为调查样本,运用描述性统计分析、卡方检验、直线相关分析法研究分析了上海松江区的医疗机构与其医患对于双向转诊制度的了解程度、了解渠道以及其患者对于转诊的意愿程度;才智超(2013)采用调查问卷的方式,运用描述性统计分析和卡方检验的方法研究分析了医院的相关医务人员对于相关医疗卫生法规知识的知晓情况以及主要影响因素。二是构建模型,进行相应的假设检验。例如,李玄(2010)通过躯体健康知识的调查问卷,运用方差分析法和回归分析法研究了农村老年人对身心健康知识的了解程度与掌握程度。万翠琳(2010)采用分层回归与结构方程模型的方法,选取联想和安踏公司赞助的体育活动为样本,研究分析了赞助的前后一致性对于所赞助品牌的知晓程度的直接或间接作用影响。李林、卢文丽等(2014)以天津的社区居民为样本,采用问卷调查的方式,运用描述性统计分析和多因素非条件 Logistic 回归分析的方法分析了天津居民对于家庭病床服务的知晓度、其意愿性以及相关影响要素。周浩、郭淑霞等(2014)选取石河子市 15 岁以上常住居民为样本,运用单因素卡方检验、Logistic 回归分析研究该地居民对高血压与糖尿病方面具体防治政策的知晓度及其重要的影响因素。周晓峰、汪涛(2015)通过构建 LISREL 结构方程模型,研究分析了长沙居民对政策知晓度、利用、信任与其满意度间的作用关系。

显然,有关知晓度的研究大部分集中在医疗卫生领域,只有个别涉及其他领域,科技创业政策的知晓度研究几乎没有;而且,已有的知晓度研究仍处于初始研究阶段,即主要分析知晓情况、影响因素以及提升措施,或者有个别学者研究知晓度与满意度间的简单关系,很少将知晓度与其他变量结合起来深入研究。本文则未单纯从知晓情况研究入手,而是将创业者对科技创业政策的知晓度与其对政策的满意度、对政府公共服务(服务程序、服务态度、服务人员素质)的评价以及企业创业绩效结合起来研究其相互间关系。

3.3.2 政策满意度

1. 政策满意度的概念和影响因素

"满意度"一词要追溯到以 Cardozo 为代表的国外学者对顾客满意度的研究,

Cardozo 首次提出有关"顾客满意"的概念，是一种基于比较的心理状态。Oliver & Linda（1981）认为，"顾客满意"是顾客的消费预期与实际消费经历基本一致时所具有的心理状态。Robert Westbrook & MichaelD.Reilly（1983）将顾客满意视为顾客在购买产品及在享受服务过程中体验到的一种能够满足顾客自身需求的心理状态。Tse & Wilton（1988）看来，顾客满意指消费者在消费行为发生前后所产生的差异的评价。随后，国内外学者的研究不断深入与扩展，顾客满意度的研究逐步延伸至众多领域。EdwardAM 等（2001）通过构建结构方程模型以测评公交乘客的满意度；Daleney（2001）测评了大学生群体的满意度水平；FrimanM 等（2001）问卷调查了公共就业服务机构的相关满意程度；贺伟、龙立荣（2011）通过调查 14 家企业的 331 名员工，研究分析了这些员工的实际收入状况、内部间的收入差异比较与员工个人对薪资福利的满意度之间的关系；崔勋、张义明、瞿皎皎（2012）通过对 1607 名员工开展问卷调查，研究劳资双赢、劳资对立、员工个人参与对员工满意度的影响。

2. 政策满意度的评价方法

很少有学者研究以顾客为视角的政策满意度问题，本文对搜集到的相关文献进行了整理与归纳。TangLiyang（2011）调查研究了病人对医疗服务的信任感和对医疗政策的态度以及病人对医疗服务的整体满意度。I-ChunLiu（2014）运用重要度－满意度分析，考察了 NHI 政策的公共偏好，并为 NHI 政策评价指标分配了权重，提出了提高公众满意度的政策调整措施。王延中等（2010）分析研究了影响我国农村居民对社会医疗服务状况的满意度评价的核心要素，并得出其对社会医疗服务状况的满意度水平较低的结论。杨华领等（2009）运用偏相关分析方法研究分析了农民对粮食扶持政策的满意度水平。张冬平、郭震（2011）运用 Logistic 回归模型，从河南农户的教育背景、农户对现金补贴和补贴券两种补贴政策的了解以及供种公司三个方面进行了比较研究，分析了影响河南省农户对两种补贴政策具体内容以及实施效果总体满意度的相关影响要素。朱红根等（2011）研究了农民工对于已经出台并推行的有关返乡创业政策的满意程度，从其自身和外部环境条件两个方面寻找影响其满意度的关键要素，并最终发现农民工对政策的总体满意度水平较低。柳海瑞、闫琳琳（2012）在因子分析的基础上通过构建二元离散选择模型，分析了农村居民对于新出台的农保政策的总体满意状况以及影响其满意水平的相关因素。胡荣华、陈琰（2012）通过采用验证性因子分析和模糊综合评价的方法评测了江苏省农村居民对于其目前生活状况与水平的满意度。刘祥琪、陈钊、赵阳（2012）调研了农民可获得征地补偿款的数额、农民是否得到事先协商与农民对已有征地政策满意度间的关系。葛丹明（2013）从财政补贴、税收优惠、专利保护、政府采购四个政策方面构建了关于评价技术创新政策总体满意度的指标体系，计算了江西省位于龙头地位的农业企业对政策的满意度评价水平。罗文斌、吴次芳等（2013）采用问卷调研与顾客满意度评价法，从农户满意度出发，构建了有关土地整理项目的绩效评价体系，测量了我国农村在土地整理项目上的总体绩效水平以及存在的区域差异。赵静、李傲（2014）综合运用 AHP 层次分析法和 IPA 象限图分析法，以农户、村集体和政府等利益相关者为视角，测量了其对林业改革政策的满意度，评价了集体林权改革的总体绩效水平。万玺（2013）构建了创业政策对海归科技人才的吸引度、海归科技人才对创业政策的满意度以及忠诚度三者间的结构方程模型，以重庆市为调研背景，验证了模型的有效性，研究了创业政策满意度的影响。李萌（2013）从工作、生活和政策三方面环境状况出发，研究了天津市创业型海归人员对天津市为其营造的整体创业环境的满意度及其影响因素。

梳理众多文献后，发现有关政策满意度的研究较少，且集中在医疗政策和农业政策，只有极少数研究创业政策，且局限于某一政策层面，对科技创业政策网络体系的满意度研究几乎是空白。基于此，本文以创业的财税政策、金融政策、商事活动政策、人才政策和留学人员政策五个维度，通过实地调查和统计分析，研究了创业者对陕西省相关政策的满意度及影响因素。

3.4 创新创业的公共服务质量评价

3.4.1 公共服务质量的含义

公共服务区别于企业服务，政府通过为公民提供优质的服务，从而促进社会经济的向前发展，公平正义的不断实现，最终获得公众的高度满意，体现政府存在的合法性；企业则是通过为其顾客提供优质服务，博得顾客的喜爱与满意，增强企业的竞争力，帮助企业实现其利润最大化的经营目标。但二者都是通过提供优质服务，提高其服务对象的满意程度。所以，政府的公共服务也同样具备可评价性，也需要被评价以改进和完善。

服务质量是顾客对服务的预先期望与对服务的现实感知间存在的差距所形成的一种主观性的评价结果、心理状态，对其研究主要有北欧学派和北美学派两大学派。北欧学派认为，服务质量是顾客所能够感知到的质量，包括结果质量和过程质量，即顾客最终得到的服务结果以及服务是通过怎样的方式、方法和态度被提供的，代表人物是 Gronroos；北美学派则在北欧学派的基础上增加了环境要素（顾客接受服务的环境），也就是，服务质量由服务所针对的产品内容、服务提供的全过程、服务所发生和营造的环境组成，代表人物主要是 Rust & Oliver。公共服务质量管理是服务质量管理中的一个研究分支，目前得到了国内外公共管理领域众多学者的高度重视，对其理解与评价依次经历了技术规范、投入-产出、顾客满意、公众四个不同导向的发展过程。依据服务质量差距论，公共服务质量水平的高低主要是由社会公众在现实中所感知到的服务质量与其原本对公共服务质量的期望二者间形成的差距决定。差距越小，政府向社会公众所提供的服务质量的水平越高；反之越低。孙恒有就我国政府提供公共服务的实际情况提出了政府的公共服务质量在期望差距、设计差距、执行差距、承诺差距四个方面存在着偏差。期望差距指政府没能充分了解、解读社会公众对政府所提供的公共服务的心理期望，或者政府低估了公众的期望，最终使得政府服务与公众期望二者间形成差距，主要原因在于政府对公众意愿了解缺乏全面性和深入性，对反馈的调研未加重视或者只是表面的肤浅调研，政府管理层间的沟通缺乏，等等；设计差距指政府对其所能提供的服务的设计以及相关规范与社会公众对其的心理期望之间存在的差距，主要原因是政府缺乏以公众为导向的公共服务理念，忽略民意，相关服务设计宽泛模糊；执行差距是政府在执行服务时与其原本制定的服务规范间的偏差，主要原因是政府服务人员素质水平不够高，服务意识差，服务能力有限，等等；承诺差距指政府对公众的承诺与实际服务行为间的差异，主要原因是政出多门、缺乏整合和协调等。

3.4.2 公共服务质量测评

政府服务质量测评与顾客满意测评是目前主要的两种公共服务质量测评的方法。其中，公众感知政府服务质量的测量是一种主要方式，Parsuraman、Zeithaml & Berry 于1988年提出了SERVQUAL的感知质量测评模型评价服务质量，主要包括有形性、可靠性、反应性、保证性、移情性五个维度。公民满意度测评是另外一种重要的测评方式，公民满意度是指公共服务的产出对于公众的需求和偏好的总体满足程度。美国顾客满意度指数模型（ACSI）广泛应用于各界，主要由顾客期望、感知质量、感知价值、顾客满意度、顾客抱怨、顾客忠诚六个维度构成。David Swindell & Jenet Kelly（2005）研究分析了具有不同人口统计特征的人群对相同城市的具体服务的满意度水平。Sirgy & Rah（2000）构建了一套指标体系用于反映和测评公民对其所在社区所提供的整体服务的满意程度。刘武（2004）运用公众对于政府的满意程度评价政府服务质量的水平。张钢、牛志江等（2008）构建了有关地方政府的公共服务质量的45个具体测量指标，并以浙江省的地方政府为例模拟运用。

可见，对于公共服务领域的研究绝大部分集中在公众对服务的满意度测量与评价上，即主要将公共服务作为评价对象进行研究，而很少研究政府公共服务作为前置变量会对哪些变量产生影响以及其间的作用机理。本文则将政府公共服务以及其三个主要方面（公共服务程序、公共服务态度、服务人员素质）纳入研究范围，探讨其作为前置变量将对企业创业绩效以及创业者政策满意度产生怎样的影响，以及如何影响。

3.5 创新创业政策环境评价

3.5.1 政策环境评价框架与要素

1. 一般政策环境评价框架

科技创新创业政策环境评估中的政策评估属于公共政策评估的范畴。国外关于这方面的研究从理论和实践两方面进行。有许多国家已将政策评估设为政府部门的日常事务。如日本自2002年4月正式实施《关于行政机关实施政策评估的法律》以来，每年实施的政策评估大概达到10000件。在法国，主要负责科技公共政策评估的科技选择评估局隶属于法国国会。美国第12866号总统令规定，政府在废除或修改已有政策或制定新政策时都必须研究政策绩效，尤其要评估政策所产生的经济效益。韩国2011年颁布了《政策评估框架法案》，明确规定了政策评估的原则、程序、类型、主体以及评估结果的公开和使用等。美国学者古巴和林肯根据西方国家对政策评估的研究，结合人们的经验认知发展提出4阶段框架，如图3-14所示。

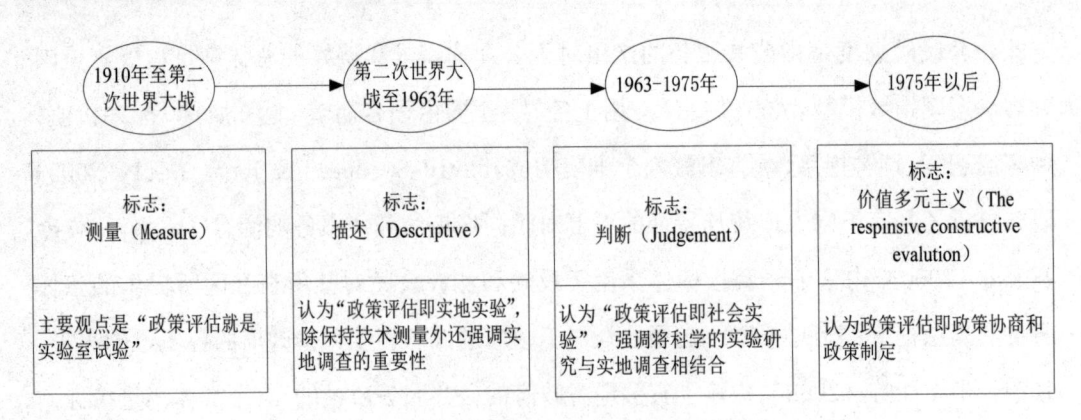

```
┌─────────────┐    ┌─────────────┐    ┌─────────────┐    ┌─────────────┐
│1910年至第二  │───▶│第二次世界大 │───▶│ 1963-1975年 │───▶│  1975年以后 │
│次世界大战    │    │战至1963年   │    │             │    │             │
└─────────────┘    └─────────────┘    └─────────────┘    └─────────────┘
```

┌──────────────────┐ ┌──────────────────┐ ┌──────────────────┐ ┌──────────────────────┐
│   标志：   │ │   标志：   │ │   标志：   │ │   标志：   │
│ 测量（Measure） │ │ 描述（Descriptive）│ │ 判断（Judgement）│ │ 价值多元主义（The   │
│   │ │   │ │   │ │ respinsive constructive│
│   │ │   │ │   │ │ evalution）   │
├──────────────────┤ ├──────────────────┤ ├──────────────────┤ ├──────────────────────┤
│主要观点是"政策评 │ │认为"政策评估即实 │ │认为"政策评估即社 │ │认为政策评估即政策协 │
│估就是实验室试验" │ │地实验"，除保持技 │ │会实验"，强调将科 │ │商和政策制定   │
│   │ │术测量外还强调实地│ │学的实验研究与实地│ │   │
│   │ │调查的重要性   │ │调查相结合   │ │   │
└──────────────────┘ └──────────────────┘ └──────────────────┘ └──────────────────────┘

图 3-14　古巴和林肯的四阶段政策评估框架

从古巴和林肯的阶段评估框架来看，政策评估朝着实证主义和辩证主义，以致到后实证主义（或价值多元主义）发展，越来越科学和完善，不断摒弃片面带来的局限性。值得说明的是，价值多元主义的政策评估并不完全否定实证主义，二是强调实证主义研究无法满足现实社会价值判断和伦理的需要，应该有新的政策评估方法能考虑多元利益主体的诉求和政治因素，以弥补实证主义研究的不足。

2. 科技创新创业政策环境评价要素

（1）评价主体。评价主体是指在一定价值观念指导下从事评价活动的人或机构，其中，价值观或价值取向是评价主体的根本属性。按照评价主体与被评价对象的关系，评价主体可以分为决策者、利益相关者和社会观察者等。其中，决策者是被评价对象的决定者，即通过对被评价对象的评价决定其"做与不做"的人或机构。利益相关者包括直接利益相关者和间接利益相关者。一般来说，前者是评价对象的制定者，后者是评价对象的关联者。社会观察者是与创新政策的制定者和执行者均没有利益关系的评价者。

（2）评价客体。评价客体主要是指创新政策，按照其复杂程度，可以分为单项政策、复合政策和政策体系三种类别。不同类别的创新政策在评价过程中强调的重点也不同。单项创新政策评价，往往强调政策执行的效果或效率。复合型创新政策评价，除单项政策评价内容外，还要强调政策之间的协调性、不同执行部门之间的协调性等。创新政策体系评价，除上述内容外，还要强调政策体系的完备性，政策是否缺失、是否有缺陷等。此外与对创新理论的认识有很大的关系，如客户导向下的创新政策体系，更多强调与客户需求的一致性；研发导向下的创新政策体系，更多强调科研成果转化中的渠道和方式等。

（3）评价主、客体间的关系。评价主体和客体间的关系表现为，评价主体在对评价客体的属性及规律等认知基础上，对评价客体能否满足以及在何种程度上满足评价主体价值取向的认识过程。在这种认识过程中，评价主体的价值取向或需求是两者发生关系的内在动因，并在认识过程中处于支配地位；评价客体是事物本身的属性、结构和功能，是形成相互关系的必要条件。就创新政策而言，评价主体对客体的认识过程可以来源于两个方面（维度）：一是创新政策的制定时间。评价客体在不同发展阶段表现出不同的属性和特点，创新政策制定之前的评价，强调创新政策的需求和政策的设计；创新政策执行过程中或执行后的评价，强调的是政策目标的实现程度、执行效果等。二是创新政策作用的创新活动。不同创新活动下，设计的评价指标就会有很大的差异性：如评价支持中小企业创新的公共财政资金政策，可能需要评价对风险资本的引导情况或者评价中小企业的创业情况等；如评价支持大学、科研机构成果转移转化，可能需要评价成果的转化率、大学生创业人数等。如果评价主体基于一定的价值取向，从创新政策的执行时间、创新活动两个维度对评价客体给予某种认识，那么评价主体与评价客体间的关系得到确定。

（4）评价指标。评价指标体系是指由若干个相互联系的评价指标组成的有机整体。它可以全面、系统和准确地反映一定时期系统内多个层面的变化特征和发展规律。政策环境评价指标体系的构建涉及方方面面，每一方面涉及众多的因素和变量，所以它不仅是一个内在关系极其复杂的大系统，同时也必然是一个理论含量十分丰富的逻辑体系。

3.5.2 创新创业政策环境评价方法

1. 国外创新政策常用评价方法

在西方国家，许多机构在对创新政策的评估中通常使用多种评估方法，以达到客观、准确、真实的评估结果。芬兰国家技术部在2002年资助一个研究小组，将美国五大科学机构和加拿大、芬兰两国国家科学项目中常用的评估方法及在评估时的障碍等各方面进行比较。该研究小组总结了各机构常用的评估方法。

（1）问卷调查。

问卷调查是通过提问并记录回答的方式，直接从调查对象获得目标群的想法、观点、态度、信仰、偏好、困扰、计划、经验及其他信息的一种方法，通常在无法从其他途径只能通过提问方式获得数据时使用。该方法在R&D评估中经常使用，可以达到多种目的，如获悉一个项目进程和效果，了解项目参与者及该项目成果使用者的想法，回答股东关心的问题，收集信息补充其他途径获得的信息，等等。

问卷调查主要分为三步：一是设计问卷，内容涉及活动、计划、关系、成果等，有封闭型和开放型两种形式；二是统一发放问卷；三是回收问卷并进行统计分析。在样本规模足够大的情况下，问卷调查的统计结果是可信且全面的，可以用来描述项目、评估顾客满意度、回答股东对项目及其效果的问题、支持评估研究、提供信息来帮助项目经理决策、修改项目、再分配现有的R&D基金或分配新的研究基金等。另一个优点在于能够用经济的方法收集其他途径不能获得的关于项目、参与者和使用者的信息，并且数据一旦收集可以用不同方法进行分析或重复使用。但是问卷回答通常是基于主观，调查对象不一定如实回答，因而其结果是有偏差的。

（2）描述型案例分析。

所谓描述型案例分析就是深入研究一个项目、计划或者技术，描述并解释利益是如何发生，为什么发生。例如，回顾一个典型的风险投资是如何形成的，研究参与者如何分配任务，分析合作成功或失败的原因，等等。描述型案例分析用叙述的方法提供信息，通常用表格和图表辅助，广泛应用在描述项目、研究项目运行机制及评估项目中的各种函数关系。描述型案例分析广泛应用的原因在于，叙述通常能够抓住科学研究及发展的细节和复杂之处，尤其是对非科学领域的普通听众而言更能接受和理解，而量化分析往往很少有描述型的内容。对于决策者而言，描述型案例分析的优点在于阅读案例比做量化研究要容易得多。此外，描述型案例分析可以挖掘研究想法及起源，讲述追求科学进步中的人、组织、计划、项目的故事，回答如什么、为什么、怎么样等特定问题；记录并提供丰富的细节，有助于理论和假设的形成，为进一步评估奠定基础；在评估是否资助时，可以作为决策者衡量的依据和标准。但是描述型案例分析通常没有统计分析具有说服力，并且一两个案例的结论不具有适用性，不一定适合于其他案例。

（3）量化型案例分析。

量化型案例分析就是在描述型案例分析中加入对经济效应的量化，如成本-效益分析。该方法通常用于评估已投入应用的研究和技术项目，通过评估效益和成本进行经济解释和分析，而不能用于纯知识目的的基础研究项目评估。其分析的目的有两种：其一是回顾性分析，证明一个给定R&D投资的经济效应；其二是前瞻性分析，对是否引入R&D投资的决策选择的判断。

这一方法的长处在于可以提供一项政府投资的效益和"成本的详细会计描述，专用词汇描述结果，以允许与其他投资回报进行比较。一份好的效益-成本分析的结果可以被复制，提供有力证据。例如，估计项目收益是否超过成本，超过多少，就可以用经济效益估计法。

量化型案例分析与描述型案例分析既有区别又有联系。量化型案例分析可以从项目开始覆盖到项目结束，并提供结果的定量分析，通常认为比定性分析更有说服力。若与描述型案例结合在一起，能够反映项目的整体表现、并为项目管理者和政策制定者提供有价值的视角。

但是该方法仍然存在缺点，如：不能以货币形式估计重要收益的价值；在预计会产生社会效应的公共资助案例研究中，溢出效应可能会因为以私人回报的形式出现而被忽视；股东可能在短期预计正净收益和较高的内部收益率，而公共R&D项目通常要大量时间才能实现目标，尤其是知识扩散带来的溢出效应，可能引发决策者从经典案例中得出错误结论的风险。描述型案例分析与量化型案例分析虽然同为案例法的评估方法，但是两者的侧重点各不相同。前者是典型的定性分析，对创新政策从制定到执行、完成整个过程加以详细叙述，而后者虽然含有部分文字描述，但是更侧重对成本和收益的定量分析。

（4）计量回归和统计分析。

该方法使用统计学、计量经济学等数学工具及理论模型来测量项目中可能存在的函数关系强弱，衡量项目对公司的影响，分析经济和社会现象的逻辑关系，并预测经济效应。例如，测定公共资助是如何影响私人研究投入的。

由于计量经济学模型对模型和数据的要求严格，因而在因果关系分析中受到偏好，但同时也是评估中的一个难点。该方法广泛应用于各种评估目的中，如基于投入数量预计产出数量，使用成本指数方法估计从政府资助技术中可获得的消费者剩余，提供项目影响的有力证据，通过提高对项目内部关系的理解来提高项目的投资回报，回顾项目带来的影响，衡量参与政府资助研究对提高组织生产力的影响，评估公共政策的有效性，等等。

计量回归和统计方法的优点在于，该方法加入了评估的分析能力，使用这些方法能够在错综复杂的数据面前理解投入和产出的关系，得出定量的结果，更重要的是证明因果关系。但是该方法和结果对于非专业人士而言难以理解，不易复制和交流；并非所有效应都可以量化，例如用该方法寻找不断演变的技术知识和社会经济现象的关系时是失效的。

计量回归和统计分析是典型的定量分析，虽然量化型案例分析中也涉及定量分析，但是两者的角度完全不同，量化型案例分析中使用的定量分析是对经济效应的绝对值或者相对值进行评估，并不研究其中的内在关系，如成本收益比、净利润等；而计量回归和统计分析则是研究经济效应的影响因素、因果关系及强弱程度，如投入和产出的关系、创新政策各项内容对经济的影响等。

（5）社会网络分析。

社会网络分析，又称为"社会计量和社会网络分析""组织网络分析""网络分析"，根据直接观察、调研和对二级数据库的统计分析，将不同研究人员、研究群体、实验室或者其他组织之间的关系用图画出来并予以衡量，以提高对社会组织行为及相关经济产出的理解，例如，研究如何设计项目结构来提高最终成果传播范围时就可使用该方法。

社会网络分析与创新政策项目评估有关，因为它描述了项目参与者的创意、知识、信息流等相互关系的路线图，从而研究和分析创新的本质、质量、数量、速度以及网络中心知识的扩散。社会网络分析的核心在于网络，它可以将研究人员和创意、信息流联系在一起，而网络分析方法则检查了社会网络中的知识流，可以看成是理解、预测、提高知识产出的有效途径，网络形状大小、密度可以作为创新政策实施效果的指标。社会网络分析主要用于分析创新政策对集体活动的影响；揭示主要研究人员或研究机构的关系，并且评估网络对新成员的开放程度；提高对组织是如何发展、为什么发展、发展形式、发展动态的理解；通过检查研究人员、研究群体和使用者之间知识流的关系，研究并证明创新项目对实际应用的影响，确认并培养新兴知识系统；评估创新项目的优缺点，强调对无形资产开发参与者的重要性，并评估知识溢出效应，等等。社会网络分析往往能够关注传统经济分析中被忽视的创新维度和经济效应产生的过程，是理解溢出效应最重要的元素，能够提高公共项目对网络模型建立、评估形成的理解。该方法的优点还在于具有一定的研究优势，因为社会网络分析要求的数据能够通过问卷调查、访问或已有的数据库获得，并且提供了另一个研究视角——个人和机构的分析纬度。但是社会网络分析也存在缺点，对大多数经济学家、机构管理者和项目股东而言，该方法是较为陌生的。此外，社会网络分析这一定性的衡量方法不能表达项目过多的信息，尤其是在管理者强调效果的经济衡量时。

（6）文献计量——数据挖掘。

数据挖掘就是利用各项技术，如相关词分析、数据库搜索、文本数据挖掘等，并辅以视频技术，从大量数字化的原始文件中提炼出内容信息、关键概念或关系。这一方法也称为"基于文献的发现"。

作为一种文献计量的方法，该方法主要关注文字记录——一种主要的研究产出，也可能包括报告、发表物、专利的文字部分或者其他文件。数据挖掘通过整合各类文字记录、从已有的渠道发现新信息，来促使高效、有效的管理，以及使用大量创新项目的文本档案。例如，区分项目贡献及该贡献引起的技术演变。

运用数据挖掘这一文献计量方法，可以展示重要想法和概念的来源，研究组织和学科之间的关系，更重要的是展示对目前新兴领域、技术有贡献的以往创新政策及项目。此外，数据挖掘可用来收集全面的专业信息，以提醒评估者关注前人、竞争对手的发展或者影响一项技术成果互补技术的发展；深入挖掘前沿技术是如何在各种研究中演变发展，从而影响公共科技政策的；同时，还有助于引导新兴领域的创新项目投资决策。

（7）历史追踪。

历史追踪是按照时间顺序追踪一系列相关事件，包括：以研究为起点至未来成果的向前追踪，以现有成果为起点至前人贡献历程的向后追踪。如果所有路径都被涉及，向前追踪能够对研究项目或者项目成果起综合回顾的作用，因为该路径是从研究开始的。向后追踪通常关注单一产出，通过那些对产出有关键影响的事件来追踪，可能或者不一定联结到研究起点。

运用历史追踪可以显示一个研究项目是如何导致下游有用的产品和产出过程的路径；提高对创新政策效果和创新演变过程的理解；并且通过将已证实具有价值的

创新项目与被评估项目成本的比较,可对项目的收益和成本进行预测或提出改进方案。历史追踪的优点在于,该方法会产生有趣且可信的研究,记录一连串相互联系的发展,并且通过从投入到产出的联结,显示动态的过程。但是事件的演变可能和许多涉及的组织及研究人员高度混合在一起,有时很难知道显著的关系是否重要。此外,演变路径和死胡同会阻碍向前追踪的方法,而失去联结则会阻挠向后追踪的方法。

(8) 专家判断。

顾名思义,专家判断也称为同行评审,就是利用专家专业的判断进行评估,即基于客观标准对专家就评估对象发表的评论、观点和建议的定性分析。该方法将项目信息(提供给专家)和专家多年积累的经验结合起来,其他途径的信息,包括其他评估方法,可能提供具有影响力的证据,但是最终的结论还是基于专家的判断。例如,假设一项技术最有可能率先应用,各种信息和评估方法汇总后由专家多年经验得出最后结论。

专家判断可以对正在评审的项目打分并排名,帮助现有项目或者计划是否继续、修改做决定;有助于回答关于项目研究活动、新项目开展的资源充足度的相关性、时效性、风险和管理的问题;帮助评估项目机制、过程、活动的合适性;整合多种评估结果并形成对项目总体成功的判断;提供信息来帮助项目经理决策,修改项目,再分配现有的R&D基金或分配新的研究基金。

同行评审的优点在于实践性,即提供相对快速、直接、方便的评审结果,此方法广泛应用于评估之中;提供了同行交流观点的机会,可能碰撞出新的观点。但是应用于创新政策效应评估的专家判断,其质量和准确度无法衡量,且使用该方法的最大挑战在于无法找到合格的审阅者,并保持审阅者没有偏见和利益冲突,甚至难以保证审阅者能够按照既定的标准有一致的判断。

2. 国内创新创业政策评价方法应用

国内众多学者运用各种评估理论和方法关注区域创新创业政策效果,经过文献的梳理将其主要评估方法集合如表3-3所示。

表 3-3　　国内创新创业政策评估方法

作者及年代	评估内容	评估方法
赵大晖、卢凤君（1998）	产业政策对经济持续发展的影响	前后对比分析法
彭富国（2003）	创新政策效果评价	隶属度概念定量分析
殷华方、鲁明泓（2004）	FDI 政策的有效性	实证的方法
肖士恩、雷家骕、刘文艳（2005）	北京市科技创新政策	定性与定量结合
段君伟（2007）	广东省技术创新政策	模糊数学
武超（2007）	高新技术产业创业政策	模糊数学
澎田（2007）	高新技术产业政策的效力	灰色综合评估
张凌、王为（2008）	黑龙江技术创新政策效果	集对分析方法
刘晓娥（2008）	湖北省企业技术创新政策效果	模糊集合论
付宏（2010）	武汉市创业政策评估结果	专家打分
陈冰冰、杨文鹏（2012）	陕西省技术创新政策效果	模糊集合论
童婧之（2012）	杭州市创业政策	前后对比法
胡蓉（2014）	长沙市全民创业政策	模糊综合评价法
刘春华、张再生、李祥飞（2015）	中小企业创业政策	DEMATEL 法、ANP 法、ZOGP 法相结合的混合型多目标决策模型综合评价法

综合国内学者和国外学者对创新和创业及其政策的评估方法，结合科技创新和创业政策评估的特点，在考量本文评估的对象和内容多为科技创新创业政策满意度、科技创新创业政府服务效能、大学生创新创业政策效能等内容，这些评价内容是较难定量化的政策认知、态度，涉及政策组成成分多，各政策间的关系复杂，因此选用专门处理认知、态度等数据的模糊数学作为评价基础，以模糊综合评价方法为核心，辅之

以因子分析法和专家打分法对评价指标权重进行设定,形成一套专家定性确权、因子定量确权、模糊多级分层定量运算相结合的综合评价方法或模式。

值得注意的是,由于各种分析方法都有一定的优缺点,适用场合各不相同,故而使用单一方法评估可能会产生非常严重的误导。过分倚重量化评估方法,忽视必要的定性分析也是不可取的。各种不同方法之间存在互补性,在实践中需要根据具体情况选择一种主要的分析方法,同时结合其他方法分析的结果综合地做出评估结论。

3.5.3 科技创新创业政策环境评价指标

对于科技创新创业及政策环境的评价体系构建,一方面要有利于政府科技创新创业政策的决策,另一方面也更重要的是要有利于政府对于全局的把握并对科技创新创业政策环境做出可持续的改进;既要评价当前的状态与水平,又要评价将来的变化趋势及变化的支持机制。影响科技创新创业绩效及政策环境评价指标构成的因素很多,包括政策评价者、评价方法的影响、评价目的、评价内容等,其中主要影响因素是科技创新创业政策评价的目的和内容,直接决定着科技创新创业绩效及政策环境评价指标的构成。有关技术创新政策指标的选取多是从创新投入和创新产出两方面进行筛选。创新的投入和产出是创新政策的直接效果,能直接反映创新政策的执行情况。很多学者还选择了社会、经济发展的指标作为创新政策效果的评价指标,如邹林全选取了人均GDP、GDP增长速度、工业增加值、环境质量综合治理指数、人均邮电业务量、万人使用互联网户数等作为创新政策绩效评估的重要指标;彭富国也选择了经济发展效益指标,如人均国民收入、独立核算单位工业企业工业总产值、独立核算单位工业企业工业增加值等作为创新的产出指标。

常荔和向慧颖(2014)在创业政策对科技型中小企业创业活动影响的实证研究中认为:创业政策体系是一个系统性的构成,需要多个具有内在联系的指标按照一定的逻辑构建指标体系,在借鉴了全球创业观察的研究量表、江西财经大学"创业环境与创业效应"课题的设计量表、伦德斯特伦和斯蒂文森专家调查问卷等多份量表,进而根据调研地区实际进行了整合修订,设计了创业政策评估的量表,如共24个测量项目(见表3-4),包括创业文化宣传能力(政府经常举办活动宣传创业成功的创业事例)、优秀创业家奖励(政府独立或与其他机构合作通过奖励项目支持创业家)等。

表 3-4　　　　　　　　　　创业政策评估指标量表

目标层	准则层指标	二级测量指标
创业政策效果	创业文化政策	创业文化宣传能力
		优秀创业家奖励
		潜在创业人群跟踪
	创业教育政策	启蒙教育对创业的鼓励性、指导性和关注度
		工商管理教育对创业的鼓励性、指导性和关注度
		职业、专业和继续教育对创业的鼓励性、指导性和关注度
		高等院校创业项目支持
		高等院校创业专家指导
	创业准入政策	降低创业门槛、市场进入壁垒
		知识产权保护
		创业过程中的审批手续
		创业劳动力政策
	创业融资政策	种子基金
		政府补助和支持
		与金融机构的合作
		提供政府项目
		创业投资支持
		税收优惠
	创业服务政策	政府"一站式"服务场所支持
		电子政务支持
		专业中介机构支持
		孵化器或科技园支持
		有形基础设施支持
		分包商、供应商和咨询机构支持

在实际研究过程中，国内外许多学者关于创新创业政策环境不同政策门类的划分做了一些开创性的工作。清华大学经济管理学院夏焱在《北京高新技术企业成长的政策环境分析》里将政策环境划分为七个部分，即财税政策环境、贸易政策环境、金融政策环境、知识产权政策环境、人才政策环境、政府服务质量、区位环境建设（见表3-5）。

王观松、龙小康、毛敏、翟一博、谢标（2010）对武汉市科技人员创业政策环境进行研究。他们认为科技人员创业的政策体系包括人才政策、金融政策、工商税收政策、政府项目计划、创业平台与载体建设、知识产权成果保护与科技成果转让、技术股份、产业政策以及创业理念的教育与培养等各个领域。

表 3-5　　　　　　　　　　高新技术企业成长的政策环境

政策环境分类	主要内容
财税政策环境	包括税收政策、财政补贴和投入、政府采购三部分
贸易政策环境	包括通过法律、行政、财政金融等手段实施的各种高新技术产品进口保护政策和出口鼓励政策
金融政策环境	包括信贷支持、风险投资发展等拓宽融资渠道的措施，以及发展信用保证体系等支持措施
知识产权政策环境	包括知识产权保护的资金支持和法律体系建设
人才政策环境	包括通过精神、物质激励吸引、留住、培养、鼓励科技人才的各种政策，为科技人才创造良好的工作环境和条件
政府服务质量	指政府在促进高新技术企业成长的相关政策上的效率、政策稳定性等
区位环境建设	包括科技产业园区建设、行业协会发展、提供信息服务等方面的环境政策

第四章　典型国家科技创新创业政策环境比较

本章是对世界范围内典型国家创新创业政策环境的描述与比较，其主要目的是让读者对国外发达国家创新创业政策环境形成清晰的认识，并通过财税、金融、人才以及其他相关政策的分类比较，展示不同国家政策环境的差异。其最终目的是为我国科技创新创业政策环境研究提供更加广泛的现实基础，为我国创新创业政策完善提供经验借鉴。

4.1 创新创业型经济兴起与发展

4.1.1 创新创业型经济的兴起与内涵

德鲁克（Drucker）就美国活跃的创新创业动态于1985年首次提出了创业型经济概念。虽然并未系统化地定义创业型经济，但是德鲁克明确了创新与创业的经济驱动作用以及创新创业在企业或组织成长中的显著作用。之后，众多学者对创业型经济的研究进行了延伸和深化。Stevenson（2002）指出，在创业型经济中，知识创新是基础，创业和创造力则是推动经济增长的主要动力，创业型经济更加强调市场需求的多元化、注重经济的灵活性并突出风险投资和社会资本网络的经济影响等。Audretsch & Thurik（2004）分别从基础力量、外部环境、企业运营、政府政策等不同视角出发，分析并明确了创业型经济的组成成分和重要特点。大卫·奥璀兹认为，创业型经济是以创新和创业为基础的一种新的经济形态，需要培育创业精神、培养创业素质，而在这个过程中，创新型创业是实现创业型经济的最有效途径。国内学者刘常勇（1998）认为，创业者及其创新想法、创新创业行为和创新创业精神等都是创业型经济的主要动力。景云祥等（2006）分析并指出，创业型经济是建立在创新基础上的全面的创业活动并最终能调整和改变经济增长逻辑和发展轨道的经济模式。刘昱（2007）提出，创业型经济是以知识为最重要的生产要素，将创业者视为企业创新创业的领路人，在创业精神的激发下，借助创业活动将科技成果产业化的一种经济形态。朱萌博（2009）认为，创业型经济是利用创新和创业活动的相互促进和融合而创造出新需求并提供新供给，最终满足创业者自我实现的需求的一种新的经济发展模式。

4.1.2 创新创业型经济的价值发展

国内外众多学者均研究发现，创业型经济形态已经成为推动社会经济增长、生产结构优化、创新创业效益转化与模式升级的重要引擎。Brett 等（2004）认为，创业活动有助于增加新的就业岗位、促进技术创新和产业化，以及推动经济增长和社会进步。

从就业方面而言，Robson & Gallagher（1994）发现，英国于 1971 年—1981 年将近 1/3 的新增就业均由那些拥有 20 多名工作人员的小企业创造并提供。Baldwin & Picot（1995）同样发现，加拿大的新创企业和小企业以知识为基础进行产业创新，进而为社会创造了大量的就业岗位，并为员工支付较高的薪水。Audretsch（2002）分析了 OECD 国家数据，结果发现一国的中小企业和创业活动数量与该国的失业率呈现负相关关系。Delgado 等（2010）就集群创业活动对集群的发展，从"区域-产业"的角度研究发现，创新集群对于新企业形成和员工就业具有较高的增长性。在当今经济背景下，创业带动就业的经济发展形态正在逐步成长为一种新的就业模式。

就创新而言，熊彼特在其创新理论中指出，创新来源于创业，创新应该成为评判创业的标准，创业过程伴随着新产品的产生和新市场的创造。在他看来，企业家的职能就是实现创新，而创业活动则是创造竞争性经济体系的重要力量。Herbig 等人认为，新企业的创业和创新的潜力高度相关。德鲁克提出："企业家从事创新，而创新是展现创业精神的特定工具，是赋予资源一种新的能力，使之成为创造财富的活动。" Feldman 等（2005）认为，硅谷创新集群中活跃的创业网络创造了大量的新产品和新工艺，保持了强大的创新竞争力，增加了创新区域的经济财富并提供了众多就业机会。国内学者李政（2007）认为，创业型经济支持经济创新，在制度结构、政策构成与战略选择上不断促进经济发展，保持良好的创新效率与效益，同时促进企业的不断创生、成长和发展。

就经济增长和发展方式变革而言，Bygrave（1998）研究得出，美国浓厚的创新创业文化以及活跃的创新创业活动成为美国最显著的战略优势和竞争优势，创造了美国新的经济增长点。LarryFarrell（2001）视创业型经济为21世纪全球经济竞争中最为关键的要素之一。Audretsch（2002）在OECD国家数据的基础上研究发现，一国的中小企业和创业活动数量与该国的经济增长率呈现正相关关系。Wennekers等（2005）分析了36个OECD高收入国家潜在创业的数据和以人均收入测量的经济增长水平，认为创业与经济发展阶段具有U型关系。Acs等（2005）利用"机会－生存比率"研究了其与人均收入之间的关系，得出了一国的机会型创业活动的数量与该国的人均收入呈现正向关系。Acs & Szerb（2008）研究了2003—2006年54国的数据，发现创业活动与经济增长间呈现近似于"S"型的正相关关系。国内学者方世建等人（2009）分析了创业与经济发展间的静态和动态关系，发现了其创新驱动作用，通过推动创新发展，从而带动经济增长。张青（2009）则从经济学、内生经济增长理论等角度，系统地梳理了有关创业与经济发展间的关系研究。在全球创业观察（GEM）的研究报告中也显示出创业活动水平的差异与GDP增长差距之间的关系。

因此，发展创新创业型经济是时代的要求，是全球化、知识化、信息化与网络化的必然趋势，对推动地区或国家经济增长与发展、优化产业结构、提升创新创业的效率与效益等发挥着至关重要的作用。

随着创业在经济发展中的贡献越来越突出，各国纷纷意识到政府是推动创业发展的主要动力，积极有效的创业政策和创业制度在各国创业活动水平上发挥着显著作用。国外学者（Gilbert，2008；Degadh，2004；Hart，2003；等）认为政府推行的创业政策是为了减少创业者在创业初期面临的一些不确定性和风险，帮助创业企业更好更快发展，带动更多创业者创业，推动社会创新创业活动。国内学者李政和金晓彤（2008）认为，政府的创业政策在社会的创业发展中起到了核心作用，鼓励了创业型经济的发展。傅晋华（2011）同样发现，政府应制定和实施多种创业政策以支持一国的创新创业发展，促进本国经济发展。综上所述，对于创业型经济理论的研究大多集中在国外学者，其主要针对的是发达经济体，而不同经济体间的创业型经济存在很强的"异质性"和"本土性"，同时各国经济发展阶段各异，所以，他国的创业型经济发展模式和相应的创业政策只能作为参考。

美国是全球创新创业的典型代表，印度、新加坡、韩国和日本又均属于亚洲国家，其在地理位置、文化等方面均与中国存在着相容性、相似性，对完善我国创新创业发展政策具有重要的参考价值。通过比较分析，美国、印度、新加坡、韩国和日本的创新创业政策具有值得借鉴之处。

4.2 财税政策比较

在创业活动中，对经济发展影响较大的创新创业政策主要包括：创业融资政策以提供更便捷、更畅通的多元化融资渠道和环境；创业的财政支持与税收优惠政策以及规制环境；完备的人才政策以培养、保留和吸收更多高层次人才并鼓励其创新创业；高效的办事程序和服务政策以减少创业壁垒和障碍等。下面将根据本文的研究目的，从财税政策、金融政策、人员政策以及包括知识产权、服务、设立等在内的其他政策层面对不同国家进行比较分析，观察各国在实施创业政策过程中的异同，吸收并借鉴其中积极有效的创新创业政策。

在创业选择阶段，DeMooij & Nicodeme（2006）通过分析欧盟数据得出，低公司税率政策在鼓励人们选择创业，降低被雇佣率方面具有显著作用。同时，政府积极有效的财税政策如财政补贴、财政担保贷款，将促进新产品、新工艺和新服务的研发、成果转化和产业化生产。财税政策主要包括财政激励政策和税收优惠政策。政府可以通过预算编制、预算拨款、税收政策调整与优惠、财政资金资助和补贴、政府采购、财政投融资、创业投资引导基金和创业企业担保基金、创业补贴与社会保障等政策构建具有较强针对性的财税支持体系，加大在高科技领域的创新创业支持力度，引导更多创业者创业，帮助更多新创企业以及中小企业成长与发展。

4.2.1 美国支持创新创业的财税政策

首先，持续改进政府资助的方式方法，放大政府资金的杠杆效应。以加快科研成果商品化为导向，改进政府资助高校院所科研项目的方式方法，重点支持产学研合作项目，明确规定相关专利技术必须在规定时间内转移转化，引导高校院所走出"象牙塔"。要尊重企业技术创新的主体地位，建立并完善政府各部门资金使用的统筹机制，加强和改进政府采购科技企业技术产品工作,加大对初创期企业和中小企业的支持力度。要避免政府"赤膊上阵",重视发挥市场机制和社会组织的优势,支持天使投资、创业投资发展壮大,支持高校院所、产业联盟、行业协会更多承担创新创业的服务功能。

其次,政府实行采购政策。政府面向企业采购先进技术和产品,是政府支持创新创业的重要方式之一,采购重点向小企业倾斜。比如,《联邦采购条例》明确了小企业预留制度、小企业分包制度、报价小企业优惠制度等;《美国小型企业法》规定,联邦政府应尽可能地向小型企业提供采购合同,一般小型企业每年获取合同金额应不少于总合同金额的23%。对于新产品或服务或者刚进入市场且未形成大规模销售的高科技新产品或服务,政府需要对其进行优先购买。之后,随着新产品市场的不断扩大,政府逐渐减少甚至停止对其采购。美国中小企业局为此专设了获得政府采购合同的办公室,帮助中小企业获得政府合同和大型联邦采购中的分包合同。另外,美国政府支持全球采购,推行关贸协定和多边协定等扩大各国政府对美国科技产品的采购需求。美国政府还规定,低于10万美元的政府采购合同,对中小企业需优先考虑并且给予其一定程度上的价格优惠,中型企业的价格优惠幅度低于6%,小型企业的价格优惠幅度设在12%以下。政府还与私人资本合作建立了联合采购合同制度,对于每个符合条件的新创企业均可获得85万美元的政府采购合同。

第三,提供创新创业资金支持。美国国会向小企业管理局提供了大量资本金,为小企业或新创企业提供贷款支持;同时为中小企业设置了赈灾贷款基金、商业贷款基金和投资基金等形式的中小企业基金,以帮助中小企业成长与发展。同时,美国政府加强了对中小企业的研发投入,2010年研发投入的财政预算上升至1475亿美元,高出2009年0.3%。

第四,美国政府一方面实施小企业创新研究计划(SBIR),以合同或捐赠的形式为初创企业的高风险创新项目提供资金且不拥有任何企业股权,也不对其研发出的任何知识产权享有所有权;另一方面,推行小企业技术转让计划(STIR),规定研发经费超过10亿美元的联邦政府部门,每年需要提取一定比例的研发经费,支持小企业与非营利研究机构的技术转让项目。还有,先进技术发展计划(ATP),政府与产业界共同承担研究费用,共同支持和扶持创新发展与产业化。

第五,美国政府出台了一系列扶持创业投资的法律法规。《新市场税收抵免方案》规定,如果投资者能够加大投资在一些能够促进低收入地区更好发展的"社会发展基金"

上，那么这些投资者可以获得所得税的相关税收抵免优惠。《就业与经济增长税收减免协调法案》规定，长期资本利得税率下调至15%，红利税率下调至15%，这与长期资本收益税率一样。《经济复苏税法》也规定，与中小企业具有紧密关系的个人所得税将降低25%，将资本收益税下调至20%；每年税款小于20万美元的纳税人无须通过联邦税收电子支付系统预缴税金，最低预缴税款额度由500美元上升至1000美元。

第六，出台一系列支持小企业发展的税收优惠政策和措施。比如，那些员工数不到25人的小企业可以按个人所得税的税率纳税，而无须按企业所得税税率；投资金额不到500万美元的小企业可以享有永久性减免投资税的税收优惠；那些收入不到500万美元的小企业可以享有长期投资税减免；那些符合相关规定条件的小企业的股本收益可以获得一定年限的税收豁免。美国政府还设有一系列鼓励小企业技术改造以及风险投资的税收优惠政策。例如，对于那些用于技术更新与改造且法定使用年限大于5年的设备，其10%买入价可以直接从当年的应纳所得税额中扣除；若法定使用年限是三年，则可以抵扣6%买入价。凡当年的研发经费支出超出前三年的平均值的企业，其研发支出增加部分可获得20%税收抵免。对投资于高科技产业的设备等采用加速折旧的优惠政策。2008年金融危机后，美国又实行了"经济刺激法案"，为美国小企业提供50%的特别资产折旧，同时允许企业将50%的机器设备资本支出从营业收入当中进行一次性的减除。"经济复兴和在投资计划"中延长了计划的实行时间并且对折旧资产做出了详细的规定。

第七，政府提供项目支持和创业服务。联邦政府中，10余个部门均资助科研项目，2013年政府r＆d投入达1440亿美元。在政府所有资助项目计划中，影响最大、效果最好的是小企业创新研究计划（sbir），有11个研发经费超过1亿美元的联邦政府部门参与，每年投入资金约25亿美元，支持初创公司的高风险创新项目，约有25%的公司在sbir资金支持下成立。再比如，实施的小企业技术转让计划（sttr），规定研发经费超过10亿美元的联邦政府部门，每年要划出一定比例的研发经费，专门支持小企业与非营利研究机构的技术转让项目。在政府投入资金的带动下，全美每年私人r＆d投入达2700亿美元。美国成立了联邦小企业管理局（sba）、小企业发展中心（sbdc）、妇女企业中心及其遍布全国的分支机构，提供包括创业培训和咨询、指导起草商业计划书、企业管理技术支持、与银行合作提供担保贷款、帮助企业申请政府采购合同等项目的服务。州、郡、市等各级政府也重视做好创新创业服务工作。

4.2.2 印度支持创新创业的财税政策

首先,政府优先购置国产的 IT 产品,购置国内资本货物的企业可享受减免消费税、所得税等政策。进入软件园区的企业可以免缴进出口税、允许外资 100% 控股并且免征高比例的所得税等,公司所得税最高可被免除 90%,允许 100% 外资独资公司的设立以及购买国内资本货物时免除消费税,等等;软件园区内注册的企业可以拥有 10 年的免缴所得税的权利;减免经济特区内的企业 50% 的出口所得税;《所得税法》规定,在印证交所登记注册的外国的创业投资公司在印度取得的所有创业投资收入均可以享有企业所得税免缴的优惠。

其次,外资、内资以及合资的软件公司研发与生产的软件产品无须缴纳流转税;软件园区内的企业若从国内的保税区购买货物时可以免征货物税;软件服务型企业可以免缴劳务税;全部免除创业投资企业的长期资本利得和红利收入;国外的创业投资公司无须创建专门的资产管理公司,可以借用非关联的资产管理公司提供相应的资产管理服务工作,避免其带来的税收压力,进而吸引更多海外投资者投资印度的风险企业,为创新创业提供更多资本。

第三,在研发方面,政府也制定了相关税收优惠政策加以鼓励。政府规定,若研发机构取得了印度科技部科学与工业研究局的认证资格,即可享受其用于 R&D 所需的仪器设备、零部件、附件等进口关税的免除;企业中的研发机构在科研项目中的任何开支都可被扣除;企业将营业收入的 2% 用于研发的那部分费用可以免税。

4.3.3 新加坡支持创新创业的财税政策

首先,实施财政激励政策。其一,若企业连续 3 年均投资在高科技产业并且发生亏损,则可以获得 50% 的政府补贴。新加坡信息发展局还提供 50% 研发补贴给那些通过审核的企业项目(通过审核率极高)。商业拓展中,企业可以享受最多可达到 70% 的政府补贴。对于从事高新技术领域的创业者,在其仅有创新创业想法的初级阶段,便可以获得政府 25 万新币的一次性投资并且不在其公司占据任何股份。其二,新加坡税务局设立了信用基金,补贴企业的购买/租赁 IT 设备/软件、员工培训、购买/使用其他公司专利、注册专利/商标、相关研发费用以及经过新加坡设计理事会(Design Singapore Council)批准的设计项目这六种商业投资行为,补贴方式主要有 400% 减免税务,加 60% 现金返还以及再加上 1.5 万新币的一次性补贴(前种方式主要用于高营业收入的公司，后两种方式主要是对创业企业而言。其三，近10年以来，新加坡政府每年以不低于20亿新元的资金支持风险投资、技术转移和创新创业的发展，大力鼓励创意产业以及生物制药等新兴产业的成长与发展。

其次，提供创新创业企业的税收优惠政策。其一，属于新技术开发的产业可以拥有 5～15 年不等的免税期。从事出口产品生产的企业，最高可以被免除 90% 所获利润的税收，并且拥有 3～15 年的免税期。从事高科技领域的新创企业以及从事研发类的企业拥有 10 年的免税期优惠。新型工业以及新兴服务业可以获得 5～10 年不等的税收优惠，对于那些具有较大投资额度并且掌握着先进的技术和熟练的员工的企业还可以拥有更长的一个免税期限。其二，对于那些主要从事计算机软件和信息服务、农业技术服务，医药研究、试验室和检测服务等的企业在研发领域发生的开支可以获得双倍扣除的优惠待遇。政府规定，若企业从国外吸收引进先进的技术，则其所需支付的特许权使用费的预提所得税税率降至 10%，降低了企业运用知识产权所产生的成本。集体估税扣税制度降低了企业的实际税率，从而降低了新创企业的创业起步成本，减小了创业压力，营造了良好的创新创业环境。

4.3.4 日本支持创新创业的财税政策

首先，实施财政激励创新创业的政策。其一，政府通过免费或低价的方式，鼓励并组织中小型企业参与国外展览或组织中小企业代表到国外考察，并且给予部分隐性补贴。日本政府在其财政预算里面设置了中小企业科目，用于中小企业支援中心建设、技术研发以及中小企业金融扶持和信用担保等。政府每年有关于向中小型企业的经营者支付所需的研发委托费用和补助金的相关预算，鼓励更多的技术开发和科技创新，并且向那些研发成果的产业化给予特定的拨款补助。其二，对于那些主要从事新产品和新技术的研发以及具有高附加值性质的产品生产的中小型企业，可以拥有低息贷款以及领取补助金的财政支持。对于那些从事科学技术基本规划中的重点领域的技术开发企业，其可以拥有相当于 1/2～1/3 技术开发费用总额的补助。其三，日本政府还为企业的创新创业设立了专项基金，向满足标准的创新创业企业提供相当优惠的资金支持，并且在一定时期内实行减免税的政策。

其次，实施鼓励创新创业企业的税收优惠政策。其一，对于企业资本金在 1 亿日元以上的企业法人，其法人税是 30%；资本金低于 1 亿日元的企业法人，若其所得少于 800 万日元，则税率是 22%，高于 800 万日元以上的部分可按 30% 的税率缴纳。中小型企业的法人债务无须在次年全部清账，此外，可以提取其中的 16% 作为企业积累。其二，对于那些旨在提供技术水平的机器设备，当新创企业或已有企业对其购入或租借时，这些机器设备在第一个年度中可以享有 30% 的特别折旧，或者免缴 7% 税金的权利。其三，对符合条件（开发实验费用在销售额中占比大于 3%，创业年限未满 5 年）的中小型企业，一方面，对其设备投资实施减税优惠；另一方面，从事股票投资的个人投资者在其股票出现了转让损失的时候，损失的这部分个人投资者有资格使用结转扣除等方式的课税特例。若中小型企业和风险企业的创办年限在 10 年以内，则不再使用保留金征税。其四，日本政府还提供一系列的税收优惠政策，以支持科技研发和技术创新。例如，增加了试验研究的经费的税额抵扣政策；中小企业在其税制的实际年度投入的 6% 实验研发费总额可以从法人税后者所得税当中扣除；降低了科技型中小企业的流转税、企业所得税以及利润税等相关直接税的税率；中小企业的技术投入与开发费用可以抵免 15% 的当年所得税额。

4.3.5 韩国支持创新创业的财税政策

首先，财政激励方面。政府强烈支持相关机构对科技型创新创业企业生产的技术产品采用首购的政策。政府优先购买中小型企业中实行"性能认证"和"性能保险"的产品，提高其市场竞争力并扩大销路，进而鼓励更多中小企业形成与发展。12 个政府部门开设了 90 余种政策性基金，每年可向中小企业提供约 4.9 万亿韩元以支持中小企业发展；设置了中小企业振兴基金、中小企业结构调整基金和中小企业创业支援基金以鼓励和扶持中小企业创新创业发展，促进产业结构和产品结构的调整。

其次，在税收优惠方面。韩国政府形成了《租税特例限制法》《中小企业创业支援法》《技术开发促进法》和《鼓励外贸法》等全面、系统的税收优惠政策体系。

其一，韩国政府给予个人投资创新项目 30% 的税款返还优惠。农渔业的中小型企业可以享有 50% 所得的免税优惠。政府为集约型和农村地区的中小型企业的创业者实施法人税、所得税、取得税、财产税及注册税的减免优惠。对于新创办的中小企业，从其营业之日起开始减免 3～5 年的法人税、所得税和财产税等。对设备投资者免征投资额 10% 部分的投资税，降低中小企业的公司税税率、股息税税率，免征公司注册税、资本增值税以及特别增值税等税收优惠政策。

其二，韩国设置了中小企业法人税的减税税率，其中规定，资本金在 1 亿韩元的中小企业法人，其年收入低于 800 万韩元的部分按照 28% 的税率进行缴税，超过的部分按照法人纳税，商业中小企业统一按照 27% 的税率缴税。

其三，对于投资机构的持股份额和转让损失，韩国政府免除其法人税；就投资机构中的投资损失准备金而言，符合规定的可直接计入年度经营亏损中；投资机构的投资收益和各股东的股权收益也可以按照规定为其设置所得税特例。

其四，为了鼓励和加强科技开发，韩国政府还制定了一系列的税收优惠政策。例如，实施"技术开发准备金"制度，相关行业的企业可以按照收入总额的 3%～5% 提取相关技术开发准备金，并且在 3 年之内将其运用到技术开发、培训、革新以及引进中；研究试验所用的设备投资可以获得税前扣除或者快速折旧的优惠待遇；技术以及人才的开发费用可以扣除；对于外国技术人员，其从提供劳务之日起的 5 年以内所获得全部劳动所得可以免征个人所得税。

其五，韩国政府还制定了促进科技成果转化的相关税收优惠政策。例如，对于高科技企业的资产投资可以实行税前扣除或者快速折旧的方式；对于技术转让所得的收入可以减免税收；那些技术开发先导物品当其处于市场初级阶段的时候可以享有一定时期的减免特别消费税的优惠，符合规定条件的工程技术项目和信息行业可以从其开工后拥有收入的年度算起，6 年以内该项目所获得的收入可以减半征收其法人税。

通过表 4-1 的比较，可以看出美国、印度、新加坡、日本和韩国在创新创业的财税激励政策上的共同点和差异。各种财税政策在不同国家经济体制下的作用和效果各有差异，但整体上均促进了各国的创新创业发展。其中，美国和新加坡在创业财税政策上较为全面，并且取得了良好的政策效果和作用，美国和新加坡政府实施的这些创业财税政策很大程度上鼓励了创业者的信心，缓解了新创企业在创业初期的生存压力，促进了创新创业企业的成长和发展。印度的政策则相对比较保守，但是也同样对其创新创业产生了积极有效的推动作用。

表 4-1　　　　　　　　创业财税政策激励措施的国别比较

项目	美国	印度	新加坡	日本	韩国
政府采购要求	√	√			√
科研经费资助	√	√	√		
税收抵免	√	√	√	√	

续表

项目	美国	印度	新加坡	日本	韩国
降低资本所得税率	√		√		√
其他种类税收减免	√	√	√	√	√
资本利得免税	√	√	√	√	
免税期		√	√		
税款返还			√		
以其他应税收入冲销创业投资损失	√		√		√
税收抵免权转让	√				
对资本或技术投资的税收支出	√			√	√
对小企业降低所得税率	√			√	
设备投资减税				√	
商业拓展补贴			√	√	
信用基金，投资补贴	√		√		
高科技产业亏损补贴			√		
加速折旧	√			√	√
技术开发准备金					√
各种创业基金	√				√
专项基金				√	
特定拨款补助				√	

4.3 金融政策比较

创业者个人能力很难满足创办一个新企业的所有资源需求，同时，资金的匮乏是创业者放弃创业的一个相当重要的因素。如果政府和金融机构能够为创业者提供良好的融资环境、畅通的融资渠道以及便捷的筹资手续等满足创业资金需求，那么创业者将在更大程度上拥有创业的主动性和能动性。创业者在创业融资过程中遇到的问题主要表现为贷款程序复杂、需要相应的贷款抵押或担保以及贷款数额受限等。政府应通过不断完善创新创业融资政策，支持和鼓励创业活动。

4.3.1 美国支持创新创业的金融政策

不断创新融资渠道是美国扶持鼓励创新创业的重要政策措施。美国创新创业企业的融资渠道主要有：政府 SME 贷款或担保项目、小微贷款基金、扶持成长型企业的特殊贷款、政府贷款或补贴、政府扶持的风险投资项目／基金、天使投资或私人投资的税收减免以及天使网络／数据库等等。

首先，美国成立了小企业管理局（SBA），为商业银行和其他私营金融机构发放的小企业贷款提供担保，帮助小企业获取政府贷款、采购合同以及有关技术管理服务。其担保比例通常是企业贷款总额的 76%，低于 15 万美元的贷款，担保比例是 84%。SBA 根据不同企业的不同发展阶段提供不同期限和条件的贷款担保制度，分别有低于 1 年的短期担保制度、1 年以上的中期担保制度和 7 年以上的长期担保制度。目前，SBA 已经是美国最大的公共创业投资提供者以及最大的主要面向小企业的独立融资机构。其直接提供的全国性小企业融资担保体系、区域性担保体系和社区担保体系构成了美国完善的融资担保体系，为小企业创造更多机会以获取更多的创新创业资本金。

其次，美国政府还专门成立了中小企业投资公司（SBIC）以为处于种子期以及初创期的中小型创业企业提供资金支持，同时设立了债券信用担保基金，为中小企业提供信用担保。同时向小企业投资公司提供了担保债券和参与式证券，解决了小企业投资公司融资期限和规模与股权投资方式的不匹配，扩大了政府资金的杠杆作用，使得 SBIC 吸引的私人资本快速增长。

第三，联邦小企业署已经与 7000 多家商业银行建立了合作关系，为中小型企业提供贷款担保，推动各种商业金融机构为小企业提供资金。

第四，一站式资金商店可为贫困社区的创业企业提供资金支持以及创业初期政策、资金、技术和信息服务等方面的支援。

第五，美国政府通过补贴投融资于种子期所形成的风险代偿，鼓励投资机构、商业银行等将资本投向处于种子期的科技型企业；通过税收抵扣，鼓励富有经验的企业家以个人方式向处于种子期的科技型企业投放资本。

第六，美国施行新兴市场创业投资项目（NMVC）以为小企业提供股权融资和技术援助。美国风险投资的资金来源具有多元化和机构化特征，主要包括个人和家庭资金、国外资金、银行与保险公司资金、年金和大产业公司资金，其中，直属机构资金和产业资本为首。为了促进创业投资行业发展，美国为创投业提供了多元化的税收优惠、特殊税收激励和税收抵免等支持政策，进而为创业者吸纳更多的创业资本。具体措施如下：政府为创业投资行业提供税收优惠，规定所有与小企业密切相关的个人所得税可减免25%，资本收益税下调20%；同时，美国政府建立了由股票主板市场、纳斯达克交易市场和第三市场构成的完善的资本市场体系，从而为创业资本提供便捷畅通的退出渠道。

4.3.2 印度支持创新创业的金融政策

首先，设立了基金总额为500亿卢比的印度包容性创新基金，专门用于激励那些传统风险投资不愿意介入的处于创新链条初期的种子资金阶段；设立印度创新型初创企业投资基金，每年投入约100亿卢比，采用公私伙伴关系的组织管理模式；设立促进地方创新基金，为各地方特色发展问题寻求良好的科技解决方案；设立促进社会创新基金，支持那些可能无商业利润却有着高社会回报的创意和科技冒险；印度证券监督管理委员会（SEBI）不同时期推行不同政策以为创业者提供一定程度的创业基金支持。

其次，取消对外企的诸多限制，允许其控股达到75%～100%，进而加大引资力度。

第三，建立新型科技创新孵化机制与商业模式，如建立"小创意—小利润"机制与"风险创意基金"机制。

第四，通过吸引跨国风险投资、为软件企业提供信贷支持、放宽国际融资机构收购国内软件企业的有关限制等资本市场工具实现资源配置和产业提升，使软件企业向集团化和国际化发展。

4.3.3 新加坡支持创新创业的金融政策

首先，国家科技局先后设立了科技风险投资基金（TIF）、政府投资基金（GIF）、经济发展委员会投资公司。还采取了对等投资方式以吸引国际风险投资基金，并为其提供风险投资的相关职业培训。风险投资损失、股权交易损失或因风险投资事业清算导致的损失均可扣除免税，若风险投资引入先进技术则可免缴5～10年所得税，风险投资管理公司管理费与红利收入最高可享受10年的免税期等。

其次，新加坡标准、效率与创新委员（SPRING）实施企业发展计划，与其他投资者合作提供种子基金，成立商业天使基金，与其他天使基金合作提供天使基金，为有商业前景的科技企业设立专门的支持计划。

第三,政府成立了经济发展局投资公司(EDBI),以产权投资为目的,联合当地企业以及跨国公司对新加坡高新产业的项目进行直接战略投资,主要以创业初期的高新技术型和有持续竞争力的企业为投资对象,为其提供税收奖励措施。

第四,对于经批准的用于生产设备的贷款而支付给非居民的利息实行免税;对于经批准的特许权使用费收入、技术服务费收入、向研究开发基金的拨款,给予免税或减税。

第五,由新加坡国立研究基金会设立的"科技孵化项目"为处于早期发展阶段的初创公司提供资金和技术帮助,新加坡政府和科技孵化公司联合提供资金和技术支持给那些挑选出来的初创公司。其中,政府出资占比最高不超过85%,出资金额最高50万新元。科技孵化公司则承担剩余15%的出资金额,并为初创公司提供创业指导和办公地点。3年后,科技孵化公司有权买断初创公司中的政府所持股份。截止到2014年2月,已有15家科技孵化公司和100多家初创企业参与了该项目。

4.3.4 日本支持创新创业的金融政策

首先,金融机构附属风险投资公司和准政府投资公司结合是日本风险投资的主要模式,银行和券商等金融机构所属的风险投资企业占据了整个行业的77%。日本政府设立了研发企业培植中心,为风险企业向金融机构的贷款提供债务担保业务。政府一般将担保的倍数效应提高在10~15倍,吸引民间资本大量进入风险投资业。还通过中小企业金融公库、国民金融公库、商工会中央公库等专为中小风险投资企业提供优惠贷款,通过下设的风险投资公司,为风险企业向银行提供贷款担保,新技术开发事业团为高新技术项目提供5年期无息贷款。

其次,日本由全国52家信用保证协会向中小企业提供信用担保,由中小企业综合事业团(政府全额出资实施中小企业政策的特殊事业法人)与信用保证协会缔结保险契约关系,当信用保证协会担保的贷款无法偿还出现坏账时,由事业团向保证协会支付70%~80%的保险金。政府的信用担保机构为创业企业提供了一定范围的担保,以帮助该企业从商业银行获取贷款。还设立了"信用保证协会"和"中小企业信用公库",为中小企业从民间银行贷款提供担保。

第三,中小企业的金融公库融资以长期的设备资金为主,促进了新创企业的成长与发展。国民生活金融公库两级信用保证制度是日本创业融资政策的主要特点,目的是实现不需担保品即可为创业者提供营运资金以及设备资金,鼓励更多的新创企业的出现与发展。

第四,"日本政策金融公库"为中小企业及风险投资型企业设立了"新事业活动促进资金",降低了贷款利息,使得那些拥有完善的创业计划的企业有机会获得低于年率1%的低息贷款。对于开展新技术研发及实现事业化计划的日本中小企业经营者或创业的个人制定者,可从政策性金融机构获得低息贷款和设备投资减税等。日本政府通过国家银行向创业企业提供低息贷款,还设立了专项基金。

第五,"日本政策金融公库"等降低了创业贷款利率,对经营困难的企业在破产时提供资金支持以促使其创立新企业。"中小企业基盘整备机构"出台了破产低息融资制度,支持会员企业在面临破产时用于设备淘汰、律师雇用等方面的开支,那些前景黯淡的企业可以提前办理相关破产手续,为经营者提供再创业的机会。

4.3.5 韩国支持创新创业的金融政策

首先,政府在创业资本公积中占据了主导地位。韩国政府设立了中小企业创业基金,形成了官民共同的投资资金,以支持那些高技术和有出口潜力的产品生产和创造以及那些处于创业初期的企业;要求中小企业银行、国民银行和中小企业振兴公团等设立创业资金以支持创业;设置中小企业周转金,每年向那些专门从事中小企业融资的金融机构提供资金,增加财政及金融资金供给,以改善中小企业的贷款条件,解决融资难问题;2000年政府拨款100亿韩元建立了韩国风险投资基金;引导大企业参与,政府、科研机构、学术团体和较大的产业集团组合投资筹集资金以帮助发展前景最好的创业企业。

其次,地方政府、官方非营利机构以及民间团体扶持中小企业创新创业。地方政府为中小企业提供了"地方中小企业培育基金";成立了中小企业振兴公团,为中小企业筹集资金。

第三,韩国中央银行通过指导性规定、信用总量上限的系统支持以及优惠贷款利率等方式鼓励了商业银行、金融机构等对中小企业的贷款支持。

第四,韩国中小企业银行、韩国国民银行、韩国产业银行和商业银行等通过提高资本金等方式给企业提供了更多资金支持。

第五，韩国政府建立了中小企业信用担保体系，成立了信用担保机构，帮助中小企业获取银行贷款。

第六，韩国政府建立了自己的创业板市场——高斯达克（KAS-DAQ）市场，为韩国创业投资的并购、回购、转让、退出等提供服务平台，为高科技新兴中小企业提供更加便捷的融资渠道。

第七，大力扶持创业投资企业，主要表现在：①给予法律保障。②提供税收优惠政策，如创业投资企业可在2年内减免国家税、所得税和法人税的50%，全免地方税、取得税和注册税；创业投资人才可享受所得税减免；对在韩国创业投资企业工作的外国专家给予5年的所得税减免。③提供场地支持。④给予信息、技术支持。⑤帮助创投企业进入国外市场。⑥帮助创投企业招聘人才。综上所述，韩国的中小企业创新创业资本多来自外源融资渠道。

对美国、印度、新加坡、日本和韩国的创业金融政策特点做了简要比较，如表4-2所示：

表4-2　　　　　　　　　创业金融政策主要特点的国别比较

国家	金融政策主要特点
美国	鼓励自由市场融资，部门管理专一：政府金融机构提供贷款；以小企业管理局（SBA）为核心，提供完善的贷款担保体系，引导商业机构、民间资本对小企业贷款或投资的间接调控模式；以中小企业投资公司（SBIC）为辅助，向种子期、初创期企业提供信用担保体系及资金支持；以发达的资本市场为依托，以民间资本为主力，以私人/独立的创业投资公司为主要媒介，以高利润为保证的创业投资机制
印度	政府主导型：注重创新创业前期激励机制，设立各种形式的创新基金和创业基金，主要为处于创业种子期的企业提供资金支持；印度证券监督管理委员会（SEBI）专为中小企业提供创业资金支持；构建新型科技创新孵化机制与商业模式
新加坡	政府主导型：以国家科技局为核心，下设科技风险投资基金（TIF）、政府投资基金（GIF）、经济发展委员会投资公司，各司其职，为创新创业企业提供资金和其他相关支持；新加坡标准、效率与创新委员（SPRING）提供商业天使资金；经济发展局投资公司（EDBI）的直接战略投资和税收奖励；专门的"科技孵化项目"挖掘、帮助创新创业企业成长

续表

国家	金融政策主要特点
日本	政府主导型：主要是为巩固政府金融机构功能、充实信用保证和指导民间金融机构等提供全方位资金支援，以信用保证协会的两级信用保证为信用补充，金融机构附属风险投资公司和准政府投资公司结合的风险投资模式；在事前、事中、事后均配有资金扶持政策
韩国	政府主导作用：官民结合，大力引入民间资本；针对中小企业创业专设多种资金支持模式和政策性基金；多种类型的银行支持；中小企业信用担保体系；创建高斯达克二板市场；扶持和发展创业投资企业，引入更多创业资本

4.4 人员政策比较

创新创业人才对经济发展起到了至关重要的作用，需要得到整个社会的高度认可和关注。创新创业人才是集创新和创业于一体的复合型人才，他们不仅具备足够的创新能力，而且有能力将创新成果产业化、商业化，实现创新成果的社会价值和商业价值。为了激励创新创业人才积极开展创新创业活动，政府提供了有效的政策，以激发创新人才创业的动力，培养创新创业能力及保持企业持续健康发展的能力。

4.4.1 美国支持创新创业的人员政策

（1）高度重视创新创业教育培训。

创业教育的目标是为学生提供多元化的发展服务，鼓励个人奋斗、冒险和创新，不怕失败，敢于尝试。

首先，具有完备的创业教育课程体系和培训项目。从小学到研究生，创业教育课程体系完善，还招收创业学硕士和博士。重视跨学科教育，培养跨学科人才。课程主要有：小企业创新研究计划、创业计划大赛、小企业技术转移计划、金融扫盲计划以向中学生普及金融/投资/营销/商务等的专业知识教育。除了传统的创业教育课程外，美国的创业计划大赛、高校间的创业交流会和创业俱乐部等深受欢迎且取得了良好成效。

其次，拥有多元化的创业教育组织机构。美国的很多大学都设有创业中心，将师生的研究成果转移给企业。美国主要的创业推广机构有美国堪萨斯州青年创业家、柯夫曼创业中心；高校的创业教育机构主要有创业教育中心、大学创业中心、创业研究会、创业家协会、家庭企业研究所、智囊团等。

第三,建立"民官学"的创业支援主体。在美国整个创业支持体系中,以民间组织为主,以政府为辅,有教育机构参与的层次体系。

第四,具有多渠道的创业教育资金支持。美国国家科学基金会设置了负责实施"小企业创新研究计划"的专门机构,鼓励创业。此外,美国还拥有众多支持创业教育的基金会,每年以商业计划大赛奖金、论文奖学金等方式大力支持高校的创业教育。例如科尔曼基金会、考夫曼创业流动基金中心、新墨西哥企业发展中心、国家独立企业联合会等。另外,美国完善的风险投资机制和信用卡借贷制度也为其提供了大量的经费支持和具体的实践基地。

第五,运用立法以完善和加强就业和创业培训。美国为职业教育与培训相继颁布了众多法律,例如《人力开发与培训法》《职业教育法》《平等就业法》《青年就业与示范教育计划法》《就业培训合作法》《工人调整和再训练通知法》《从学校到工作机会法》《劳工保障法》等。

(2)注重高层次人才的培养、引进、使用与保留。

首先,美国有着强大的科研载体,成为吸引世界精英的绝对优势。美国不断加大投入,致力于创设卓越的科研技术研究与开发的工作条件和环境,同时不断建立庞大的科技园以及研发机构等,这都帮助美国吸引了众多创新型人才,因为科研机构与科研环境在一定程度上与创新型人才的创新能力的发挥有着紧密的联系。例如,贝尔实验室中平均每天能产生一项专利成果,故而成为世界科学家们追求的方向。

其次,依托于美国自身的经济实力以及其美元的巨大优势,美国的人才"价格"明显高于其他大部分发达国家,发展中国家更是无法比拟,从而强烈的金钱诱惑也帮助其吸引人才。

第三,美国规定已获得美国高等教育机构硕士以上学历的外国公民,可以不受每年H-1B临时工作签证的配额限制,依情况批准2万个H-1B签证申请。此外,美国的国土安全局也规定,延长理工科留学生毕业后的实习期至2.5年,方便留学生毕业后在美国寻找工作。

第四,美国具备开放式的移民"绿卡制度"。美国放宽有关创业者的移民政策以鼓励优秀的创业者赴美发展。具体表现如下:外国创业者在美国创业开设公司,可以为自己申请H-1B工作签证;移民创业者在美创办企业,可以为美国创造更多就业岗位,这被视为一种国家利益,可以按"国家利益豁免",所以可以自行直接申请绿卡,甚至不需拥有工作机会或找到美国雇主；在美创办企业的外国人可以借助其公司为自己申请第二优先的绿卡；高度重视争夺全球高端人才，持续推进实施移民政策，硅谷地区约37%的人口出生在外国。凡是美国急需的、受过高等教育的，且具备突出才能的各类高技能人才，以及能在美国投资或为美国创造就业岗位的经济移民连同其家属将被优先考虑。

第五，美国在精神层面上的文化宣传。美国不断宣扬其"自由、民主、人权"以及"科学无祖国"等理念和生活哲学，无形中从意识形态层面吸引了外国优秀人才。

4.5.2 印度支持创新创业的人员政策

（1）形成了多层次的创业教育体系。

首先，多层次的创业教育课程。在不同阶段，印度的创业教育的内容和深度也有所不同。初级阶段，主要是学习创业的技术、技能，核心课程有职业理论学科和技术培训等，其专业性和实践性都要求很高，实训课程一般在总学时的50%以上；高级阶段，创业教育课程主要有创业技能、创业管理、企业战略管理以及企业文化管理等，创业教育几乎普及到了所有高校。另外，结合印度家族企业的特性，部分大学专门设置了为期两年的家族企业管理项目。本校教师和访问教授共同承担创业教育课程，本校教师教授理论知识，访问教授则负责实践部分。

其次，多模式的创业教育体制。主要有两种：师徒制被动学习策略模式和导师制自主学习策略模式。前者主要运用于创业学习的基础阶段，以师傅为主导，学生被动接受师傅安排的学习内容与方式，培养学生的创业技能以及帮助学生树立正确的创业价值观，最终培养出来的基本上都是实用型技术工人或小作坊主。后者则是以学生为主导，强调技术教育和学历教育的结合，理论与案例的结合，项目指导与活动推广的结合。该种模式又可以细分为项目模式和活动模式，项目模式旨在提高学生的实践能力，活动模式旨在提高学生的创业热情和创业精神。

第三，多元化的创业教育支援主体，可谓全民参与。印度中央政府、邦政府、金融机构、教育与培训学校、工业协会以及非政府组织与顾问等提供与创业相关的培训服务；邦政府设立专门的创业机构，主要包括产业董事会及其指导下的地区产业中心、产业发展机关及产业投资机关、小产业发展机关等；小型企业工业部和科学技术部设立了创业培训和服务机构，例如国家研究所、创业和小企业发展国家研究所、工业综合培训中心、印度创业研究所、小企业创业者推广与培训学院、印度创业发展研究所等。

第四，多种方式促进创业型大学形成。具体措施有：大学与创新型企业合作组织创业大赛，以激发学生的创业热情。通过建立教育园区、科技园、科技企业孵化器、企业集群等方式促进创业型大学的形成。在大学中建立创业发展中心和技术创业园，创造良好的创业环境，企业和高校间的联系与互动。政府依托著名院校建立科技企业孵化器，支持国内外的知识技术创业活动，促进科研成果的转化。这些机构能够为创业提供更好的"专门指导""支持服务"以及"创新资金"。相比于科技管理园区，孵化器在开发就业机会、建立大学与市场间的联系等方面更以服务为根本导向。

（2）重视高层次创新创业人才的培养、吸收与保留。

推出青年科学人才资助计划，5年内投入5亿美元补助高中优秀生，接受资助学生规模为100万人。设立各种公立院校；成立私营的商业性培训机构；吸引海外留学人员回国创业和工作。对于海归人才，印度政府创建"科学人才库"，兴建科技园和科技城，给予技术人员丰厚报酬，营造良好发展环境，外国企业的商业事务外包，对等承认的双重国籍，创设"海外印度人日"。建立了20家设计创新集群，连通一个开放创新学校以及国家设计创新网络；建设各类研究院、产业中心和高科技园区以吸引海外人才。

4.4.3 新加坡支持创新创业的人员政策

（1）创业教育方面：始终坚持教育为本，科技兴国的战略，将人才作为新加坡发展的最大并且唯一的资源。重视基础教育与继续教育，发展精英教育。

首先，多层次的创业教育课程体系。小学阶段，学校通过"虚拟股份"等游戏寓教于乐，培养学生的商业意识。中学阶段，学校则在教学课程中适当引入有关管理企业的基础课程。大学期间，课程采用学分制，基础宽厚的学科和国家化的相关课程结合。南洋理工大学与经济发展局合作成立了南洋科技创业中心，开设了创新与创业硕士学位课程、本科生创业辅修课以及创业短期课程等不同层次的相关创业教育课程。同时，实行校外评审制度，由海外大学的资深学者担任评审，定期来新加坡考察以保证新加坡大学的教学质量，等等。

第二，多元化的创业教育支持主体。政府、社会机构和高校三足鼎立。①政府。新加坡政府作为创业资源的支持者，每年以国民生产总值的3%～4%的经费投入发展和支持教育事业，仅亚于对国防的投入，占新加坡政府财政支出的第二位。另外，全额资助新加坡国立大学、南洋理工大学和管理大学,不断为其提供相应的教育经费支持并设置教育基金,投入大量资金用于支持和帮助大学成立创新与创业学院、高校创业教育的海外合作、创业中心和企业孵化中心的成立、创业教育论坛和全球创业峰会的举行以及训练营地活动的组织和筹办等。政府还帮助建立了大学技术转移办公室、技术学院转化研发资助、医院/医学学术中心技术转移行动等机制促进科技成果商业化。②社会机构。社会机构(例如新加坡经济发展局)作为新加坡创业氛围的营造者,不断为创新创业者营造理想的投资区域,相继出台各种海外培训方案和计划,努力发展多元化的产业形态,与教育界合作以探究有关创业教育的深度实施课题。新加坡标准、效率与创新委员(SPRING)资助学校建立学生创业学习项目,并发起商业领导计划培训企业的管理人员以及未来的企业管理人员。③高校。高校作为新加坡创业教育的主要实施者,建立了一套全覆盖的、系统的、完整的以及国际化的创业教育体系,立足于技术和国际化素质的培育。

第三,国际化的创业教育战略。①教育团队国际化。众多学术界和企业界的优秀教授、企业家、高科技成果产业化人员以及风险投资家等齐聚于新加坡创业教育团队中,其中大部分人员来源于发达国家的高等学府,掌握着丰富的创业实践经验以及丰厚的国际商务经验和创新创业精神。同时,诚邀教师参加学术人员的交换计划,选派本地优秀教师到世界一流学府进行深造学习。②创业教育模式国际化。开放新加坡高等教育的市场,吸引世界名校到新加坡办学,目前有麻省理工学院、宾州大学等众多世界顶尖学校在新加坡设有人才培养中心。新加坡的大学还与世界众多一流学府建立了人才培养合作关系,例如新加坡国立大学与约翰霍普金斯大学、斯坦福大学等有人才联合培养项目。同时,主张跨国办学以及全球化学生交流模式。例如,2001—2011年,新加坡国立大学的创业中心已经建成了7所海外学院,学生有机会在全球创业热点地区进行实习学习和体验、与企业家或投资者交流学习以及在相应的合作大学中进修课程等。新加坡还提出了走向世界、根留新加坡的口号,鼓励新加坡人到海外学习,学成后回国服务。科技局专设奖学金资助本地学生到海外攻读科学与工程类研究生学位,也设有奖学金资助本科生、中学生到海外学习。新加坡政府专设了"总统奖学金"和"公共服务奖学金",每年选派优秀师生到世界高等学府深造学习。新加坡高校每年也会选派优秀的国际交换生到国外知名学院学习或到知名的创业企业中学习。③创新创业实践平台国际化。新加坡国立大学企业中心通过体验式教育将创业精神融入日常教学中，通过行业联络处将国立大学的研究成果商业化，通过国立大学创业中心为大学生创业提供支持和帮助，主要包括创业发展、创业教育、创业和创新研究以及国立大学企业孵化中心。

（2）实施高层次创新创业人才培养、吸收与保持政策。

首先，充裕的科研经费以及卓越的研发环境吸引了全球人才的目光。新加坡政府高度重视科技，不断加大对科技研发的投入力度，强有力地促进了众多研究院以及大学的研发活动。国家研究基金会的新加坡 NRF 研究基金项目具有世界竞争力，吸引全球的青年科学家和研究人员到新加坡开展自由研究。其卓越研究中心项目招募世界级的科学家做研究中心负责人，并为这些科学家提供充足的可自由支配的研究经费。科技局建立了一系列的奖学金，吸引外国学生到新加坡的大学和研究机构做博士生与博士后研究。据 1991—2000 年的统计数据报告，外国移民对新加坡的经济贡献率高达 41%，其中，智力型和技能型的移民创造的贡献占 37%。2010 年新加坡研发国家调查数据显示，新加坡 4 万多研发人员中外国公民比例超过 27%，其中拥有博士学位的研发人员中外国公民占 39%，研发科学家与工程师中外国公民占 23%，博士研究生中外国公民占 74%。

其次，新加坡政府选用那些在国际上具有较高学术成就的专家和学者担任主要科研机构的负责人，这样可以促进本地科研机构与国际同行间的沟通，有助于开放视角、获取广泛的信息流，提高整体科研水平。

第三，为创新型人才提供畅通有效的信息交流机会和平台、各种优越的且人性化的服务以及顶级酬劳，这都不断帮助新加坡吸收众多全球优秀人才，带来全球视角和观念。

第四，新加坡开始发放商业入境证，只要有好的发展计划与项目，能为当地创造更多的就业机会，外国人或企业就可获得新加坡的商业入境证进行创业发展。新加坡政府允许已成为新加坡永久性公民的人继续保留其原有国籍，而不必急于加入新加坡国籍。

第五，对于外籍高层次人才实施外劳税优惠、长期工作签证、成为永久居民等倾斜政策。

第六，新加坡经济发展委员会与人力资源部共同建立了一个"联系新加坡"的网络，分设在诸多城市，致力于吸引更多高层次外国人才进驻新加坡。

4.4.4 日本支持创新创业的人员政策

（1）建立完备的创业教育体系。

首先，设计多样化的创业教育课程内容。为了促进创新创业的发展，日本大学开设了多达928种创业课程，多数高校将创业教育的相关课程纳入了本科或研究生的必修课中，并且形成了完善的创业教育课程体系。其创业课程涉及广泛，主要内容包括：学校创业课程编写事业计划的研修、企业家基本素质和个性特质、创办企业的法律制度及财税规定等知识、企业内部运作的相关知识和技能、企业管理学的基本原理和内容以及成功创业者的案例分析等。此外，还设有一些培训项目，例如商业和服务业的创业支援培训、国外市场开拓培训、展示会、研讨会、咨询会和表彰制度等。

其次，有针对性的创业教育模式。目前，日本主要有四种创业教育模式：①创业家专门教育型，以掌握实际的管理经验为目标；②经营技能综合演习型，目标在于系统化地掌握经营知识；③创业技能副专业型，目的是促进技术创新；④企业家精神涵养型，致力于培养创业意识和创业精神。

第三，多渠道的创业资助。拥有国家和地方政府的支援政策，设立了科学技术补助金、创业助成金、创业风险资金和创业风险支援等专门用于扶持创业的资助基金。另外，各类型的社会团体走进大学校园，例如各大企业与大学联合开设创业教育课程，向学校提供创业人才的培养基地，向富有潜力的创业计划提供风险资金，甚至许多企业和高校共同进行科学研究，产学研一体化。

第四，产官学一体化的创业教育体系。产，即企业为学生提供创业所需的经济以及相关技术支持；官，即政府在创业教育过程中发挥着主导作用且制定有关政策以支持创业；学，即高校是创业教育的主体，协同中小学校，学习政府政策并且加强与企业的交流合作，提供高质量的创业教育。各高校还会有效扶植大学生创业，一方面设有专门的创业基金、建立有专门的创业指导机构，为大学生创业提供资助和相应指导，另一方面充分利用校友资源，通过校友会或由杰出的毕业生组建的援助团体为大学生创业提供帮助。

第五，明确的创业教育目标对象。日本创业教育主要针对社会人士、在校大学生和中小学生，尤其重视中小学生创业教育。日本政府先以教师意识为着手点，强化对中小学开展创业教育的关键作用。之后，编写专门的创业教材，在中小学生休假以及周末的时间内组织学习讲座,聘请社会讲师以创造学生和企业家之间接触和交流的机会等。

第六,实践型的师资队伍。部分教授和科研人员能够有效地将产学研结合起来,致力于创新创业。在日本高校中,授课创业课程的大部分教师都具备创业经验。同时,大约有30%的高校从校外聘请了有关创业以及管理企业家兼任授课教师。高校通过与企业建立双向交流制度,启动"双师"制度,快速提高创业教育的水平。

(2) 实施有特色的创新创业高层次人才培养、吸收和保留政策。

对于外国人才,日本国家战略特区放宽了在日创业外国人的居住资格。目前,外国人在日创业需要满足"雇用2名以上专职员工"或"最低投资500万日元"这两项条件之一。今后,若在公司成立1~2年内有望满足上述条件,则给予居住资格。若被认定为高级人才,则可享受各种优惠政策,如永住申请条件中规定的10年留日期限可缩短至5年,放宽配偶的工作条件,等等。同时,放宽了外国研究人员的居留期限、申请定居的条件,放宽了多次有效短期签证的发放条件,简化了办理手续,加快了办事速度,为研究人员发放APEC商务旅行卡。自2007年起,日本政府实施了"促进外国研究者日本落户项目",促进更多优秀的外国研究者落户日本。2009年,日本制定并推行了吸收外国高层次人才的重点项目,对有关外国高级人才的居留期限等相关手续给予优待,从年薪、住宅、医疗、教育等方面入手,积极改善并提高其在日的生活环境,并改进外国人研修、技能实习方面的相关制度。政府还施行了有关科技人员资格的国际相互认证制度、国际间养老金的相互补充制度、改善外国人子女教育环境并为外国科技人员家属创造良好的工作和居住环境等举措。此外,日本政府以亚太地区为重点,加大了引才力度。主要方式有:亚洲研究基地项目、亚非学术平台建设项目、亚洲科学技术交流形成战略、支持猎头公司发展以获取国外人力资源、通过民间团体向海外研究人员提供研究经费以物色和培养有潜力的优秀科技人才。

4.5.5 韩国支持创新创业的人员政策

(1) 建立完备的创新创业教育培训体系。

首先,形成了系统化的创业教育课程体系。创业教育课程重点是围绕创业过程来组织和安排的,讲述一个企业从无到有的产生和发展的全过程,课程主要包括战略与商业机会、创业者、资源与商业计划、创业企业融资和快速成长五部分。还有一些相关的培训项目，例如，大学生创业学校、大学生就业制度和组织以及大学生创业社会团体设计系统化等。采取两种创业教育形式，一是本科院校以选修课的形式开设创业课程，延伸学生专业知识，丰富学生实践经验，激发学生创新意识；二是在研究生院设置创业教育专业，有重点有针对性地培养社会优秀创业人才。

其次，突出创业实践。多数高校中设立了"创业支援中心"，对大学生中优秀的创业项目给予政策、经费以及人员支持，促进优秀项目的孵化。同时，向大学生提供低价租金甚至免费的办公室，并联系各专业指导教授，为大学生提供创业指导，推动创业项目尽快走向市场。

第三，多种方式的创业教育机构支持与资金来源。大学设立了技术转移中心、创业支援中心、创业同友会与创业同友联合会、创业支援中心、回乡创业咨询服务中心以及创业基金。

第四，多样化的师资团队和特色化的授课方式。韩国高校的创业教育课程主要由校内教师、企业资深人士和来自不同国家的访问学者共同担任。其中，校内教师教授理论课程，其必须具有良好的社会实践经验；企业的资深人士主要是承担实践讲学的任务；外国学者着重介绍国外的有关商业实践以及创业活动的发展现状，开拓学生的思维和视野。韩国高校的授课方法主要有集体讨论、分小组授课、现场操作、实地见习、专家讲座、海外研修等。此外，韩国高校形成了教师学者间的访问制度、合作科研的制度以提高教师的自身素质、丰富其专业知识以及改善其教学方法。

第五，韩国政府加强了对青少年的早期培养教育。一方面，改革中小学的科学教育体系，加强师资团队力量，增加先进的教学实验设备，鼓励开展寓教于乐的科教以及科普活动以培养学生的兴趣与探索精神；另一方面，政府指定科学教育研究中心和科学教育英才研究院，致力于能够早期在中小学生中发现和培养科学英才，加强对科技英才的研究与政策制定。此外，政府还会组织并鼓励学生参加在韩举办的国际奥林匹克竞赛等相关活动。

（2）实施高层次人才的培养、吸收与保留政策。

首先，韩国政府重视对研发的投入以及科技奖励。韩国贯彻研究人员优先原则，逐年提升对研发经费的投入。同时，设立了数十种的奖励制度，以"总统奖"和"韩国科技大奖"最为权威。

其次，建立国际高层次人才网络。韩国政府在世界各地组织成立韩国科学家和工程师专业协会,并且韩国政府构建了海外人员数据库。数据库中的个人资料对韩国的大学和研究机构开放。

第三,为吸引研究教育型人才,政府为在大学或研究机构从事研究、教育工作的优秀人才提供更多优惠和支持政策,并自2014年起推行"韩国—欧盟优秀研究人员交流合作研究"项目,每年派出40人进行基础科学研究领域的交流;为吸引企业活动性人才,政府将"海外人才专用技术创业"支援对象从2013年的10组增加到2014年的30组,还将启动"全球导师团"和"韩国—印度软件合作中心",帮助韩国中小企业利用海外人才开拓海外市场;为吸引未来潜力型人才,政府预计把政府奖学金对象从2013年的827名增加到2017年的1000名,把战略产业人才及资源强国留学生规模从2013年的336名增加到2017年的650名,并扩大每年为80余名海外同胞提供的奖学金规模。

第四,政府正式公布了"吸引和利用海外人才的方案",大幅支持海外人才,放宽签证签发限制,引进具有创新能力和企业家精神的国际人才。政府致力于为外国人营造更舒适的教育、居住和文化等环境,放宽了对海外人才的电子签证的签发门槛,将准永居资格签证F-2的滞留期限从3年延长至5年。政府不但向外国高层次人才发放绿卡,并且规定在韩国居住5年以上的外国人可参加地方选举,还有机会获得双重国籍。为了支援外国人在韩国境内创业,政府放宽了创业签证的办理条件并提供了资金支持;为优秀人才发放电子签证并扩大了陪同家属的范围。

第五,韩国出台了相关法律法规,为创新创业营造良好的社会环境。例如,《韩国科技研究所援助法》《科技成就法》《技术开发促进法》《工程技术人员晋升法》等。

美国、印度、新加坡、日本和韩国在创业人员政策方面的主要特点,如表4-3所示。

表4-3　　　　　　　　　　创业人员政策主要特点的国别比较

国家	人员政策主要特点
美国	民官学人才培养联动机制,以学生的多元化发展为目标,构建了美国创业教育网络,实现全方位、多层次、有侧重的覆盖,高等教育独立自主;具有包容性的创新创业文化,依托着卓越的科研环境与条件、高人才"价格"、宽松的移民政策以及"开放、民主、创新"的文化精神优势,吸引高层次人才
印度	产学研合作的人才培养机制;阶段能力型教育,构建梯队形人才队伍;培养实用型、实践型人才,培育创业精神,建立创业型大学;设立科学人才库以及海外印度人日,推动青年科学人才资助计划,建设各类研究院、产业中心和高科技园区以形成国家设计创新网络,吸收海归人才和海外人才

续表

国家	人员政策主要特点
新加坡	官产学合作的人才培养机制；培养本地人才和广纳海外精英的"双管齐下"的人才战略；人才政策延续性强，宏观稳定性与微观灵活性并行；"创业教育国际化战略"与"国家发展战略"及"国家竞争优势"相得益彰，以培养创新创业型人才、国际化人才、应用型人才为目标；鼓励人才归国，培育优越的科研环境与条件以及优厚的待遇吸引国际顶尖人才；选拔国际优秀学者、专家担任关键机构的要职以扩展全球思维
日本	官产学与校企结合机制；目标导向型创业教育模式；以教育体制改革培育竞争意识和创新创业意识；创业教育起步早，从中小学开始；双师制度，培养实践型人才；放宽移民以及签证要求并简化程序，"促进外国研究者日本落户项目"，科技人才国际相互认证制度、国际间养老金的相互补充制度，以及对其家属的优惠政策，高级人才优惠政策吸引国际人才
韩国	创业教育内容过程化，创业教育与创新创业培养从青少年开始；支持与重视创业实践，培养实践人才，如创业支援中心；创业教育针对性，教学形式丰富化；鼓励人才回流；加大科研投入以及科技奖励，构建国际化高层次人才网络，运用法律法规以及优惠的移民政策等吸引和利用优秀海外人才

4.5 其他政策比较

4.5.1 设立企业方面

（1）美国降低了创立企业的门槛和时间成本。创立企业可以完全采用注册制，一周之内即可拿到营业执照，未设置注册资金、营业资质、营业地点等方面的限制。美国小企业局（SBA）在其官方网站上设有"小企业计划""小企业服务""小企业工具"和"小企业资源"等栏目，通过简洁的编排、通俗的语言和以"你"为对象的问答式沟通方式，缩短了SBA与小企业间的心理距离，提高了交流效率，帮助了创业者尤其是缺乏创业知识或文化程度不高的创业者，为中小企业提供了更加便利的服务和支持。同时，美国具备高度完善的信息公开机制，为创业者提供了十分便利的渠道以获取有关创业的相关条例和信息等。

（2）印度主要是以软件园区为依托构成了创新创业系统。园区由各方组成的董事会领导和经理独立负责和管理，规避了地方政府的不必要干预，保证了软件园的高度市场化运行。其次，园区具有完备的基础设施建设，尤其是世界一流的网络通信设施。园区内的管理机构代行政府职能，并为园区内企业提供全方位服务，如为企业提供各种专业技能培训和咨询服务，提供"一站式"服务，提高软件出口办理效率，提供全面的法律援助，为刚成立的中小微企业提供孵化器服务，以及为政府的各项优惠政策和支持措施的实施提供组织保障，等等。2010年，印度国家创新委员会成立，专职推动印度成长为创新型国家。同时，强烈支持刚入行的创新人员和企业家们，并为他们提供教育、培训和指导。

（3）新加坡商业注册局是当地公司注册的唯一的主管机构。除了银行、金融保险、证券、通信以及交通等行业和对环境有影响的生产行业，创业者需要提前向政府有关行业管理部门提出申请之外，其他所有一般性的商业种类，创业者只需要登录注册局网站，通过其电子系统提交申请并缴纳费用，全程最多花费十五分钟。注册程序简单，注册费用低，注册资金低，新加坡公司注册仅需支付政府行政收费315元新币。为降低创业者租用办公间的运营成本，政府允许某些自雇人士或者可以居家办公的创业者注册家庭住址。新加坡还为创业者提供了大量服务式办公室，创业者只需每月花费300至500新元即可租用。新加坡税务局、经济发展局、国际企业发展局等部门共同为已经成型的中小企业提供全方位支持，其中，以标准、生产力与创新局（简称标新局）最为典型。标新局一方面为企业提供政策和资金支持，另一方面为企业如何招聘合适的员工以及如何制定合理的薪酬制度等出钱出力。企业若想打入海外市场，新加坡相关部门则会出动智库，为企业量身定做"走出去"的专属方案。新加坡注册局（ACRA）、新加坡经济发展局（EDB）、新加坡标新局（Spring Singapore）、新加坡国际企业发展局（IE Singapore）、企业通（Enterprise One）、新加坡金融管理局（MAS）和新加坡旅游局（STB）等政府机构高效全面地为本地企业和外地企业的经营和发展提供便利和服务。

（4）日本政府在"国家战略特区"新设窗口，为外国创业者提供创业手续的统一办理途径。办理注册、税务、养老金等行政手续的时间被缩减了一半至一周左右，在同一窗口还可同时申办电力、天然气及电话安装等业务。该窗口还提供英语服务以吸引海外企业。新设的"促进创业一站式服务中心"除了处理行政手续外，还与民间企业合作，以便创业人员一并申请信用卡和手机等相关服务。在日本创办企业，所有的创办程序可以在网上完成且无最低资本要求，这为创业者创办企业节约了时间和精力，同时可进一步鼓励更多的创业者创办企业。

（5）韩国创办企业的程序可以在网上完成，同时一站式服务窗口的设立，方便了创业者。政府也未对新创企业设定最低资本要求，这使得更多有着创新想法和创业意愿的创业者付诸行动。只需10天左右即可将创办公司的相关手续办理完毕。

综上所述，无论是对于发达国家的美国、日本、新加坡和韩国，还是对于发展中国家的印度，都更加注重新企业的创办效率。主要体现在以下几个方面：着重打造一站式服务窗口以及专门机构，方便新企业创办的所有程序同时同地办理；简化申办手续和文件证明要求并缩短审批时间；降低创办门槛；减少申请费用；创业信息公开透明，等等。

表4-4从创办程序电子化、一站式窗口化和最低资本要求三个方面比较了美国、印度、新加坡、日本和韩国在这些方面的做法。综合这三个方面，新加坡政府和韩国政府为创业者提供的创业服务最为高效。美国和日本缺少一站式服务窗口，印度不仅缺少一站式服务窗口，还对最低创业资本做了要求（表4-6做出了印证）。表4-5则从企业条例透明度的角度比较了美国、印度、新加坡、日本和韩国，结果显示，美国、新加坡和印度在这方面做得最为透明和公开，这使得创业者能够了解和掌握更多创业信息和知识。足够的信息资源可以激发创业者的创业热情，帮助新创企业更好更快地成长和发展。表4-6列示了美国、日本、新加坡等国的开业所需手续、开业所需时间、开业成本以及最低资本额4项数据。由于一些创业政策的推动，一些国家的创业门槛大大降低。在表4-6中，除印度外，其他各国都未对创办企业的启动资金做要求，这鼓励了更多创业者创办企业。新加坡在创业启动期的创业约束和障碍最小，具体表现在新加坡的新创企业的手续简单（只需3个）、审查时间短（只需2.5天即可开业）、花费成本少（开业成本仅占人均收入比重的0.6%）。手续最多的国家也仅需11.9个手续即可申请下来。在开业所需天数上，各个国家也大不一样，新加坡仅需2.5天即可完成开业，而印度必须花费28.4天的时间去等待审批。其他的国家则都在15天内。各国在开业成本上也差异很大，韩国创业者所需花费的成本最高，占比达到14.5%，新加坡的开业成本仅占人均比重的0.6%。

表4-4　　　　　　　　　　2014年创业服务的国别比较

国家	程序能否网上完成	是否有一站式窗口	是否无最低资本要求
美国	是	否	是
印度	是	否	否
日本	是	否	是
韩国	是	是	是
新加坡	是	是	是

来源：http://www.doingbusiness.org/data。

表 4-5　　　　　　　　2014 年企业条例的透明度国别比较

国家	创业费用安排是否易获得	是否只能通过机构员工获取相关要求	是否出版为法律/法令/法例/公报	机构办公室是否有手册/公告板/其他公共通知	是否容易网上获取
美国	是	否	是	是	是
印度	是	否	是	是	是
日本	是	否	是	否	是
韩国	是	否	否	是	是
新加坡	是	否	是	是	是

来源：http://www.doingbusiness.org/data。

表 4-6　　　　　　　2014 年创业启动各种约束条件的国别比较

国家	开业所需手续（个）	开业所需时间（天）	开业成本占人均收入比重（%）	最低资本额（万元）
美国	6	5.6	1.2	0
印度	11.9	28.4	12.2	111.2
日本	8	10.7	7.5	0
韩国	3	4	14.5	0
新加坡	3	2.5	0.6	0

来源：http://www.doingbusiness.org/data。

4.5.2 知识产权保护方面

知识产权保护是保护自主创新、创业的基本法律制度和有效机制，政府应制定、完善并执行以保护知识产权为核心的、符合国际惯例和创业企业特点的知识产权保护的法律和政策体系，鼓励科技人员和创新人员积极创业，提高科技成果转化率，带动整体创新创业效率与效益。

（1）美国的知识产权政策主要体现在：对内建立了促进知识经济发展、科学技术创新的政策体系，重视政策体系中知识产权的规制与导向作用。同时，美国强调知识产权制度与产业政策、科技政策、文化政策的有机整合，严格保障创业者的技术专利和知识产权。美国现已形成了专利大国、版权大国与品牌大国的知识产权优势。实行先发明原则和实质审查制度，专利需授予最先完成发明者，而非最先提出申请者；所有申请的专利都需要进行形式审查和实质审查。政府将知识产权保护与对外贸易挂钩并扩大了传统的专利保护客体。

（2）印度采用司法、行政、民间综合的方式保护知识产权。制定了与国际惯例接轨的《新专利法》，提高专利审批速度，并新增保护计算机软件和医药产品专利在内的条款，扩大对个人和组织申报专利的支持。印度专利申请对于专利的"创造性"审查坚持较高的标准，不保护"小专利"。印度专利申请对于权利人不充分实施专利的行为规定了严格的限制：在专利权授予3年后，任何人认为印度人民对于专利发明的合理需求没有得到满足或公众无法以合理价格获得专利发明，均可申请专利局给予强制许可。在专利申请的司法保护方面，印度还设置有搜查令、中间禁令（临时禁令）等措施。

（3）新加坡在保护知识产权方面居亚洲首位，并成为全亚洲创意和发明商业化的最佳地点。新加坡国内有诸如新加坡知识产权局、新加坡国际仲裁中心和新加坡协调中心等机构负责知识产权的保护。建立了网上商标和网上专利注册系统，进而提供一站式服务；建立了知识产权港口，提供跨数据库专利查询和其他商业服务，加强了专利信息传播并且延伸了专利信息的交流平台。如今，新加坡已成为世界顶级的专利备案和知识产权资产持有国。新加坡知识产权局（IPOS）设立了专利申请基金（PAF）以承担专利申请的部分负担，该基金资助在申请专利过程中所发生的法律费用、官方费用及其他相关费用的50%，每项发明最多可资助30,000新元。任何公司，只要新加坡公民占其中至少30%产权资本的，即可申请；任何新加坡个人或永久居民也可申请。其他先决条件包括，与发明有关的研究工作应在新加坡进行，申请PAF须在初次专利申请之日起两年内办理。IPOS采用了一种新的市场平台-SurfIP市场，使IP所有人、潜在购买者和销售者以及被许可人联系到一起，使IP资产商品化。为了保护知识产权，政府规定购买或者使用其他公司的专利的政策。例如，一家创业公司所需的技术已被另一家公司注册专利，那么该公司可以购买或者租用另一家公司的相关专利。如果注册专利（如美国专利）的价格过高，新加坡政府可以帮助公司负担60%的费用。

（4）日本将部分退费机制引入到实质审查请求费中，同时放宽减、缓费用的标准；对有关费用和改变费用的比例做出了调整；扩大了专利费用削减范围；减轻了专利申请行政管理的负担并提高了专利行政管理的效率；缩短了专利申请时间；提高了违反专利法的行为的行政罚款，增加了用于解决专利争端的行政资源；降低了专利申请费用和专利存续期需缴纳的各种费用，严重惩罚专利侵权行为，将个人和法人的侵权罚金翻番，对专利犯罪行为处以5～10年有期徒刑。专利保护期限更改至20年并且可以申请延长。要求大型企业无偿许可中小型企业使用其休眠专利及周边专利。建立了专利电子信息高速公路，促进知识产权国际化。

（5）韩国知识产权局（KIPO）向中小型企业免费提供专利管理服务。中小型企业（不包括微型企业）只要符合《中小型企业框架法》规定的关于"SME"的要求，即可减缴50%的与专利、实用新型和工业品外观设计有关的申请费用，但要求包括审查和首次注册费用。符合《资助个体或微型企业特别法》规定或涉及与知识产权有关的争端的微型企业可减缴70%的费用。免费为专利申请人提供专利信息制度教育。促进技术转让的援助计划，包括专利技术流动市场已提供咨询设施并促成交易，专利技术互联网市场提供本国专利数据库以促进线上专利技术交易，专利技术固定市场促进国内外专门从事技术转让的组织联系在一起并提供各种专利信息。韩国特许厅对知识产权审查制度做出了调整，由"加速审查"转向"三轨制"审查，即加快、普通、减慢三种不同的审查程序，进而满足申请人的多样化需求。

表4-7比较了上述不同国家知识产权保护制度的主要特点比较，如表4-7所示。

表4-7　　　　　　　　　　知识产权政策国别比较

国家	知识产权保护的主要特点
美国	全套知识产权政策与制度体系，坚持先发明原则和实质审查制度
印度	司法、行政、民间综合保护知识产权；提高审批速度；专利的创造性高标准
新加坡	专门且专业机构负责；知识产权的网络化、一站式服务；专利备案制；专利申请基金扶持
日本	专利电子信息高速公路；大企业带动小企业机制；减费、缩时、简手续等提高办理效率
韩国	主张线上专利技术交易；实行"三轨制"审查；知识产权免费服务

4.6 比较结论

从由上述比较可知，美国、印度、新加坡、日本和韩国在这些政策方面的相似性和相异性。

美国遵循了自由市场的经济体制模式。充分营造公平、开放、自由的市场环境、竞争环境和法律政策环境等，拥有高度发达的风险投资系统，商业机构、民间资本、各类创业投资公司以及发达的资本市场畅通融资渠道，具备税基与税额优惠结合的多样化税收优惠形式以及连贯的、系统的财税支持体系，提供完善的创新创业服务体系，鼓励和激发创新创业人才的创新创业热情。实现了创业支援对象全覆盖，包括未成年、创业行动开始之前、开始创办企业和企业成长，创业支援主体"民、官、学"化，以民间组织为主，以政府为辅，由教育机构参与的主要模式。

印度、新加坡、日本和韩国同属于亚洲国家，整体上偏向于政府引导型的创新创业模式。政府制定和实施多种政策扶持创业企业生存、成长和发展。这四个国家的共同特点是政府全力为创新创业构建了一张"安全网"，具体体现在四个方面：一是为创新创业企业提供完善的法律保障，予以及时的法律援助。二是提供有关金融、税收、信用担保等方面的广泛支持。三是提供各种多元化、多层次化的教育与培训，传递创新创业基础知识并培育创新创业的动机，积极引进海外高层次优秀人才。四是为创业企业进入市场铺路搭桥。多次缓和甚至取消部分行政限制，鼓励新创企业进入市场，打破现有的市场垄断；专门为创新创业企业设立特区以提供特殊的优惠政策；成立"孵化器"，提供创新创业成功率以及吸收引进更多高层次人才。

但是，这四国间又存在着一定程度上的差异性和偏向性。印度政府主要以建立多样化的创新创业扶持基金的形式为新兴企业提供创业资本，以政府强制采购和减免税政策为创新创业企业减轻创业压力，高度重视本国人才的创新创业培养，致力于培养梯队形人才队伍。新加坡专设三个机构负责不同种类的资金需求，其主要是政府资金运作，部分辅以风险投资资金；主要通过减免税和相当长的免税期以及较大比例的政府补贴政策扶持创新创业企业；创新创业人才实行走出去和引进来战略。日本在融资方面主要以政府金融机构支援为主，在信用补充方面主要以信用保证协会的两级信用保证为主，依靠金融机构附属风险投资公司和准政府投资公司结合的风险投资模式；适当地为创新创业企业降低部分税率；官产学与校企合作的人才培养方案，高级人才的优惠政策以吸纳更多人才。韩国主要倾向于官民结合、银行体系以及创业投资企业和独特的二板市场的融资方式；税收方面，政府强制采购和创业方面的创业基金；政府资助本地人才培养以及放宽外国人才限制的人才政策。

综上所述，适当的自由环境对于创新创业的发展有重要的推动作用，同时政策必须要保证其全面性、系统性、连续性与有针对性，特别是需要得到法律法规的保护。

（1）财税方面。首先，政府应该实行采购制度以促进科技创新创业，但政府采购应该保持连贯性和针对性，选择具有良好发展前景的企业或项目进行帮扶，同时要保证在该项目或企业的初期、中期和末期全程给予支持，这样可以很大程度上缓解创新创业的市场开拓困难和资金压力。还需建立一些特殊采购制度。其次，还应采用多样化的税收优惠形式。改变单纯的税额减免和低税率政策，尽可能多地增加加速折旧、投资抵免、提取准备金制度、技术开发基金等间接形式，使得税额减免、税基减免和优惠税率三者统一协调运用；所得税与流转税并重的税收优惠政策；由企业所得税的单一优惠模式转向企业所得税和个人所得税并重的税收优惠模式；制定与推行一些有助于风险投资发展的相关税收优惠政策。

（2）金融方面。首先，需要建立支持创新创业企业由创立、成长和发展的连续型金融服务动态机制。在科技企业成长发展的全过程中需要有与之阶段相适应的、全方位的、多元化的以及多层次的金融支持系统，以保障企业获得所需的创新创业资金。在其发展的不同阶段，应该充分发挥金融政策的导向作用，加强政策间的匹配度，促进各种创新创业资本间的整合与融合，进而为创新创业企业打开多方位的融资渠道，满足其多样化的融资需求。其次，优化科技创业的金融政策体系。完善高新技术行业担保机制，鼓励政府金融机构提供贷款和广泛程度上的信用担保给科技型中小企业；大力支持民营投资公司投资科技型中小企业以及发展高度发达的风险投资机制；建立科技信贷风险补偿基金、建立担保机构风险补偿基金以及建立创业投资风险补偿基金等风险补偿机制；完善与创新科技金融产品；完善中小板和创业板市场。

（3）人才方面。首先，应注重创业素质教育。人生的任何阶段均可进行创业教育，要将原有的"为创业而实施创业教育"变成"为提高素质而实施创业教育"。以企业家精神和素质为创业教育的关键，以让学生具备"一名成功的企业家的精神"为创业教育的目的，而非一定要创办企业。其次，还应在不同阶段设置不同类型、不同层次、不同目标导向的创新创业型课程，培养从基础适用到高层次研究开发的梯队形人才，鼓励本国优秀人才走出去以接受更新更先进的知识和技能，为外国优秀人才提供更宽松的环境以支持创新创业。第三，政府可以联合社会机构专门设立创业教育基金，创业教育与创新创业培养从青少年开始，开设创新创业课程以加强创新创业意识，组织各类创新创业竞赛。还可以设立专业的咨询机构服务于青年学生的创新创业，提高社会对创业的认同度。还可以开展精英教育。第四，政府需要为高层次创新创业人才创造良好的科研、工作及生活环境。科研与工作方面，政府需要为高层次创新创业人才提供科技园、孵化器、产业集群等科技载体建设，给予相应的科研资助，为其科技研究及成果转化提供资金保证，并给予相配套的扶持资金和民营风险投资等。生活方面，政府可以建立有关高层次创新创业型人才的健康档案机制，对其实行年检制度，提供个性化的医疗服务，定期安排外出疗养；切实解决其家属的安置问题以及子女的入学问题，提供一定程度的启动资金、居住型办公用房以及购房资助等政策，给予一定的生活补贴、社保医疗补贴、创业补贴以及科研补贴等。对其进行定期走访慰问和交流座谈以及时了解创新创业人才的需求。

（4）其他辅助政策方面。简化的创办流程、公开透明的创业信息、低创业资本限制等门槛以及健全的知识产权保护机制是一国政府在改进创新创业环境，提高创新创业效率方面必须要做到的。此外，电子化事务办理以及一站式服务管理是当今时代促进企业创新创业的必要举措。

第五章 我国科技创新创业发展及政策演变

本章是在前一章世界范围内典型国家科技创新创业活动的基础上，把研究目光转移到我国上来，详细梳理我国科技创新创业活动的发展历程，介绍了我国创新创业政策环境的演变过程及其体系构成，其目的是让读者对我国创新创业发展主要历史阶段以及每个阶段创新创业政策的特征形成清晰的认识，认清我国创新创业政策出台与创新创业活动相得益彰的现实规律。在此基础上，提出了我国科技创新创业政策存在的主要问题以及进一步完善的思路和建议。

5.1 我国科技创新创业的兴起与发展

回顾改革开放30多年来非公有制经济（创新创业企业）的成长史，每一步前进都伴随着思想解放，都意味着旧理论、旧体制的突破和新理论、新体制的建立。不断地解放思想，就是非公有制经济不断发展的重要保证。我国科技创新创业逐步登上历史舞台，在推动科技产业化、促进经济增长和就业、提高产业竞争力和企业技术水平等方面发挥了重要作用。

5.1.1 科技创新创业的兴起阶段：1978年—1984年

1978年12月召开的十一届三中全会，启动了我国市场化改革的历史进程，民间受到长期压抑的需求得以释放，包括私营经济和个体经济在内的民营经济得到恢复发展。1980年8月中共中央转发《进一步做好城镇劳动就业工作》的文件指出，个体经济是"从事法律许可范围内的,不剥削他人的个体劳动。这种个体经济是社会主义公有制的不可缺少的补充,在今后一个相当长的历史时期内都将发挥积极作用"。1981年6月中共中央《关于建国以来党的若干历史问题的决议》明确指出:"国营和集体经济是中国基本的经济形式,一定范围的劳动者个体经济是公有制经济的必要的补充。"1982年12月全国人大五届五次会议通过的《中华人民共和国宪法》第十一条规定:在法律规定范围内的城乡劳动者个体经济是社会主义公有制经济的补充。1984年《中共中央关于经济体制改革的决定》第一次系统阐述了党在现阶段对发展个体经济的基本指导方针,指出"坚持多种经济形式和经营方式的共同发展,是我们长期的方针,是社会主义前进的需要"。在改革开放激励下,非公有制经济获得了快速恢复和发展,民间也出现了最早的一批创业者。

我国最早的一批科技型创业企业开始出现,在科技体制与经济体制改革的过程中,是一些科技人员脱离原有单位开始自主创业的结果。1978年3月,召开全国科学技术大会,提出科学技术是第一生产力,1982年,党中央确定了"经济建设必须依靠科学技术,科学技术必须面向经济建设"的方针。科技人员的社会价值得到承认,科技事业也得到了恢复,这为创新创业的兴起提供了制度空间、智力来源和技术基础。一批由科技人员创办的自筹资金、自主经营和自负盈亏的民营科技企业在上海、杭州、北京、四川、云南等地涌现出来。这一时期的科技创业者在改革开放形势下,利用市场需求大、市场空白多的机会,使科技型企业逐步建立和发展。在当时的背景下,科技创业企业的出现在我国没有先例可循,其本身就是一种创新。1979年—1980年,率先在我国开创以科技人员为主体的民营科技企业先河的,全国有据可查的有四起,如表5-1所示。

表5-1　　　　　　　　　　全国首批民营科技机构

创办时间	创办人	企业名称	企业地点
1979年	何文柱	宣威银耳研究所	云南宣威县
1980年	郑启明	泸县茶叶精加工厂	四川泸县
1980年	金宝庆	杭州应用技术研究所	浙江杭州
1980年	陈春先	北京等离子学会先进技术发展服务部	北京中关村

资料来源:《1978年—1985年中国民营科技企业研究报告》。

在陈春先创办成功的带领下,中关村地区的民营科技企业迅速建立并发展起来,1983年年底已累计发展到11家,1984年年底发展到40多家。"四通""科海""京海"等民营科技企业先后建立,中关村地区逐渐聚集成以研发经营电子产品为主的科技创业企业群体——中关村电子一条街。与此同时,我国其他地方也相继诞生了一批民营科技创业企业,与中关村一条街上的企业形成遥相呼应的格局,全国各地出现了一股民营科技企业创办潮,许多民营科技企业巨头最初都是在这股潮流下建立起来的,如 20 世纪 80 年代后期成立的联想、方正、清华紫光等。

这一时期,由于我国改革开放刚刚起步,技术落后,资本不足,科技型企业在创新方式上主要以应用现有技术与引进国外技术为主,商业模式主要是技术产品的交易、组装。虽然这种科技创业企业在技术上没有实现重大突破,但其创业的热情和理念给当时的中国带来了强烈冲击,产生了巨大影响。在此之后,随着经济体制、科技体制和政策创新的不断推进,创新创业企业不断涌现,成为推动科技进步和经济发展的重要力量。

5.1.2 科技创新创业的初步发展阶段:1985 年—1991 年

20 世纪 80 年代中期开始,随着改革开放的进一步推进,人们逐渐从最早的一批科技创业者身上看到了他们成功创业的业绩,激发民间掀起了一轮创业高潮,创新创业也进入了初步发展时期。

1984 年 10 月,党的十二届三中全会通过了《中共中央关于经济体制改革的决定》,提出了有计划的商品经济思想,改革理论和目标设计方面取得了划时代的突破:提出计划经济是公有制基础上的有计划的商品经济;突破了把计划经济同商品经济对立起来的传统观念;商品经济的充分发展是社会经济发展的不可逾越的阶段,等等。1987 年 11 月,中共十三大明确提出鼓励发展个体经济、私营经济的方针。1988 年 4 月,七届人大一次会议通过宪法修正案,确定了私营经济的法律地位和经济地位。明确规定"国家允许私营经济在法律规定的范围内存在和发展。私营经济是社会主义公有制经济的补充。国家保护私营经济的合法权利和利益,对私营经济实行引导、监督和管理"。自此,私营经济作为公有制经济的补充继个体经济之后确立了其合法地位,私营经济开始加速发展。随后国务院相继出台了《中华人民共和国企业法人登记管理条例》《中华人民共和国私营企业暂行条例》等,为创新创业的产生和发展提供了制度保障、政策环境、生存条件和物质基础,创新创业得到了初步发展。

在创新创业进程方面,1985 年 3 月,中共中央通过了《关于科学技术改革的决定》,

1987年1月，国务院发布《关于进一步推动科技改革的若干决定》，揭开了科技体制改革的序幕，促进了科技与经济的融合。为了保证科技体制改革的顺利推进，我国相继颁布了一系列政策法规，完善科学奖励体系，开辟技术市场，鼓励民办科技机构发展，加强知识产权保护，以及建立科学基金制度，等等，在改革和完善科技体制方面不断向前发展，为创新创业奠定了制度基础。为通过市场作用推动高新科技成果商品化和产业化，1988年"火炬计划"诞生，鼓励建立科技企业创业服务中心、科技孵化器等形式来加速高科技成果的转化，推动科技型企业创立发展。自此以后，有关推动创新创业和科技型企业发展的政策措施相继出台，制度和政策环境建设取得重大进展，出现了新型的创新创业平台——创业孵化器：1987年在湖北武汉成立了我国第一家科技企业孵化器；1988年5月成立了我国第一个国家级高新技术产业开发区——中关村科技园区，对全国创新创业的发展是一个很大的推动。

据统计，截至1985年6月，我国民营科技企业总数达5000多家，从业人员10余万人，其中仅北京市就有700余家，从业人员近3万人；1985年9月，民营科技企业总数达到近万家，这是我国民办科技企业发展的一个小高潮（尚勇，2002）；1989年4月底，经过全国县区以上的科技委员会的批准，并经工商管理部门登记注册的民营科技企业有15,000余家，从业人员约30万人，年营业额超过40亿元（尚勇，2002）。至1991年底，民营科技企业的数目达到20,000余家，从业人员40余万人，如图5-1所示。

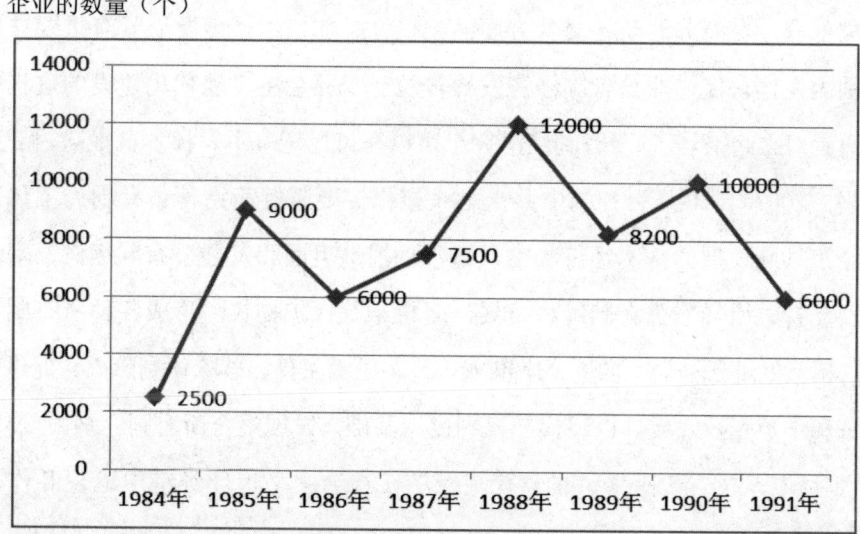

资料来源：《1984年-1992年中国民营科技企业研究报告》。

图5-1　1984年-1991年我国民营科技企业数量变化情况

值得一提的是，创新创业区别于一般意义上的创新创业的典型特点就是其"科技性"，特别是应该具有自主创新能力作为支撑。在这一时期，部分科技创业企业具有了一定的研究开发和技术创新能力，但总体上看，创新创业仍以引进国外技术进行消化吸收和模仿创新为主，产学研结合创新开始成为重要形式。

5.1.3 科技创新创业的快速发展阶段：1992年—2012年

1992年12月中共十四大明确了中国经济体制改革的目标是建立社会主义市场经济体制，并提出要以公有制包括全民所有制和集体所有制为主体，个体经济、私营经济、外资经济为补充，多种经济成分长期共同发展。1997年9月中共十五大确立"以公有制为主体、多种所有制经济共同发展，是中国社会主义初级阶段的一项基本经济制度"。确认"非公有制经济是中国社会主义市场经济的重要组成部分。对个体、私营等非公有制经济要继续鼓励、引导，使之健康发展"。1999年3月，全国人大九届二次会议通过的《中华人民共和国宪法修正案》明确规定："在法律规定范围内的个体经济、私营经济等非公有制经济，是社会主义市场经济的重要组成部分。"这是国家根本大法对非公有制经济20年来生存发展及其贡献的充分肯定。2002年11月召开的中共十六大提出，根据解放和发展生产力的要求，要坚持和完善公有制为主体、多种所有制经济共同发展的基本经济制度。明确指出，必须毫不动摇地鼓励、支持和引导非公有制经济发展。个体、私营等各种形式的非公有制经济是社会主义市场经济的重要组成部分，对充分调动社会各方面的积极性、加快生产力发展具有重要作用。坚持公有制为主体，促进非公有制经济发展，统一于社会主义现代化建设的进程中，不能把这两者对立起来。各种所有制经济完全可以在市场竞争中发挥各自优势，相互促进，共同发展。2007年10月召开的中共十七大指出，要坚持和完善公有制为主体、多种所有制经济共同发展的基本经济制度，毫不动摇地巩固和发展公有制经济，毫不动摇地鼓励、支持、引导非公有制经济发展，坚持平等保护物权，形成各种所有制经济平等竞争、相互促进新格局。推进公平准入，改善融资条件，破除体制障碍，促进个体、私营经济和中小企业发展。以现代产权制度为基础，发展混合所有制经济。

社会主义基本经济制度和非公有制经济在社会主义市场经济中地位和作用的确立，社会主义市场经济改革目标的建立，经济体制和科技创新体制改革日趋深化，创新创业的环境不断优化，极大地激励了非公有制科技创新企业的创立和发展壮大，创新创业企业的数量和贡献不断提升,创新创业企业在促进改革开放,加快科技成果转化,活跃科技创新和经济增长发展中的贡献越来越大。

1. 1992年—1996年：民营科技企业数量爆发式增长

据统计数据显示,在1992年、1993年民营科技型企业的增长率高达66%与36%,1992—2006年的平均增长率也达到了16%,表现出爆发式高速增长态势,全国形成了一大批科技型企业,如图5-2所示。

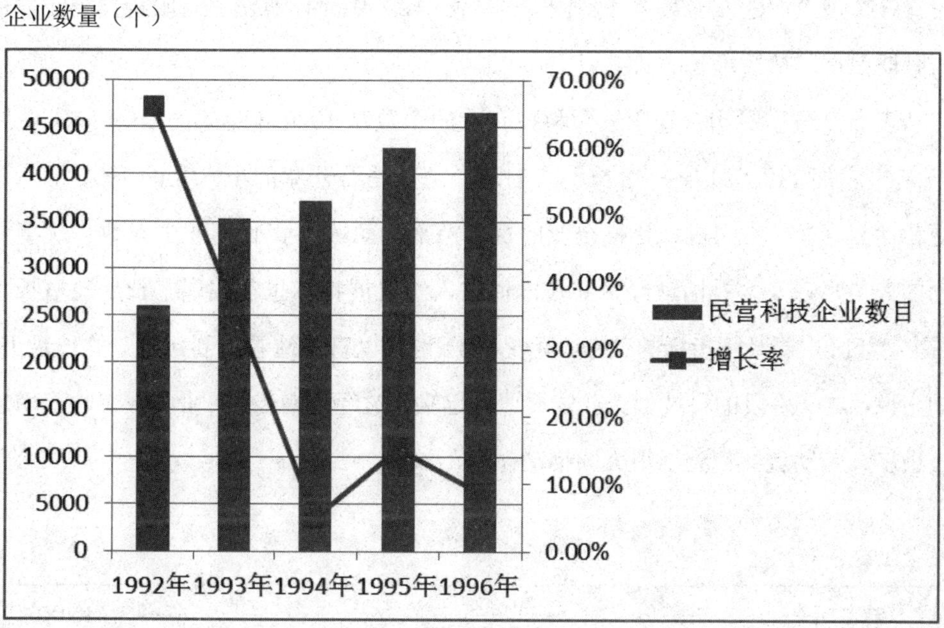

资料来源：根据各年《工商行政管理统计汇编》整理。

图5-2　1992年—1996年我国民营科技企业变化图

2. 1997年—2005年：科技创新企业数量持续快速增长

1997年开始实施国家重点基础研究发展计划,即"973计划"。该计划旨在在高科技战略领域超前部署基础研究,为创新动力不足问题提供解决思路方法。它为高技术发展与创新创业提供动力来源,也为科技型企业的进一步发展提供了成果资源；为了鼓励民间创新创业,促进科技型企业技术创新,我国政府通过设立科技创业基金,对科技项目转化提供金融、财税支持,对创新创业发展的全过程进行引导和投入；为了突破传统体制的束缚,我们学习借鉴发达国家和地区建立高新技术产业聚集区的经验做法,批准建立了一大批国家级高新区,形成了体制创新、环境优化、政策激励、先行先试、集聚集群发展的平台条件,园区科技型企业迅猛发展；为了优化中小企业的融资环境，2004年5月，中小企业板在深圳证券交易所正式启动，对于有发展潜力、急于融资但自身条件达不到传统二级市场规定的科技型中小企业来说有重要意义，大大加速了科技企业的发展。2004年10月正式实施的"科技型中小企业成长路线图计划"，也是我国创新创业政策体系进行协同合作的重要实践。

政府对创新创业的支持鼓励换来了丰硕成果。在科技中小型企业之中成长出了北大方正、联想等为代表的科技型企业巨头，带动了行业技术发展和产业结构的优化升级。从民营科技型企业的发展数据（见图5-3、表5-2）中可以看出，我国科技企业数量在这一时期保持了持续增长的势头。

从表5-2可以看出，我国民营科技企业的个数从1996年年底的46,488家发展到2005年年底的143,991家，增长了2.1倍，尤其是召开党的十六大的1997年，增长率更是达到了惊人的41%。科技企业的资产总额、总收入、长期职工人数、从事科技活动的人员，以及科技活动经费和技术性收入等发展指标也都实现了长足地增长。另外，从高新区主要经济指标的数据（见表5-3）也可以直观地看出创新创业的长足进步。总的来说，这一阶段的科技型企业发展速度迅猛，对经济增长、产业发展、收入增加、科技进步、劳动就业起到了很大的推动作用。

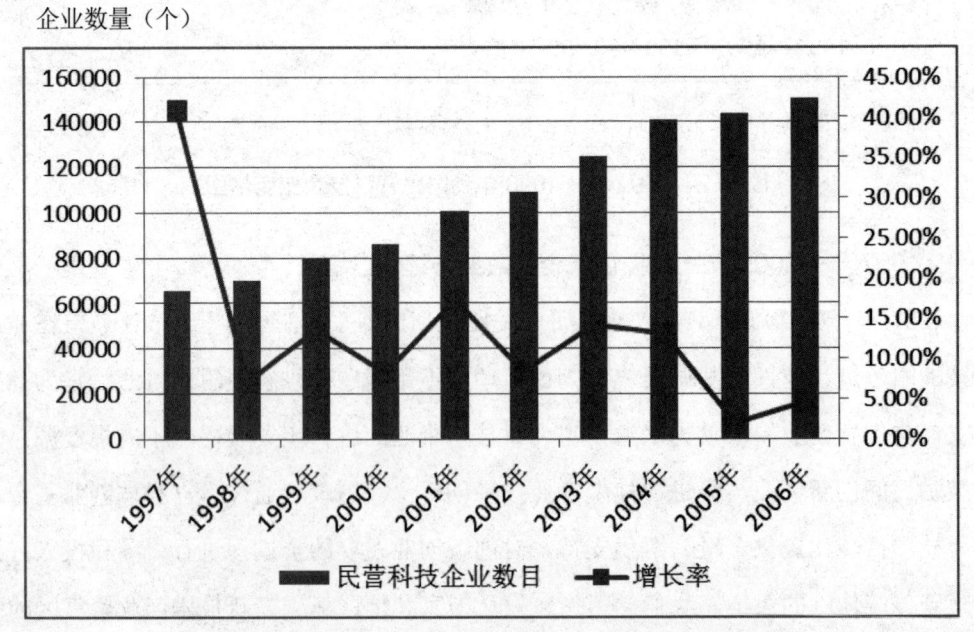

图5-3　1997年—2006年我国民营科技企业数量变化图

表5-2　　1997年—2006年我国民营科技型企业主要发展指标

指标/年份	1997	1998	1999	2000	2001	2002	2003	2004	2005	2006
企业数量（个）	65435	70052	79477	86100	100950	109384	124937	141304	143991	150595
企业数量年增长率（%）	40.8	7.1	13.5	8.3	17.3	8.4	14.2	13.1	1.9	4.59
资产总额（亿元）	7504	10625	14578	19866	24813	32910	44688	53003	63120	75667
资产总额年增长率（%）	43.8	41.6	37.2	36.3	24.9	32.6	35.8	18.6	19.1	19.9
总收入（亿元）	5556	7670	10456	14639	18471	25959	37105	48083	61218	76267
总收入年增长率（%）	47.0	38.1	36.3	40.1	26.2	40.5	42.3	29.6	27.3	24.6
长期职工总数（万人）	316	397	492	559	644	783	961	1130	1212	1389
长期职工总数年增长率（%）	33.3	25.6	23.9	13.6	15.2	21.6	22.7	17.6	7.3	14.6
其中：从事科技活动的人员总数（万人）	88	70	78	89	102	—	137	148	169	195
占长期职工总数的比重（%）	28.0	17.6	15.9	16.0	15.8	—	14.3	13.1	14.0	14.0
科技活动经费（亿元）	216	342	431	406	485	544	792	987	1230	1640
占总收入比重（%）	3.9	4.5	4.1	2.8	2.6	2.1	2.1	2.0	2.0	2.2
技术性收入（亿元）	311.1	421.1	552.1	803.7	881.2	1360	1719	2365	2757	3514
占总收入比重（%）	5.6	5.5	5.3	5.5	4.8	5.2	4.6	4.9	4.5	4.6

资料来源：根据各年《工商行政管理统计汇编》整理。

表 5-3　　　　　　　　　高新区企业主要经济指标

年份	企业数（个）	年末从业人员（万人）	总收入（亿元）	工业总产值（亿元）	净利润（个）	上缴税额（亿元）	出口创汇（亿美元）
1995	12980	99.1	1529.0	1402.6	107.4	69.0	29.3
1996	13722	129.1	2300.4	2142.3	140.5	97.7	43.0
1997	13681	147.5	3387.8	3109.2	206.6	143.3	64.8
1998	16097	183.7	4839.6	4333.6	256.7	220.8	85.3
1999	17498	221.0	6775.0	5944.0	398.7	338.6	119.0
2000	20796	250.9	9209.0	7942.0	597.0	460.2	185.8
2001	24293	294.3	11928.4	10116.8	644.6	640.4	226.6
2002	28338	348.7	15326.4	12937.1	801.1	766.4	329.2
2003	32857	395.4	20938.7	17257.4	1129.4	990.0	510.2
2004	38565	448.4	27466.3	22638.9	1422.8	1239.6	823.8
2005	41990	521.2	34415.6	28957.6	1603.2	1615.8	1116.5

资料来源：中国火炬统计年鉴。

这一时期创新创业的一个典型特征就是在信息产业的带动下民营高新技术企业高速发展，形成创新创业活动的网络化、制度化和持续化。经过了探索期和初步发展期，原有的技术水平和发展模式已不能适应科技企业进一步发展的需要，创新创业已不再是科技企业单一的行为，而惯化为企业的系统化的活动。值得注意的是，虽然我国创新创业经历了前两个阶段的积累，已具备了一定的技术创新的条件和基础，但大部分企业仍不具备严格意义上的自主创新能力，与西方发达国家相比还有很大差距。因此总体来说，这一阶段的创新仍是以模仿创新为主，兼有原始创新、集成创新。同时，一些成长较快具有较大规模的科技企业，在较强的研发能力的基础上，已具备了一定的自主创新能力。

3. 2006年—2012年：科技创新创业进一步发展

2006年是"十一五规划"的开局之年，创新创业迎来新的发展机遇。该年1月，全国科学技术大会召开，部署实施《国家中长期科学和技术发展规划纲要（2006年—2020年）》，旨在全面加强自主创新，建设创新型国家，其发展纲要和配套政策从财税、金融、技术、人才等方面提出了完善创新创业政策环境，支持科技型中小企业发展的诸多措施，是我国科技发展史上又一里程碑。2007年7月建立创业投资引导基金项目，启动科技型企业创业投资引导基金，首先实施了投资保障和风险补助这两种资助方式，2008年又启动该项创业基金的阶段参股项目。2009年10月30日，创业板正式上市，它是培育和推动创业型企业成长，支持我国实施自主创新核心战略、提高社会整体创新效率、建设创新型国家的重要平台。这使民营企业，尤其是科技型创业企业在解决自主创新的融资需要方面得到了一定改善。

创新创业的孵化器发展成效明显，主要经济指标持续增长。表5-4给出了我国科技企业孵化器在各个经济指标上的数据。作为科技创业活动的晴雨表，科技企业孵化器的主要数据可以更直观地显示出科技创业活动的密集度等特征。从表中可以看出，无论是科技孵化企业数量、场地面积、孵化企业个数，还是科技孵化企业总收入、累计毕业企业、在孵企业数等指标都出现了持续增长的态势，表明我国的科技创业活动在阶段上持续活跃，取得了长足的进步。

表5-4　　　　　　　　　科技企业孵化器主要经济指标

年份	孵化器数量（个）	场地面积（万平方米）	孵化企业（个）	孵化企业总收入（亿元）	累计毕业企业（个）	在孵企业人数（万人）
2005	534	1969.9	39491	1625.4	15815	71.7
2006	548	2008.0	41434	1926	19896	79.3
2007	614	2269.8	44750	2621	23394	93.3
2008	670	2315.5	44346	1866.2	31764	92.8
2009	772	2901.3	50511	2000.8	32301	101.2
2010	896	3043.9	56382	3329.5	36485	117.8
2011	1034	3472.1	60936	3800.6	39562	125.6
2012	1239	4375.8	70217	4958.3	45160	143.7

资料来源：中国火炬统计年鉴。

高新区集聚了大量的创新创业企业。图5-4给出了该阶段我国高新区企业数量变化的情况。可以看出，该阶段高新区的企业数目均取得了迅猛增长。国家高新区已经成为我国依靠科技进步和技术创新支撑经济社会发展、走中国特色自主创新道路的一面旗帜，成为我国高新技术产业发展的最为主要的战略力量，成为引领科学发展、创新发展和可持续发展的战略先导。

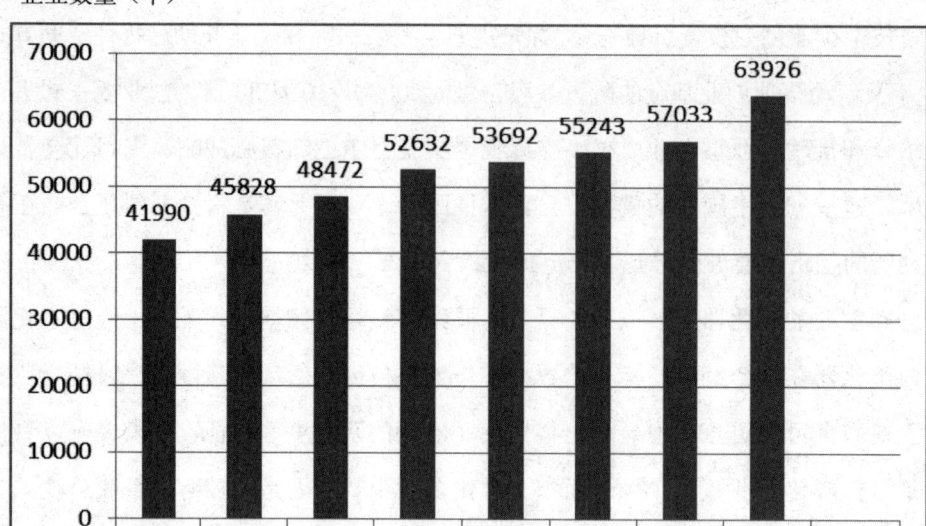

图 5-4　2005 年—2012 年我国高新区企业变化图

这一时期的创新创业企业在集成创新的基础上，具有了更强的技术水平和资本，一大批企业具备了自主创新能力，许多企业通过产学研的紧密结合，建立了自己的研发中心，生产出具有自主知识产权的产品。进入新世纪后，创新创业的一个突出特征是，伴随着互联网技术、风险投资以及资本市场的发展，以互联网新经济为特征的创业，产生了一大批运用新技术、开发新产品、创新商业模式、满足新需求的新型企业。

5.1.4 科技创新创业的全面繁荣发展阶段：2013 年—2015 年

党的"十八大"以来，创新创业迈入了新的战略机遇期。我国经济进入了新常态，处于增长速度换挡期、结构调整阵痛期、前期刺激政策消化期的"三期叠加"，同时面临制造业"去产能化"、房地产"去库存化、去泡沫化"、金融体系"去杠杆化"、环境"去污染化"四大"阵痛"，经济下行压力有增无减。保持经济中高速增长，必须要打造经济增长的新引擎，通过推动大众创业、万众创新，释放民智民力，促使经济发展从要素驱动、投资驱动转向创新驱动，促进产业结构优化升级，成为了我国经济发展的战略选择。随着全面深化改革的加速推进、创新驱动发展战略的实施以及鼓励大众创业、万众创新的一系列政策的出台，极大地促进了创新创业的发展，促进我国创新创业进入了全面繁荣发展阶段，出现了新阶段的一系列新特征。《经济日报》2015 年 8 月 20 日刊文，高度概括了新一轮创业创新浪潮的六大特征：

第一，随着"大众创业，万众创新"的提出，商事制度改革不断深化，支持小微企业的多项政策陆续出台，政府自上而下主动作为，改革成为推动新一轮创业浪潮的主要动力。围绕着大众创业、万众创新的新政，政府自上而下，通过简政放权的"减法"，调动社会创新创造热情。通过取消行政审批事项、规范审批行为，以持续不断的自我革命，为创业兴业开路、为企业发展松绑、为扩大就业助力。据统计，目前国务院已取消或下放了近800项行政审批事项，涉及投资、经营、就业等多个"含金量"高的领域。同时，政府颁布税收、财政等多项政策法规，解决中小企业"快生快死"的困境，优化初创企业的生存发展环境。如政府大力扶持和发展草根金融、互联网金融，解决中小企业"融资难、融资贵"的问题。政府、企业和高校合作开展了大量的员工技能培训，解决中小企业"用工难"问题。

第二，国际金融危机使大量"洋海归"回国创业，大科技公司管理和技术精英离职创业，返乡农民工掀起"农海归"草根创业潮，政府力推的大学生创业，新一轮创新创业浪潮呈现主体多元化。新一轮创业创新的主体可分为四类：一是2008年爆发的国际金融危机导致大批海归回国创业。2008年年底，中央决定实施引进海外高层次人才的"千人计划"，随后各地方政府也相继推出人才引进政策，如无锡"530计划"、宁波"3315计划"、武汉"3551计划"等，致力于为海归群体的创业活动营造良好的政策环境。据统计，截至2014年年底，中国有近300家留学人员创业园，有超过5万名留学人员在园内创业。二是有技术、懂市场的技术人员和管理精英离职创业或是在企业内部创业。美的、万科、海尔等在内的传统大公司纷纷开始"裂变创业"的尝试，鼓励员工内部创业，形成良好的竞合共赢关系，激发员工创新积极性，实现公司业务和管理模式的创新，充分发挥出企业和市场的活力。三是由于就业压力所形成的"倒逼机制"、产业转移所形成的创业机遇及一些政府扶持政策的陆续出台，越来越多的农民工选择进行创业以带动就业。受国际金融危机影响，一大批从沿海打工的农民工回归家乡创业，可以称作"农海归"。根据国家统计局发布的《2014年全国农民工监测调查报告》显示，自营就业的农民工所占比重为17%，较上年提高0.5个百分点。四是有创造力与创业激情的大学生创业。教育部统计显示，2014年高校毕业生总数达到727万人，比号称"最难就业季"的2013年还多28万人，巨大的就业压力迫使大学生以创业形式实现就业。一份针对大学生就业选择的调查显示，21.44%的大学生表示"有可能选择自主创业"，另有近5%的学生表示"将创业作为主要的就业方式"。

2014年5月，国务院办公厅印发了《关于深化高等学校创新创业教育改革的实施意见》，提出实施弹性学制，允许保留学籍休学创新创业，可见政府正积极支持大学生创新创业。

第三，新一轮创业创新浪潮涌现了一大批"互联网+"的新业态和新商业模式，互联网与传统行业的融合创新不断显现，创业创新的形式呈现高度的互联网化。互联网产业已成为中国经济最大的新增长极和创业空间。研究显示，中国互联网经济正以每年30%的速度递增。互联网创业已经进入新时代，拥有更年轻的创业者、更广阔的创业平台、更活跃的风险投资、更公平的创业环境以及更年轻的创业者，互联网领域成为新一轮创业创新的主阵地。2015年3月，李克强总理在《政府工作报告》中首次提出，制定"互联网+"行动计划，推动移动互联网、云计算、大数据、物联网等与现代制造业结合，促进电子商务、工业互联网和互联网金融健康发展，引导互联网企业拓展国际市场。一方面，"互联网+"与"大众创业，万众创新"理念的融合，催生了一大批新产业和新业态，产生了新的消费点。根据国家工商总局发布的数据，2015年5月中国信息传输、软件和信息技术服务业新登记注册公司2万户，同比增长48.0%。互联网和传统行业的二次创新，以"互联网+"的形式发展出了"互联网金融""互联网教育""互联网旅游""互联网诊疗"等新的经济形态。另一方面，"互联网+"对传统产业进行了技术化、智能化、高效化改造。此外，互联网与农业、制造业、生活性服务业的联系日益紧密，产业间的融合也使得更多就业机会被创造出来。

第四，新一轮创业创新浪潮由创业、创新和创投"铁三角"联合驱动，"众创""众包""众筹"等新的商业模式、投资模式、管理机制等多方面创新相互交织。当前，"大众创业，万众创新"的创业浪潮正表现出创业、创新、创投三者紧密结合的新格局。一方面，创新与创业是一对孪生兄弟。成功的创业要能使创新投入产生经济效益，创新成果转化成产品。在互联网时代，市场竞争越来越激烈，企业只有根据市场的变化，不断创新商业模式、管理机制，不断提升技术研发水平，才能获得利润得以生存。比如小米科技采用多元合伙的创业模式，即"天使投资+研发团队+外包生产+物流销售团队"同时协作。我国依托高新技术开发区、经济技术开发区和大学科技园，建立大批创业"孵化器"，促进企业与高校、科研机构的产学研合作，促进科技成果转化，鼓励各类科技人员以技术转让、技术入股等形式转化科技创新成果，进行科技创业。另一方面，创新创业的联动离不开创投的支持。创新创业过程具有资金投入高、市场风险高等特征，这与创业投资风险偏好特点相匹配，新一轮创业浪潮使创业与创新、创投形成"铁三角"。创业投资具有要素集成功能、筛选发现功能、企业培育功能、风险分散功能、资金放大功能，能够在企业成长的不同阶段支持企业创业创新，发掘有价值的科技成果并加快推动技术的产业化。国家建立了新兴产业创业投资引导基金和国家中小企业发展基金，利用政府资金的杠杆作用，撬动社会资本参与新兴产业发展，有效引导创业投资向创业企业的初期延伸。同时，创业投资机构也开始全程参与创业公司的发展，逐步承担从种子期的天使投资到早期投资的VC、成熟期及后期投资的PE所做的工作，创业投资从投机化向"天使化"逐渐发展，"众创""众包""众筹"等新的商业模式、投资模式、管理机制等多方面创新相互交织。

第五，创新创业要素向"软""硬"环境好的高新区与科技园区集聚，创新创业载体呈现区域分化格局，深圳和北京成为创业环境最好的城市。高新区和创业园区作为人才、技术、资金等创新要素的集聚区，是一个沟通"创业项目"与"创业要素"的交流平台，可以有效缩减项目与资本、人才、技术的匹配成本，也是产业集聚的重要载体。我国已经形成了大量高新区和创业园区，如北京中关村、深圳高新区、武汉东湖高新区等，为创新与创业提供了基本的要素。创业创新是一项高风险的经济活动，需要有良好的创业环境作为支撑。其中市场环境、技术优势、资本优势和创业文化等环境因素对创业成功率的高低起着关键作用。当前，创业载体区域分化逐渐明显，北京、深圳已成为我国的创业创新"高地"。据统计，2014年，北京创投融资规模69.72亿美元，位列全国第一。深圳市目前股权投资机构的数量与管理资本总额均约占全国的1/3，"柴火空间""创新谷"等一批众创空间快速兴起，2014年每万人有效发明专利拥有量65.75件，是全国平均水平的13.4倍。此外，良好的创业环境还要与"鼓励冒险，宽容失败"良好的创业文化相适应。

第六，创业创新的体系呈现生态化，具有产、学、研、用、金、介、政齐备的协同创业创新体系出现，一些地方成为创业创新人才的"栖息地"。创新创业生态系统是创新创业者、创新创业企业、政府、相关组织等多种参与主体及其所处的制度、市场、文化和政策等环境所构成的有机整体。新一轮创业创新浪潮中各市场主体、各类要素、各种环境相互促进互动，共同构成了一个完整的生态系统。以中关村为例，联想、百度、华为、小米、京东等行业领军企业不仅拥有较强的创新活力，而且也推动产生了一大批上下游企业，形成了一系列"创业系""人才圈"，如联想系、百度系、华为系等，为区域输出大量的创业人才。中关村附近有32所高等院校，206个国家及省市级科研院所,高校和科研机构提供了大量技术创新成果。天使投资是新创企业出生和成长的"沃土",中关村260家上市公司的创始人和成功的企业家成为天使投资人队伍重要的来源。创业服务体系为早期项目和初创企业提供开放办公、早期投资、产业链孵化等服务。由市场环境、法治环境构成的创新创业环境是生态系统中不可或缺的一部分。通过简化商事制度改革、减免中小企业的税费、知识产权与电子金融等方面的法律逐步完善等举措,优化创业创新环境,促进和保障创新要素资源有效配置和有序流动,实现创业生态的进一步完善。

5.2 我国科技创新创业政策环境演变

我国创新创业演变历程和政府主导的体制改革同步。经济转型过程中必然存在制度供给依赖,因此有关鼓励创新创业的公共政策持续出台,体系不断完善。我国创新创业政策的演变可以划分为以下几个阶段。

5.2.1 1978年—1984年的科技创新创业政策

1978年党的十一届三中全会召开启动了我国改革开放的历史进程,伴随着体制改革的推进,经济结构的变革,国家相继出台了一系列鼓励民间创业的法律法规和政策措施,非公有制经济开始恢复和发展,创新创业活动也开始兴起。该阶段由于主要处在经济转型过程中,因此出台的政策侧重对个体经济的肯定支持,如表5-5所示。

表5-5　　　　　　　　1978年—1984年国家出台的主要政策

出台时间	政策文件	出台部门
1982年12月	修订《中华人民共和国宪法》	第五届全国人大第五次会议
1981年7月	《关于城镇非农业个体经济若干政策规定》	第六届全国人大常委会第十八次会议
1981年10月	《关于广开就业门路,搞活经济,解决城镇就业问题的若干问题》	第六届全国人大常委会第二十一次会议
1984年2月	《关于农村个体工商业若干规定》	中共中央

5.2.2 1985年—1992年的科技创新创业政策

1985年3月，中共中央出台了《中共中央关于科学技术体制改革的决定》，确定了我国科技体制改革的方向和任务，提出科技政策领域的新范式（"面向依靠"范式），我国科技体制进入了"竞争与市场"阶段，从计划经济体制范式转向市场经济体制范式，从国防导向的科技政策范式转向经济导向的科技政策范式。这一时期的主要科技政策目标是解决经济与科技"两张皮"的问题，贯彻"经济建设要依靠科学技术，科学技术要面向经济建设"的方针。这一阶段出台的政策措施主要围绕以下几个方面展开：支持民营科技型企业的发展，建设国家级高新技术产业开发区，科研机构体制改革，等等，如表5-6所示。

表5-6　　　　1985年—1992年国家出台的主要创新创业政策

出台时间	政策文件	出台部门
1985年3月	《中共中央关于科学技术体制改革的决定》	中共中央
1986年12月	《中华人民共和国企业破产法（试行）》	第六届全国人大常委会第十八次会议
1987年6月	《中华人民共和国技术合同法》	第六届全国人大常委会第二十一次会议
1987年12月	《关于科技人员业余兼职若干问题的意见》	国家科委
1990年3月	《关于加强科技开发企业登记管理的暂行规定》	国家科委、国家工商行政管理总局
1991年3月	《国家高新技术产业开发区若干政策》	国家科委
1991年3月	《国家高新技术产业开发区税收政策》	国家科委
1992年8月	《关于分流人才、调整机构、进一步深化科技体制改革的若干意见》	国家科委、国家体改委

在这一时期，我国创新创业政策的一个重要特征是国家密集成立了一批高新技术产业开发区。自1988年我国建立第一个高新科技园区——中关村科技园区以来，1991年—1992年，国务院先后批准成立了50多个国家级高新技术产业开发区（见表5-7），这些高新区在今后逐步发展为创新创业的重要支撑环境。

表 5-7　我国国家级高新技术产业开发区

批准时间	高新区名称	所属省区市
1988 年（1 个）	中关村科技园区	北京市
1991 年（25 个）	长春高新区、哈尔滨高新区、上海张江高新区、南京高新区、杭州高新区、合肥高新区、福州高新区、厦门火炬高新区、济南高新区、威海火炬高新区、郑州高新区、武汉东湖高新区、长沙高新区、广州高新区、深圳高新区、中山火炬高新区、桂林高新区、海口高新区、重庆高新区、成都高新区、西安高新区、兰州高新区、天津新技术园区、石家庄高新区、沈阳高新区、大连高新区	吉林省、黑龙江省、上海市、江苏省、浙江省、安徽省、福建省、山东省、河南省、湖北省、湖南省、广东省、广西壮族自治区、海南省、重庆市、四川省、陕西省、甘肃省、天津市、河北省、辽宁省
1992 年（26 个）	保定高新区、太原高新区、包头高新区、鞍山高新区、吉林高新区、大庆高新区、常州高新区、无锡高新区、苏州高新区、南昌高新区、青岛高新区、淄博高新区、潍坊高新区、洛阳高新区、襄樊高新区、株洲高新区、珠海高新区、惠州高新区、佛山高新区、南宁高新区、绵阳高新区、贵阳高新区、昆明高新区、宝鸡高新区、乌鲁木齐高新区	河北省、山西省、内蒙古自治区、辽宁省、吉林省、黑龙江省、江苏省、江西省、山东省、河南省、湖北省、湖南省、广东省、广西壮族自治区、四川省、贵州省、云南省、陕西省、新疆维吾尔自治区

5.2.3　1993 年—2012 年的科技创新创业政策

1. 第一阶段：1992 年—1996 年

1992 年，社会主义市场经济体制改革目标的确立，使我国创新创业步入了新的发展轨道，国家相应地颁布了许多支持创新创业的政策。作为实施"科教兴国"战略的重要组成部分，1995 年我国做出了《关于加速科学技术进步的决定》，指出在"面向、依靠"的基础上，制定了"攀高峰"的目标。为了支撑该战略，在这一阶段出台的科技创新政策的重要表现就是，资源配置向包括国家重点基础研究计划（973 计划）、中国科学院知识创新工程和国家自然科学基金杰出青年基金等在内的重大科技项目的集中。这十年间，科技创新政策从主要围绕以科研院所为中心的科技创新体系向以企业为主体的科技创新体系转变。在科技创业政策方面，国家出台了一系列为支持科技型中小企业发展、加强科技成果转化和创业企业孵化器建设的政策工具，努力形成以市场需求为导向的科技创新的新格局，科技创业活力得到显著增强。这一时期国家出台的主要创新创业政策如表 5-8 所示。

表 5-8　　　　　1992 年—1996 年国家出台的主要创新创业政策

出台时间	政策文件	出台部门
1995 年 5 月	《关于加速科学技术进步的决定》	中共中央、国务院
1996 年 5 月	《中华人民共和国促进科技成果转化法》	第八届全国人大常委会第十九次会议
1996 年 10 月	《关于"九五"期间深化科学技术体制改革的决定》	国务院
1994 年 11 月	《关于对我国高新技术创业服务中心工作的原则意见》	国家科委
1996 年 1 月	《国家高新技术创业服务中心认定暂行办法》	国家科委
1996 年 2 月	《国家高新技术产业开发区管理暂行办法》	国家科委

2. 第二阶段：1997 年—2005 年

1997 年 9 月，党的"十五大"确立了公有制经济为主体，多种所有制经济共同发展的基本经济制度。"十五大"报告指出："非公有制经济是我国社会主义市场经济的重要组成部分。对个体、私营等非公有制经济要继续鼓励、引导，使之健康发展。"1999 年 3 月，第九届全国人民代表大会第二次会议通过了《中华人民共和国宪法修正案（草案）》，在第十一条增加"在法律规定范围内的个体经济、私营经济等非公有制经济，是社会主义市场经济的重要组成部分"的内容，删去个体经济、私营经济是"社会主义公有制经济的补充"的提法。2006 年 11 月，党的"十六大"报告则提出必须坚持"两个毫不动摇"，即"必须毫不动摇地巩固和发展公有制经济，必须毫不动摇地鼓励、支持和引导非公有制经济发展"。至此，我国对个体、私营经济地位和作用的认识经过了：公有制经济的必要的有益的补充，向社会主义市场经济的重要组成部分的转变，这对鼓励全社会创新创业蓬勃发展发挥了极其重要的促进作用。

表 5-9　　　　　1997 年—2005 年国家出台的主要创新创业政策

出台时间	政策文件	出台部门
1997 年 9 月	《关于建立国际企业孵化器的工作意见》	国家科委
1999 年 3 月	《中华人民共和国宪法修正案（草案）》	第九届全国人大二次会议
1999 年 4 月	《关于促进科技成果转化的通知》	科技部等六部门
1999 年 5 月	《关于科技型中小企业技术创新基金的暂行规定》	科技部、财政部

续表

出台时间	政策文件	出台部门
1999年8月	《中华人民共和国个人独资企业法》	第九届全国人大常委会第十一次会议
1999年8月	《关于加强技术创新，发展高科技，实现产业化的决定》	国务院
2000年4月	《关于加快高新技术创业服务中心建设与发展的若干意见》	科技部
2000年7月	《关于鼓励和促进中小企业发展的若干政策意见》	国家经贸委
2002年3月	《关于"十五"期间大力推进科技企业孵化器建设的意见》	科技部
2002年3月	《关于加速国家高新技术产业开发区发展的若干意见》	科技部
2002年6月	《中华人民共和国中小企业促进法》	第九届全国人大常委会第二十八次会议
2003年4月	《关于进一步提高科技企业孵化器运行质量的若干意见》	科技部
2003年7月	《关于建立风险投资机制的若干意见》	科技部等七部门
2005年2月	《科技型中小企业技术创新基金财务管理暂行办法》	财政部、科技部
2005年2月	《关于鼓励支持和引导个体私营等非公有制经济发展的若干意见》	国务院
2005年3月	《科技型中小企业技术创新基金项目管理暂行办法》	科技部、财政部
2005年7月	《高新技术企业创业服务中心管理办法》	科技部
2005年10月	修订《中华人民共和国公司法》	第八届全国人大常委会第五次会议
2005年11月	《创业投资企业管理暂行办法》	发改委等十部门
2006年1月	《科技企业孵化器（高新技术创业服务中心）认定和管理办法》	科技部

3. 第三阶段：2006年—2012年

自2006年国家"十一五"规划开局以来，我国明显加快了支持创新创业政策体系的构建步伐，先后出台了上百个政策、纲要、文件，以完善科技创新创业环境。

1. 促进创新创业发展的财税政策

这一时期，我国的财税政策朝着全面支持企业自主创新的方向发展。在财政政策方面，《实施〈国家中长期科学和技术发展规划纲要（2006年—2020年）〉的若干配套政策》（国发[2006]6号）提出财政政策对企业建立研发平台给以大力支持，营造激励企业自主创新的环境。该阶段的财政政策主要集中在财政投入和引导市场中的各类主体加大创新创业的投入力度上。税收政策主要集中在实施税收优惠，建立鼓励企业自主创新的、以税收抵免为中心的税收政策体系。这一时期创新创业的主要财税政策如表5-10所示。

表5-10　　　　　2006年—2012年我国支持创新创业的主要财税政策

出台时间	政策文件	出台部门
2006年8月	《关于改进和加强中央财政科技经费管理的若干意见》	财政部、科技部
2006年9月	《关于企业技术创新有关企业所得税优惠政策的通知》	财政部、国家税务总局
2006年9月	《关于调整企业所得税工资支出税前扣除政策的通知》	财政部、国家税务总局
2006年12月	《关于纳税人向科技型中小企业技术创新基金捐赠有关所得税政策问题的通知》	财政部、国家税务总局
2007年1月	《关于落实国务院加快振兴装备制造业的若干意见有关进口税收政策的通知》	财政部、国家发展改革委、海关总署、国家税务总局
2007年2月	《科技开发用品免征进口税收暂行规定》	财政部、海关总署、国家税务总局
2007年2月	《科学研究和教学用品免征进口税收规定》	财政部、海关总署、国家税务总局
2007年2月	《关于促进创业投资企业发展有关税收政策的通知》	财政部、国家税务总局
2007年8月	《关于国家大学科技园有关税收政策问题的通知》	财政部、国家税务总局
2007年8月	《关于科技企业孵化器有关税收政策问题的通知》	财政部、国家税务总局
2009年4月	《关于高新技术企业境外所得适用税率及税收抵免问题的通知》	国家税务总局
2009年10月	《关于研发机构采购设备税收政策的通知》	财政部、海关总署、国家税务总局

续表

出台时间	政策文件	出台部门
2010年11月	《关于技术先进型服务企业有关企业所得税政策问题的通知》	财政部、国家税务总局等五部门
2011年5月	《关于高新技术企业境外所得适用税率及税收抵免问题的通知》	财政部、国家税务总局
2011年8月	《关于延长国家大学科技园和科技企业孵化器税收政策执行期限的通知》	财政部、国家税务总局
2012年4月	《关于进一步扶持新型显示器件产业发展有关税收优惠政策的通知》	财政部、海关总署、国家税务总局
2012年4月	《关于进一步鼓励软件产业和集成电路产业发展企业所得税政策的通知》	财政部、国家税务总局
2013年12月	《关于国家大学科技园税收政策的通知》	财政部、国家税务总局

2. 促进创新创业发展的金融政策

创新创业离不开金融政策的支持,这一时期我国在深化科技体制改革、培育战略性新兴产业、支持创新创业、促进科技成果转化等方面出台了很多配套的金融政策措施,已覆盖到科技贷款、科技金融平台、科技保险、创业风险投资、多层次资本市场等众多领域,对于促进创新创业,加快科技成果转化发挥了重要作用。这一时期的主要金融政策如表 5-11 所示。

表 5-11　　　　　2006 年—2012 年我国支持创新创业的金融政策

出台时间	政策文件	出台部门
2006年3月	《科技型中小企业贷款平台建设指引》	发改委、国家开发银行
2006年7月	《支持高新技术企业发展特别融资账户实施细则》	中国进出口银行
2006年11月	《关于加强中小企业信用担保体系建设意见的通知》	发改委、财政部、中国人民银行、税务总局、银监会
2006年12月	《支持国家重大科技项目政策性金融政策实施细则》	银监会
2006年12月	《关于进一步支持出口信用保险为高新技术企业提供服务的通知》	财政部
2006年12月	《关于加强和改善对高新技术企业保险服务有关问题的通知》	保监会、科技部

续表

出台时间	政策文件	出台部门
2006年12月	《关于商业银行改善和加强对高新技术企业金融服务的指导意见》	银监会
2007年5月	《关于进一步发挥信用保险作用支持高新技术企业发展有关问题的通知》	科技部、中国进出口信用保险公司
2007年6月	《关于对创新型试点企业进行重点融资支持的通知》	国家开发银行、科技部
2007年7月	《科技型中小企业创业投资引导基金管理暂行办法》	财政部、科技部
2007年12月	《建立和完善知识产权交易市场指导意见》	发改委、科技部、财政部等六部门
2008年10月	《关于创业投资引导基金规范设立与运作指导意见的通知》	国务院办公厅转发发改委等部门
2009年5月	《关于进一步加大对科技型中小企业信贷支持的指导意见》	银监会、科技部
2009年11月	《关于科技部与中国银行加强合作促进高新技术产业发展的通知》	科技部、中国银行
2010年3月	《融资性担保公司管理暂行办法》	银监会、发改委、工信部等七部门
2010年5月	《关于加强中小企业信用担保体系建设工作的意见》	发改委等五部门
2012年6月	《科技部关于进一步鼓励和引导民间资本进入科技创新领域的意见》	科技部

3. 推动科技创新成果转化的政策

科技创新成果转化是科技与经济相结合的最好形式，要使得技术创新成果变成现实的生产力，就需要创造有利于科技成果转化的环境，以提高技术创新成果的商品化、产业化步伐。促进科技成果转化，加强技术创新成果产业化，也是我国科技政策的重要组成部分。该阶段我国政府出台了一系列相关的政策，以推动科技成果加快转化。如表5-12所示。

表 5-12　　2006 年—2012 年我国促进科技创新成果转化的有关政策

出台时间	政策文件	出台部门
2006 年 4 月	《关于开展创新型企业试点工作的通知》	科技部、国资委、中华全国总工会
2006 年 11 月	《国家大学科技园认定和管理办法》	科技部、教育部
2007 年 1 月	《当前优化发展的高技术产业化重点领域指南（2007 年）》	国家发改委、科技部、商务部、国家知识产权局
2007 年 3 月	《关于促进国家高新技术产业开发区进一步发展，增强自主创新能力的若干意见》	科技部、发改委等四部门
2007 年 10 月	《关于支持中小企业技术创新的若干政策》	发改委、教育部等十二部门
2007 年 12 月	《国家大学科技园"十一五"发展规划纲要》	科技部、教育部
2008 年 12 月	《关于促进自主创新成果产业化的若干政策》	发改委、科技部等九部门
2011 年 1 月	《关于开展国家大学科技园评价工作的通知》	科技部、教育部
2011 年 5 月	《关于进一步促进科技型中小企业创新发展的若干意见》	科技部
2011 年 7 月	《国家科技成果转化引导基金管理暂行办法》	财政部、科技部
2011 年 7 月	《关于进一步加强火炬工作，促进高新技术产业化的指导意见》	科技部
2011 年 8 月	《关于加快推进民营企业研发机构建设的实施意见》	发改委、科技部
2011 年 8 月	《国家大学科技园"十二五"发展规划纲要》	科技部、教育部
2011 年 8 月	《关于进一步做好国家高新技术产业化基地工作的通知》	科技部
2011 年 8 月	《关于延长国家大学科技园和科技企业孵化器税收政策执行期限延长的通知》	财政部、国家税务总局
2011 年 8 月	《关于印发科技服务体系火炬创新工程实施方案试行并组织开展科技服务体系建设试点工作的通知》	科技部
2012 年 1 月	《高新技术产业化及其环境建设"十二五"专项规划》	科技部

4. 加强知识产权保护的政策

知识产权在我国科技和经济发展过程中的作用日益凸显，我国政府努力营造良好的有利于知识产权保护的法律和政策环境，加强知识产权保护力度，改善保护知识产权的方式、方法和手段，促进高新技术产业的迅速发展。该阶段我国全面加强了知识产权的保护工作，出台了一系列政策，如表5-13所示。

表5-13　　　2006年—2012年我国加强知识产权保护的有关政策

出台时间	政策文件	出台部门
2006年2月	《实施〈国家中长期科学和技术发展规划纲要（2006-2020年）〉的若干配套政策》	国务院
2006年11月	《关于国际科技合作项目知识产权管理的暂行规定》	科技部
2006年12月	《我国信息产业拥有自主知识产权的关键技术和重要产品目录》	原信息产业部、科技部和发改委
2006年12月	《关于提高知识产权信息利用和服务能力推进知识产权信息服务平台建设的若干意见》	科技部和国家知识产权局
2007年1月	《科技计划支持重要技术标准研究与应用的实施细则》	科技部、国家质检总局
2008年10月	修改《中华人民共和国专利法》	第六届全国人大常委会第四次会议
2010年1月	修订《中华人民共和国专利法实施细则》	国务院
2010年7月	《国家科技重大专项知识产权管理暂行规定》	科技部、国家发改委等四部门
2010年10月	《打击侵犯知识产权和制售假冒伪劣商品专项行动方案》	国务院办公厅
2010年12月	《关于贯彻落实全国知识产权保护与执法工作会议精神、进一步加强科技创新知识产权工作的通知》	科技部
2012年1月	《关于进一步做好打击侵犯知识产权和制售假冒伪劣商品工作的意见》	国务院
2012年11月	《关于印发〈关于加快培育和发展知识产权服务业的指导意见〉的通知》	国家知识产权局、发改委、科技部等九部门

5. 加强科技创新创业人才队伍建设的政策

人才是企业发展过程中最活跃的因素，创新创业人才和科研团队是创新创业的主体。创新创业人才队伍建设的主要任务是建设一支具有高水平科技骨干和学术带头人为核心的创新创业人才队伍，为创新创业和其可持续发展提供有力支撑。这一时期我国有针对性地出台了一系列加强创新创业人才队伍建设的政策，如表 5-14 所示。

表 5-14　　2006 年—2012 年我国创新创业人才队伍建设的相关政策

出台时间	政策文件	出台部门
2006 年 2 月	《实施〈国家中长期科学和技术发展规划纲要（2006-2020 年）〉的若干配套政策》	国务院
2006 年 10 月	《关于企业实行自主创新激励分配制度的若干意见》	财政部、发改委等四部门
2006 年 12 月	《中华人民共和国海关对高层次留学人才回国和海外科技专家来华工作进出境物品管理办法》	海关总署
2007 年 1 月	《关于在重大项目实施中加强创新人才培养的暂行办法》	科技部
2007 年 2 月	《关于建立海外高层次留学人才回国工作绿色通道的意见》	原人事部、教育部等十六部门
2007 年 3 月	《关于进一步加强引进海外优秀留学人才工作的若干意见》	教育部
2007 年 6 月	《关于加强专业技术人员继续教育工作的意见》	原人事部、教育部等五部门
2007 年 8 月	《关于进一步加强国家重点领域紧缺人才培养工作的意见》	教育部、发改委等七部门
2007 年 12 月	《关于加强农村实用科技人才培养的若干意见》	科技部、教育部、财政部等六部门
2008 年 9 月	《关于促进以创业带动就业工作指导意见的通知》	国务院办公厅转发人力资源社会保障部等部门
2009 年 2 月	《关于鼓励科研项目单位吸纳和稳定高校毕业生就业的若干意见》	科技部、教育部等五部门
2010 年 2 月	《中关村国家自主创新示范区企业股权和分红激励实施办法》	财政部、科技部
2010 年 3 月	《关于进一步加强科研项目吸纳高校毕业生就业有关工作的通知》	科技部、教育部和财政部等五部门

续表

出台时间	政策文件	出台部门
2010年4月	《高校学生科技创业实习基地认定办法（试行）》	教育部、科技部
2010年5月	《关于实施大学生创业引领计划的通知》	人社部
2011年3月	《关于印发〈2011—2015年"百千万知识产权人才工程"实施方案〉的通知》	国家知识产权局
2011年7月	《国家中长期科技人才发展规划（2010—2020年）》	科技部、人力资源和社会保障部等七部门
2012年10月	《关于学习宣传全国就业创业工作先进集体和先进个人事迹的通知》	人力资源社会保障部办公厅

6. 建立完善科技创新创业管理服务体系的政策

构筑科技创新服务体系是提高企业自主创新能力的重要支撑，是我国建立健全国家科技创新体系的重要组成部分。我国政府积极地出台政策措施，降低创新创业成本，整合创新创业资源，提高创新创业效率，积极支持科技创新服务体系的发展。这一时期的主要政策如表5-15所示。

表5-15　2006年—2012年我国构建创新创业服务体系的有关政策

出台时间	政策文件	出台部门
2006年11月	《生产力促进中心"十一五"发展规划纲要》	科技部
2007年7月	《国家级示范生产力促进中心认定和管理办法》	科技部
2007年10月	《国家级示范生产力促进中心绩效评价工作细则》	科技部
2010年4月	《关于促进中小企业公共服务平台建设的指导意见》	工信部、发改委等七部门
2010年5月	《国家中小企业公共服务平台管理暂行办法》	工信部
2010年10月	《国家大学科技园认定和管理办法》	科技部、教育部
2010年11月	《科技企业孵化器认定和管理办法》	科技部
2011年5月	《生产力促进中心服务产业集群、服务基层科技专项行动的实施意见》	科技部

续表

出台时间	政策文件	出台部门
2011年6月	《生产力促进中心"十二五"发展规划纲要》	科技部
2011年8月	《关于印发科技服务体系火炬创新工程实施方案试行并组织开展科技服务体系建设试点工作的通知》	科技部
2011年11月	《国家级中小企业公共技术服务示范平台适用科技开发用品进口税收政策的通知》	财政部、工信部等四部门
2012年4月	《关于推进创业孵化基地建设进一步落实创业帮扶政策的通知》	人社部
2012年5月	《国家中小企业公共服务示范平台认定的管理办法》	工信部
2012年10月	《关于认定首批全国创业孵化示范基地的通知》	人社部

7. 促进科技创新创业商事活动的政策

我国工商总局先后出台了一系列支持地方商事活动的政策文件，降低创新创业门槛，推动工商登记注册制度便利化，提高市场主体的效率，激发创新创业，这一时期的主要政策如表5-16所示。

表5-16　　2006年—2012年我国推进商事制度改革的政策

出台时间	政策文件	出台部门
2006年8月	修改《中华人民共和国合伙企业法》	第十届全国人大常委会第二十三次会议
2007年2月	《关于加强和改进企业年度检验工作的通知》	国家工商行政管理总局
2007年7月	《关于改进和加强企业登记管理工作的意见》	国家工商行政管理总局
2007年10月	《中华人民共和国物权法》	第十届全国人民代表大会第五次会议
2011年1月	《制止滥用行政权力排除、限制竞争行为的规定》《禁止滥用市场支配地位行为的规定》《禁止垄断协议行为的规定》	国家工商行政管理总局
2011年4月	《个体工商户条例》	国务院
2011年11月	《公司债券转股权登记管理办法》	国家工商行政管理总局

5.2.4 2013年以来促进科技创新创业的政策

创新创业是我国提升自主创新能力、建设创新型国家的重要途径，对推动我国经济结构调整、增强发展新动力、打造发展新引擎、走创新驱动发展新道路具有重要意义。党的"十八大"提出推动全面深化改革、实施创新驱动发展战略，出台了一系列鼓励支持大众创业、万众创新的政策，如表5-17所示。

表5-17　　　　　　　2013年以来国家支持科技创新创业的政策

出台时间	政策文件	出台部门
2014年10月	《关于加快科技服务业发展的若干意见》	国务院
2014年10月	《关于促进国家级经济技术开发区转型升级创新发展的若干意见》	国务院
2015年3月	《关于发展众创空间推进大众创新创业的指导意见》	国务院
2015年3月	《关于深化体制机制改革加快实施创新驱动发展战略的若干意见》	国务院
2015年5月	《关于进一步做好新形势下就业创业工作的意见》	国务院
2015年6月	《关于大力推进大众创业万众创新若干政策措施的意见》	国务院
2015年6月	《关于印发进一步做好新形势下就业创业工作重点任务分工方案的通知》	国务院
2015年7月	《关于积极推进"互联网+"行动的指导意见》	国务院

1. 财税支持政策

国家的财税政策加大了对创新创业资金的引导和创业企业的税收优惠，发挥财税政策推动创新创业的作用，出台的主要财税政策如表5-18所示。

表5-18　　　　　　　2013年以来我国支持创新创业的主要财政政策

出台时间	政策文件	出台部门
2013年9月	《关于加强小额担保贷款财政贴息资金管理的通知》	财政部、人保部、中国人民银行
2013年12月	《关于国家大学科技园税收政策的通知》	财政部、国家税务总局
2013年12月	《关于科技企业孵化器税收政策的通知》	财政部、国家税务总局
2014年3月	《国务院关于改进加强中央财政科研项目和资金管理的若干意见》	国务院

续表

出台时间	政策文件	出台部门
2014年8月	《国家科技成果转化引导基金设立创业投资基金管理暂行办法》	科技部、财政部
2014年9月	《关于进一步支持小微企业增值税和营业税政策的通知》	财政部、国家税务总局
2014年12月	《关于深化中央财政科技计划（专项、基金等）管理改革方案的通知》	国务院
2014年12月	《关于对小微企业免征有关政府性基金的通知》	财政部、国家税务总局
2015年1月	《印发关于深化中央财政科技计划（专项、基金等）管理改革方案的通知》	国务院
2015年1月	《关于支持和促进重点群体创业就业税收政策有关问题的补充通知》	财政部、国家税务总局、人力资源社会保障部、教育部
2015年6月	《关于中央财政科技计划管理改革过渡期资金管理有关问题的通知》	财政部、教育部
2015年6月	《关于推广中关村国家自主创新示范区税收试点政策有关问题的通知》	财政部、国家税务总局
2015年7月	《关于印发〈中小企业发展专项资金管理暂行办法〉的通知》	财政部

2. 金融支持政策

创新创业离不开金融政策的支持，"十八大"以来，金融政策注重对科技创新创业提供综合金融服务，大力发展资本市场和社会融资，促进科技金融发展，发展小微企业融资服务，增强创新创业的金融服务能力。主要的政策如表5-19所示。

表5-19　　　　　2013年以来我国支持创新创业的金融政策

出台时间	政策文件	出台部门
2013年2月	《关于商业银行知识产权质押贷款业务的指导意见》	银监会
2013年4月	《关于开展促进科技和金融结合试点工作调查情况的通知》	科技部
2013年7月	《关于加强小微企业融资服务支持小微企业发展的指导意见》	发改委
2014年1月	《关于大力推进体制机制创新、扎实做好科技金融服务的意见》	中国人民银行、科技部、银监会等六部门

续表

出台时间	政策文件	出台部门
2014年6月	《关于2014年度中小企业发展专项资金科技创新、科技服务和引导基金项目立项的通知》	科技部、财政部
2014年11月	《国务院关于创新重点领域投融资机制鼓励社会投资的指导意见》	国务院
2015年8月	《关于促进融资担保行业加快发展的意见》	国务院

3. 推动科技创新成果转化政策

政府出台了一系列相关的法规和政策，加快推进科技成果的使用、处置和收益管理的改革试点，进一步完善科技人员创业的股权激励机制，整合发展创业基金，等等，为科技创业提供场所、服务和资金支持，大力鼓励培育孵化器，推动科技仪器的社会开放，以提高科技成果的转化水平，主要的政策如表5-20所示。

表5-20　　2013年以来我国促进科技创新成果转化的有关政策

出台时间	政策文件	出台部门
2013年1月	《关于印发国家科技企业孵化器"十二五"发展规划的通知》	科技部
2013年3月	《国家高新技术产业开发区创新驱动战略提升行动实施方案》	科技部
2014年3月	《关于推荐第二批全国创业孵化示范基地有关问题的通知》	人力资源社会保障部办公厅
2015年1月	《国务院关于国家重大科研基础设施和大型科研仪器向社会开放的意见》	国务院
2015年3月	《中华人民共和国促进科技成果转化法修正案（草案）》	第十二届全国人大常委会第十三次会议

4. 加强知识产权保护的政策

完善的知识产权制度是创新创业的有力保障。为了全面强化知识产权的保护工作，优化知识产权的发展环境，支持知识产权的创造和运用，鼓励知识产权的商品化和产业化，大力推进知识产权为基础的创新创业，国家出台了一系列法规政策，如表5-21所示。

表 5-21　　　　　近年以来我国加强知识产权保护的有关政策

出台时间	政策文件	出台部门
2013 年 1 月	《关于加快提升知识产权服务机构分析评议能力的指导意见》	国家知识产权局
2013 年 4 月	《关于开展知识产权分析评议服务示范机构培育工作的通知》	国家知识产权局办公室
2014 年 5 月	修订《中华人民共和国商标法实施条例》	国务院
2014 年 8 月	《关于印发〈关于深入实施国家知识产权战略、加强和改进知识产权管理的若干意见〉的通知》	国家知识产权局、教育部、科技部等八部门
2014 年 10 月	《关于知识产权支持小微企业发展的若干意见》	国家知识产权局
2015 年 1 月	《关于〈印发关于知识产权服务标准体系建设的指导意见〉的通知》	知识产权局、国家标准委、工商总局、版权局
2015 年 4 月	《关于进一步推动知识产权金融服务工作的意见》	国家知识产权局
2015 年 7 月	《关于全面推行〈企业知识产权管理规范〉国家标准的指导意见》	国家知识产权局、科技部、工信部等八部门
2015 年 12 月	《关于新形势下加快知识产权强国建设的若干意见》	国务院

5. 加强科技创新创业人才队伍建设的政策

创新创业的关键是人才。为了培养一大批创新创业人才，国家出台了一系列加强科技创新创业人才队伍建设的政策。鼓励高校和科研机构的人员积极从事创新创业活动，改革人才培养模式，加强高等院校的创业教育，加强对大学生创新创业支持力度，主要政策如表 5-22 所示。

表 5-22　　　　　近年以来我国加强科技创新人才队伍建设的相关政策

出台时间	政策文件	出台部门
2014 年 6 月	《关于开展 2014 年全国知识产权领军人才和百千万知识产权人才工程百名高层次人才培养人选推荐工作的通知》	国家知识产权局

续表

出台时间	政策文件	出台部门
2014年7月	《关于合作开展促进青年创业就业工作的通知》	共青团中央、中国邮政储蓄银行
2015年2月	《关于支持和促进重点群体创业就业有关税收政策具体实施问题的补充公告》	国家税务总局、财政部、人保部、教育部、民政部
2015年5月	《关于深化高等学校创新创业教育改革的实施意见》	国务院
2015年7月	《关于开展2015年创新人才推进计划组织推荐工作的通知》	科技部

特别需要指出的是，近年来我国出台了一系列政策措施支持大学生创业，为大学生提供创业资助、创业平台、创业实训和创业服务等，积极引导大学生转变就业观念，促进创业带动就业，使大学生的创业意识和创业能力进一步增强，支持大学生创业的政策和服务体系更加完善。与大学生创新创业直接相联系的文件，如表5-23所示。

表5-23　　近年以来我国支持大学生创新创业的相关的政策

出台时间	政策文件	出台部门
2014年5月	《关于做好2014年全国普通高等学校毕业生就业创业工作的通知》	国务院办公厅
2014年5月	《关于实施大学生创业引领计划的通知》	人力资源社会保障部、发改委、教育部等九部门
2014年8月	《关于进一步加强高校毕业生就业创业政策宣传工作的通知》	人力资源社会保障部办公厅
2014年9月	《关于举办第七届全国大学生创新创业年会的通知》	教育部办公厅、科技部办公厅
2015年1月	《关于高校共青团积极促进大学生创业工作的实施意见》	共青团中央办公厅
2015年2月	《关于做好2015年全国高校毕业生就业创业工作的通知》	人力资源社会保障部
2015年3月	《关于深化体制机制改革加快实施创新驱动发展战略的若干意见》	中共中央、国务院
2015年3月	《关于发展众创空间推进大众创新创业的指导意见》	国务院办公厅
2015年3月	《关于实施大学生返乡创业行动的通知》	共青团中央办公厅、农业部办公厅、中国农业银行办公室

续表

出台时间	政策文件	出台部门
2015年5月	《关于进一步做好新形势下就业创业工作的意见》	国务院
2015年5月	《关于深化高等学校创新创业教育改革的实施意见》	国务院办公厅
2015年6月	《教育部关于举办首届中国"互联网+"大学生创新创业大赛的通知》	教育部
2015年6月	《关于大力推进大众创业万众创新若干政策措施的意见》	国务院
2015年6月	《关于印发进一步做好新形势下就业创业工作重点任务分工方案的通知》	国务院办公厅

6. 管理服务体系建设的政策

在创新创业服务体系建设方面，注重创新创业公共服务体系和平台建设，发挥知识密集型服务业的支撑作用，大力发展与创新创业相关的信息服务、创业服务、知识产权和科技成果转化服务、技术交易服务等，为创新创业提供日益完善的政府和社会组织服务体系和服务平台。主要政策如表5-24所示。

表5-24 近年以来我国构建创新创业服务体系的有关政策

出台时间	政策文件	出台部门
2014年10月	《关于组织开展创新型企业共享服务平台加盟工作的通知》	科技部办公厅
2014年12月	《关于确定全国人力资源诚信服务示范机构的通知》	人社部
2014年12月	《关于利用全国融资租赁企业管理信息系统进行租赁物登记查询等有关问题的公告》	商务部
2015年5月	《关于支持开展小微企业创业创新基地城市示范工作的通知》	科技部
2015年5月	《中外合资人才中介机构管理暂行规定》	人社部、商务部、国家工商行政管理总局

7. 科技创新创业商事活动的政策

为了进一步活跃创新创业和实现市场公开公平，大力商事制度改革，不断探索市场监管新模式，为创业者和经营者提供便利条件，充分激发、全力维护市场经济的内在活力和创造力，促进大众创业、万众创新，为我国经济建设注入持久动力。先后出台了一大批商事制度改革的法规和政策，如表5-25所示。

表 5-25　　近年来我国推进商事制度改革的政策

出台时间	政策文件	出台部门
2013年1月	《拍卖监督管理办法》	国家工商行政管理总局
2013年8月	修改《中华人民共和国商标法》	第十二届全国人大常委会第四次会议
2013年11月	《关于进一步加强商务行政执法工作的意见》	商务部
2013年12月	修改《中华人民共和国公司法》	第十二届全国人大常委会第六次会议
2014年1月	《网络交易管理办法》	国家工商行政管理总局
2014年2月	《注册资本登记制度改革方案》	国务院
2014年2月	修改《公司登记管理条例》	国务院
2014年3月	废止《中外合资经营企业合营各方出资的若干规定》 废止《〈中外合资经营企业合营各方出资的若干规定〉的补充规定》	国务院
2014年3月	《企业法人登记管理条例实施细则》《外商投资合伙企业登记管理规定》《个人独资企业登记管理办法》《个体工商户登记管理办法》	国家工商总局
2014年6月	《关于促进市场公平竞争维护市场正常秩序的若干意见》	国务院
2014年6月	《关于贯彻落实社会信用体系建设规划纲要、加强当前社会信用体系建设的通知》	发改委
2014年8月	《企业信息公示暂行条例》	国务院
2014年8月	《企业公示信息抽查暂行办法》《企业经营异常名录管理暂行办法》《个体工商户年度报告暂行办法》	国家工商行政管理总局
2014年12月	《网络零售第三方平台交易规则制定程序规定（试行）》	商务部
2015年2月	《国务院关于取消和调整一批行政审批项目等事项的决定》《国务院关于规范国务院部门行政审批行为改进行政审批有关工作的通知》	国务院
2015年4月	《关于禁止滥用知识产权排除、限制竞争行为的规定》	国家工商行政管理总局
2015年6月	《法人和其他组织统一社会信用代码制度建设总体方案》	发改委、中央编办、民政部、财政部等八部门
2015年6月	《关于加快推进"三证合一"登记制度改革的意见》	国务院办公厅
2015年10月	《关于"先照后证"改革后加强事中事后监管的意见》	国务院

5.3 我国科技创新创业政策存在的主要问题

改革开放以来，我国政府关于鼓励和促进科技创新创业的相关政策体系不断完善优化，在激励全社会创新创业方面发挥了极大的促进作用，但是，随着国内外经济环境的变化、社会主义市场经济的发展和创新驱动战略的实施需要来看，仍然存在诸多滞后性和不完善的地方。

5.3.1 财税政策问题

（1）一些财税政策措施对创新创业的刺激已基本上处于饱和状态，扶持的导向作用还需要进一步加强。一是现阶段创新创业的财政政策措施过于简单。现行政策通常过多地运用财政直接投资等传统手段，而忽视运用财政贴息、投资抵免、贷款担保等间接手段。传统财政投入方式简单、缺乏风险责任约束等弊端容易导致直接财政支持的项目成功率低，降低了财政支持创新创业的效率。二是现行政策优惠的对象和环节还不到位。现行的财税优惠政策主要是对企业和科研成果的优惠，将优惠的重点放在了所得税优惠上，缺乏对创新创业的事前扶持。三是政策过多地倾向于创新创业的硬环境建设，如科技经费投入，高新区和科技工业园区的基础设施、公用设施和基本建设投资等，而没有针对创新创业企业的不同成长阶段来进行相应的财税支持政策侧重。

（2）税收优惠的手段比较单一，效应局限。一是税收优惠政策设计都只是针对特定的对象，其他的主体往往因为种种原因不能享受，且以直接优惠和事后优惠为主，没有采用加速折旧、提取投资风险准备金、加大费用列支等减少税基的事前优惠，对一些诸如经营周期长、投资规模大、技术和资本密集型的创新创业企业支持的效果不甚明显。二是"营改增"的制度还不完善。生产型增值税意味着企业的固定投资和科技成果转让费用等支出所含的税金无法从销项税中扣除，不利于创新创业企业特别是高技术行业的税负减轻。增值税改革和转型的不彻底以及营业税改增值税过程中显现出的问题制约了企业的自主创新，使得原来实施的税收抵免政策的部分积极效应被新的税收制度的负面效应所抵消，从而使实质上的税收优惠效应难以显现。

（3）财税政策重区域优惠而不重产业优惠。财税政策以区域优惠为主导会使得同一创新创业项目在高新区内外的税负不同，这势必出现区域内的创新创业企业在取得财税优惠待遇后,如果由于种种原因(如改变经营方向等)不再属于国家的政策扶植范围时,企业已享受到的税收优惠或减免等不予进行追征,从而造成保护落后及限制市场竞争机制的作用。另外,以区域为标准施行税收差别化待遇的做法,使得创新创业企业纷纷以挤进高新区为目的,没有体现出税收公平的原则,违背了财税政策促进创新创业的初衷。

5.3.2 金融政策问题

(1)以商业银行为主体的间接融资体系难以适应创新创业企业发展的资金融通需求。一方面,科技创业企业特别是在初创期经营风险大,缺少固定资产作抵押,缺乏信用记录,在市场层面和技术层面面临的不确定性高,失败的可能性较大,难以获得金融机构支持。另一方面,与普通的企业相比,科技创业企业具有前期投入大、技术项目开发周期长等特点,需要长期的融资支持。显然,科技创业企业的高风险性和初创期的巨大资金使用需求,与我国商业银行一贯稳健的经营方式存在较大错位。商业银行必然是流动性和安全性为原则,在保障安全性的基础上追求经济效益,因此商业银行在考察科技企业贷款资质时必然会为了规避风险而对这样缺乏担保和抵押的企业惜贷,从而使正常条件下科技企业获得贷款的难度增加。尽管国家出台了一些支持科技创业企业发展的金融政策,但银行信贷资金仍投在了大项目和大企业上,科技中小企业获得的资金贷款额度仍很有限。

(2)社会直接融资渠道缺乏。近年来,我国的科技创新创业企业的直接融资模式总体上呈现出以少数几种内源直接融资为基础、各类外源直接融资为主的多层次趋势。其中,外源直接融资在初创期和成长早期以非正式资本市场各种私募股权融资为主、债权融资为次;成长后期和成熟期则以正式资本市场丰富的公募股权及债权融资为主,以特殊的私募股权及债权融资为次。然而,目前绝大多数早期未上市的初创企业,通过非正式资本市场吸纳私募法人股权资本和创业投资、私募股权投资基金、产业投资基金等私募机构股权基金的直接融资通道不畅。绝大多数科技企业尤其是初创期、成长早期的中小科技企业,自身内部资本积累能力弱,其内源融资难以满足中长期发展的直接投资需求,迫切需要寻求外源直接融资来源。

(3)以政府为主导的公共资金投入模式缺乏资源配置效率。从我国创新创业的发展脉络来看,不可否认的是政府在推进科技企业创新和高科技企业发展过程中发挥了重要的作用，从设立"火炬中心"、科技创业基金、创业投资引导基金，到组建高技术企业担保公司、风险投资公司等，中央和地方政府都做出了很多努力。但是以政府为主导的模式也存在以下不足：一是投入产出比不高，资源配置效率低。在公共资金的投入使用方面，存在重事前评估、轻事中持续管理和事后适时评价，重审批、轻验收的问题。因此可以看出，政府资金在审计制度、评审考核制度和科研技术评价制度上存在漏洞，权力寻租和科技界造假等问题屡见不鲜，资金投入产出的低效率也就不难理解。二是政府资金支持的范围有限。政策性资金、基金的帮扶对象通常是支持战略性高新技术企业和产业的发展，而这些企业又被限定为新材料、电子通信业、计算机、医药制造、航空航天器及设备制造、信息业等技术密集度很高的少数行业中。尽管这些企业是科技创新最密集的部门，但毕竟不能代表科技创新的全部。

（4）风险投资业发展不完善，金融工具创新不足。现阶段我国风险投资生态系统发展的政策和制度环境还很不完善。一是我国风险投资金的募集金总量低，资金来源不足。我国目前风投资金每年只有3000亿元左右，与美国每年超过2000亿美元的金融资本相比存在很大差距，并且实际投资额占比也很低。因为我国不允许以私募方式筹集风投基金，也限制国有资本和金融资本进入风投领域，因此我国的风险投资业缺乏有效的资金来源渠道。二是我国创新环境欠缺，缺少风险投资发展的环境。尽管我国有众多的高新技术产业开发区，但其仍然缺乏科技创新活力，在科技创新人才、创新组织、创新文化和信息传递等方面都远不能满足风险投资所期望的创新活动的要求。另外，由于现有的机构均是以公司制形式设立，在税收征缴上未与其他类型的公司相区别，存在双重纳税问题突出的现象，这增加了风投机构的运行成本，在一定程度上也限制其发展。

5.3.3 科技成果转化政策问题

（1）产业化商业化资金投入不足和配置结构不合理。根据世界各国的经验来看，科技成果转化在研发阶段、中间阶段与产出阶段的比例约为1：10：100，而就我国现状来说，各类科研经费主要集中在科技研发阶段，对科技成果转化的中间环节投入明显不足。在科技资源配置过程中，资金投入机制、方式与科技创新规律尚不能有效匹配，同时也缺乏相应的金融平台体系支撑以及金融机制创新，难以引导社会资本进入该领域，尚不能够满足科技成果转化的需要。

（2）企业科技创新能力较弱，科技成果转化的供需双方难以对接。我国总体来说企业的技术创新能力弱，自身科技沉淀少，同时科研院所、高校与企业在研发和技术成果转化各环节相互脱节，尤其是科技型中小企业难以吸纳和承接科研院所和高校的技术成果转化和设备改造，部分企业严重依赖于技术引进，其创新动力不足。另外，绝大部分高校和科研院所还停留在老旧的供给型科研模式，相互之间缺乏有效沟通，信息渠道不畅，脱离市场需求，对市场终端信号不敏感，与科技企业在技术承接方面存在割裂情况。同时连接科研院所、高校以及企业的中间平台和组织也未充分发挥其创新链接功能，中介机构质量也参差不齐，服务能力较弱，尤其缺乏专业的技术定价、风险评估等机构，导致科技成果转化的供需双方难以实现充分对接，科技成果的市场价值实现困难。

（3）科技成果转化政策缺乏协调性、系统性和动态调整。科技成果转化不仅需要法律法规和科技政策的支持，也涉及其他产业和经济政策的辅助支持，是一项涉及多个部门的复杂的系统工程。中央和地方虽然出台了一系列针对科技成果转化的政策和规章制度，但仍有一些亟待解决的问题没有引起足够的重视，或者说现有政策法规有待进一步完善，例如在科技成果转化过程中的风险投资机制和政府采购等方面，还需出台新的政策。另外，现阶段我国在此领域的社会信用体系、政策体系还尚不完善，因此迫切需要构筑有利于科技成果转化的组织保障体系。

（4）科技成果转化的体制机制中缺乏有效激励机制。一是我国现存体制中，不少科研院所和高校对科研成果的评价和激励仍以专利、论文等作为主要绩效考核标准，对促进其进行成果转化的激励不足。二是缺乏对科技成果转化领域新产品或服务的激活政策，转化所依赖的市场环境难以维系。三是针对部分有关科研人员的税收政策有待修正，例如基于股权激励的高校科研人员薪酬尚未实现收益就要上缴个人所得税，这影响了科技人员的积极性。四是科技成果转化过程中受制度限制，在技术交易、评估作价等方面手续、程序烦琐，使高校和科研机构难以顺利获得成果转化的收益，也影响其积极性。

5.3.4 知识产权保护政策问题

（1）知识产权政策的导向作用有待进一步强化，科技自主知识产权的管理体系有待进一步完善。长期以来，我国在科技规划和技术政策的制定过程中，对拥有自主知识产权的项目的支持力度有限，对科技计划项目方面的知识产权重视力度不够，目前还没有真正地改变以先进性成果为中心的应用开发项目的指标评价体系，没有把评估重点放在知识产权成果的经济效益和自主知识产权的获取上来。值得注意的是，政府在制定知识产权政策中的导向不仅对科技计划中自主知识产权的保护有重要意义，而且对于我国是否能建立综合的知识产权保护法律、政策体系有重要作用。所以，知识产权政策导向作用的弱化必然导致对我国科技计划中自主知识产权管理关注上的弱化，同时基于我国自主知识产权保护法律法规体系不健全的现状，对于科技计划中知识产权的保护工作仅仅停留在实施科技计划主管部门的规章层面，这给自主知识产权的管理、科技计划的制定和实施都形成了阻碍。

（2）政府知识产权保护工作的管理措施有待加强，知识产权部门的工作职能有待完善。从世界范围内知识产权保护工作当局的职能演化来看，许多国家的产权保护工作部门正从原来简单的登记注册机构转变为服务导向型的，以用户为中心，为企业、社会和国家经济技术发展提供支撑的机构。与之相比，我国的知识产权部门还没有进行职能转型，与各国知识产权保护部门的职能转换趋势还存在一定差距。另外，政府的知识产权保护工作的管理措施有待进一步增强。目前，政府的管理措施中缺乏对实质上的对知识产权审查的评价指标体系和专家评审制度，缺乏知识产权形式审查作为知识产权项目申报立项的准入条款，缺乏对自主知识产权项目研发者的创新激励、绩效嘉奖和诚信反馈制度，缺乏建立刚性的自主知识产权的态势分析制度，缺乏在课题合同中对于自主知识产权许可转让、所属权等权利义务的明确规定。在现实中特别突出的一个问题是，政府的知识产权管理职能分散在若干部门，如知识产权、工商、科技、新闻出版等部门，许多工作协调难度大、成本高、信息沟通不畅，带来许多管理矛盾和空白。

（3）在知识产权成果转化入股、收益分配方面政策不完善。缺乏合理利益分配制度是影响制约知识产权成果转化运用的关键问题。促进知识产权运用和科技成果转化必须对职务发明人和所在单位同时进行有效激励。国外高校、科研机构的收益分配政策兼顾了各方积极性，收益分配政策较为完善，职务发明人基本可以分得扣除成本后收益的 1/3。然而，我国现有法律法规在授予职务发明人的奖励和报酬方面坚持合同优先原则，没有兼顾各方利益，没有规定奖励报酬上限，导致一些单位和地方给发明人的奖励比例过高，有些地方甚至高达 90% 以上，这样就影响了单位转化科技成果的积极性，也不利于促进知识产权转化运用的机构、团队和能力建设。另外，现行的允许在科研项目经费中列支知识产权事务费的政策也不利于高校科研机构转化运用的组织机构、人才团队和能力建设。战略性新兴产业、知识产权服务业以及高技术产业的增值税税率实际上高于以往的营业税税率，对高校科研机构技术转移收入征收营业税的起征点过低，而对非职务成果转化收入一次性征收个人所得税的税负过高，这些都是影响和制约科技成果转化与知识产权运用的突出问题。

5.3.5 科技人才政策问题

（1）科技人才政策的碎片化比较严重。我国实施了一系列的科技人才专项计划，一些国家层面的机构和部门包括国家自然科学基金委员会、中国科学院、科技部、教育部、人事部、中央人才工作协调小组等，纷纷启动了各种类型的人才专项计划。不可否认，这一系列的科技人才培养、激励的措施起到了积极作用，但也存在一些问题。一是科技人才政策体系中法律法规明显弱化，而政府规章比重偏大的现象。虽然我国颁布了综合性的规划纲要，即《国家中长期人才发展规划纲要（2010-2020）》，但缺乏科技人才培养的基本法，这限制了科技人才政策的结构化和体系化进程。二是各部门的人才政策、规划的趋同化或互相冲突的问题。由于缺乏基本法的规范和引导，每个部门都有可能按照自己的偏好和需求制定相应政策，缺乏沟通和总体的协调性，导致科技人才政策较为混乱。三是科技人才的政策、计划缺乏有效评估，对于其运行效果没有科学的评价体系，这些问题反映了当前我国的科技人才计划存在明显的碎片化问题。

（2）科技人才政策的弱企业化现象突出。从世界一些发达国家的经验来看，国家吸引科技人才的重要途径就是通过企业利用良好的工作环境、丰厚的薪酬福利和恰当的企业文化来吸引人才，政府会出台相应的法律法规和政策措施来帮助企业吸引人才。但我国目前绝大多数的人才政策都集中在支持高校、科研院所，而对企业吸引人才的层面上没有给予充足的支持。另外，通过"百人计划""千人计划"等人才项目吸引到的人才也大部分在高校和科研院所中工作，进入企业的比例很少，这体现出我国科技人才的弱企业化和对企业的弱倾斜性。这既不利于调动企业自主培养科技人才的积极性，也不利于我国企业在全球人才竞争中抢占人力资源，因此在科技人才政策层面要加大力度鼓励、支持企业在科技人才中的自主培养和引进工作。

5.3.6 政府和社会组织管理服务政策问题

（1）科技创新公共服务体系还不够完善。我国目前还未建立起完整的公共服务网络和创业服务体系，专门针对科技创业企业的服务机构偏少，科技创业辅导人才队伍力量不足；而当前科技创业者在企业管理、经营理念等方面不适应的现象比较突出，企业的市场竞争力和抗风险能力较弱，亟须法务、技术、培训、融资等方面的专项服务。另一方面，科技创业指导机构也鱼龙混杂，有些服务机构自身缺乏高质量的服务能力和高素质的工作人员，其服务质量难以满足科技创业企业的发展需要。同时，社会化中介服务机构还存在着分布不均的情形。服务机构主要集中在大城市，不少县区还是空白。

（2）科技创业基地建设亟须加强。受投资与科技创业基地资金不足和来源紧缺的影响，科技创业基地的规模普遍不大，越来越不能满足日益多样化的创新创业需求。地方上也存在土地计划指标少的现象，标准厂房、科技创业园的建设往往因为没有土地规划指标而被搁置。另外，部分科技创业基地自发形成，缺乏统一的指挥规划，造成基地土地利用率低、基础设施建设滞后、缺乏相应配套措施的局面。因此在科技创业基地建设层面，亟须中央和地方各级政府制定相应措施进行统筹规划。

（3）创新创业企业对中介服务平台的利用度有待提高。相对于大型企业来说，科技型创业企业对于创业服务机构的利用能力有待提高。以中关村科技园区为例，加入行业协会、产业联盟的科技中小企业只占园区科技型中小企业总量的13%和1%，而与此相对应的大企业在该项指标的比重远高于科技中小企业，占比分别为50%和9%；购买包括了知识产权代理中介、认证中介、信用中介和财税中介这四大项服务的大型企业占园区大型企业总量的比例为75%，而科技中小企业所占比重仅为30%。由此可见，科技中小企业对社会化创业服务中介的利用能力明显不足，这影响和制约了科技创业企业的发展。

5.3.7 商事活动政策问题

（1）商事活动的立法分散，体系庞杂。目前，我国尚没有商事活动的统一立法，导致立法分散，政出多门。例如既有专门的立法，又有各部门制定的规章；既有关于法人企业的立法又有关于非法人企业的立法；既有针对企业商事登记的立法又有针对专业合作社、个体工商户的立法；既有针对各市场主体的立法又有针对各部分市场主体登记管理的立法。如《合伙企业法》《公司法》《企业登记管理条例》《企业登记程序规定》《企业名称登记管理规定》《公司注册资本登记管理规定》等。

（2）商事活动的政策规定轻重失衡，目标偏移。我国现行商事制度特别是商事登记制度将重心放在市场主体的准入监管上，不仅条件严格而且程序烦琐，且市场主体成立后的事中和事后监管常常被忽视。这种重门槛、轻自律的商事制度设计，使商事管理本应该为市场提供企业基本经营情况和主体信用的功能难以真正落实，使得其公信力被削弱。另外，现行制度中政府对商事活动进行管制的功能大于其服务功能，且对商事主体的监管成本和确认成本过高，行政管制和干预过多，限制了企业的自主权和决定权。

（3）审批过多，手续繁杂。目前，我国商事活动的前置审批事项种类、条目数量居高不下，除了法律法规规定的审批事项外，众多的部门规章、政策文件也设定了额外审批事项，且审批事项的覆盖面广，甚至歧义不明、变化多端等也增加了工作人员的工作难度，影响了工作效率。以上情况不仅抬高了企业的创立门槛，增加了企业的时间和金钱成本，也会冷却投资者的投资热情。可见审批过多、政出多门等现象对现代商事制度构成了严重挑战。

5.4 完善我国科技创新创业政策环境的思考和建议

5.4.1 创新创业财税政策

（1）加大对创新创业企业发展的专项资金扶持，扩大对科技创业基地建设的资金支持规模，增加对科技创业企业的扶助比例。当前我国稳步增加的财政收入为支持创新创业提供了财力基础，要把创新创业的财政投入作为预算保障的一个重要内容，年初的预算编制和财政预算执行过程中的超收分配都要体现出增长的要求，努力建立创新创业财政资金稳步增长的统筹运作机制。同时，通过横向、纵向、内部整合等方式，合理配置创新创业的财政资源，优化支出结构，加强科技成果转化过程中的引导作用。另外，各地可以基于地方产业特色，依托科技工业园区，建立科技创业孵化器，视创业孵化器培育的成功率和企业数量等情况给予一定的服务补助或固定资产投资。政府设立专项科技创业发展资金，用于支持创业引导、初创企业补助、创业贴息贷款、创业基地建设等，对特定创业群体实施培训补贴、贷款补贴和职业技能鉴定补贴等，对科技创业企业给予培训补贴和社保补贴等。

（2）调整税收政策，突出科技创业导向。一是在税收政策方面进一步加强对科技初创期企业的税费减免和税收优惠，扩大"两免三减半"税收政策的扶持范围，尝试推行企业所得税抵扣社会保险费的政策，降低科技创业企业的税负和创业成本，帮助科技创业企业渡过初创的危险期，提升创业热情。以"营改增"税费改革为契机，将创新创业项目和行为作为税收优惠的对象，引导科技创业行为，提高创新创业税收优惠政策的针对性和稳定性。二是完善税制结构，扩大为创业企业减免税费、贷款贴息、税收优惠的幅度，在税制结构上增加所得税等直接税的比重，扩大减免其所得税和营业税的覆盖面，减轻创业企业的税负。鉴于创业者受经验、资金等的限制，以及科技创业企业前期利润少、投资多的特点，在采用直接税收优惠政策的基础上，重点采用间接的税基式的优惠政策，综合运用盈亏相抵、延长优惠、特定准备金、延期纳税、费用扣除、投资抵免、债转股、加速折旧税费抵免等多种方式，弥补科技创业企业的资金消耗，扩大对科技创业企业的减免力度和范围。

（3）推行科技创业援助基金制度。一是设立国家级的科技创业发展基金，重点向包括生物医药、半导体、集成电路、智能制造装备、节能环保、海洋工程和新材料等在内的新兴产业的科技创业企业进行支持。对拥有发明专利和自主知识产权、节能环保等类型的科技创业企业给予一次性扶持，对这种按正常条件下无法获得贷款支持的小微型企业提供低息或无息贷款，增强企业的发展能力。二是拓宽资金来源渠道，建立多层次、多方面、系统化的创业基金。创新创业的财政投入机制应尽快从政府投入主导型向政府机制推动型转变。通过建立科技创业投入机制、多主体平等参与的创新创业准入机制及发挥政府投入的示范效应等手段，引导社会资本参与创新创业平台、基地的建设。建立政府出资为主、多方集资为辅的各类创业基金；由政府牵头，社会多方出资的创投基金；奖励创业者的创业奖励基金；针对不同群体的各方出资的创业担保基金、创业培训基金等。

5.4.2 创新创业金融政策

（1）拓展科技创业者的融资渠道，打造多元化的融资服务平台。一是注重拓展融资渠道，切实解决其融资难的问题。发挥小额贷款公司、融资租赁对科技企业在资金融通方面的作用，支持股权出资、商标和知识产权质押登记、动产不动产抵押和股权质押，盘活民间资本在科技创业企业成长过程中的帮助作用。二是加强科技创业融资服务平台建设。推动建立政府与银行、担保公司和企业的对接服务平台建设，以政府补助、贴息、担保等方式帮助科技企业获得创业资金，同时注意引导担保和金融机构参与科技创业融资服务。三是完善科技创业扶持信用体系。鼓励我国各类商业银行和金融机构设立专门针对科技型企业创业融资支持的工作部门，强化对科技型中小企业贷款的分账考核和专项指导，提高授信额度，扩大抵押贷款的抵押物种类范围，增加个人抵押贷款的上限，简化其贷款手续，为科技创业主体提供灵活多样的融资方式和信贷支持。另外，要加大对金融担保的财政投入，促进政府主导的融资担保和再担保体系的发展，鼓励银行创新贷款抵押品，切实解决企业"担保难"和"抵押难"问题。

（2）从供给端发力，鼓励更多民间资本发展中小金融机构和社区银行，探索面向科技创新创业企业和小微企业建立政策性金融机构。在完善创新创业的金融政策方面，当前不仅要完善现有银行体系中的银行的金融服务职能，而且要在现有体系之外寻求新突破。应在法律法规、国家政策上进一步放宽民间资本兴办中小银行的市场准入，有效拓宽民间资本进入银行业的渠道，并逐步降低银行业的准入门槛，可考虑将民营中小银行的审批权下放到省一级的金融监管机构。要充分发挥小额贷款公司等小型金融机构信息对称、交易成本低、机制灵活、融资效率高的优势，引导它们立足当地、服务社区，重点支持科技创新创业企业发展。

（3）推进多层次资本市场建设，大力发展支持创新创业的场外资本市场交易，让资本市场惠及更多的创新创业企业，显著提高其直接融资的比重。多层次资本市场不仅能为企业提供直接融资渠道，而且在完善公司治理结构、促进企业股份制改制、丰富资本市场层次、吸引民间资本投资等方面具有重要作用。政府应利用好现阶段新三板的全国扩容的机遇，出台有吸引力的新三板资助政策，成立专项支持基金，对于具备上市条件的潜在企业做好针对性支持，对成功上市的企业给予资金奖励。同时，要继续加大力度发展区域性的场外交易市场、券商柜台市场，降低融资门槛，拓宽金融服务范围。对于一些运用股权交易融资、股权质押贷款、中小企业私募债等方式成功融资的科技创业企业可以适当给予一定的税收奖励和财政补贴。另外，要创新金融配套服务，建设公益性、门槛低的平台，使更多未上市科技创新创业企业共享融资信息、开展创业企业成长培训教育，与直接的融资平台进行有效的对接。

（4）大力发展风险投资（VC）、私募股权投资（PE），扩大股权融资等直接融资比重。一是通过税收优惠、注册便利、政策扶持等方式，吸引各类金融企业及境内外金融投资机构设立分支机构，从而壮大股权投资机构的参与主体。二是以政府引导基金为杠杆"撬动"股权投资机构的集聚，通过股权投资机构的集聚发挥出其规模效应，提升其发展潜力和增长空间。三是培育开放的创新创业文化，构建投资信息汇聚、发布平台，减少投资人与创业者之间信息不对称的问题。四是扩展股权投资基金的来源渠道，建立一个包括养老金、保险基金、企业年金、富裕个人等在内的的多元化的资金来源体系。

（5）壮大天使投资人队伍，探索发展股权众筹融资，通过改革和金融创新引领新一轮创业创新浪潮。一是通过建立天使投资引导资金、奖励优秀天使投资人等方式，鼓励更多的本土成功企业家等从事天使投资。二是搭建天使投资联盟的信息共享平台，拓宽天使投资人与创业者间的沟通渠道，消除投资过程中的信息不对称问题。三是进一步提升天使投资人与创业者之间的互动积极性，形成鼓励大众创业、万众创新的创业氛围，引导和推动新一轮创业创新浪潮的壮大。四是探索发展股权众筹融资等新型融资方式，在较发达地区开展众筹融资试点，支持创业企业的新型直接融资渠道发展，改善我国资本市场结构。

5.4.3 科技成果转化创业政策

（1）注重对科技成果转化的引导，充分发挥市场的整合带动作用。从各国经验来看，许多国家非常注重对科技成功转化的引导，利用资本市场、风险投资和社区银行等金融资本，聚集各类投资金融服务机构信息，搭建融资服务平台，加大政府对信息服务建设和技术转移中介的投入；而针对我国目前市场失灵情况较为严重的国情和现状，政府应以促进科技成果转化为主线，在更大程度上进行介入，提升前沿技术供给上的支撑力度，改善一些领域科学技术路径和技术源头的较高外部依存度的局面。

（2）继续加大对科技成果转化环节的投入力度，优化科技资源配置。在国家层面的科技资源配置过程中，应当大幅增加对科技成果转化的投入，合理配置科技成果转化与基础研究、高新技术产业化、应用技术研发等方面的投入。同时，在由财政资金进行投入的基础上，创新投入方式，带动社会和金融资本，综合利用创业投资、贷款贴息、无偿资助等各种方式，推进科研机构和企业的利益机制的转变，全面提升科技成果转化的效率与质量。

(3)努力突破科技成果转化过程中的体制机制障碍,理顺转化链条。政策体系建设上需要完善以企业为主体、市场为导向、产学研相结合的技术创新体系建设,引导科技创新要素向企业聚集,推动企业科技创新综合能力的快速提高,打通产、学、研、用过程中的整个链条。同时,可以借鉴国外发达国家经验,探索建立科技成果强制场外交易机制和公式公告机制,要注意改革科研院所和高校的评价体系和激励机制,从"教学与科研并举"转变为"教学——科研——成果转化"并重等。

(4)完善科技成果转化的利益分配政策。一是完善科技成果转化的激励政策,提高科研人员成果转化的收益比例。完善职务发明制度,推动专利法、公司法等相关内容的修订,完善知识产权、科技成果的归属和利益分享机制,提高主要发明人、骨干团队的受益比例;完善奖励报酬制度,健全职务发明的法律救济和争议仲裁制度。二是进一步完善技术要素参与收入分配的政策,加快技术要素参与收入分配的立法研究和进程,为技术要素参与收入分配提供良好的制度环境。三是支持和鼓励科技人才在科研机构和企业间自由流动以及获得相应的报酬。完善高校、国有科研机构科技人员在企业兼职兼薪的办法,允许科技人员可以在完成其本职工作和不侵害本单位经济技术权益的前提下,在其他企业从事研发和成果转化活动并依法获得相应的报酬。

5.4.4 创新创业知识产权政策

(1)完善知识产权政策体系。国家以政策设计和制度建设为手段,充分发挥市场在科技创新资源配置中的地位,健全知识产权保护的导向机制,发挥政策体系在知识产权产业化、科技成果产权化等方面的导向作用。一是要提高知识产权保护政策的层级,从法律法规、制度规划的层面加强本位部署,围绕知识产权的保护和运用,进行法律增补和修订,例如完善知识产权举证责任规则,建立对恶意侵权行为的惩罚性赔偿制度,改进知识产权实施和运用规范,等等。二是要深化知识产权的关联政策,围绕促进知识产权的布局、密集型产业和密集型商品等方面进行规划。概括说来,包括促进科技成果产权化、产业化、市场化的知识产权关联政策,以及涉及税收优惠、财政扶持、金融投入的知识产权支持政策,以加强科技成果转化为知识产权,使知识产权成为产业竞争力,进而促使知识产权产业的价值实现。三是加强知识产权的环境治理。在知识产权环境的治理体系中,公正高效的司法和灵活有力的行政执法是保护知识产权的主要手段。知识产权环境治理体系建设的重要任务,就是促进司法与知识产权行政执法的有效衔接和相互协调，降低维护成本，提高治理效率。同时，建立和完善调解机构和仲裁机构，发挥其解决知识产权纠纷的"自治"和"准司法"作用。总之，需要建立以司法为主导、行政执法为基干、仲裁和调解为补充的现代知识产权治理系统。

（2）在知识产权政策制定过程中，进一步明确政府与市场的边界，充分释放市场在创新资源配置中的作用。知识产权制度更多地承载着激励知识创新、推动国家创新发展的使命，具有"创新之法"和"产业之法"的基本功能，即为创新产业进行资源配置并提供产权交易规范；为创新活动进行产权界定并提供激励机制；为创新成果进行产权保护并维护市场环境。知识产权政策体系的重要目的在于促进创新资源的高效流转，消除制约因素和障碍，以达到知识产权活动绩效全面提升的目的。政府制定的知识产权公共政策应更多地关注对市场失灵的调节，理顺政府与市场、社会和企业的关系，提升治理能力和治理手段，激发全社会的知识产权动力，健全知识产权运用市场的导向机制，为创新主体的知识产权能力提升保驾护航。

（3）促进市场主体知识产权能力建设。在从国家公共政策体系对知识产权保护进行部署安排的同时，要意识到在推进知识产权绩效提升方面离不开市场主体知识产权能力提高的作用。这就需要以市场和企业为核心健全导向机制，强化企业在知识产权运用层面上的主体地位，充分调动其积极性，提高企业自主创新产权化的能力，并在此基础上提升知识产权产业化能力和产业贸易化能力。同时，要努力形成为企业支撑和服务的知识产权网络的建设，加强以高校、科研院所和服务机构为代表的其他主体的能力建设。

（4）完善知识产权创新驱动导向评价体系。知识产权评价体系对促进知识产权与科技、经济的深度融合，加强知识产权运用，推动知识产权事业进步，更好地支撑创新驱动发展都具有重要意义。要完善知识产权评价体系，使国内生产总值的核算体现创新的经济价值，体现出知识产权对国内生产总值的贡献率，等等。同时，要建立知识产权与科技创新、产业发展相结合的创新驱动发展评价指标，要将其纳入国民经济和社会发展规划。

5.4.5 创新创业人才政策

（1）激发人才创造活力，发展创新型创业。一是支持科研人员创业。加快落实高校、科研院所等科技人员离岗创业政策，对经同意离岗的人员可在一定年限内保留人事关系，建立健全科研人员双向流动的机制。进一步完善创新型创业企业上市股权激励和员工持股计划等制度激励规则。支持鼓励符合条件的企业按照有关规定，通过股权、分红、期权等激励方式，调动科研人员的创业积极性。鼓励学会、研究会、协会等科技社团为科技人员和科技创业企业提供咨询等服务。二是支持鼓励大学生创业。深入实施大学生创业引领计划，整合发展高校毕业生就业创业基金。引导和鼓励高校统筹资源，落实大学生创业指导服务机构、经费、场地、人员等。引导和鼓励成功创业者、专家学者、天使和创业投资人、知名企业家等担任兼职创业导师，提供包括创业方案、创业融资、创业渠道等创业指导。建立健全弹性学制管理办法，支持大学生保留学籍休学创业。三是支持境外人才来华创业。发挥留学回国人才特别是高端人才、领军人才的创业引领带动作用。进一步放宽外籍高端人才来华创业条件，简化其开办企业的审批流程，探索由事前审批调整为事后备案。加强海外科技人才离岸创业基地建设，把更多的国外创业创新资源引入国内。继续推进我国人力资源市场对外开放，完善境外高端创新创业人才的引进机制。鼓励和引导地方对回国创业人才、境外高端人才来华创办高科技企业给予一次性的创业启动资金，在子女入学、配偶就业、住房、医疗、社会保障等方面完善相关政策措施。

(2) 健全创新创业人才培养与流动机制。加强创业创新知识普及教育，使大众创业、万众创新深入人心。把创业精神培育和创业素质教育纳入国民教育体系，实现全社会创业教育和培训体系化、制度化。加强创业导师队伍建设，提高创业服务的水平。加快推动社会保障制度改革，破除人才自由流动的体制障碍，实现党政机关、企事业单位、社会各方面人才的有序顺畅流动。加快建立创新创业绩效评价机制，让一批勇于承担风险、富有创业精神的人才脱颖而出。另外，需要通过加强全社会以创新为核心的创业教育，厚植创新文化，弘扬"敢为人先、追求创新、百折不挠"的创业精神，不断增强创业创新意识，使创新创业成为全社会共同的价值追求和行为习惯。

(3) 优化人才创新创业的综合环境。人才竞争归根结底是综合发展环境的竞争。政府需要充分发挥扶持、引导作用，破解人才在创业创新中的基础性、公共性的难题，大力营造有利于大众创业、万众创新的综合环境。通过大力发展众创空间、加强人才创新创业服务体系建设、拓宽人才创新创业投融资渠道、完善创新创业法治保障、优化人才生活保障、营造创新创业社会氛围等措施来全方位优化人才创新创业的综合环境。

5.4.6 政府和社会组织服务政策

（1）推动发展"一条龙"的科技创业服务。通过整合包括政府、社会组织和企业在内的服务管理资源，加强科技型中小企业创业基地建设，完善科技创业服务链条，提供从企业初创辅导到管理体系组建、产品生产和市场开拓在内的"一条龙"式的服务。一是继续加大政府购买公共服务的力度，构建科技创业指导网络，鼓励社会各类机构开展形式、载体多样的创业服务活动。二是建立科技创业指导中心，优化科技创业服务队伍。推行由政府公职人员、创业成功人士、企业家及专家学者共同组成的科技创业兼职服务队伍。三是针对科技创业中的不同群体，制定针对性的培训方案，开展科技创业培训。同时加强科技创业辅导团队的队伍建设，全方位制定配套措施，提高科技创业的成功率。四是加强包括经济技术咨询、科技中小企业产权交易中心、人才培训机构、法务咨询和信息交流网络等在内的服务平台的搭建，建立服务行业内统一的监督机制，引导各类中介服务机构提供实验、研发、设计、培训、咨询等关键共性技术服务，加大对中介服务机构的管理，为科技创业企业提供支撑。五是推动科技创业服务机构的建设，延伸创业服务网络。对服务于初创型的科技企业的服务中介机构，采取先服务后补贴的办法给予补贴。将科技创业服务网络延伸至各类科技园区的创业人员、创业企业及各类场所的创业者，为创业人员和企业提供不同层次的创业指导服务。

（2）发挥社会性团体的积极性，理顺科技中小企业的创业服务机制。建立完善科技企业综合服务机构与研究会、商会和协会的长期联系机制，发挥社团组织的创造力，将其建设成为科技创业企业与各类公共服务平台以及综合管理机构进行对接的重要载体，成为推动科技创业服务管理以及在此基础上规模化的重要力量。要努力发挥社团在参与政策制定、促进产学研合作、信息发布、行业标准制定、展览展示和行业自律等方面的作用，鼓励社团组织以灵活多样的形式开展服务工作。

（3）综合运用政府购买服务、无偿资助、业务奖励等方式，支持中小企业公共服务平台和服务机构建设。为创新创业企业提供全方位专业化优质服务，支持服务机构为初创企业提供法律、知识产权、财务、咨询、检验检测认证和技术转移等服务，促进科技基础条件平台开放共享。加强电子商务基础建设，为创新创业搭建高效便利的服务平台，提高科技初创企业市场竞争力。完善专利审查快速通道，对初创企业亟须获得授权的核心专利申请予以优先审查。

5.4.7 商事活动政策

（1）统一商事登记立法，处理好若干关系。我国应尽快出台专门针对商事活动的商事登记管理法，明确各市场主体的登记和分类范围，明确各级登记机关的责任、审查范围、程序和要求，明确商业登记的目的和效力。同时，应尽可能地弱化商事管理的管制功能，强化其服务功能。基于秩序、成本、效率等因素考虑登记与审批的关系，考虑营业登记与主体登记是否应分开。对有些关键的能影响到商事制度改革方向的问题，应当予以先行解决。

（2）进一步降低科技创业门槛，切实优化创业环境。一是加快推进"三证合一"改革，在"三证合一"改革意见的基础上，加强各部门的协调，加快推动"一照一码"。进一步简化创业门槛，放宽市场准入条件，简化科技创业企业的登记、注册和审批程序，放宽对新办企业经营场所和注册资金的限制，在部分地区可探索"一址多照"和"一照多址"，真正实现让科技创业者的自由自主创业和非禁即入。加快推动注册全程电子化和电子营业执照，提高登记服务的信息化和便利化水平。二是继续深入推进"先照后证"商事制度改革。对34项国务院公布的企业工商登记前置审批目录以外的项目，一律不作为前置审批项目，积极为创新创业清除障碍和限制。三是加强行政审批的规范化和正规化建设，提高工作人员的办事效率，简化创立审核流程和批准手续。增强政府的服务意识，为大众创业、万众创新提供良好的法制和政策环境，强化创业投诉管理，加强在此过程中的社会监督。

（3）加强事中和事后监督管理，注重宽进严管相结合。政府在商事制度建立完善过程中进行放管结合和简政放权并不是一放了之，全面放开，而应做到在放权的同时兼顾事中和事后的监督管理，这也是推动商事制度改革的重要保证。目前我国市场竞争秩序中还存在一定问题，例如虚假宣传、假冒伪劣、网络信用体系不完善、商业贿赂等，面对这些问题，就需要我国政府部门的工商管理系统创新监管机制、方法和理念，切实加强对市场的监管。

中篇
陕西省科技创新创业政策环境研究

第六章 陕西省科技创新创业的兴起和发展

改革开放以来,陕西省的科技创新创业活动经过了曲折的发展历程。党的十八大以来,随着全面深化改革和创新驱动发展战略的大力推进,科技创新创业政策环境加快改善,陕西省的科技创新创业步入了爆发式增长、良性化发展和提质增效的新时期,科技创新企业特别是民营科技企业在科技创新和经济增长中的贡献不断提升。本章通过梳理陕西省科技创新创业的发展历程和阶段性特点,全方位展现陕西省科技创新创业的历史演变和现实图景。

6.1 陕西省科技创新创业的兴起

6.1.1 陕西省科技创新创业的初步兴起:1978年—1984年

1978年召开的十一届三中全会,启动了我国市场化改革的历史进程。同年3月召开全国科学技术大会,提出科学技术是第一生产力,自此以后,我国科技人员的社会价值得到承认,科技事业也得到了恢复,1981年6月,党的十一届六中全会通过了《关于建国以来党的若干历史问题的决议》,提出非公有制经济是公有制经济的必要的、有益的补充。1982年,党中央确定了"经济建设必须依靠科学技术,科学技术必须面向经济建设"的方针,为科技创新创业的兴起提供了制度基础、人员及技术成果来源,在民间出现了最早的一批科技创新创业者,一批由科技人员创办的自筹资金、自主经营和自负盈亏的民营科技企业开始涌现出来。

这一时期，陕西省科技创新创业数量少、规模小、科技人员数量少、学历和职称层次均不高，科技创业的形态还处于科技人员兼职服务或个体户阶段，仅是刚刚迈开了科技创新创业的第一步，但迈开了科技创新创业的历史性步伐，具有开拓性、探索性的意义。

6.1.2 陕西省科技创新创业的快速兴起：1985年—1992年

从20世纪80年代中期开始，人们逐渐从最早的一批科技创业者身上看到了他们成功创业的业绩，民间掀起了一轮创业高潮，科技创新创业也进入了初步发展时期。

1984年10月，党的十二届三中全会通过了《中共中央关于经济体制改革的决定》，提出商品经济的充分发展是社会经济发展的不可逾越的阶段，这直接带动了民营经济的恢复发展。1987年10月，党的"十三大"指出非公有制经济特别是私营经济存在和发展的必要性。1988年4月，第七届全国人民代表大会第一次会议通过的《中华人民共和国宪法修正案》规定："国家允许私营经济在法律规定的范围内存在和发展。自此，私营经济作为公有制经济的补充继个体经济之后确立了其合法地位，随后国务院相继出台了《中华人民共和国企业法人登记管理条例》《中华人民共和国私营企业暂行条例》等，私营经济开始加速发展，增强了经济活力，为科技创新创业的产生和发展提供了制度政策环境，科技创新创业正是在民营经济的逐步恢复和合法化的大背景下产生和发展的。

在科技创新创业方面，1985年3月，中共中央通过了《关于科学技术改革的决定》（以下简称《决定》），揭开了科技体制改革的序幕，极大地促进了科技与经济的融合。为了保证科技体制改革的顺利推进，我国相继颁布了一系列改革科研体制的政策法规，实行科研拨款的分类改革，建立完善的科学奖励体系，开辟技术市场，鼓励民办科技机构发展，加强知识产权保护，以及建立科学基金制度，等等，开始尝试通过建立科技企业创业服务中心、科技企业孵化器等，成为了推动科技创新创业发展的重要平台。在这一时期，科技创新创业的政策环境建设取得重大改进，有关鼓励的政策措施相继出台，为科技创新创业奠定了制度基础，促进了科技创新创业的初步发展。

（1）民营企业创立发展加快，企业户数、从业人数、自有资金数不断增长，其中，产生了一批民营科技企业。如表6-1、表6-2所示。

表 6-1　　陕西省私营企业发展情况表（1988—1991 年）

年份	户数	从业人员
1988	2000	5000
1989	1637	35391
1990	1895	38300
1991	2097	43700

资料来源：根据各年《陕西年鉴统计汇编》整理。

民办科技机构的业务范围包括：科学技术研究、引进、开发、推广，新产品设计、试制、试销，技术咨询，技术服务，技术培训，技术承包，等等。1988 年年底，已有民办科技机构 316 家，其中工业方面 220 家，农业方面 21 家，其他方面 75 家，从业人员达 3900 多名，其中专业技术人员 3200 多名，1992 年民办科技企业达到 1081 家，从业人员 16400 人。民办科研机构从艰苦创业开始，以其灵活的经营和管理机制，十分活跃，出现了一批懂技术、会经营的科技实业家和显著效益的民办科技企业。

表 6-2　　陕西省民办科技机构发展情况表（1988 年—1992 年）

年份	户数	从业人员
1988	316	3900
1989	472	5180
1990	600	7400
1991	620	—
1992	1081	16400

资料来源：根据各年《陕西年鉴统计汇编》整理。

（2）科技成果市场逐步发展。各地、市建立和健全了科技交流场所和科技情报机构。到 1990 年年底，已建立各类技术中介、经营、开发和服务机构近 1000 个，从业人员达 6000 多人，初步形成了技术商品市场网络技术成果通过市场向生产领域扩散、传播的速度和规模逐步增长。据不完全统计，1990 年全省签定技术合同 5409 项，总金额 1.2 亿元，实现金额近 1 亿元，有的技术商品开始进入国际市场。

（3）西安高新技术开发区开始建设。1991 年 3 月 6 日，国务院批准高新区为国家级开发区，并开始了大规模的建设和发展，西安高新区经历了从无到有、从小到大的创新创业历程。西安高新区这片热土如春潮涌动，宏伟蓝图正在绘就，美好远景正在勾勒,一个全新的科技园区正在高新区这片热土上成长、崛起。西安高新开发区从1991年6月14日破土动工到年底,实现技工贸总收入2.1亿元,工业总产值1.3亿元,利税2400万元。创办科技开发企业294家,外商投资企业3家,认定高新技术企业120家。

6.2 陕西省科技创新创业的加快发展

6.2.1 科技创新创业跨越式发展:1992年—1997年

20世纪80年代后期到90年代初期,非公有制经济的发展处于徘徊发展阶段,1992年邓小平南方讲话之后,党的十四大确立了社会主义市场经济体制改革目标,一系列法规、政策的出台,使陕西省科技创新创业步入了快速发展轨道,出现了前所未有的快速发展态势。特别是1993年6月,国家科委和国家体改委发布了《关于大力发展民营科技型企业若干问题的决定》,相续出台了一系列鼓励、引导、扶持民营科技企业创立发展的政策措施。陕西省随后出台了一系列鼓励民营科技企业创立发展的政策措施(见表6-3),科技创新创业企业获得了快速发展。

表6-3   1992年—1997年陕西省民营科技企业相关政策

时间	政策文件
1993年	《关于深化科技体制改革,大力发展民营科技型企业的意见》和《关于民营科技型企业理顺产权关系的试行办法》
1995年	《关于加速科技进步,推动科技经济一体化进程的决议》 《中共陕西省委、陕西省人民政府贯彻〈中共中央、国务院关于加速科学技术进步的决定〉的实施意见》 贯彻落实《中共中央、国务院关于加速科学技术进步的决定》
1996年	《陕西省民营科技企业条例》 《陕西省人民政府关于实施〈陕西省民营科技企业条例〉,进一步发展民营科技事业的决定》 《陕西省人民政府关于进一步加强县(市、区)科技工作的决定》 《陕西省人民政府关于加快宝鸡高新技术产业开发区建设的若干政策规定》 《陕西省重大科技贷款项目管理办法》 《陕西省科技三项费用管理实施细则(试行)》 《陕西省民营科技企业股份合作制试行办法》
1997年	《关于进一步加强县(市、区)科技工作的决定》

资料来源:根据各年《陕西年鉴统计汇编》整理。

（1）激励大批科研机构和科技人员进入经济建设主战场。高校、科研单位与生产企业之间开展了多种形式的联合攻关、联合开发、联合生产，组建了一批产学研合作的企业实体，根据统计，创办了科技型企业37个，组建教学、科研、生产联合体160多个，促进了工业企业的科技进步。随着科技机构分类改革的不断推进，分流人才，调整结构，放活科研机构和科技人员大见成效，科研院校内部机制发生了深刻变化，兴办科技企业，自我创新发展活力日益增强。

（2）科技创新创业的聚集区开始形成。随着西安、宝鸡成为国家级高新技术产业开发区和咸阳、渭南、杨陵省级开发区的批准建设，极大地促进了科技创新创业的空前活跃和高新技术产业的发展。到1997年，全省高新区入驻企业总数已达2500多家，其中高新技术企业580家，全年技工贸总收入超过200亿元，各年具体发展情况如表6-4所示。

表6-4　　　　1992年—1997年陕西省高新技术企业发展情况

年度	企业数量	高新技术企业认定数量（家）	技工贸收入（亿元）
1992	300	156	4
1993	1613	38	16
1994	2318	520	37.9
1995	3000	500	55
1996	2492	560	170
1997	2500	580	200

资料来源：根据各年《陕西年鉴统计汇编》整理。

特别是西安高新区聚集了越来越多的科技创新型企业，发展速度引人注目，发展规模、效益、影响力和竞争力不断提升。1992年，高新区引进项目投资规模大、产值高。投资规模在500万~1000万元的项目有12家，1000万~2000万元的有20家，2000万~3000万元的7家，3000万~5000万元的5家，5000万元至1亿元的2家，超过1亿元的1家。1993年，高新区新办科技开发企业830个，基本按现代企业制度运行，开发区企业已初具规模。当年技工贸收入超过500万元的企业有37家，其中16家超过1000万元，三家企业超过1亿元。1994年，高新区形成了以开发高新技术产品为龙头的企业集团9家，开发区内企业集团达到了11家，一些中小型企业的内部管理明显好转，增强了企业在市场中的竞争力。1995年，西安高新区实现技工贸收入50.38亿元、工业产值25.06亿元；1996年，高新区完成技工贸总收入75.85亿元，较上年增长50.6%，完成计划的126%。完成工业产值44亿元，实现利润3.35亿元，实缴利税2.52亿元；全区全年完成技工贸总收入101.19亿元，完成工业产值63.58亿元。

（3）民营科技企业迅速崛起，出现了前所未有的好势头。1992年—1997年，民营科技企业数量增长迅猛，企业规模不断扩大，主要集中分布在电子信息、医疗保健、生物、化工、机械、仪表、建材、绿色食品等技术密集领域；专职从业人员快速增加，初步形成了一支具有实力的民营科技企业；《陕西省科委民营科技企业科学技术进步奖奖励办法》的出台，为民营科技企业的科技人员进行了职称评定，科技队伍素质也有了很大提高，科研水平不断提高，科技成果层出不穷，一批科技成果已达世界先进水平。1994年，全省民营科技企业承担的火炬计划项目占50%以上，星火计划项目占20%以上，成果推广计划项目占30%以上。民营科技企业正在成为陕西科技创新经济增长的一支重要力量。民营科技企业和国有企业、科研院所采取参股、兼并等多种方式实现联合，出现了跨地区、跨行业、跨所有制合作的新公司，初步形成了全民、集体、个体共同办科技的新格局。科技与金融结合出现新气象。全省民营科技企业在技工贸总收入、利税等经济效益方面实现了大幅度增长（见表6-5），部分民营科技企业已经开始向集团化、规模化、国际化发展。

表6-5　　　　1992年—1997年陕西省民营科技企业发展情况

年度	民营科技企业数量（家）	技工贸总收入（亿元）	利税（亿元）
1992	1081	11.7	1.2
1993	3898	14	1.4
1994	4600	43.18	4.83
1995	4600	50	—
1996	6477	71.04	—
1997	6500	120	—

资料来源：根据各年《陕西年鉴统计汇编》整理。

（4）技术市场发展加快。快速发展的技术市场对加速科技成果转化，促进科技与经济结合起到了积极作用。1992年—1997年，全省常设技术市场34个，成交项目3509项，成交额约4亿元。

6.2.2 科技创新创业进一步发展：1998年—2005年

这一时期科技创新创业的典型特征是：政府高度重视科技创新创业，政策出台密集，投资引导高新技术产业园区建设力度加大，与科技创新创业配套的一批大学科技园、创业孵化园相继开始建设并部分投入使用，利用外资和海归人员进行科技创新创业的步伐加快，高新技术企业和民营科技企业在数量、科技创新成果和创业经济效益方面都大幅稳定增长，全省科技创新创业主体骨架搭建完成，相关配套软硬件设施建设进一步深度完善。

(1) 密集出台促进科技创新创业政策。全省上下深入贯彻中共十五大精神，贯彻落实"科教兴国"战略，紧密围绕"1851"科技计划实施，加速科技成果产业化上规模、上水平，相继出台了一批促进科技创新创业的政策措施，如表6-6所示。

表6-6　　1998年—2005年陕西出台重要的促进科技创新创业政策

时间	政策文件
1998年	《陕西省科技计划管理暂行办法》 《关于加快关中高新技术产业开发带建设的若干规定》 《陕西大型仪器设备协作共用指南》
1999年	《加快省属国有小企业放开搞活的意见》 《陕西省中小企业信用担保管理办法》 《陕西省人民政府关于省属开发类科研院所企业化转制有关问题的通知》 《关于深化科技体制改革，加快科技产业化的决定》 《陕西省重大科技产业化项目实施办法》 《陕西省企业技术创新奖励办法》
2000年	《陕西省技术转让、技术开发免征营业税的通知》
2001年	《陕西省技术产权交易暂行办法》
2002年	《陕西省中药现代化科技行动计划》 《关于加快一线两带建设，实现关中率先跨越发展的意见》
2003年	《陕西省重点实验室管理办法》 《陕西省工程技术研究中心管理办法》
2005年	《陕西省星火富民科技工程实施方案》

资料来源：根据各年《陕西年鉴统计汇编》整理。

(2) 民营科技企业数量质量上新台阶。1998年，全省民营科技企业达7159家，技工贸收入160.9亿多元，利税总额14.5亿元，上缴税金6.4亿元，创汇4000万美元，安置下岗职工1.4万多人；从业人员18万多人，其中科技人员11万多人；年收入过百万元的企业1017家，过千万元的215家，过亿元的24家，其经济技术活动覆盖了国民经济各主要行业，多数企业的业务集中在计算机、生物制品、环保、技术服务及信息咨询等技术密集领域。2006年，民营科技企业数量达到14,400家，技工贸收入达到1460亿元。陕西民营科技企业、高新技术企业快速发展，综合实力不断增强，创新能力进一步提高，有力地促进了全省经济持续快速健康发展，如表6-7、表6-8所示。

表6-7　　　　1998年—2005年陕西省民营科技企业发展情况

年度	民营科技企业数量（家）	技工贸总收入（亿元）
1998	7159	160.9
1999	-	200
2000	8100	245
2001	8623	410
2003	10000	700
2004	11000	-
2005	11743	1252

资料来源：根据各年《陕西年鉴统计汇编》整理。

表6-8　　　　1998年—2005年陕西省高新技术企业发展情况

年度	入驻企业数量（家）	高新技术企业认定数量（家）	技工贸收入（亿元）
1998	2506	586	245
1999	-	685	312
2000	-	838	400
2001	4270	859	524.34
2002	5345	1033	635.54
2003	-	-	805
2004	5345	1059	1064.5
2005	-	-	1405

资料来源：根据各年《陕西年鉴统计汇编》整理。

6.2.3　科技创新创业加速发展：2006年—2012年

这一时期，陕西省各级政府高度重视创新创业发展，向着构建科技创新创业政策体系的目标努力实践，科技创新基础条件日益雄厚，创新人才培养与储备充实，科技创业营商环境不断改善，科技企业具有更强的技术水平和资本实力，一大批中小企业具备了自主创新能力，建立了自己的研发机构，优秀的科技创新成果和名牌产品不断涌现，获得了较好的经济效益。

（1）密集出台了促进科技创新创业的政策。2006年7月，省政府出台《陕西省促进关中高新技术产业带创业投资业发展暂行规定》，10月，陕西省召开全省科技大会，确定了"增强自主创新能力、建设创新型陕西、使科技大省成为科技强省"的重要战略，明确了全省科技创新的着力点和主要方向。把立足点放到统筹科技资源、加快科技成果转化、转变经济增长方式上来，明确了主攻方向，集中各方力量，实现重点突破。基于此，提出了"13115"科技创新工程，出台了一系列促进科技创新创业的鼓励政策，如表6-9所示。

表6-9　2006年—2012年陕西省出台重要促进科技创新创业政策

年度	政策法规
2006	《陕西省促进关中高新技术产业带创业投资业发展暂行规定》
2007	《陕西省关于推进"十一五"制造业信息化科技工程工作的实施意见》 《陕西省中长期科学和技术发展规划纲要（2006—2020）》 《陕西省"十一五"科学技术发展规划（2006—2010）》 《关于2004—2010年陕西省科技基础条件平台建设实施意见的通知》
2008	《重大科技专项管理办法》 《工程技术研究中心建设管理办法》 《重大科技产业化项目管理办法》 《重点科技产业园区建设项目管理办法》 《陕西省小额贷款公司试点管理办法（试行）》
2009	《陕西省知识产权局主要职责内设机构和人员编制规定》 《2009陕西中小企业融资服务手册》 《关于加强全省中小企业上市培育工作的若干意见》
2010	《陕西省人民政府关于进一步促进中小企业发展的实施意见》 《陕西省知识产权质押贷款管理办法》 《陕西省科技特派员农村科技创业行动实施方案》

续表

年度	政策法规
2011年	《陕西省中小企业"十二五"发展规划》 《陕西省中小企业发展目标考核办法》 《陕西省中小企业专利产品认定办法》 《关于加快关中统筹科技资源改革，率先构建创新型区域的决定》 《陕西省"十二五"科技统筹创新工程实施意见》 《杨凌示范区大力推进技术创业的若干意见》 《杨凌示范区鼓励技术创业优惠政策》 《陕西省技术转移示范机构管理办法》
2012年	《中共陕西省委陕西省人民政府关于深化科技体制改革加快区域创新体系建设的意见》 《陕西省科学技术进步条例》 《2012年度陕西省科技统筹创新工程计划（一）》 《关于进一步促进科技和金融结合的若干意见》 《中共陕西省委陕西省人民政府关于深化科技体制改革加快区域创新体系建设的意见》

资料来源：根据各年《陕西年鉴统计汇编》整理。

（2）改进政府公共服务，减轻创新创业企业负担。2010年起取消省级批准设立的35项行政事业性收费，通过实施强有力的减费措施，减轻企业和社会负担，改善政府行政管理和公共服务，促进服务型政府的建立。对高校毕业生创办的年应纳税所得额低于3万元（含3万元）的小型微利企业，其所得额按50%计入应纳税所得额，按20%的税率缴纳企业所得税。同时，对于没有资金创业的大学生，可按规定申请小额担保贷款；从事微利项目的，可享受不超过10万元贷款额度的财政贴息扶持等，促进科技创新创业。

（3）创新型企业数量和效益大幅度增加。2007年，全省民营科技企业为12500家，从业人员超过40万人，为社会增加就业工作岗位近10万个，技工贸总收入1400亿元。在西安等五个高新区的企业中，民营科技企业都占到80%以上，其中经认定的高新技术企业1560多家。2011年。全省科技型中小企业达到1.4万家，2012年，超过了2万家。

国家和省内认定的创新型企业数量逐年增加，创新投入和产出绩效有了较大增长，经济效益明显改善，如表6-10、表6-11、表6-12、表6-13、表6-14所示。

表 6-10　2008 年—2011 年国家认定的陕西省创新型（试点）企业数量分布

年度	创新型企业（家）				创新型（试点）企业（家）				
	第一批	第二批	第三批	合计	第一批	第二批	第三批	第四批	合计
2008	2	2	—	4	2	2	—		4
2009	2	2	—	4	2	2	5	—	9
2010	2	2	1	5	2	2	1	—	5
2011	2	2	1	5	2	3	5	1	11

资料来源：根据各年《中国创新企业年度报告》整理。

表 6-11　2010 年—2011 年陕西省认定的创新型（试点）企业数量分布

年度	省级创新型（试点）企业（家）	省级创新型企业（家）
2010	28	21
2011	127	43

资料来源：根据各年《中国创新企业年度报告》整理。

表 6-12　2010 年—2011 年陕西省创新型（试点）企业创新状况

年度	研发经费支出		企业办研发机构			参与创新联盟		研发人员	
	总量（亿元）	占比（%）	国家级（个）	省级（个）	海外（个）	牵头（个）	参与（个）	总数（人）	占比（%）
2010	8.5	3	5	39	1	13	18	5685	6
2011	13.5	3.2	7	45	1	15	20	8761	6

资料来源：根据各年《中国创新企业年度报告》整理。

表 6-13　2010 年—2011 年陕西省创新型（试点）企业创新绩效状况

年度	专利授权（件）	发明专利授权（件）	新产品（亿元）
2010	329	56	86.3
2011	336	67	89.7

资料来源：根据各年《中国创新企业年度报告》整理。

表 6-14　2010 年—2011 年陕西省创新型（试点）企业创新绩效状况

年度	资产总额(亿元)	主营业务收入（亿元）	纳税额（亿元）	税后利润(亿元)
2010	350.2	244.3	15.6	17.2
2011	550.2	322.3	29.6	26.2

资料来源：根据各年《中国创新企业年度报告》整理。

6.3 陕西省科技创新创业的爆发式发展

党的"十八大"以来，科技创新创业迈入了新的战略机遇期。我国经济进入了新常态，大力推进全面深化改革，积极进行产业结构调整优化，实施创新驱动发展战略，积极推进"互联网+"，鼓励大众创业、万众创新，极大地激发了科技创新创业的活力，陕西省的科技创新创业获得了的爆发式发展。

6.3.1 全方位营造更宽松的创新创业政策环境

2013年以来，陕西省把创新作为第一动力，以实施创新型省份、西安全面创新改革试验区、西安高新区自主创新示范区建设三大国家战略任务为契机，出台了一系列促进大众创业、万众创新的政策措施，强化企业创新主体地位，激发创新创业活力，如表6-15、表6-16所示：。

表6-15　　　　　2013年—2015年陕西省鼓励创新创业相关政策

年度	政策法规
2013	《关于深化行政审批制度改革推进简政放权工作的实施意见》 《关于进一步落实各项税收优惠政策，全面支持企业发展的通知》 《关于推进陕西省创业孵化基地建设的指导意见》
2014	《"数字陕西-智慧城市"发展纲要（2013-2017）》 《关于做好2014年全省普通高等学校毕业生就业创业工作的通知》 《陕西省大学生创业引领计划实施方案（2014-2017）》 《陕西省创业孵化基地认定管理办法》（试行）
2015	《关于进一步推进户籍制度改革的意见》 《市场主体住所（经营场所）登记管理暂行办法》 《陕西省人民政府关于进一步做好新形势下就业创业工作的实施意见》 《陕西省"众创空间"孵化基地建设实施方案》 《关于进一步推进创业培训工作的指导意见》

资料来源：根据各年《陕西年鉴统计汇编》整理。

表 6-16　　2015 年陕西省出台的扶持大学生创业的相关政策

政策分类	政策内容
税收优惠	大学生毕业当年从事个体经营，3 年内按每户每年 8000 元限额依次扣减当年的营业税、城市维护建设税、教育费附加和个人所得税
	大学毕业生创办小微型企业，按规定减半征收企业所得税，月销售额不超过 2 万元的暂免征收增值税和营业税
	留学回国的创业者，可享受现行高校毕业生创业扶持政策
资金支持	符合条件的高校毕业生自主创业的，可在创业地按规定申请小额担保贷款
	从事微利项目的，可享受不超过 10 万元贷款额度的财政贴息扶持
	省财政出资 5000 万元设立高校毕业生创业基金，贷款期限内不计息。获得创业培训证书的毕业生合伙创业最高可贷款 50 万元，贷款期间还有专门的导师对口指导帮扶
行政事业性收费减免	毕业 2 年以内的普通高校毕业生从事个体经营的，自其在工商部门首次注册登记之日起 3 年内，免收管理类、登记类和证照类等费用
享受培训补贴	对高校毕业生在毕业学年内参加创业培训的，根据其获得创业培训合格证书或就业、创业情况，按规定给予培训补贴。
免费创业服务	2014 年—2017 年，实施大学生创业引领计划。有创业意愿的高校毕业生，可免费获得公共就业和人才服务机构提供的创业指导服务。各地因地制宜建设大学生创业孵化基地，并给予相关政策扶持
落户优惠政策	取消高校毕业生落户限制，允许高校毕业生在创业地办理落户手续

资料来源：根据各年《陕西年鉴统计汇编》整理。

为了进一步鼓励科技创新创业，一是采取特殊政策加大房租补贴和税收减免力度；降低企业准入门槛；给予种子期孵化机构及短期内较难盈利的创业项目更多鼓励和支持；建立创业服务人才培养体系；加强创业环境的资源互通共享；引导建立健康的创业文化。二是整合各类孵化平台、金融机构、中介机构，以及高校、院所、企业的力量，组建陕西省创新创业联盟，聚集全省孵化资源，积极与相关方开展合作，探索新型孵化模式；依托陕西省科技资源统筹中心建设陕西"众创空间"，成立陕西创新创业投资控股有限公司，设立陕西众创空间孵化种子基金，为科技型中小企业提供全方位、多层次、宽领域的服务。三是开展多种形式的创新创业活动，引导全省开展丰富多彩的创新、创客、创业交流、对接、学习活动，形成了全社会关注大众创新、草根创业的氛围。

6.3.2 多项措施支持建立新型创新创业平台

一是鼓励社会各界创新机制和模式，建立各类新型创新创业平台，构建一批陕西"众创空间"孵化基地。对于社会资本投资建设的各类"众创空间"孵化基地，其建设成本、减免房租、投资通用研发设备、网络条件等各类相关硬件给予不超过30万元的补贴，并根据运行情况、新入驻企业的数量、获得种子基金或者天使基金投资等情况择优给予不超过20万元的奖励；组织开展陕西省创新创业大赛、陕西省农业科技创新创业大赛、陕西省"挑战杯"大学生科技作品竞赛等活动，活动所需经费在省科技经费中列支；对"众创空间"孵化基地开展各类创新创业培训教育和交流活动的，给予活动总体费用的20%，总额不超过5万元的补贴。二是构建创新创业服务体系，发行创新创业券，依托陕西创新创业联盟，促进各类创业服务机构向早期团队和企业提供服务。鼓励发起设立种子基金，对于符合要求的种子基金，省科技成果转化引导采取股权投入形式予以支持，投资金额不超过基金规模的10%，单个基金支持金额不超过1500万元。三是成立"陕西创业学院"，聘任高校教师、金融机构专家、天使投资人、企业家，组建陕西"双创"认证导师团队，深入"众创空间"孵化基地，开展项目咨询、诊断、评价等服务。激发了全民创业、万众创新的活力和热情。2015年，全省新登记各类市场主体35.81万户，其中有一大批是科技创新型企业，新增注册资本（金）5782亿元，同比分别增长21.21%、1.46%。新登记市场主体数量在全国排第16位，比上年提升2个位次，其中新登记企业类市场主体9.2万户，同比增长10.78%。全省累计登记市场主体196万户，同比增长16.61%。

6.3.3 科技企业孵化器建设取得显著成效

陕西省科技企业孵化器伴随着高新区和高新产业的快速发展不断成长壮大。孵化器数量规模和质量进入了一个快速成长阶段，综合指标位居全国前列，已形成"国家级孵化器→省级孵化器→大学科技园三个层次，以及孵化苗圃→孵化器→加速器"的发展体系。在促进科技成果转化，孵化和培育中小科技型企业，加快高新技术产业的发展，振兴区域经济、培养新的经济增长点等方面发挥了重要作用。一是数量规模稳步增长。目前，陕西省纳入科技部统计范围的各类科技企业孵化器近61家，其中，国家级孵化器21家，省级11家，国家级大学科技园4家，涉及软件、光电、IC、生物医药、航空航天、电子信息、数字医疗、新材料、现代服务、军民两用技术、农业等多个领域。孵化面积 100 万平方米；在孵企业 300 余家，累计毕业企业 1600 多家。二是孵化能力不断增强。据不完全统计，全省孵化器已建设各类公共技术服务平台近 50 个。从主要为在孵企业提供场地、办公等基本服务，发展到提供专业公共技术、企业培训、项目申报、商业策划、技术贸易、投融资、创业导师等方面的专业服务。三是孵化器建设模式呈现多元化专业化趋势。由最初的政府主办、政校合办发展到政民合办、企业自办、校企共建等模式。出现了如陕西启迪科技园发展有限公司、西安伟盛电子信息孵化器、西安易创军民两用科技工业孵化器、西安农业科技企业孵化器等一批企业自办、校企共建、院企合办的专业孵化器。尤其值得一提的是中科院光机所创办的中科创新孵化器，探索出了光机所创新模式。四是在国内外孵化器行业具有一定影响力。陕西孵化器建设 16 年来，有很多个"首次"，比如：首批国家级创业服务中心，首批留学人员创业园，大陆地区第一次获得亚洲孵化器，也是西部地区第一个启动加速器建设的省份，陕西孵化器建设在国内已树立起良好形象。

6.3.4 科技创新创业的聚集区数量和质量效益取得超越性发展

一是高新区体系建设取得新突破。在陕西省实施创新驱动发展战略、建设创新型省份的大力推动下，高新区体系建设与创新超越发展取得新突破。西安高新区 2015 年获批建设国家自主创新示范区，安康高新区成功升级国家级高新区，使陕西省国家级高新区数量达到 7 个，位居全国第六。在国家级高新区数量不断增加的同时，省级高新区建设也跃上新台阶，2015 年新建了府谷、蟠龙、三原、富平、蒲城、凤翔 6 个省级高新区，省级高新区数量达到 7 个。二是高层次创新型人才开始涌现。2014 年，陕西的高新区累计人才储备超过 18 万人，其中入选国家"千人计划"12 人，入选陕西省"百人计划"31 人，入选海外高层次人才 96 人，留学回国人员 2660 人，留学人员创办企业 740 家。三是科技创新成果和市场交易进一步扩大。2015 年，专利授权量 3.34 万件，分别是五年前的 7 倍和 2.9 倍，技术交易额 721.7 亿元；四是科技型中小企业和高新技术企业快速发展壮大。目前，陕西省共有科技型中小企业 2 万多家，其中经认定的民营科技企业 13125 家，从业人员 44 万人，科技人员 23 万人，技工贸总收入突破 2000 亿元；年收入过百万元的企业 2000 多家，其中过千万元的 500 多家，过亿元的 65 家；先后创出中国名牌产品 6 个、中国驰名商标 2 个、陕西省名牌产品 205 个、国家免检产品 58 个、全国创名牌重点企业 43 个。民营科技企业在高新技术企业中占

90%。科技创新型企业在经济增长、结构调整、社会发展中发挥着越来越重要的作用。

科技创新型企业是指一般以科技人员为主体，以科技成果转化为特征的知识密集型企业。陕西省的科技创新型企业的创立和发展，特别是民营科技企业在市场经济发展的大潮中跌宕起伏，几代民营科技企业家在不断成熟中探索创新民营科技企业的创业、成长和发展道路，民营科技企业也从无到有，从小到大，由弱变强，已由规模扩张和数量增长的粗放式发展转向以提高产品质量、效益和综合竞争力的内涵式发展阶段。反思民营科技创新企业创立和发展的过程，每个阶段的发展都是与创业环境，特别是科技创新创业的政策环境不断改善优化分不开的。梳理科技创新创业的发展历程，总结发展经验和教训，评估政策环境的满意度和影响因素，对于进一步实现科技创新创业的健康持续发展，加快实现我国的创新驱动发展战略具有重要的意义。

第七章　陕西省科技创新创业政策满意度研究的理论假设与回归分析

本章主要目的是揭示陕西省科技创新创业政策环境满意度的主要影响因素及其作用机制。为了达到这一研究目的，本研究引入了政策知晓度调节变量，构建了一个复杂的理论模型以反映政府公共服务、政策知晓度对创新创业政策满意度的影响，并提出了相关的研究假设。通过典型区域的调查问卷方法收集了系统的研究数据，借助于统计分析以及回归分析方法对研究假设进行了检验。

7.1 研究假设

李辉、齐金玲（2009）采取问卷调查的方式研究了农民对于已出台的惠农政策的知晓状况与农民对政府在政策执行方面的举措以及力度的满意度间的关系，农民对政策知晓度越高，则对政策落实、执行等方面越了解，对政策最终实施效果越满意。政策知晓度研究可以追溯到政策沟通理论的相关研究，政策沟通事实上可以被看作是政府沟通的一种，主要集中在政策接受者与政策传播者在政策制定、执行、评估以及监督整个过程中的相关信息交换与交流。就本文而言，政策沟通也就是政府在具体的科技创业政策内容、政策执行过程、执行方式上与创业者的彼此交流与不断互动。Yang & Xu（2008）认为，为了帮助政府实现有效沟通，政府必须要做到信息公开、透明，同时还要关注政府和公众彼此间在有关信息方面的有效、实时交换与频繁互动。政府与社会公众彼此间形成的沟通差异将会产生政府信任的相继缺失与匮乏。如果政府与公众间存在着沟通差异，那么会导致公众对政府政策或有关行为极少知晓或者错误知晓，而沟通的缺失将会直接导致社会公众对政府政策或行为的"不知道"，进而产生不理解以及不支持的情绪和行为，进一步影响其对政府工作以及政府人员的整体信任，影响政策的最终实施效果。陈丽君、郁建兴（2009）认为政策沟通某种程度上反映了公众对政府政策的内容、执行过程以及方式的了解程度、知晓状况。沟通有助于政府修正其自身行为、促进政府政策的有效落实和执行、提高自身能力以及满足公众需求、提升公众对政策的满意度，从而使得政策全过程和公共组织得以长期发展。曾刚、万志宏（2014）研究分析了中央银行沟通（即中央银行向社会公众提供信息与交流）对货币政策实施效果的显著影响。所以，创业者作为创新创业政策的对象，其对政策的了解水平直接影响着其对政策的满意程度。本文对此做出如下假设：

H-1：创业者对政策的知晓度正向影响其对政策的满意度。

在新公共管理中，"顾客导向"是政府提高服务质量的核心主张。将"公民"视为"顾客"，强调了公共行政系统在政策的制定过程中以及公共产品和服务的供给过程中，如何解决公民满意的问题，提高政府服务效率与质量，提升公民的社会参与性和满意度。社会心理学中的态度理论认为，态度由认知、情感以及行为倾向所组成，是对个体行为的直接预测变量。同时，个体行为者对于环境的心理感知与对其态度间的关系也是直截了当的。Christian Gronroos于1982年提出了关于"顾客感知服务质量"概念，服务质量是对比顾客对服务质量的事前期望与事后实际感受到的服务体验后而得到的一种极为主观的概念，并认为服务质量由技术质量（消费者在服务过程中的所得）和功能质量（消费者是如何获得的服务，包含了工作人员在服务过程中的工作态度、工作方式以及工作效率等）构成。政府服务的全过程即为公众感知的过程，政府服务工作的状况直接影响个体行为者对政府及其相关政策、行为的直接感知，表现为政府工作程序、服务态度以及服务人员素质。政府服务程序简洁与否、服务态度热情与否以及服务人员素质高低均主要依靠个体行为者的心理感知，从而将其感知结果直接映射到其对政府的态度及其相关政策的满意水平与支持程度。公众满意度是测量公共服务质量和效果的主要应用指标，寻求公众满意应该成为公共服务质量的结构性组成以及评价服务质量的终极标准。此外，创业绩效是一国或地区创业政策效果的直接体现，也是创业政策制定和执行的出发点和最终落脚点。政府服务工作越好、创业者对创业政策越满意，越有助于提高企业的创业绩效、提升创新创业水平、活跃创新创业经济。因此，本文研究做出如下假设：

H-2：政府公共服务正向影响创业者对政策的满意度。

H-2-1：政府公共服务程序正向影响创业者对政策的满意度。

H-2-2：政府公共服务态度正向影响创业者对政策的满意度。

H-2-3：政府公共服务人员素质正向影响创业者对政策的满意度。

H-3：创业者对政策的知晓度正向调节政府公共服务与创业者政策满意度之间的关系。

H-3-1：创业者对政策的知晓度正向调节政府公共服务程序与创业者政策满意度之间的关系。

H-3-2：创业者对政策的知晓度正向调节政府公共服务态度与创业者政策满意度之间的关系。

H-3-3：创业者对政策的知晓度正向调节政府公共服务人员素质与创业者政策满意度之间的关系。

H-4：创业者政策满意度在政府公共服务与企业创业绩效间具有中介效应，即政府公共服务在直接影响企业创业绩效的同时，通过影响政策满意度间接作用于企业创业绩效。

图 7-1 显示了有关创业者政策知晓度、政策满意度、政府公共服务（公共服务程序、公共服务态度、服务人员素质）、企业创业绩效间关系的概念模型图。

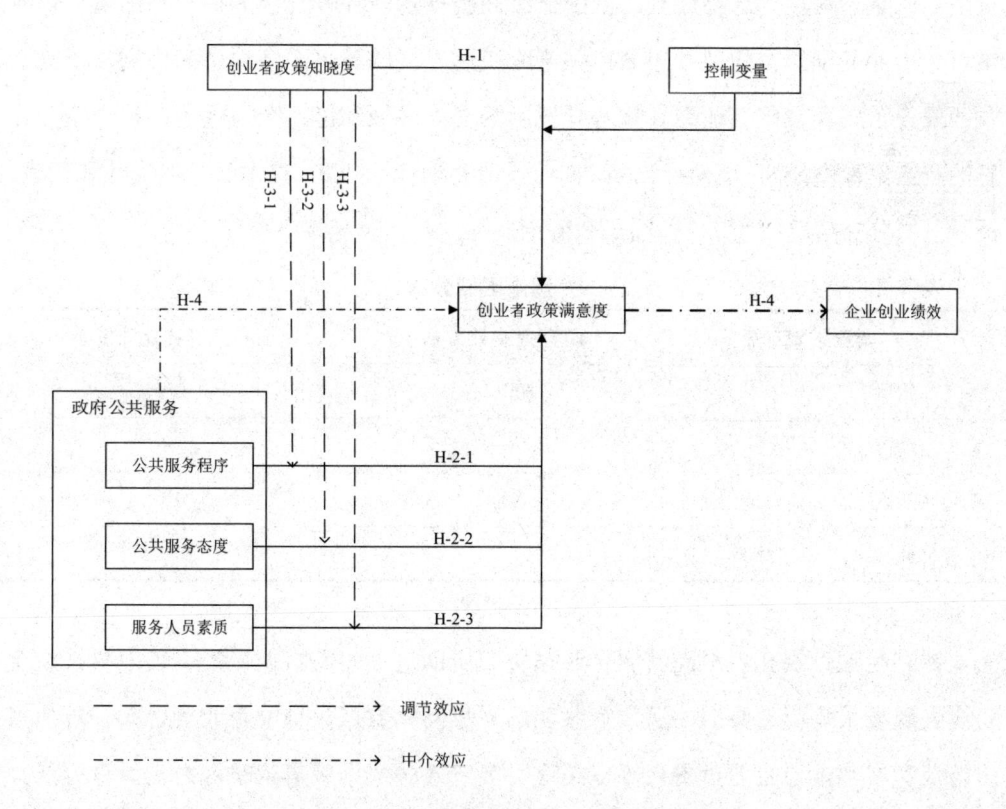

图 7-1 创业者政策满意度概念模型图

7.2 问卷设计与样本特征

本部分主要介绍此次调研问卷的整体设计思路、研究样本的选取、问卷的具体回收情况，同时还对有效样本数据分别从创业者政策知晓度、创业者政策满意度、政府公共服务、企业创业绩效方面进行信度与效度检验，证明此次数据的切实可用性和研究结果的准确可靠性。之后，对相关变量进行方差分析、回归分析。

7.2.1 问卷制定与数据收集

本研究的课题组对科技创新创业政策相关理论及文献进行了大量研究梳理，参考分析了类似调查工具包括调查问卷及访谈提纲，将调查内容划分为科技创新创业企业背景信息、创业融资、创业税负、创业人才、创业绩效、创新创业政策总评、创新创业政策分项细评、政府公共服务共8个方面的评估内容，调查对象设定为陕西省科技创新型企业，抽样调查区域以西安为中心，以丝绸之路经济带为轴线向西延伸，以科技型企业集聚区域为选择原则，以国家级高新技术产业开发区为标杆和侧重，以省级城市、工业基础厚重的副省级城市并兼顾快速发展的新兴经济城市为协同，最终选取了西安、宝鸡和咸阳三地高新技术开发区为样本区域，这三个地区的科技型企业在全省的企业集聚度最高，创新产出高、创业热情和创业绩效好，样本最具典型性和代表性，调查区域分布情况如表7-1、图7-2所示。

表7-1　　　　　　　　　　调查区域分布

调查区域	调查企业数（家）	抽样占比（%）
西安高新区	105	45
宝鸡高新区	90	39
咸阳高新区	38	16
全省总计	233	100

课题组通过委托各地高新区企业家协会协助进行问卷数据采集、集中科技型企业负责人现场采集问卷数据、深入企业现场采集问卷数据、集中企业负责人开展焦点小组访谈和单独走访企业负责人等多渠道、多方式的数据采集策略，力求调查方法具有科学性、统计无偏性。

第七章 陕西省科技创新创业政策满意度研究的理论假设与回归分析

本文共发放问卷 300 份，收回问卷 267 份，回收率为 89%，剔除严重空白、缺答、漏项、答案含混不清晰及不客观的无效问卷，有效问卷 233 份，有效回收率 77.67%。

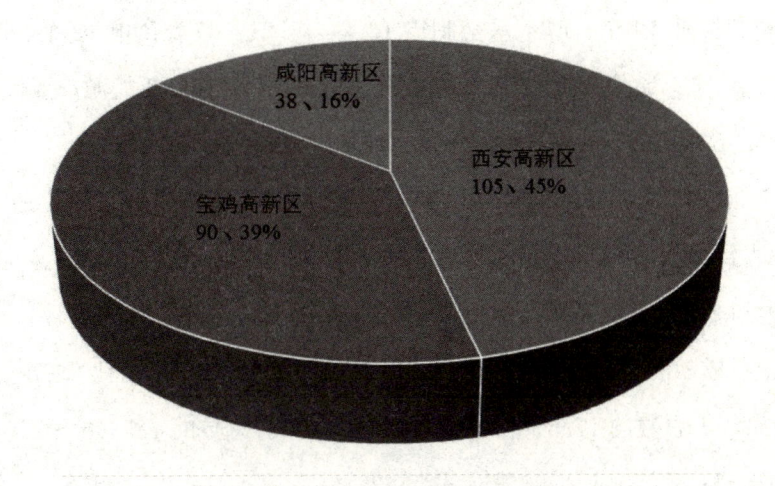

图 7-2 调查区域分布情况

7.2.2 样本特征的相关描述性统计分析

描述性统计分析后得到了表 7-2。在调查对象中，219 名创业者属于本土企业家，占比 94%；14 名创业者属于海归企业家，占比 6%。

创业者的性别分别为男性 174 位，女性 60 位，比例依次为 74.7% 和 25.8%。

创业者的不同创业年龄的具体分布情况是：年龄在 19 岁以下的有 10 人，占总数的 4.3%；年龄在 20～25 岁的有 30 人，占比为 12.9%；年龄在 26～35 岁的创业者有 95 位，占总数的 40.8%；36～45 岁的有 67 位，占总数的 28.8%；其余，46 岁以上的有 32 位，占比为 13.7%，26～45 岁的创业者占比 69.6%。创业者大部分为中青年。

学历的分布情况是：专科及以下的创业者 56 人，本科 121 人，硕士 37 人，博士 19 人。本科创业者占比 51.9%，最多；专科及以下的创业者占比 24%，硕士创业者占比 15.9%，博士创业者的百分比是 8.2%。

企业员工数量分布情况是：50 人及以下的有 99 个企业，占比 42.5%；51～100 人的有 63 个，占比 27%；101～500 人的有 44 个，占比 18.9%；501～1000 人的有 13 个，占比 5.6%；1000 人以上的有 14 家企业，占比 6%。可见，创业企业的规模集中于 500 人以下。

在创业企业所属行业的分布中，软件产业、电子信息和 IT 服务业相对较多，企业数及所占百分比均为 37 个、15.9%，28 个、12%，26 个、11.2%。其次为装备制造业，企业数 23 个，占比为 9.9%；计算机硬件，企业数 21 个，占比为 9%。机械制造，企业数及所占百分比分别为 17 个、7.3%；文化娱乐产业 16 个、6.9%；生物科技 15 个、6.4%；新材料工业 14 个、6%；医药制造 13 个、5.6%；仪表仪电 12 个、5.2%；管理咨询 10 个、4.3%；通信产业 7 个、3%；节能环保 7 个、3%；新能源产业 6 个、2.6%；农业 6 个、2.6%；半导体，企业数及所占百分比分别为 4 个、1.7%。

调查企业所属的性质分布如下：私营企业 177 家，达到 76%，占比最大。国有企业 24 家，达到 10.3%；集体企业 20 家，达到 8.6%；混合所有 7 家，达到 3%；中外合资 5 家，达到 2.1%。

调查企业成立的时间分布如下：1 年以内的企业有 23 家，占比 9.9%；1～2 年的企业有 41 家，占总数的 17.6%；3～5 年者 35 家，占总数的 15%；6～8 年者 36 家，占总数的 15.5%；9 年以上者 98 家，占比 42%。

综合以上信息可见，在被调查的创业家中，男性是主要的创业群体，并且调查对象主要集中在 26～45 岁，相对中青年的人群，创业企业主要以私营为主，处于成长期的企业较多。基本符合我国科技创业企业的现状。

表 7-2　　样本基本信息的统计分析

统计内	类别	测量代码	样本数量	百分比（%）
创业者身份	本土企业家	1	219	94
	海归企业家	2	14	6
创业者性别	男	1	174	74.7
	女	2	60	25.8
创业年龄	19 岁及以下	1	10	4.3
	20～25 岁	2	30	12.9
	26～35 岁	3	95	40.8
	36～45 岁	4	67	28.8
	46 岁及以上	5	32	13.7
学历	专科及以下	1	56	24
	本科	2	121	51.9
	硕士	3	37	15.9
	博士	4	19	8.2

续表

统计内	类别	测量代码	样本数量	百分比（%）
企业员工数量	50及以下	1	99	42.5
	51-100人	2	63	27
	101-500人	3	44	18.9
	501-1000人	4	13	5.6
	1000人以上	5	14	6
企业所属行业	软件产业	1	37	15.9
	计算机硬件	2	21	9
	电子信息	3	28	12
	通讯产业	4	7	3
	IT服务业	5	26	11.2
	节能环保	6	7	3
	生物科技	7	15	6.4
	半导体	8	4	1.7
	新材料工业	9	14	6
	装备制造业	11	23	9.9
	仪电仪表	12	12	5.2
	新能源产业	13	6	2.6
	医药制造	14	13	5.6
	机械制造	15	17	7.3
	金属开采加工	17	1	0.4
	管理咨询	18	10	4.3
	农业	19	6	2.6
	文化娱乐产业	20	16	6.9
企业登记类型	国有	1	24	10.3
	集体	2	20	8.6
	私营	3	177	76
	混合所有	4	7	3
	中外合资	5	5	2.1
	外资企业	6	0	0
企业成立年数	1年以内	1	23	9.9
	1～2年	2	41	17.6
	3～5年	3	35	15
	6～8年	4	36	15.5
	9年及以上	5	98	42

7.3 信效度检验分析

7.3.1 信度检验分析

信度分析是用来测量问卷内部一致性,研究界主要使用Cronbach的一致性系数(α系数)来分析并测量量表的内部一致性。若总量表的 α 系数大于0.8,则问卷信度很好;若在0.7与0.8之间,是可以接受的范围。对于分量表而言,其 α 系数最好在0.7以上,若其在0.6与0.7之间同样能够接受。若分量表的 α 系数小于0.6,或者总量表的 α 系数小于0.7,则有重新修订原始量表或者增加、删除量表中某些题项的必要。

表 7-3　　政策知晓度的内部一致性分析

变量	测量条款	CITC	Cronbach's α if Item Deleted	Cronbach α 系数
财税政策	A1	0.686	0.980	0.98
	A2	0.749	0.980	
	A3	0.763	0.980	
	A4	0.721	0.980	
	A5	0.800	0.979	
	A6	0.719	0.980	
	A7	0.739	0.980	
	A8	0.793	0.979	
	A9	0.766	0.980	
	A10	0.767	0.980	
	A11	0.737	0.980	
	A12	0.785	0.979	

续表

变量	测量条款	CITC	Cronbach's α if Item Deleted	Cronbach α 系数
	A13	0.798	0.979	
	A14	0.789	0.979	
	A15	0.798	0.979	
	A16	0.815	0.979	
	A17	0.674	0.980	
	A18	0.691	0.980	
	A19	0.834	0.979	
	A20	0.838	0.979	
	A21	0.802	0.979	
	A22	0.809	0.979	
	A23	0.766	0.980	
	A24	0.703	0.980	
	A25	0.698	0.980	
	A26	0.720	0.980	
	A27	0.770	0.980	
	A28	0.804	0.979	
	A29	0.776	0.979	
	A30	0.767	0.980	
	A31	0.706	0.980	
	A32	0.756	0.980	
	A33	0.791	0.979	

续表

变量	测量条款	CITC	Cronbach's α if Item Deleted	Cronbach α 系数
金融政策	A34	0.762	0.980	0.99
	A35	0.807	0.985	
	A36	0.855	0.985	
	A37	0.847	0.985	
	A38	0.869	0.985	
	A39	0.848	0.985	
	A40	0.819	0.985	
	A41	0.820	0.985	
	A42	0.839	0.985	
	A43	0.881	0.985	
	A44	0.871	0.985	
	A45	0.843	0.985	
	A46	0.837	0.985	
	A47	0.830	0.985	
	A48	0.814	0.985	
	A49	0.856	0.985	
	A50	0.831	0.985	
	A51	0.786	0.985	
	A52	0.854	0.985	
	A53	0.834	0.985	
	A54	0.613	0.986	

续表

变量	测量条款	CITC	Cronbach's α if Item Deleted	Cronbach α系数
	A55	0.742	0.986	
	A56	0.815	0.985	
	A57	0.845	0.985	
	A58	0.832	0.985	
	A59	0.810	0.985	
	A60	0.849	0.985	
	A61	0.814	0.985	
	A62	0.831	0.985	
	A63	0.822	0.985	
	A64	0.841	0.985	
	A65	0.810	0.985	
商事活动政策	A66	0.755	0.972	0.97
	A67	0.787	0.971	
	A68	0.831	0.971	
	A69	0.837	0.971	
	A70	0.862	0.970	
	A71	0.854	0.970	
	A72	0.870	0.970	
	A73	0.841	0.971	
	A74	0.856	0.970	

续表

变量	测量条款	CITC	Cronbach's α if Item Deleted	Cronbach α 系数
	A75	0.840	0.971	
	A76	0.839	0.971	
	A77	0.826	0.971	
	A78	0.805	0.971	
	A79	0.788	0.971	
	A80	0.725	0.972	
	A81	0.748	0.972	
	A82	0.716	0.972	
人才政策	A83	0.871	0.949	0.96
	A84	0.867	0.949	
	A85	0.911	0.944	
	A86	0.826	0.954	
	A87	0.849	0.951	
	A88	0.872	0.949	
留学人员政策	A89	0.865	0.979	0.98
	A90	0.886	0.978	
	A91	0.865	0.979	
	A92	0.886	0.978	
	A93	0.915	0.977	
	A94	0.928	0.977	
	A95	0.899	0.978	

续表

变量	测量条款	CITC	Cronbach's α if Item Deleted	Cronbach α 系数
	A96	0.893	0.978	
	A97	0.887	0.978	
	A98	0.896	0.978	
	A99	0.910	0.978	

由上表可知，财税政策的各测项的 CITC 值全都大于 0.3，总体的 α 系数 0.98，符合规定的信度要求；金融政策的各测项的 CITC 值全都大于 0.3，α 系数 0.99，符合要求；商事活动政策的 CITC 值全都大于 0.3，α 系数 0.97，符合要求；人才政策的 CITC 值全都大于 0.3，α 系数 0.96，符合要求；留学人员政策的 CITC 值全都大于 0.3，α 系数 0.98，符合要求。从上述数据可以看出，财税政策、金融政策、商事活动政策、人才政策和留学人员政策的知晓度的测量量表具有内部一致性。

同理，分析政策满意度的内部一致性，发现其测量条款全部符合规定的信度要求，具有内部一致性。如表 7-4 所示。

表 7-4　　　　　　　　　　政策满意度的内部一致性分析

变量	测量条款	CITC	Cronbach's α if Item Deleted	Cronbach α 系数
财税政策	C1	0.539	0.984	0.99
	C2	0.803	0.983	
	C3	0.851	0.983	
	C4	0.801	0.983	
	C5	0.749	0.983	
	C6	0.776	0.983	
	C7	0.769	0.983	
	C8	0.772	0.983	
	C9	0.777	0.983	

续表

变量	测量条款	CITC	Cronbach's α if Item Deleted	Cronbach α系数
	C10	0.833	0.983	
	C11	0.776	0.983	
	C12	0.856	0.983	
	C13	0.875	0.983	
	C14	0.840	0.983	
	C15	0.837	0.983	
	C16	0.837	0.983	
	C17	0.792	0.983	
	C18	0.823	0.983	
	C19	0.810	0.983	
	C20	0.852	0.983	
	C21	0.851	0.983	
	C22	0.812	0.983	
	C23	0.817	0.983	
	C24	0.730	0.983	
	C25	0.755	0.983	
	C26	0.783	0.983	
	C27	0.775	0.983	
	C28	0.788	0.983	
	C29	0.761	0.983	
	C30	0.779	0.983	

续表

变量	测量条款	CITC	Cronbach's α if Item Deleted	Cronbach α 系数
	C31	0.744	0.983	
	C32	0.764	0.983	
	C33	0.792	0.983	
	C34	0.778	0.983	
金融政策	C35	0.832	0.983	0.98
	C36	0.845	0.983	
	C37	0.828	0.983	
	C38	0.862	0.983	
	C39	0.825	0.983	
	C40	0.818	0.983	
	C41	0.748	0.983	
	C42	0.821	0.983	
	C43	0.711	0.983	
	C44	0.784	0.983	
	C45	0.764	0.983	
	C46	0.730	0.983	
	C47	0.725	0.983	
	C48	0.866	0.983	
	C49	0.833	0.983	
	C50	0.787	0.983	
	C51	0.885	0.983	

续表

变量	测量条款	CITC	Cronbach's α if Item Deleted	Cronbach α 系数
	C52	0.861	0.983	
	C53	0.813	0.983	
	C54	0.733	0.983	
	C55	0.808	0.983	
	C56	0.768	0.983	
	C57	0.818	0.983	
	C58	0.818	0.983	
	C59	0.795	0.983	
	C60	0.820	0.983	
	C61	0.842	0.983	
	C62	0.791	0.983	
	C63	0.774	0.983	
	C64	0.816	0.983	
	C65	0.824	0.983	
商事活动政策	C66	0.843	0.978	0.98
	C67	0.855	0.978	
	C68	0.857	0.978	
	C69	0.862	0.978	
	C70	0.879	0.977	
	C71	0.863	0.978	
	C72	0.903	0.977	

续表

变量	测量条款	CITC	Cronbach's α if Item Deleted	Cronbach α 系数
	C73	0.844	0.978	
	C74	0.885	0.977	
	C75	0.878	0.977	
	C76	0.900	0.977	
	C77	0.865	0.978	
	C78	0.873	0.977	
	C79	0.732	0.979	
	C80	0.778	0.979	
	C81	0.808	0.978	
	C82	0.775	0.979	
人才政策	C83	0.874	0.955	
	C84	0.912	0.951	
	C85	0.877	0.955	0.96
	C86	0.879	0.955	
	C87	0.864	0.956	
	C88	0.866	0.956	
留学人员政策	C89	0.845	0.977	
	C90	0.878	0.976	
	C91	0.880	0.976	0.98
	C92	0.883	0.976	
	C93	0.881	0.976	

续表

变量	测量条款	CITC	Cronbach's α if Item Deleted	Cronbach α 系数
	C94	0.905	0.976	
	C95	0.873	0.976	
	C96	0.907	0.975	
	C97	0.895	0.976	
	C98	0.915	0.975	
	C99	0.877	0.976	

由上表可知，财税政策的各测项的 CITC 值全都大于 0.3，总体 α 系数 0.99，符合规定的信度要求；金融政策的各测项的 CITC 值全都大于 0.3，α 系数 0.98，符合要求；商事活动政策的 CITC 值全都大于 0.3，α 系数 0.98，符合要求；人才政策的 CITC 值全都大于 0.3，α 系数 0.96，符合要求；留学人员政策的 CITC 值全都大于 0.3，α 系数 0.98，符合要求。从上述数据可知，财税政策、金融政策、商事活动政策、人才政策和留学人员政策的满意度的测量量表符合信度要求，具有内部一致性。

同理，分析了政府公共服务的内部一致性，发现其测量条款均符合规定的信度要求，具有内部一致性。如表 7-5 所示。

表 7-5　　　　　政府公共服务的内部一致性分析

变量	测量条款	CITC	Cronbach's α if Item Deleted	Cronbach α 系数
服务工作程序简洁	D1	0.675	0.978	0.98
	D2	0.867	0.975	
	D3	0.830	0.976	
	D4	0.843	0.975	
	D5	0.819	0.976	
	D6	0.879	0.975	

续表

变量	测量条款	CITC	Cronbach's α if Item Deleted	Cronbach α 系数
	D7	0.890	0.975	
	D8	0.863	0.975	
	D9	0.875	0.975	
	D10	0.874	0.975	
	D11	0.855	0.975	
	D12	0.886	0.975	
	D13	0.861	0.975	
	D14	0.865	0.975	
	D15	0.853	0.975	
	D16	0.665	0.979	
	D17	0.872	0.976	
	D18	0.816	0.977	
	D19	0.801	0.977	
	D20	0.818	0.977	
服务态度热情积极	D21	0.870	0.976	0.98
	D22	0.902	0.975	
	D23	0.887	0.976	
	D24	0.892	0.975	
	D25	0.895	0.975	
	D26	0.867	0.976	

续表

变量	测量条款	CITC	Cronbach's α if Item Deleted	Cronbach α 系数
	D27	0.873	0.976	
	D28	0.890	0.976	
	D29	0.864	0.976	
	D30	0.879	0.976	
服务人员素质水平	D31	0.685	0.961	0.96
	D32	0.782	0.959	
	D33	0.707	0.961	
	D34	0.756	0.960	
	D35	0.743	0.960	
	D36	0.806	0.959	
	D37	0.797	0.959	
	D38	0.762	0.960	
	D39	0.805	0.959	
	D40	0.791	0.959	
	D41	0.782	0.959	
	D42	0.774	0.959	
	D43	0.831	0.958	
	D44	0.800	0.959	
	D45	0.817	0.958	

由上表可知，政府服务工作程序简洁的各测项的CITC值全都大于0.3，总体α系数0.98，符合规定的信度要求；政府服务态度热情积极的各测项的CITC值全都大于0.3，α系数0.98，符合要求；政府服务人员素质水平的CITC值全都大于0.3，α

系数 0.96，符合要求。由此可知，政府公共服务的测量量表具有较好的内部一致性。

同理，分析了企业创业绩效的内部一致性，发现其测量条款全部符合规定的信度要求，具有内部一致性。如表 7-6 所示。

表 7-6　　　　　　　　　　企业创业绩效的内部一致性分析

变量	测量条款	CITC	Cronbach's α if Item Deleted	Cronbach α 系数
企业创业绩效	F-1	0.158	0.678	0.66
	F-2	0.288	0.647	
	F-3	0.387	0.623	
	F-4	0.295	0.646	
	F-5	0.391	0.622	
	F-6	0.432	0.611	
	F-7	0.453	0.605	
	F-8	0.431	0.611	

由上表可知，企业创业绩效的各测项的 CITC 值全都大于 0.3，总体 α 系数 0.66，趋近于 0.7，基本符合规定的信度要求，具有内部一致性。综上所述，依据各测量量表的 CITC 值和 α 系数值，本文政策知晓度、政策满意度、政府公共服务、企业创业绩效的问卷具有很好的信度，本研究的测验结果是稳定的和可靠的。

7.3.2 效度检验分析

效度检验则是验证问卷的有效性，主要包括内容效度、效标关联效度和建构效度。本文问卷建立在前人研究的成熟量表的基础上，具有较好的理论依托，因此具有较好的内容效度和效标关联效度。接下来，主要使用探索性因子分析的方法检验问卷的建构效度。KMO 样本测度和巴莱特球形检验可以判断样本是否适合做因子分析，KMO 大于 0.7 表明适合做因子分析。本研究将对政策知晓度、政策满意度、政府公共服务、企业创业绩效进行效度检验，具体如表 7-7、表 7-8、表 7-9。

1. 政策知晓度因子分析

表 7-7 显示，政策知晓度量表的 KMO 值为 0.950，显著性水平 0.000，适合做因子分析。依据主成份分析法，从量表中提取出了五个因子，累积方差贡献率 72.040%，大于 50%；另外，各测项的因子负载全都大于 0.4，说明这五个因子构成了全部测项；而且，通过前文的分析，可以认为这五个因子即代表财税政策知晓度、金

融政策知晓度、商事活动政策知晓度、人才政策知晓度和留学人员政策知晓度。

表 7-7　　　　　　　　　　政策知晓度量表的因子分析

测量条款	因子 1	因子 2	因子 3	因子 4	因子 5
A16	0.738				
A10	0.736				
A21	0.704				
A12	0.684				
A13	0.684				
A5	0.681				
A14	0.679				
A19	0.674				
A15	0.668				
A20	0.666				
A11	0.662				
A22	0.654				
A23	0.652				
A4	0.647				
A6	0.626				
A1	0.624				
A8	0.620				
A17	0.615				
A3	0.609				
A18	0.599				
A9	0.588				
A7	0.587				
A2	0.558				
A32					0.657

续表

测量条款	因子1	因子2	因子3	因子4	因子5
A31					0.646
A26					0.612
A33					0.579
A25					0.558
A30					0.550
A24					0.533
A29					0.532
A27					0.528
A28					0.499
A34					0.444
A43		0.771			
A38		0.759			
A36		0.741			
A39		0.740			
A40		0.732			
A41		0.728			
A42		0.724			
A44		0.719			
A37		0.712			
A50		0.696			
A45		0.689			
A46		0.680			
A35		0.679			
A47		0.673			
A53		0.668			

续表

测量条款	因子1	因子2	因子3	因子4	因子5
A49		0.666			
A52		0.651			
A51		0.619			
A48		0.584			
A54		0.409			
A72				0.673	
A68				0.646	
A74				0.629	
A73				0.627	
A76				0.615	
A64				0.609	
A69				0.606	
A61				0.604	
A71				0.593	
A78				0.592	
A75				0.588	
A63				0.586	
A70				0.579	
A65				0.577	
A59				0.563	
A57				0.554	
A58				0.552	
A67				0.544	
A56				0.534	
A60				0.534	

续表

测量条款	因子1	因子2	因子3	因子4	因子5
A62				0.533	
A77				0.524	
A66				0.513	
A55				0.504	
A94			0.775		
A96			0.762		
A99			0.742		
A95			0.739		
A97			0.735		
A93			0.732		
A98			0.726		
A92			0.719		
A90			0.713		
A91			0.693		
A89			0.655		
A85			0.568		
A87			0.564		
A88			0.530		
A83			0.528		
A82			0.519		
A84			0.479		
A86			0.478		
A81			0.426		
A79			0.409		
A80			0.408		

续表

测量条款	因子1	因子2	因子3	因子4	因子5
KMO	0.950				
Bartlett's卡方值	33556.665				
显著性概率（%）	0.000				
特征值	17.769	16.997	14.143	13.326	9.085
解释的方差比例（%）	17.948	17.168	14.286	13.460	9.177
累积贡献率（%）	72.021				

2. 政策满意度效度检验

表 7-8 显示，政策满意度量表的 KMO 值为 0.929，大于 0.7，显著性水平 0.000，适合做因子分析。依据主成份分析法，从量表中提取出了五个因子，累积方差贡献率为 73.817%，大于 50%；另外，各测项的因子负载均大于 0.4，说明这五个因子构成了全部测项；而且，通过前文的分析，可以认为这五个因子即代表财税政策满意度、金融政策满意度、商事活动政策满意度、人才政策满意度和留学人员政策满意度。

表 7-8　　　　　　　政策满意度量表的因子分析

测量条款	因子1	因子2	因子3	因子4	因子5
C8		0.763			
C20		0.762			
C2		0.760			
C9		0.756			
C3		0.743			
C14		0.729			
C15		0.728			
C7		0.716			
C16		0.705			
C6		0.701			

续表

测量条款	因子1	因子2	因子3	因子4	因子5
C18		0.691			
C13		0.686			
C4		0.676			
C17		0.674			
C19		0.673			
C12		0.669			
C5		0.652			
C11		0.632			
C21		0.632			
C22		0.630			
C10		0.615			
C1		0.581			
C23		0.559			
C33					0.655
C29					0.625
C31					0.613
C27					0.612
C26					0.611
C30					0.597
C32					0.591
C34					0.578
C28					0.558
C25					0.452
C24					0.411
C43			0.760		
C46			0.757		
C41			0.750		
C50			0.750		

续表

测量条款	因子1	因子2	因子3	因子4	因子5
C40			0.741		
C39			0.725		
C45			0.725		
C44			0.721		
C49			0.679		
C37			0.678		
C47			0.669		
C52			0.662		
C48			0.660		
C53			0.659		
C42			0.648		
C51			0.619		
C36			0.615		
C38			0.611		
C35			0.603		
C72	0.790				
C78	0.772				
C70	0.769				
C77	0.769				
C76	0.762				
C73	0.735				
C75	0.735				
C68	0.729				
C74	0.721				
C71	0.710				
C66	0.702				
C67	0.699				
C81	0.698				

续表

测量条款	因子1	因子2	因子3	因子4	因子5
C69	0.692				
C58	0.622				
C64	0.621				
C65	0.615				
C60	0.603				
C62	0.594				
C80	0.592				
C56	0.590				
C57	0.582				
C63	0.569				
C61	0.560				
C59	0.558				
C55	0.555				
C82	0.552				
C79	0.510				
C54	0.432				
C85	0.423				
C84	0.380				
C83	0.360				
C96				0.682	
C94				0.678	
C97				0.667	
C95				0.660	
C98				0.650	
C92				0.645	
C91				0.641	
C90				0.616	
C93				0.613	

续表

测量条款	因子1	因子2	因子3	因子4	因子5
C99				0.611	
C89				0.555	
C86				0.486	
C88				0.474	
C87				0.465	
KMO	0.929				
Bartlett's 卡方值	38105.030				
显著性概率（%）	0.000				
特征值	19.700	17.777	15.641	10.340	9.621
解释的方差比例（%）	19.899	17.957	15.799	10.444	9.718
累积贡献率（%）	73.817				

3. 政府公共服务效度检验分析

表 7-9 显示，政府公共服务量表的 KMO 值为 0.940，大于 0.7，显著性水平 0.000，适合做因子分析。依据主成份分析法，从量表中提取出了三个因子，累积方差贡献率为 72.874%，大于 50%；另外，各项条款的因子负载均大于 0.4，说明这三个因子构成了全部测项；而且，由前文可知这三个因子即代表政府公共服务程序、政府公共服务态度、政府服务人员素质。

表 7-9　　　　　　　　政府公共服务量表的因子分析

测量条款	因子1	因子2	因子3
F2	0.821		
F9	0.820		
F7	0.806		
F11	0.800		
F4	0.797		
F12	0.795		
F10	0.791		

续表

测量条款	因子1	因子2	因子3
F15	0.786		
F6	0.781		
F8	0.780		
F3	0.776		
F13	0.768		
F5	0.759		
F14	0.749		
F1	0.696		
F25			0.799
F23			0.777
F24			0.772
F29			0.770
F22			0.762
F27			0.755
F30			0.755
F26			0.738
F28			0.738
F21			0.714
F17			0.675
F20			0.613
F19			0.604
F18			0.600
F16			0.437
F36		0.782	

续表

测量条款	因子1	因子2	因子3
F34		0.773	
F32		0.765	
F43		0.760	
F40		0.744	
F37		0.738	
F35		0.735	
F45		0.728	
F31		0.717	
F41		0.711	
F44		0.701	
F38		0.699	
F42		0.688	
F39		0.684	
F33		0.630	
KMO	0.940		
Bartlett's 卡方值	14026.075		
显著性概率（%）	0.000		
特征值	12.003	10.685	10.105
解释的方差比例（%）	26.673	23.745	22.455
累积贡献率（%）		72.873	

4. 企业创业绩效效度检验

企业创业绩效量表的 KMO 值为 0.690，接近于 0.7，大于 0.6，显著性概率为 0.000，适合做因子分析。企业的研发经费投入比重、研发人员投入比重、新产品销售收入比重可共同解释企业创业绩效的 63.212%，大于 50%，具有良好的效度。

7.4 回归分析

回归分析是确定两种或两种以上变量间相互依赖关系的统计分析方法，有一元回归分析与多元回归分析、线性回归分析与非线性回归分析等。研究实践中，分层回归的分析方法被广泛应用，主要用来验证单个自变量对因变量所具有的某种独特贡献。

7.4.1 变量测量

本文将创新创业政策知晓度从财税政策知晓度、金融政策知晓度、商事活动政策知晓度、人才政策知晓度和留学人员政策知晓度五个方面综合测量；创新创业政策满意度从财税政策、金融政策、商事活动政策、人才政策和留学人员政策五个方面的满意度综合测量；政府公共服务从公共服务程序、公共服务态度和服务人员素质三个方面测量；企业创业绩效从企业研发经费投入比重、企业研发人员比重、企业新产品销售收入比重三个方面测量。选取创业者创业年龄、性别、教育背景、企业登记类型和企业成立年数为研究的控制变量。具体如表 7-10 所示：

表 7-10　　　　　　测量指标汇总

变量	测量指标	变量	测量指标
政策知晓度	财税政策知晓度	政策满意度	财税政策满意度
	金融政策知晓度		金融政策满意度
	商事活动政策知晓度		商事活动政策满意度
	人才政策知晓度		人才政策满意度
	留学人员政策知晓度		留学人员政策满意度
政府公共服务	公共服务程序	创业绩效	研发经费/年销售收入
	公共服务态度		研发人员/公司总人数
	服务人员素质		新产品销售收入/年销售收入

7.4.2 研究结果

为了验证假设 1、假设 2 以及假设 3，本研究以政策满意度作为因变量，以创业者创业年龄、性别、教育背景、企业目前的员工数量、企业登记类型、企业成立年数六个特征变量为控制变量，以政策知晓度、公共服务程序、公共服务态度和服务人员素质为解释变量,并将政策知晓度与政府公共服务的三个方面的乘积交互项作为自变量。利用SPSS18.0,对数据进行分层回归分析,得到了如表7-11所示的结果。

表7-11中的模型2表明,政策知晓度($\beta = 0.266$)、公共服务程序($\beta = 0.194$)、服务人员素质对政策满意度均有着显著的正向影响,但公共服务态度对政策满意度无显著影响。控制变量与解释变量一起能够显著解释创业者政策满意度41.9%的方差变异($F = 17.642$),且所有变量的膨胀系数VIF均在1~10之间,Durbin-Watson检验值为1.255,说明本研究中的回归模型没有多重共线性和序列自相关。综上所述,假设H-1、H-2-1、H-2-3得到了证实,假设H-2-2没有得到证实。

表7-11的模型3表明,在模型2的基础上增加了创业者政策知晓度与政府公共服务三个方面的交互乘积项以后,模型3对于创业者政策满意度的解释力度显著增加了2.8%,整体方程能够解释创业者政策满意度44%的方差变异。表明创业者政策知晓度能够显著调节政府公共服务与创业者政策满意度之间的关系。但这一调节效果仅仅能够体现在创业者政策知晓度正向调节公共服务程序与创业者政策满意度之间的关系(交互乘积项的$\beta = 0.303$),创业者政策知晓度正向调节公共服务态度与创业者政策满意度之间的关系(交互乘积项的$\beta = -0.210$)。由此,假设H-3-1、H-3-2得到了证实,假设H-3-3没有得到证实。

表7-11　　　　　　　　对创业者政策满意度的层级回归结果

步骤	模型1 β	模型1 t	模型2 β	模型2 t	模型3 β	模型3 t	多重共线性VIF
第一步:控制变量	β	t	β	t	β	t	
创业年龄	0.038	1.118					2.425
性别	-0.135	-1.457					2.350
教育背景	0.223**	3.588					1.121
企业员工数	0.004	0.087					1.401
登记类型	-0.038	-0.556					1.104
成立年数	-0.090*	-2.156					1.441
第二步:解释变量							
政策知晓度			0.266**	4.520			1.409
公共服务程序			0.194**	2.650			2.635
公共服务态度			0.112	1.269			3.867

续表

步骤	模型1	模型2		模型3		多重共线性VIF
服务人员素质		0.195*	2.564			2.451
第三步：调节变量						
政策知晓度 × 公共服务程序				0.303**	3.047	3.548
政策知晓度 × 公共服务态度				0.210+	1.688	5.790
政策知晓度 × 服务人员素质				-0.136	-1.225	3.164
AdjR2	0.058	0.419		0.440		Durbin-Watson 1.255
F	3.368**	17.642***		14.986***		
ΔR2		0.361		0.028		
ΔF		35.890***		3.854**		

注：+ $p<0.1$；*$p<0.05$；**$p<0.01$。

由前文研究可以发现，政府公共服务不仅直接影响企业创业绩效，还透过政策满意度间接影响企业创业绩效。因此，创业者政策满意度为政府公共服务与企业创业绩效间的一个中介变量，本文构建了中介效应模型进行验证：

$$Y = c * zhg + e_1 \quad (4-1)$$

$$zhm = a * zhg + e_2 \quad (4-2)$$

$$Y = c' * zhg + b * zhm + e_3 \quad (4-3)$$

其中，Y——企业创业绩效；zhm——政策满意度；zhg——政府公共服务

表7-12　　　　　　　　模型回归结果

解释变量	被解释变量Y	被解释变量zhm	被解释变量Y
zhg	0.24***	0.623***	0.214***
zhm			0.042
F	29.333***	136.728***	14.932***

表 7-12 中可知，第一个公式中的政府公共服务对企业创业绩效有显著的正向影响（$\beta = 0.24***$）；第二个公式中的政府公共服务显著正向影响政策满意度（$\beta = 0.623***$）；第三个公式中加入中介变量后，政府公共服务对企业创业绩效仍然具有显著正向影响，创业者政策满意度对企业创业绩效却不显著。于是，进一步检验政策满意度是否在政府公共服务与企业创业绩效间拥有中介效应。本研究采用 Sobel 检验，根据公式 $\sqrt{a^2 s_b^2 + b^2 s_a^2}$，其中，$s_b s_b$ 和 $s_a s_a$ 分别为估计系数 b 和 a 的标准差。具体数据如下，$a = 0623$, $b = 0.042$, $s_b = 0.055$, s_a $a = 0623$, $b = 0.042$, $s_b = 0.055$, s_a。

计算得到 Sobel=0.000076<0.05。所以，政策满意度 zhm 的中介效应显著。这说明，政府公共服务在直接作用于企业创业绩效的同时，确实通过创业者政策满意度对企业创业绩效产生了间接性影响，验证了本文假设 H-4。

7.5 分析结论

本章分别从问卷设计与样本特征、信度检验分析、效度检验分析、方差分析、回归分析方面进行了分析研究。首先，详细交代了本研究的样本构成以及抽样方式，对回收的问卷做了描述性统计分析，检验了其信度与效度。之后，进行了方差分析，结果说明，创业者的创业年龄、创业者的教育背景、企业目前的员工数量对创业者政策知晓度和政策满意度均具有显著作用，创业者创业年龄显著影响着企业新产品销售收入比重，企业目前的员工数量对企业研发经费投入比重具有显著影响，创业者教育背景、企业的成立年数均显著影响着企业的研发经费投入比重、企业研发人员投入比重、企业新产品销售收入比重。最后，运用分层回归分析法以及构建中介效应模型，验证前文的理论假设。研究表明，创业者政策知晓度、公共服务程序、服务人员素质显著正向影响着政策满意度，创业者政策知晓度正向调节公共服务程序与创业者政策满意度、公共服务态度与创业者政策满意度之间的关系，创业者政策满意度在政府公共服务与企业创业绩效间存在着中介效应。

第八章 陕西省科技创新创业政策满意度总体评价

本章主要运用模糊综合评价的方法测量陕西省西安创业者、宝鸡创业者、咸阳创业者对科技创业政策的总体满意度水平，同时分别测量了各地创业者对财税政策、金融政策、商事活动政策、人才政策、留学人员政策的满意程度。

8.1 陕西省科技创业者政策满意度评价

陕西省创业政策满意度的评价体系总共包括三个层次：首先是目标层即陕西省科技创业政策满意度；其次是一级指标层，分别为财税政策满意度、金融政策满意度、商事活动政策满意度、人才政策满意度和留学人员政策满意度；最后是二级指标层，总共包括99个指标。

上述层次划分在设置测项时主要借鉴了李克特四级量表，把满意程度分为非常不满意、不太满意、比较满意和非常满意。由于难以界定每个等级的标准，并且由于被访者阅历和偏好的不同，所以该种等级分类具有一定模糊性，难以量化，不能简单地用百分比来进行评价。模糊综合评价法可以将主观性强的内容定量化，对多因素、多层次的模糊性问题有比较好的评测效果。基于以上考虑，本文运用模糊综合评价法对我省科技创业政策满意度做出了定量分析，综合相关领域专家学者、问卷设计者、创新创业者和政府人员等有关人士的权重打分以及因子分析确权，最终加权平均确定指标权重，保证满意水平的客观公正性。

1. 确定评价对象和评价因子集

评价因子集 $U = \{U_1, U_2, U_3, U_4, U_5\}$

= {财税政策满意，金融政策满意，商事政策满意，人才政策满意，留学人员政策满意}

2. 确定评语集

3. 确定初级指标权重

陕西省科技创业政策满意度分析的初级指标共有 99 个，对这些指标进行主成份分析，提取了 5 个公因子，其累积方差贡献率为 73.817%，即已提取出了主要成份（见表 8-1）。表 8-2 列示了旋转后的因子载荷矩阵，用于后续计算。

表 8-1　　　　　　　　前五项因子的累计方差贡献率

因素	初始特征值			旋转平方和载入		
C	合计	方差的 %	累积 %	合计	方差的 %	累积 %
1	59.400	60.000	60.000	19.700	19.899	19.899
2	4.939	4.989	64.989	17.777	17.957	37.856
3	4.154	4.196	69.185	15.641	15.799	53.655
4	2.429	2.454	71.639	10.340	10.444	64.099
5	2.157	2.179	73.817	9.621	9.718	73.817

提取方法：主成份分析。

表 8-2　　　　　　　　旋转后的因子载荷矩阵

	成份				
	1	2	3	4	5
1	-0.026	0.581	0.175	0.308	0.049
2	0.206	0.760	0.303	0.224	0.092
3	0.253	0.743	0.274	0.293	0.164
4	0.240	0.676	0.299	0.269	0.168
5	0.226	0.652	0.276	0.239	0.150
6	0.343	0.701	0.252	0.212	0.068
7	0.234	0.716	0.246	0.220	0.105
8	0.231	0.763	0.272	0.165	0.062
9	0.268	0.756	0.220	0.045	0.167
10	0.410	0.615	0.294	0.218	0.227

续表

	成份				
	1	2	3	4	5
……	……	……	……	……	……
93	0.427	0.339	0.265	0.613	0.195
94	0.398	0.296	0.320	0.678	0.132
95	0.345	0.230	0.340	0.660	0.244
96	0.395	0.279	0.331	0.682	0.160
97	0.377	0.279	0.320	0.667	0.182
98	0.437	0.288	0.268	0.650	0.230
99	0.411	0.319	0.320	0.611	0.152

提取方法：主成份分析。

旋转法：具有 Kaiser 标准化的正交旋转法

a. 旋转在 8 此迭代后收敛

得到五个主成份中各指标相应的系数，数值如下：

根据权重计算主成份的综合得分模型：

将对应的向量归一化后可得到 99 个初级指标所对应的权重向量：

$$X = \overbrace{(0.004\ 0.008\ 0.009\ 0.008\ 0.008\ 0.009 \cdots 0.010\ 0.010\ 0.010\ 0.011\ 0.010)}^{\text{共 99 个}}$$

同理，计算二级指标归一化后的权重为：

财税政策满意度权重：

$$A_1 = \overbrace{(0.026\ 0.035\ 0.035\ 0.033\ 0.032\ 0.033 \cdots 0.023\ 0.021\ 0.226\ 0.230\ 0.229)}^{\text{共 34 个}}$$

金融政策满意度权重：

$$A_2 = \overbrace{(0.030\ 0.031\ 0.028\ 0.033\ 0.027\ 0.026 \cdots 0.040\ 0.041\ 0.039\ 0.040\ 0.041)}^{\text{共 31 个}}$$

商事活动政策满意度权重：

$$A_3 = \overbrace{(0.046\ 0.046\ 0.051\ 0.051\ 0.060\ 0.052 \cdots 0.068\ 0.049\ 0.052\ 0.057\ 0.046)}^{17}$$

人才政策满意度权重：

$$A_4 = \overbrace{(0.183\ 0.179\ 0.183\ 0.183\ 0.135\ 0.137)}^{共6个}$$

留学人员政策满意度权重：

$$A_5 = (0.097\ 0.104\ 0.104\ 0.099\ 0.100\ 0.085\ 0.078\ 0.087\ 0.073\ 0.097$$

$$A_5 = (0.097\ 0.104\ 0.104\ 0.099\ 0.100\ 0.085\ 0.078\ 0.087\ 0.073\ 0.097$$

令各一级指标在总目标层的权重为 A_iA_i，贡献率为 a_ia_i，则最终得到财税政策、金融政策、商事活动政策、人才政策和留学人员政策的因子分析权重 A'。

在因子分析权重的基础上，结合来自其他各方的权重打分，算得最终的一级指标权重。如表 8-3 所示。

表 8-3　　科技创业政策满意度评价指标权重征询汇总表

专家及背景	财税政策	金融政策	商事活动政策	人才政策	留学人员创业政策	专家权重
省政经智库专家	0.2	0.3	0.1	0.3	0.1	0.22
国家级创业导师	0.3	0.3	0.1	0.2	0.1	0.09
省局公务员	0.2	0.3	0.1	0.2	0.2	0.07
港资公司董事长	0.2	0.1	0.2	0.1	0.4	0.06
青年创业学者	0.05	0.3	0.3	0.15	0.2	0.08
问卷设计者	0.26	0.34	0.11	0.22	0.07	0.06
问卷设计者	0.2	0.4	0.2	0.1	0.1	0.04
国际交流研究生	0.25	0.22	0.18	0.16	0.19	0.03
民办大学创业生	0.5	0.2	0.1	0.1	0.1	0.03
华裔创投家学者	0.2	0.2	0.2	0.3	0.1	0.07
科技企业董事长	0.2	0.2	0.2	0.2	0.2	0.05
地市公务员	0.2	0.2	0.2	0.3	0.1	0.05
因子分析确权	0.27	0.243	0.214	0.141	0.132	0.15
加权算术平均	0.222	0.263	0.163	0.208	0.144	1

4. 确定指标模糊关系矩阵

表 8-4 显示了财税政策满意度 34 个指标测项在非常不满意、不太满意、比较满意和非常满意四个等级上的样本量与百分比，本研究将各测项在不同等级上的占比作为其隶属度，分别构建有关财税政策、金融政策、商事活动政策、人才政策和留学人员政策的评价矩阵，进而分别计算其满意度水平。

表 8-4　　　　财税政策满意度指标测项评价值统计分析

统计内容	类别	测量代码	应答数量	百分比（%）
（C1）省级中小企业发展专项资金每年5亿元，助力企业创建发展	非常不满意	1	17	11.3
	不太满意	2	36	24
	比较满意	3	72	48
	非常满意	4	25	16.7
（C2）1亿元科技创业种子投资基金用于补偿科技企业的投资损失	非常不满意	1	16	10.8
	不太满意	2	31	20.9
	比较满意	3	69	46.6
	非常满意	4	32	21.6
（C3）省级科技产业的专门示范基地和生产力促进中心的企业给予30万元经费	非常不满意	1	9	6.1
	不太满意	2	30	20.3
	比较满意	3	80	54.1
	非常满意	4	29	19.6
（C4）省科技型中小企业创新资金采用无常资助、贷款贴息支持企业	非常不满意	1	15	9.9
	不太满意	2	25	16.6
	比较满意	3	71	47
	非常满意	4	40	26.5
（C5）省财政安排中小企业技术进步、改造资金的60%以上用于小微企业	非常不满意	1	16	10.9
	不太满意	2	28	19
	比较满意	3	70	47.6
	非常满意	4	33	22.4
……	……	……	……	……
（C30）全省推行小微企业"消费返税"试点，规范对小微企业收费罚款	非常不满意	1	10	7.4
	不太满意	2	27	19.9
	比较满意	3	59	43.4
	非常满意	4	40	29.4

续表

统计内容	类别	测量代码	应答数量	百分比（%）
（C31）允许企业按照当年实际的技术开发费用的150%抵扣当年应纳税所得	非常不满意	1	7	4.8
	不太满意	2	27	18.6
	比较满意	3	64	44.1
	非常满意	4	47	32.4
（C32）企业用于研究开发的仪器和设备，单位价值在30万元以下的，可一次或分次摊入管理费	非常不满意	1	9	6.2
	不太满意	2	28	19.2
	比较满意	3	64	43.8
	非常满意	4	45	30.8
（C33）投资于未上市中小高新技术企业2年以上（含2年）的创业投资企业，可按其投资额的70%抵扣该创投企业的应纳税所得额	非常不满意	1	9	6.4
	不太满意	2	28	19.9
	比较满意	3	61	43.3
	非常满意	4	42	30.8
（C34）中小企业贷款损失准备金可税前扣除	非常不满意	1	13	9.4
	不太满意	2	22	15.9
	比较满意	3	63	45.7
	非常满意	4	40	29

根据上表数据，可以构建财税政策满意度中34个测项组成的评价矩阵 R_1。

依据各指标所占有的不同权重集 A_i 以及隶属度矩阵，根据公式可计算得到一级指标层的模糊综合评价集。

则财税政策满意度评价为：

$$B_1 = A_1 * R_1 = (0.026, 0.035, \ldots, 0.230, 0.229) * \begin{pmatrix} 0.11 & 0.24 & 0.48 & 0.17 \\ 0.11 & 0.21 & 0.47 & 0.22 \\ 0.06 & 0.20 & 0.54 & 0.20 \\ 0.10 & 0.17 & 0.47 & 0.27 \\ 0.11 & 0.19 & 0.48 & 0.22 \\ \vdots & \vdots & \vdots & \vdots \\ 0.05 & 0.19 & 0.44 & 0.32 \\ 0.06 & 0.19 & 0.44 & 0.31 \\ 0.06 & 0.20 & 0.43 & 0.31 \\ 0.09 & 0.16 & 0.46 & 0.29 \end{pmatrix}$$

$$= (0.116 \quad 0.207 \quad 0.457 \quad 0.241)$$

财税政策满意度评价归一化处理后结果为：**(0.114 0.202 0.448 0.236)**

$(0.114\quad 0.202\quad 0.448\quad 0.236)$

金融政策满意度评价归一化处理后结果为：

$(0.084\quad 0.235\quad 0.424\quad 0.257)$

商事活动政策满意度评价归一化处理后结果为：

$(0.064\quad 0.213\quad 0.425\quad 0.298)$

人才政策满意度评价归一化处理后结果为：

$(0.105\quad 0.222\quad 0.379\quad 0.294)$

留学人员政策满意度评价归一化处理后结果为：

$(0.109\quad 0.223\quad 0.415\quad 0.253)$

由上述结果可构建陕西省创新创业政策的总体评价矩阵 R，又已知一级指标权重

$A = (0.222\quad 0.263\quad 0.163\quad 0.208\quad 0.144)$

所以陕西省创新创业政策总体满意度评价为：

$$B = A * R = (0.222, 0.263, 0.163, 0.208, 0.144) * \begin{pmatrix} 0.114 & 0.202 & 0.448 & 0.236 \\ 0.083 & 0.230 & 0.415 & 0.252 \\ 0.061 & 0.209 & 0.417 & 0.292 \\ 0.103 & 0.218 & 0.374 & 0.290 \\ 0.102 & 0.209 & 0.389 & 0.237 \end{pmatrix}$$

$$= (0.093\quad 0.215\quad 0.410\quad 0.261)$$

陕西省创新创业政策总体满意度评价归一化处理后结果为：

$(0.095\quad 0.219\quad 0.419\quad 0.266)$

5. 模糊综合评级结果向量分析

为了充分体现和说明陕西省创新创业政策满意度的具体得分情况，将抉择评语集当中的四个不同评价等级的参数列向量进行统一量化处理，即为，

$C = [\text{非常不满意}\quad \text{不太满意}\quad \text{比较满意}\quad \text{非常满意}] = [1\quad 2\quad 3\quad 4]$

最终得到陕西省创业者政策满意度模糊评价模型。如图 8-1 所示。

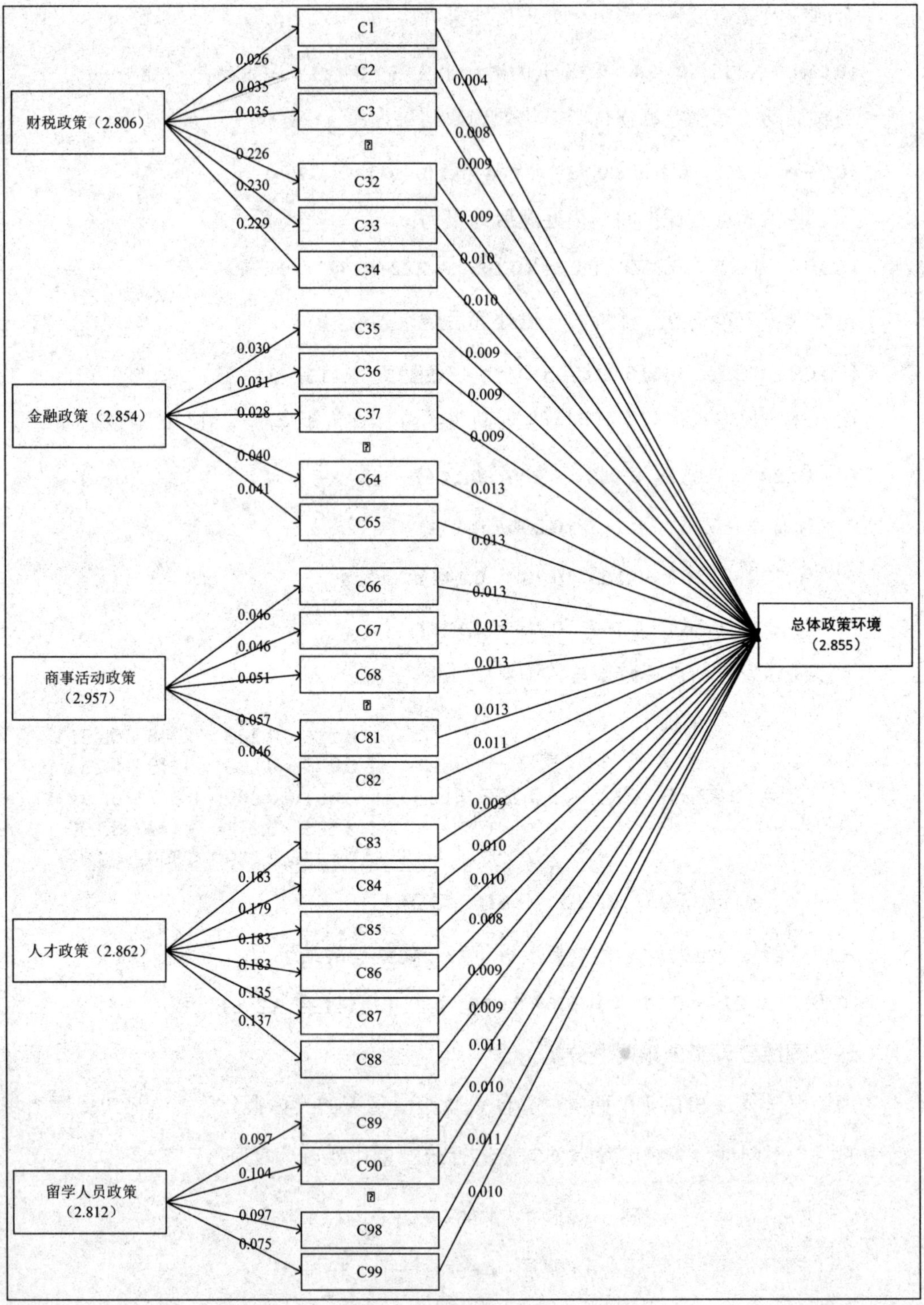

图 8-1 陕西省政策满意度模糊评价分析

可见，陕西省科技创业政策满意度从高至低依次为商事活动政策、人才政策、金融政策、留学人员政策、财税政策。整体而言，陕西省企业家对陕西省科技创业政策的总体满意度一般。具体如图 8-2 所示。

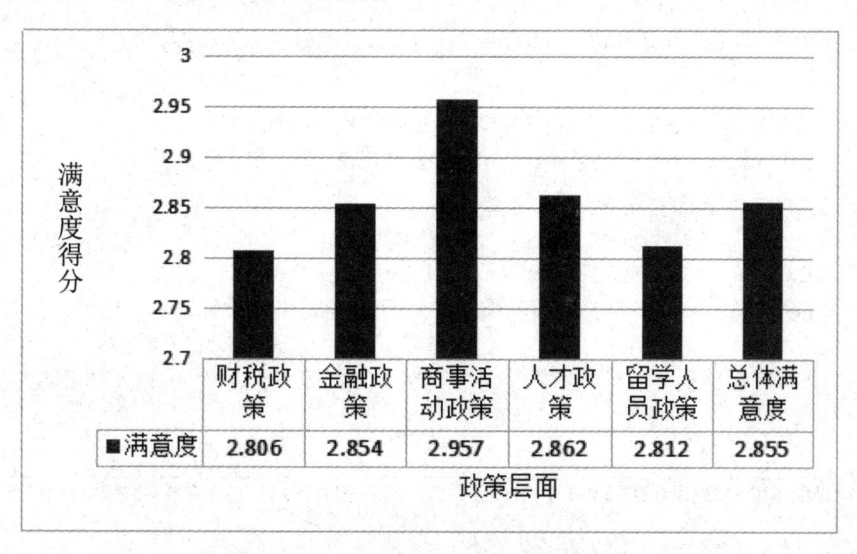

政策层面	满意度
财税政策	2.806
金融政策	2.854
商事活动政策	2.957
人才政策	2.862
留学人员政策	2.812
总体满意度	2.855

图 8-2　陕西省政策满意度评价分布

西安、咸阳、宝鸡的创新创业最为集聚，是陕西省创业的典型代表区域。其创业的水平与能力，创业者的创业精神及创业认知与态度，直接显著影响着陕西省整体创业型经济发展；其创业者对创业政策的满意程度自然也很大程度上决定了陕西省总体的政策满意度水平。为此，本部分采用上文同样的方法测量了西安市、咸阳市、宝鸡市创业者对创业政策的满意水平。

8.2 西安市科技创业者政策满意度评价

同上述方法，得到了五个主成份中各指标相应的系数，数值如下：

$$F_1' = -0.039X_1' + 0.041X_2' + 0.045X_3' + 0.051X_4' + 0.056X_5' + \cdots \\ + 0.050X_{95}' + 0.066X_{96}' + 0.058X_{97}' + 0.052X_{98}' + 0.059X_{99}'$$

$$F_2' = 0.086X_1' + 0.085X_2' + 0.061X_3' + 0.098X_4' + 0.108X_5' + \cdots \\ + 0.068X_{95}' + 0.055X_{96}' + 0.053X_{97}' + 0.047X_{98}' + 0.048X_{99}'$$

$$F_3' = 0.124X_1' + 0.171X_2' + 0.162X_3' + 0.142X_4' + 0.133X_5' + \cdots$$
$$+ 0.029X_{95}' + 0.071X_{96}' + 0.066X_{97}' + 0.073X_{98}' + 0.075X_{99}'$$

$$F_4' = 0.105X_1' + 0.099X_2' + 0.120X_3' + 0.124X_4' + 0.119X_5' + \cdots$$
$$+ 0.188X_{95}' + 0.199X_{96}' + 0.200X_{97}' + 0.198X_{98}' + 0.200X_{99}'$$

$$F_5' = 0.070X_1' + 0.077X_2' + 0.094X_3' + 0.069X_4' + 0.060X_5' + \cdots$$
$$+ 0.079X_{95}' + 0.052X_{96}' + 0.050X_{97}' + 0.059X_{98}' + 0.046X_{99}'$$

根据权重计算主成份的综合得分模型：

$$F' = 0.084X_1' + 0.094X_2' + 0.094X_3' + 0.097X_4' + 0.096X_5' + \cdots$$
$$+ 0.081X_{95}' + 0.089X_{96}' + 0.085X_{97}' + 0.085X_{98}' + 0.086X_{99}'$$

将对应的向量进行归一化处理后便可得到 99 个初级观测指标的具体权重向量：

共 99 个

$$X' = \overbrace{(0.009\ 0.011\ 0.011\ 0.011\ 0.011\ 0.011 \cdots 0.009\ 0.010\ 0.010\ 0.010\ 0.010)}$$

同理，计算二级指标的权重为：

财税政策满意度权重：

共 34 个

$$A_1' = \overbrace{(0.027\ 0.031\ 0.032\ 0.031\ 0.030\ 0.031 \cdots 0.027\ 0.026\ 0.028\ 0.028\ 0.028)}$$

金融政策满意度权重：

共 31 个

$$A_2' = \overbrace{(0.032\ 0.034\ 0.033\ 0.034\ 0.034\ 0.032 \cdots 0.031\ 0.030\ 0.030\ 0.030\ 0.031)}$$

商事活动政策满意度权重：

共 17 个

$$A_3' = \overbrace{(0.057\ 0.060\ 0.060\ 0.059\ 0.062\ 0.061 \cdots 0.061\ 0.057\ 0.054\ 0.054\ 0.055)}$$

人才政策满意度权重：

共 6 个

$$A_4' = \overbrace{(0.136\ 0.223\ 0.335\ 0.246\ 0.230\ 0.190)}$$

留学人员政策满意度权重：

共 11 个

$$A_5' = \overbrace{(0.086\ 0.089\ 0.089\ 0.093\ 0.090\ 0.096\ 0.084\ 0.094\ 0.093\ 0.092\ 0.093)}$$

$A_5' =$

(0.086　0.089　0.089　0.093　0.090　0.096　0.084　0.094　0.093　0.092)

一级指标权重

$A' =$ (0.222　0.263　0.163　0.208　0.144)

$A' =$ (0.222　0.263　0.163　0.208　0.144)

之后算得各一级指标的不同评价等级所占据的权重，具体如下，

财税政策满意度评价归一化处理后结果为：

(0.049　0.153　0.518　0.280)(0.049　0.153　0.518　0.280)

同理：金融政策满意度评价归一化处理后结果为：

(0.025　0.206　0.475　0.294)(0.025　0.206　0.475　0.294)

商事活动政策满意度评价归一化处理后结果为：

(0.013　0.173　0.485　0.329)(0.013　0.173　0.485　0.329)

人才政策满意度评价归一化处理后结果为：

(0.053　0.201　0.423　0.323)(0.053　0.201　0.423　0.323)

留学人员政策满意度评价归一化处理后结果为：

(0.054　0.162　0.479　0.305)(0.054　0.162　0.479　0.305)

西安市创业政策总体满意度评价归一化处理后结果为：

(0.038　0.182　0.476　0.304)(0.038　0.182　0.476　0.304)

从而，计算得到财税政策、金融政策、商事活动政策、人才政策、留学人员政策的满意度水平以及政策总体满意度水平，具体如下所示。

财税政策满意度 = 1 * 0.049 + 2 * 0.153 + 3 * 0.518 + 4 * 0.280 = 3.029

金融政策满意度 = 1 * 0.025 + 2 * 0.206 + 3 * 0.475 + 4 * 0.294 = 3.038

商事活动政策满意度 = 1 * 0.013 + 2 * 0.173 + 3 * 0.485 + 4 * 0.329 = 3.13

人才政策满意度 = 1 * 0.053 + 2 * 0.201 + 3 * 0.423 + 4 * 0.323 = 3.016

留学人员政策满意度 = 1 * 0.054 + 2 * 0.162 + 3 * 0.479 + 4 * 0.305 = 3.035

政策总体满意度 = 1 * 0.038 + 2 * 0.182 + 3 * 0.476 + 4 * 0.304 = 3.046

所以，西安市创业者对创业政策总体比较满意，并且对财税政策、金融政策、商

事活动政策、人才政策和留学人员政策均比较满意。具体如图 8-3 所示。

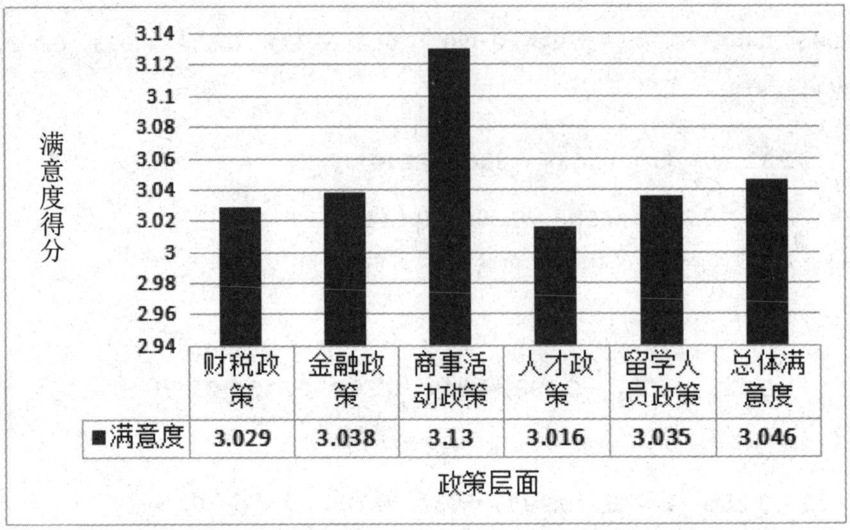
满意度得分
3.14
3.12
3.1
3.08
3.06
3.04
3.02
3
2.98
2.96
2.94
财税政策
金融政策
商事活动政策
人才政策
留学人员政策
总体满意度
■满意度
3.029
3.038
3.13
3.016
3.035
3.046
政策层面

图 8-3 西安市政策满意度评价分布

8.3 咸阳市科技创业者政策满意度评价

同样依据前文方法，计算得到五个主成份中各指标的相应系数，如下：

$$F_1'' = -0.001X_1'' + 0.041X_2'' + 0.077X_3'' + 0.072X_4'' + 0.051X_5'' + \cdots$$
$$+0.126X_{95}'' + 0.124X_{96}'' + 0.126X_{97}'' + 0.126X_{98}'' + 0.126X_{99}''$$

$$F_2'' = 0.134X_1'' + 0.182X_2'' + 0.176X_3'' + 0.176X_4'' + 0.169X_5'' + \cdots$$
$$+0.069X_{95}'' + 0.055X_{96}'' + 0.069X_{97}'' + 0.069X_{98}'' + 0.069X_{99}''$$

$$F_3'' = -0.043X_1'' + 0.012X_2'' + 0.034X_3'' + 0.053X_4'' - 0.008X_5'' + \cdots$$
$$+0.062X_{95}'' + 0.083X_{96}'' + 0.062X_{97}'' + 0.062X_{98}'' + 0.062X_{99}''$$

$$F_4'' = 0.085X_1'' + 0.049X_2'' + 0.067X_3'' + 0.058X_4'' - 0.043X_5'' + \cdots$$
$$+0.085X_{95}'' + 0.083X_{96}'' + 0.085X_{97}'' + 0.085X_{98}'' + 0.085X_{99}''$$

$$F_5'' = 0.173X_1'' - 0.112X_2'' - 0.028X_3'' + 0.082X_4'' + 0.260X_5'' + \cdots$$
$$-0.044X_{95}'' + 0.054X_{96}'' - 0.044X_{97}'' - 0.044X_{98}'' - 0.044X_{99}''$$

根据权重计算主成份的综合得分模型：

$$F'' = 0.027X_1'' + 0.064X_2'' + 0.089X_3'' + 0.091X_4'' + 0.065X_5'' + \cdots \\ + 0.096X_{95}'' + 0.097X_{96}'' + 0.096X_{97}'' + 0.096X_{98}'' + 0.096X_{99}''$$

将对应的向量统一归一化处理后可得到 99 个初级观测指标的具体权重向量：

$$X'' = \overbrace{(0.003\ 0.008\ 0.010\ 0.011\ 0.008\ 0.010\cdots 0.011\ 0.011\ 0.011\ 0.011\ 0.011)}^{\text{共 99 个}}$$

同理，计算二级指标的权重为：

财税政策满意度权重：

$$A_1'' = \overbrace{(0.015\ 0.028\ 0.033\ 0.033\ 0.025\ 0.030\cdots 0.032\ 0.028\ 0.028\ 0.028\ 0.030)}^{\text{共 34 个}}$$

金融政策满意度权重：

$$A_2'' = \overbrace{(0.032\ 0.032\ 0.032\ 0.033\ 0.033\ 0.031\cdots 0.034\ 0.033\ 0.034\ 0.034\ 0.034)}^{\text{共 31 个}}$$

商事活动政策满意度权重：

$$A_3'' = \overbrace{(0.059\ 0.058\ 0.058\ 0.059\ 0.060\ 0.060\cdots 0.059\ 0.058\ 0.056\ 0.059\ 0.059)}^{\text{共 17 个}}$$

人才政策满意度权重：

$$A_4'' = \overbrace{(0.171\ 0.171\ 0.171\ 0.167\ 0.166\ 0.153)}^{\text{共 6 个}}$$

留学人员政策满意度权重：

共 11 个

$$A_5'' =$$
$$(0.090\quad 0.090\quad 0.091\quad 0.091\quad 0.091\quad 0.091\quad 0.091\quad 0.090\quad 0.091\quad 0.091$$

一级指标权重 $A'' = (0.222\quad 0.263\quad 0.163\quad 0.208\quad 0.$

之后，算得各指标不同评价等级所占的权重，具体如下，

财税政策满意度评价归一化处理后结果为：$(0.078\quad 0.112\quad 0.299\quad 0.$

同理：金融政策满意度评价归一化处理后结果为：

（0.054　0.045　0.453　0.

商事活动政策评价归一化处理后结果为：（0.144　0.160　0.430　0.

人才政策满意度评价归一化处理后结果为：（0.118　0.196　0.374　0.

留学人员政策评价归一化处理后结果为：（0.250　0.043　0.579　0.

咸阳市创业政策总体满意度评价归一化处理后结果为：

（0.115　0.110　0.417　0.

所以，最终各一级指标满意度以及政策总体满意度如下所示：

财税政策满意度＝ 1*0.078+2*0.112+3*0.299+4*0.511 ＝ 3.243

金融政策满意度＝ 1*0.054+2*0.045+3*0.453+4*0.448 ＝ 3.295

商事活动政策满意度＝ 1*0.144+2*0.160+3*0.430+4*0.266 ＝ 2.818

人才政策满意度＝ 1*0.118+2*0.196+3*0.374+4*0.312 ＝ 2.88

留学人员政策满意度＝ 1*0.250+2*0.043+3*0.579+4*0.128 ＝ 2.585

政策总体满意度＝ 1*0.115+2*0.110+3*0.417+4*0.358 ＝ 3.018

由此可知，咸阳市创业者对创业政策总体比较满意。其中，对金融政策满意度和财税政策满意度均达到比较满意的水平，对商事活动政策、人才政策和留学人员政策满意度均处于一般水平。具体如图 8-4 所示。

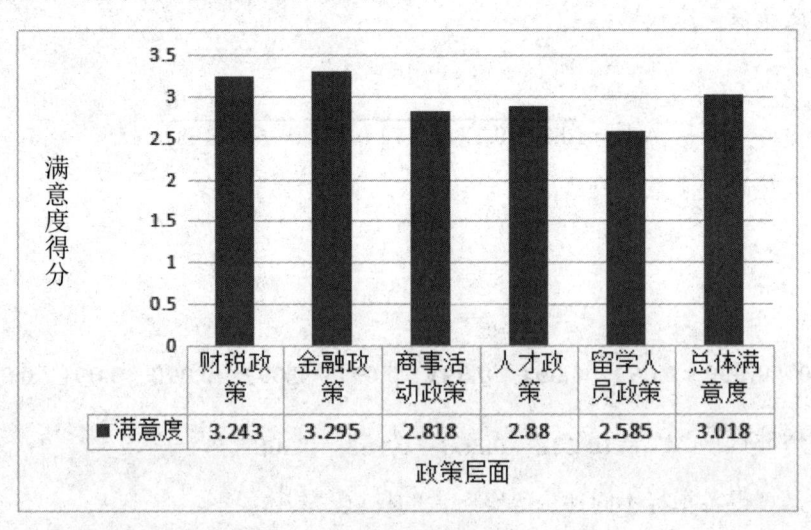

图 8-4　咸阳市政策满意度评价分布

8.4 宝鸡市科技创业者政策满意度评价

同理可计算得到五个主成份中各指标的相应系数，数值如下：

$$F_1''' = 0.067X_1''' + 0.119X_2''' + 0.148X_3''' + 0.136X_4''' + 0.138X_5''' + \cdots$$
$$+ 0.046X_{95}''' + 0.043X_{96}''' + 0.050X_{97}''' + 0.058X_{98}''' + 0.066X_{99}'''$$

$$F_2''' = 0.043X_1''' + 0.051X_2''' + 0.069X_3''' + 0.049X_4''' + 0.052X_5''' + \cdots$$
$$+ 0.196X_{95}''' + 0.202X_{96}''' + 0.180X_{97}''' + 0.190X_{98}''' + 0.143X_{99}'''$$

$$F_3''' = -0.052X_1''' + 0.027X_2''' + 0.036X_3''' + 0.053X_4''' + 0.036X_5''' + \cdots$$
$$+ 0.042X_{95}''' + 0.035X_{96}''' + 0.049X_{97}''' + 0.092X_{98}''' + 0.078X_{99}'''$$

$$F_4''' = 0.013X_1''' + 0.077X_2''' + 0.066X_3''' + 0.056X_4''' + 0.051X_5''' + \cdots$$
$$+ 0.066X_{95}''' + 0.063X_{96}''' + 0.061X_{97}''' + 0.048X_{98}''' + 0.078X_{99}'''$$

$$F_5''' = 0.217X_1''' + 0.261X_2''' + 0.192X_3''' + 0.141X_4''' + 0.099X_5''' + \cdots$$
$$+ 0.008X_{95}''' + 0.039X_{96}''' + 0.012X_{97}''' + 0.034X_{98}''' + 0.023X_{99}'''$$

根据权重计算主成份的综合得分模型：

$$F''' = 0.038X_1''' + 0.086X_2''' + 0.092X_3''' + 0.082X_4''' + 0.075X_5''' + \cdots$$
$$+ 0.083X_{95}''' + 0.084X_{96}''' + 0.081X_{97}''' + 0.094X_{98}''' + 0.086X_{99}'''$$

将对应的向量统一归一化处理后便可得到99个初级指标的具体权重向量：

$$X''' = (0.004\ 0.010\ 0.011\ 0.010\ 0.009\ 0.010\cdots 0.010\ 0.010\ 0.010\ 0.011\ 0.010)$$

同理，计算二级指标的权重为：

财税政策满意度权重：

共34个

$$A_1''' = (0.014\ 0.029\ 0.032\ 0.029\ 0.026\ 0.026\cdots 0.030\ 0.028\ 0.029\ 0.031\ 0.029)$$

金融政策满意度权重：

共31个

$$A_2''' = (0.034\ 0.036\ 0.033\ 0.036\ 0.033\ 0.034\cdots 0.036\ 0.032\ 0.029\ 0.034\ 0.035)$$

商事活动政策满意度权重：

共17个

$$A_3''' = (0.058\ 0.057\ 0.059\ 0.058\ 0.060\ 0.058\cdots 0.064\ 0.039\ 0.056\ 0.055\ 0.050)$$

人才政策满意度权重：

$$A_4''' = (\overbrace{0.165\ 0.175\ 0.173\ 0.164\ 0.159\ 0.164}^{\text{共6个}})$$

留学人员政策满意度权重：

$$A_5''' = (\overbrace{0.083\ 0.091\ 0.092\ 0.091\ 0.089\ 0.091\ 0.094\ 0.093\ 0.091\ 0.097\ 0.087}^{\text{共11个}})$$

一级指标权重　　$A''' = (0.222\quad 0.263\quad 0.163\quad 0.208\quad 0.$

根据评价矩阵和指标权重，计算得到如下结果，

财税政策满意度评价归一化处理后结果为：　　$(0.139\quad 0.275\quad 0.370\quad 0.$

同理：金融政策满意度评价归一化处理后结果为：

$(0.146\quad 0.288\quad 0.343\quad 0.$

商事活动政策满意度评价归一化处理后结果为：

$(0.116\quad 0.264\quad 0.346\quad 0.$

人才政策满意度评价归一化处理后结果为：

$(0.167\quad 0.248\quad 0.316\quad 0.$

留学人员政策满意度评价归一化处理后结果为：

$(0.135\quad 0.300\quad 0.311\quad 0.$

宝鸡市创业政策总体满意度评价归一化处理后结果为：

$(0.142\quad 0.275\quad 0.340\quad 0.$

所以，最终算得各一级指标的满意度水平，如下所示，

财税政策满意度 = 1*0.139+2*0.275+3*0.370+4*0.216 = 2.663

金融政策满意度 = 1*0.146+2*0.288+3*0.343+4*0.223 = 2.643

商事活动政策满意度 = 1*0.116+2*0.264+3*0.346+4*0.274 = 2.778

人才政策满意度 = 1*0.167*2*0.248+3*0.316+4*0.269 = 2.687

留学人员政策满意度 = 1*0.135+2*0.300+3*0.311+4*0.254 = 2.684

政策总体满意度 = 1*0.142+2*0.275+3*0.340+4*0.243 = 2.684

由此可知，宝鸡市创业者对创业政策总体满意度水平一般，对各政策层面的满意度均处于一般水平。具体如图 8-5 所示。

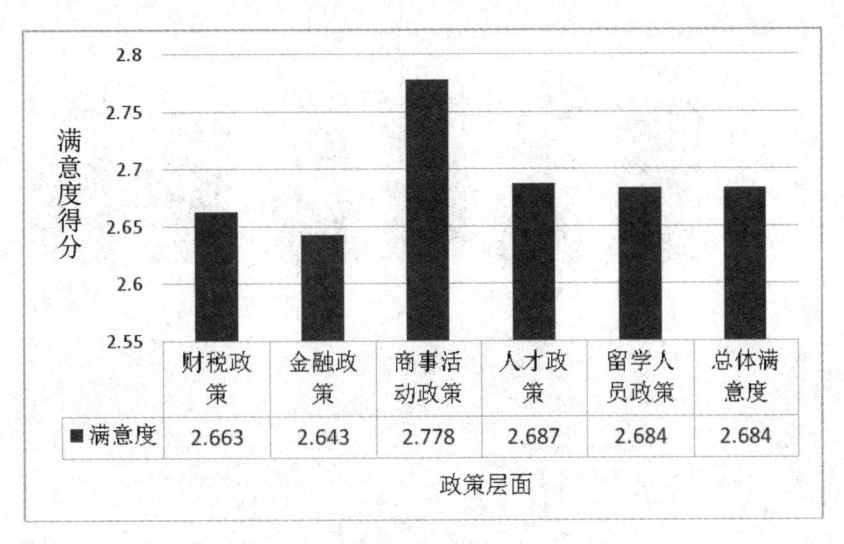

图 8-5　宝鸡市政策满意度评价分布

将有关各地区以及陕西省对财税政策、金融政策、商事活动政策、人才政策和留学人员政策满意度水平汇总到表 8-5 和图 8-6 中。调查结果显示，陕西省创业者政策总体满意度水平一般（介于不太满意和比较满意之间），且各政策层面的满意度水平均一般。说明陕西省在各大政策层面上均有很大的改进空间，创业者对创业政策还有很多未能满足的需求。

分区调查显示，西安和咸阳的创业者对政策比较满意（西安满意度最高，咸阳其次），宝鸡满意度一般。这可能与西咸一体化，西安与咸阳的地缘政治、经济、文化紧密相联、互动频繁、深度交织融合有关。宝鸡创业者政策满意度一般，也符合地理经济学的圈层极化衰减理论。既不是省会，又不是国家战略的特级节点，关注度衰减，省政府期许度衰减，自我定位、自我期许与效能感自我降级，历史传统产业格局与结构导致路径依赖和科技锁定，多种因素引发各种有利于和助力于创新创业的资源在宝鸡的投入和积聚程度衰减，创业者对已出台政策程度满意度呈现递减趋势。

表 8-5　　满意度得分地区对比情况

	财税政策	金融政策	商事活动政策	人才政策	留学人员政策	总评价
西安	3.029	3.038	3.13	3.016	3.035	3.046
咸阳	3.243	3.295	2.818	2.88	2.585	3.018
宝鸡	2.663	2.643	2.778	2.687	2.684	2.684
陕西省	2.806	2.854	2.957	2.862	2.812	2.855

政策层面	财税政策	金融政策	商事活动政策	人才政策	留学人员政策	总评价
西安	3.029	3.038	3.13	3.016	3.035	3.046
咸阳	3.243	3.295	2.818	2.88	2.585	3.018
宝鸡	2.663	2.643	2.778	2.687	2.684	2.684
陕西省	2.806	2.854	2.957	2.862	2.812	2.855

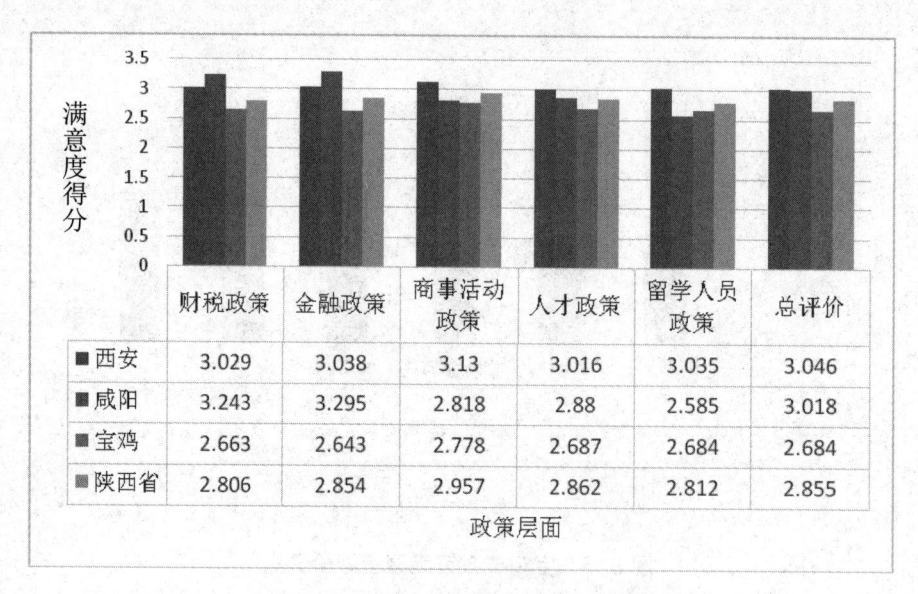

图 8-6 政策满意度得分地区对比

8.5 评价结论

本章基于对陕西省西安市、咸阳市和宝鸡市创业企业的调查，运用模糊综合评价方法，评估了创业者对相关创业政策的满意度，评估结论如下：

（1）从总体政策制定和实施的满意度看，研究表明，近年来陕西省的创业政策环境有了比较明显的改善，但是创业者对已有创业政策的总体满意度仍然水平一般，介于不太满意和比较满意之间。主要原因是：近年来，陕西省出台了一系列的促进创业的政策，但是政策体系的完整性、政策工具的协调性、政策调节的着力点和政策的执行力仍然缺乏。由于政策执行体制、执行部门和人员的素质能力、执行监督评估机制不完善，即使是好的政策也往往难以充分释放效应，造成政策效应预期未能充分实现。

（2）从各类政策的满意度评估看，创业者对已有的各类政策的满意度水平具有明显的差异。从被调查企业总体上看，各类政策满意度得分顺序为，政府的商事活动政策得分最高，其次是人才政策、金融政策、留学人员政策、财税政策。从不同城市看，处于陕西省发展核心区域的西安市和咸阳市的创业者对政策总体比较满意（处于比较满意的边缘），尽管咸阳市的创业者对商事活动政策、人才政策、留学人员政策满意度一般；而处于陕西省经济发展次核心区域的宝鸡市创业者对政策满意度水平一般。

第九章 陕西省科技创新创业政策满意度关键因素识别

在前面有关政策满意度模糊综合评价结果的基础上,本部分首先从宏观层面上分析陕西省金融环境、财税环境以及人才环境等存在的主要问题。之后,运用四分图模型法分别构建了咸阳市在商事活动政策、人才政策和留学人员政策方面的四分象限图,宝鸡市在财税政策、金融政策、商事活动政策、人才政策、留学人员政策方面的四分图,寻找影响创业者政策满意度的主要因素,深度剖析处于一般满意水平的政策层面,以进一步改进。

9.1 影响陕西省满意度的关键因素识别与分析

9.1.1 创业金融环境分析

1. 创业金融环境主要问题

表 9-1 创业主要困难统计分析数据显示,自有资金不足(50.6%)被创业者认为是其创业所遇困难之首,其次是创业人才缺乏(39.1%)和创业融资困难(34.3%)。一方面凸显了资金保障在陕西省创业中起着决定性驱动作用,反映出陕西省乃至全国的创业形态仍处于重资产创业模式;另一方面也说明创业的金融环境仍然不好,创业融资渠道不发达,间接和直接融资十分困难,极大地制约了创业企业的起步和快速成长。进一步说明创业者创业观念的落后、创业融资知识的缺失、创业金融机构的不足或创

业金融政策及执行的缺陷导致创业金融产品与服务供给的严重稀少。

表 9-1　　　　　　　　　　创业主要困难统计分析

统计内容	类别	测量代码	样本数量	百分比（%）
创业困难	创新成果保护不周	1	39	16.7
	自有资金不足	2	118	50.6
	创新思路不清晰	3	43	18.5
	创业人才缺乏	4	91	39.1
	创业融资困难	5	80	34.3
	政策落实不到位	6	34	14.6
	技术成果转让费高	7	19	8.2
	创业公共服务不足	8	43	18.5

创业者创业资金主要依靠个人储蓄，其次是银行贷款，而风险投资所占比重最小（见图 9-1），这完全背离于当代创业的主流投资融资渠道。在调查中发现，政府的创业帮扶资金虽然占比不高（25.3%）但已超过亲友借款占比（18.5%），对启动创业的作用不容小觑，说明政府帮扶资金在启动创业初期发挥了关键作用。但这样的帮扶毕竟在时间和数量方面是有限的，试图带动风投跟进等直接融资成为主流融资模式的期许未能如愿。在我国上海、深圳、北京、浙江等经济发达区域，以及创业经济活跃的发达国家，企业创业成长所需资金主要来源于完善的资本市场各类资金融资渠道，特别是天使投资、风险投资等。可见，陕西省创业资金来源渠道过于狭窄单一，融资方式仍然传统，必然会压抑创业者的创业积极性，制约企业快速成长发展。

在银行融资方式的选择上，创业者高度依赖国有五大行（见图 9-2）；民营股份制银行作为银行融资的重要补充方式，占比 33.4%；小额贷款公司、民间小型借贷公司及外资银行融资占比分别是 17.60%、7.70% 和 5.20%。说明，一是创业企业选择融资机构的观念仍然比较传统，但是由于五大银行的经营习惯及贷款条件过高且苛刻，创业企业又难以获得及时足额的融资保障；二是陕西省的金融机构不发达、资本市场不活跃，加上其他融资机构经营不规范，创业企业的融资机构、方式选择十分有限；三是许多创业者不了解、不熟悉越来越多样化的融资机构和融资方式渠道，缺乏专业化的融资知识，不善于在直接融资渠道中获取资金。

银行过多地看重企业规模、盈利率和企业信用等企业现有价值（见图 9-3），而较少看重企业的发展前景及其所属行业的未来潜力，这将不利于创业者启动创业，也不利于新创企业的生存发展，同时会将好的创业项目扼杀在摇篮中。加之其高额的贷款利率和复杂的贷款手续（见图 9-4）以及创业者缺乏有效资产抵押（如图 9-5），使得创新创业者获得贷款难上加难。这一方面与银行这种融资模式的代理性质相关，高利率、复杂手续和对小微企业惜贷已成银行融资定势，改善空间较小；另一方面与创业者融资机构过分依赖五大国有股份制银行，缺乏多样化融资选择知识有关。这就要求陕西省加快培育发展资本市场，特别是直接融资渠道，为创业者提供更加多元化的创业融资渠道、丰富创业融资模式，帮助创业者摆脱银行贷款融资的束缚。

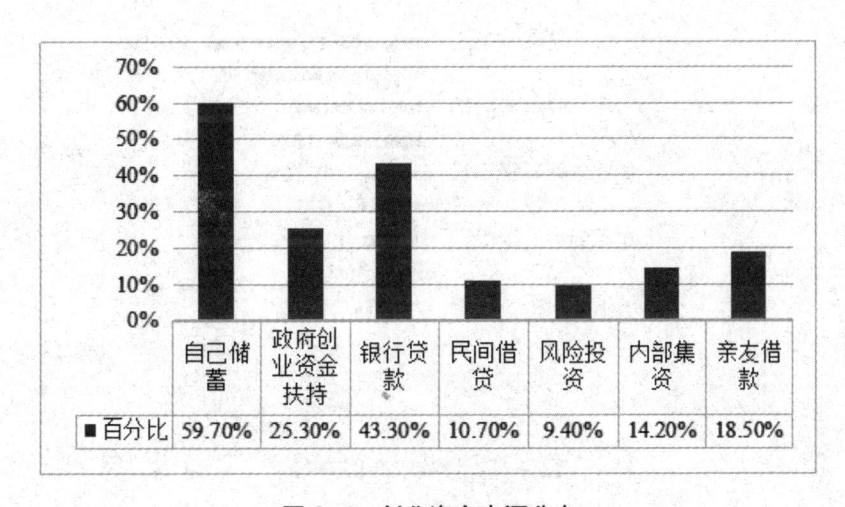

	自己储蓄	政府创业资金扶持	银行贷款	民间借贷	风险投资	内部集资	亲友借款
百分比	59.70%	25.30%	43.30%	10.70%	9.40%	14.20%	18.50%

图 9-1　创业资金来源分布

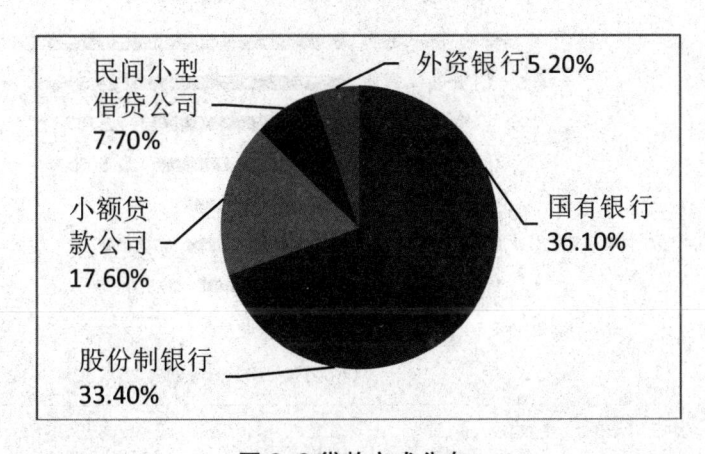

- 外资银行 5.20%
- 民间小型借贷公司 7.70%
- 小额贷款公司 17.60%
- 股份制银行 33.40%
- 国有银行 36.10%

图 9-2 贷款方式分布

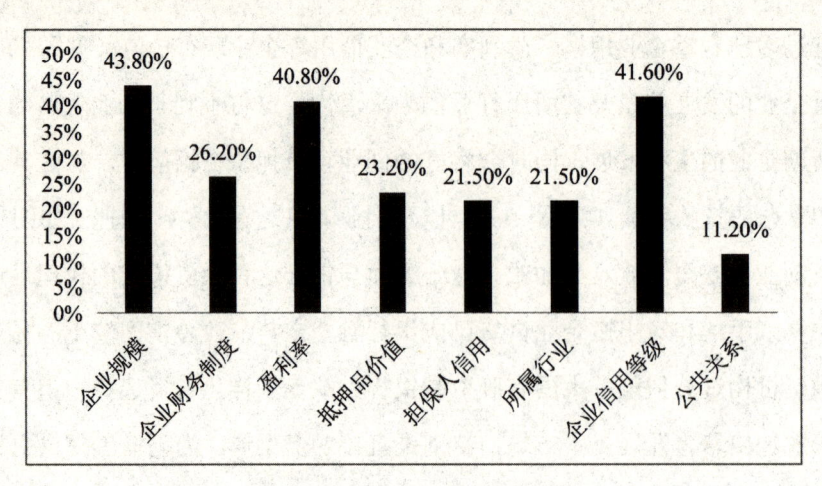

图 9-3　创业融资优势分布

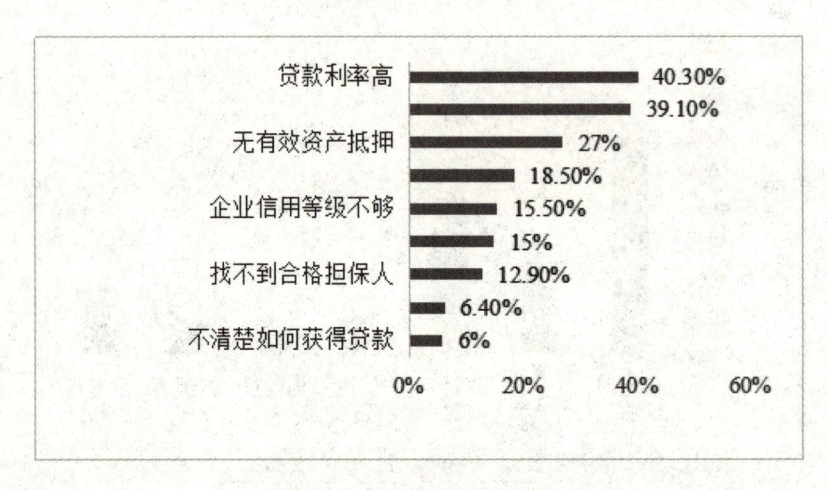

图 9-4　贷款难原因分布

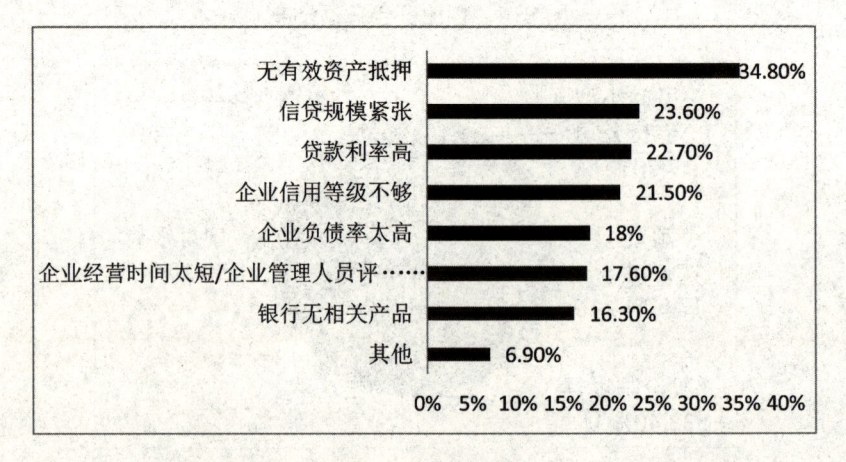

图 9-5　拒贷理由

2. 创业者金融政策愿景分析

本研究专门设置多选问项,试图寻找陕西省创业者的直接金融政策诉求,以便能够对接前文的数据分析与研究结果,最终为陕西省创业金融政策的改进与完善提出切实有效的对策建议,使政策真正落到实处。

创业者认为,担保机制多样化、融资渠道多样化、增加新的贷款品种是银行主管部门最有效和最紧迫的解决当前企业融资难问题的措施(见表 9-2)。这说明,陕西省乃至全国金融发展的供小于求、供需失衡的大格局。在稳妥有利的内外环境下,金融理念创新、体制创新、商业模式创新、产品与服务创新、管理创新、风险防范创新等势在必行。

表 9-2　　银行解决融资难方式分布

统计内容	类别	测量代码	样本数量	百分比(%)
企业认为银行主管部门解决企业融资难的方式	协调担保	1	63	27
	担保机制多样化	2	98	42.1
	融资信息透明化	3	63	27
	完善中小银行贷款体系	4	57	24.5
	融资渠道多样化、增加新的贷款品种	5	87	37.3
	完善中小企业的相关信用评级体制	6	46	19.7
	降低贷款抵押、评估的收费	7	71	30.5
	简化贷款程序,缩短贷款审批时间	8	73	31.3
	完善对信贷人员的激励与约束机制	9	19	8.2

在企业融资难解决方案中,建立专门向小企业放贷的金融机构、建立小企业信用评级制度和推动"动产"质押普及化三种方式被创业者认为是最主要和最需要的解决措施(见表 9-3)。这说明,当前金融市场缺乏对这三方面的开展与支持。

表 9-3　　　　　　　　企业融资难解决方案统计分析

内容	类别	测量代码	样本数量	百分比 (%)
最能改善企业融资难的措施	推动"动产"质押普及化	1	106	45.5
	推广小额贷款公司	2	45	19.3
	推广担保公司	3	48	20.6
	建立小企业信用评级制度	4	114	48.9
	建立专门向小企业放贷的金融机构	5	120	51.5
	"放贷人条例"使自然人放贷合法化	6	37	15.9

由表 9-4 数据可知，大部分创业者希望政府加快发展科技型中小企业资本市场，鼓励发展创投业以及进一步建立、发展并完善中小型金融服务机构体系。表明科技型企业并不向往从政府手里直接获取补贴、优惠等，而是渴望政府能够将融资市场环境建好、营造好，制定完善的运行规则。如果这三个诉求能够被重视并加以实现，可大大缓解科技型中小企业融资难问题，同时也实现了其融资常态化、制度化、规范化以及风险防范的长效机制。

表 9-4　　　　　　　　政府今后应努力的方向分布

内容	类别	代码	样本量	百分比 (%)
企业认为银行主管部门解决企业融资难的方式	建立、完善中小金融服务体系	1	109	46.8
	加快发展科技型中小企业资本市场	2	130	55.8
	加大对已有信用担保机构的支持	3	82	35.2
	鼓励发展创投业	4	116	49.8
	鼓励发展小额贷款公司	5	16	6.9
	利用政策引导金融机构更多地向科技型中小企业贷款	6	47	20.2
	加强政府和科技型中小企业之间的沟通	7	47	20.2
	建立和完善统一的企业征信体系	8	39	16.7
	政府招标、采购向科技型中小企业倾斜	9	25	10.7

9.1.2 创业税负环境分析

表 9-5 显示，高新技术企业所得税减免税额和技术开发费加计扣除额（50% 部分）这两项是被调查企业享受最多的税收优惠，这与本次调研的样本大多属于高新区企业有关，同时也反映出政府对科技型企业的税收优惠政策落实得较好。但其他方面政策条款的享受程度并不高，说明政府在税收政策的诸多方面需要完善和加强，同时也要做好政策的宣传和落实工作。

表 9-5　　企业已享受税收优惠政策分布

优惠政策	数量	百分比 (%)
符合条件的小型微利企业	58	24.9
国家重点帮助支持的基础设施方面投资经营的所得减免	63	27
技术开发费用加计扣除额（50% 部分）	72	30.9
满足条件的技术在转让过程中的所得减免税额	60	25.8
高新技术型企业在所得税方面的减免税额	92	39.5
在环境保护以及节能节水方面的所得减免税	30	12.9
资源的综合全面利用减计收入减免税额	16	6.9
在农、林、牧、渔业方面的所得减免税额	14	6
对于安排残疾人就业的小型微型企业减免税额	13	5.6
其他	13	5.6

表 9-6 表明，各类不合理收费类别多少都会存在，并无突出或典型的收费类别或模式成为主导，这也可能反映出政府机构部门分工过细、门头林立，都会对企业施加一定程度的乱收费行为，并成为习惯和常态化的模式。这也同样由图 9-6 中数据证明，乱收费被创业者认为是负担重的最主要原因，其次是乱检查。

表 9-6　　政府不合理收费分布情况

不合理收费情况	数量	百分比 (%)
擅自扩大检查的范围或者压缩检查的周期或者私自制定年检和年审等方面制度规定	48	20.6
随意占用、借用以及无偿征用企业的产品、办公建筑物、汽车等方面财物	34	14.6

续表

不合理收费情况	数量	百分比 (%)
随意向企业索取有关财物或者私自要求企业为其报销各种费用以及提供各种办案经费	44	18.9
采用较低价格购买企业的产品、服务或拖欠企业合理合法的劳务费用	35	15
采取直接或间接方式强制企业为其提供所需的相关赞助、资助等或者捐献所需财物	39	16.7
强行规定企业登载相关广告、参与有偿报道或者订购、编辑报刊、图书及音像资料等	41	17.6
强行规定企业购买某些商品或者接受某些特定的检测、咨询、商业保险等方面服务	30	12.9
强行规定企业参加学会、协会、研究会，参与培训、展览、考核、评比、达标等	44	18.9
要求企业为某些单位或个人的债务担保	19	8.2
有无其他增加企业负担的行为	25	10.7

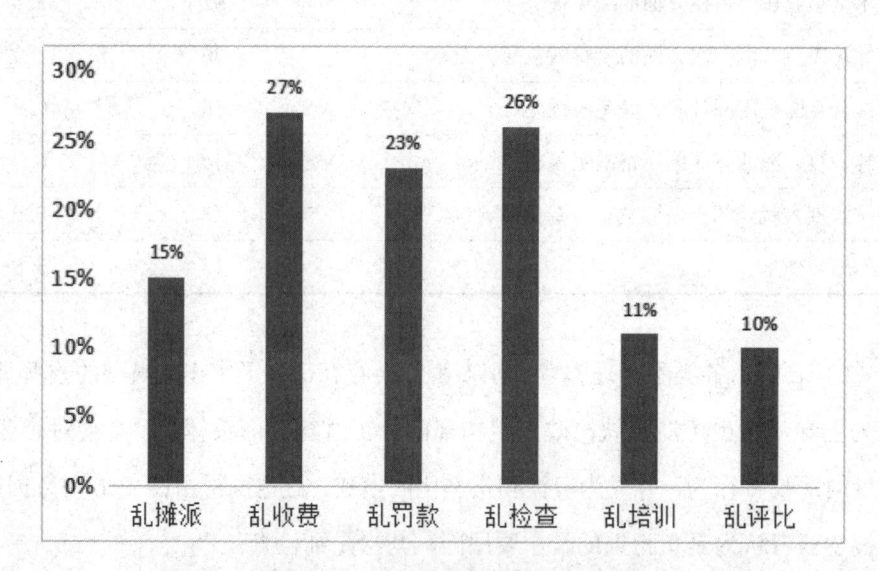

图 9-6 企业负担重主要原因分布

图 9-7 表明：多数企业承担了基本的税种交纳，部分企业可能得到了税收优惠和减免，税赋负担并不太重，也存在偷逃税款的可能。企业主个人所得税交纳占比非常小，有利于增强创业者的积极性和热情。图 9-8 显示，工商部门成为企业行政事业性收费的主力部门，应当进一步加大修订并压缩行政事业性收费目录，列出清单，设立统一的违规举报平台，多管齐下，给科技型企业减负。

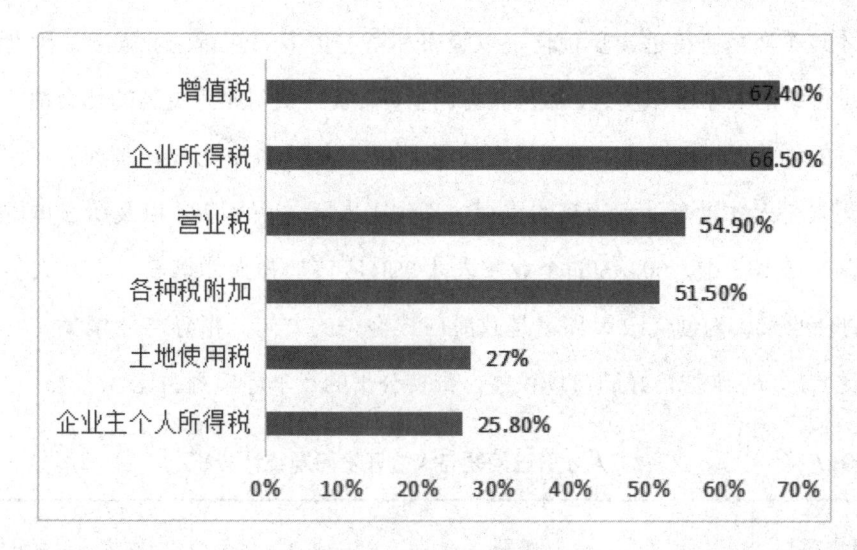

图 9-7　现行主要税种分布

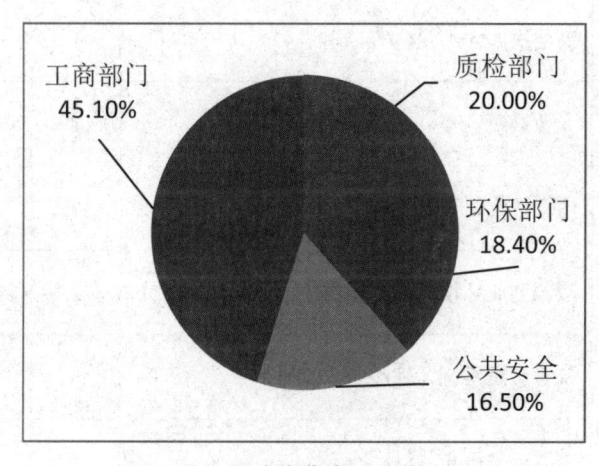

图 9-8　行政收费来源分布

9.1.3 创业人才环境分析

就人才方面而言，调查对象在人才引进、人才开发以及对于政府加强人才建设方面的意见做了相应选择与表达（见表 9-7 和表 9-8）。由表 9-7 可知，高层次人才以及符合企业需求的人才的缺乏、政策创业环境吸引力的不足、人才获取渠道的单一主要影响了企业创业中的人才队伍建设，影响企业健康发展。陕西省是教育科技大省和人才大省，照理说不应缺乏创新创业人才。但是现实告诉我们，科技人才不等于创新创业人才，创新创业人才是一类具有特殊素质能力的复合型稀缺人才。导致人才缺乏的基本原因：一是传统教育模式培养的人才不适应创新创业的需求；二是说明创新创业的人才政策环境有待进一步优化，以吸引和留住更多的创新创业人才。因此，我们需要反思传统的人才培养模式、加快教育创新，需要给予创业者更高的社会地位评价，创造更好的创业者、创业家、企业家的生长环境。由图 9-9 可知，制约人才作用发挥的主要因素是人才没有受到应有的重视，工作中人际关系复杂，以及所在单位的发展空间有限。表 9-8 中，60.9% 的企业家人才政府应该加强人才培养，提高人员素质；58.8% 的企业家认为创优政策环境是政府应该努力的方向；指导产业聚集，引导企业发展占比 48.5%；维护良好的市场秩序，维持公平的竞争环境则占比 37.8%。

表 9-7　　人才引进问题与人才开发问题统计分析

统计内容	类别	代码	样本量	百分比 (%)
人才引进问题	高层次人才不足，难以引进	1	94	40.3
	专业素质较差，难以满足需要	2	79	33.9
	流动性大，不好管理	3	88	37.8
	政策创业环境吸引力不够	4	81	34.8
	综合素质不强，缺少合作精神	5	71	30.5
人才开发问题	人才流失严重	1	90	38.6
	人才信息沟通不及时	2	89	38.2
	校企合作不够	3	48	20.6
	员工培训的成本高	4	70	30
	人才的获取渠道不畅通，真正满足企业要求的人才难找	5	117	50.2

第九章 陕西省科技创新创业政策满意度关键因素识别

```
没有受到应有的重视         31.60%
工作中人际关系复杂         27.90%
所在单位发展空间有限       26.20%
单位的管理制度不利于开展工作  13.70%
缺乏必要的工作条件和经费    11.60%
缺乏国外交流的机会         11.20%
政府公共服务不够到位       10%
分配、激励机制不到位       9%
                    0%  5% 10% 15% 20% 25% 30% 35%
```

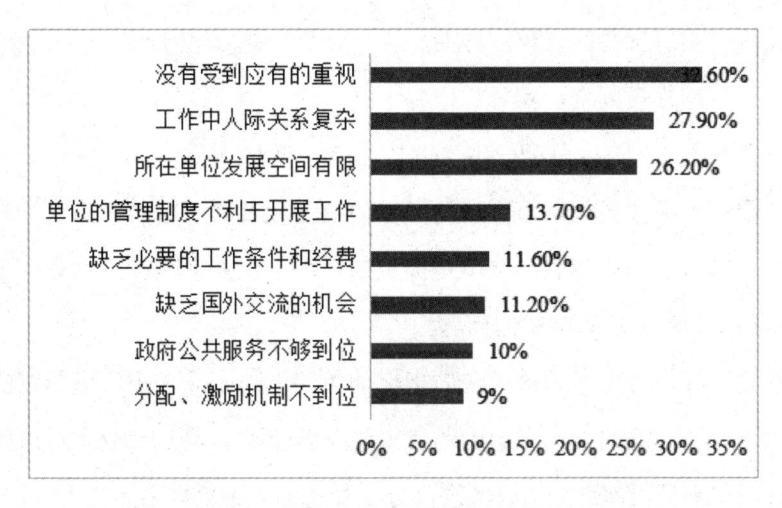

图 9-9　制约人才作用发挥的因素分布

表 9-8　　　　　　　　　政府人才建设努力统计分析

统计内容	类别	测量代码	样本数量	百分比(%)
政府如何加强人才队伍建设	指导产业聚集，引导企业发展	1	113	48.5
	创优政策环境，吸引人才流动	2	137	58.8
	加强人才培养，提高核心素质	3	142	60.9
	维持市场秩序，保证公平竞争	4	88	37.8

9.2 咸阳市政策满意度关键影响因素识别与分析

9.2.1 四分象限模型图简介

"四分象限图模型"又为重要要素推导模型，偏向于定性研究。采用调研、访谈等形式归纳出所有影响企业客户服务的绩效指标，并对各指标设置满意度和关注度两个属性，根据顾客打分，分别将影响企业服务质量的因素划分到不同对应象限，进行区别处理。本文将创业者对创业政策各指标的关注度分值作为横坐标，将创业者对创业政策各指标的满意度分值作为纵坐标，将影响创业者政策满意度的各指标要素纳入四个象限中，根据各象限的不同属性实现对关键驱动要素的识别和鉴定。

第一象限：高度关注区。该区域的指标是高关注度和高满意度，表明了这些要素对创业者而言是关键性要素，需要继续保持并得到进一步发展和优化。

第二象限：维持优势区。该区域的指标属于低关注度和高满意度，表明这些要素对于创业者而言是次要因素，实际价值并不是很大。对于这部分要素只需要保持现状即可，若考虑到资源的有效分配，则可以从这部分要素做起。

第三象限：无关紧要区。该区域的指标的关注度及其对应的满意度均处于较低水平。这部分要素对于创业者而言并不是很重要，而且创业者对其满意度也不是很高，这部分要素并不是最为急需解决的问题。

第四象限：优先改进区。该区域的指标的关注度属于高水平，而其对应的满意度却处于低水平。该区域的指标对于创业者来说十分重要，但是创业者对这些方面的目前状况和表现并不是很满意。所以，这部分是最急迫和最需要着手去解决的问题。

前文结果显示，西安市在各政策层面均比较满意，咸阳市在商事活动政策、人才政策和留学人员政策层面满意度一般，宝鸡市在五个政策层面均表现为满意度一般，本部分将重点运用四分象限图模型分析咸阳市和宝鸡市创业者对于政策满意度评价处于一般水平的关键影响因素，探索有关政策满意度的未来主要提升方向。

9.2.2 主成份分析

咸阳市科技创业商事活动政策满意度分析的初级指标共有 17 个，对这些指标进行主成份分析，提取 3 个公因子，其累积方差贡献率为 98.746%，即已经提取出了主要成份（见表 9-9）。表 9-10 列示了旋转后的因子载荷矩阵，用于后续计算。

表 9-9　　　　　　　　前三项因子的累计方差贡献率

因素 C	初始特征值			提取平方和载入			旋转平方和载入		
	合计	方差(%)	累积(%)	合计	方差(%)	累积(%)	合计	方差(%)	累积(%)
1	16.327	96.044	96.044	16.327	96.044	96.044	6.606	38.857	38.857
2	0.286	1.680	97.724	0.286	1.680	97.724	6.516	38.329	77.186
3	0.174	1.022	98.746	0.174	1.022	98.746	3.665	21.560	98.746

提取方法：主成份分析。

表 9-10　　　　　　　　　　旋转后的因子载荷矩阵

	成份		
	1	2	3
1	0.726	0.497	0.466
2	0.756	0.475	0.434
3	0.756	0.475	0.434
4	0.652	0.616	0.409
5	0.621	0.624	0.456
6	0.590	0.665	0.448
7	0.621	0.624	0.456
8	0.791	0.527	0.253
9	0.543	0.711	0.444
10	0.670	0.571	0.460
11	0.543	0.711	0.444
12	0.543	0.711	0.444
13	0.545	0.722	0.421
14	0.622	0.450	0.621
15	0.390	0.577	0.709
16	0.545	0.722	0.421
17	0.545	0.722	0.421

从上表中的数据可以得到有关于三个主成份的线性组合，具体如下所示：

$F_{1''}=0.282X_{1''}+0.294X_{2''}+0.294X_{3''}+0.254X_{4''}+0.242X_{5''}+\ldots+0.212X_{13''}+0.242X_{14''}+0.152X_{15''}+0.212X_{16''}+0.212X_{17''}$

$F2_{''}=0.195X_{1''}+0.186X_{2''}+0.186X_{3''}+0.241X_{4''}+0.244X_{5''}+\ldots+0.283X_{13''}+0.176X_{14''}+0.226X_{15''}+0.283X_{16''}+0.283X_{17''}$

$F_{2''}=0.243X1_{''}+0.227X_{2''}+0.227X_{3''}+0.214X_{4''}+0.238X_{5''}+\ldots+0.220X_{13''}+0.324X_{14''}+0.370X_{15''}+0.220X_{16''}+0.220X_{17''}$

根据权重计算主成份的综合得分模型：

$F_{''}=0.059X_{1''}+0.058X_{2''}+0.058X_{3''}+0.059X_{4''}+0.060X_{5''}+\ldots+0.059X_{13''}+0.058X_{14''}+0.056X_{15''}+0.059X_{16''}+0.059X_{17''}$

9.2.3 四分象限模型图构建与分析

由上述综合得分模型可分别得到商事活动政策满意度 17 个测量指标的关注度系数，具体如表 9-11 所示。

表 9-11 商事活动政策关注度

指标	注册资本低于 50 万元的小微企业，其注册资本可以享受零首付（C_{66}）	允许微型微利非正规创业实体免于工商注册登记，享受备案制（C_{67}）	创办小微企业时非货币资金额最高可占公司注册资本的 70%（C_{68}）	允许创业者使用住所、租借房、临时用商业房等进行创业注册（C_{69}）	科技人员创业因资金紧张、生产成本上涨导致 6 个月未开展经营活动可申请一年内暂缓吊销营业执照（C_{70}）
关注度	0.059	0.058	0.059	0.060	0.060
指标	省十大科技园区扶持重大自主创新成果产业化项目的如愿规划，加快高科技产业的集群化发展（C_{71}）	区市创业指导中心免费为创业者提供创业培训、小额贷款、税费优惠减免、政策制度咨询等服务（C_{72}）	4000 个小微企业公共服务平台，500 个国家中小企业公共服务示范平台增强相关创业政策制度咨询、创新创业、知识产权、投融资、管理、检测、人才引进与培养、市场开发与拓展、财务知识普及与指导、信息化建设与服务功能，重点为小微企业提供质优价惠的服务（C_{73}）	创业孵化中心、生产力促进中心建成有效运营后给予一次性 30 万元以内专项补助（C_{74}）	企业在科技大市场进行技术交易、信息咨询、项目对接、参加优惠政策培训会享受免费服务（C_{75}）
关注度	0.060	0.060	0.057	0.059	0.059
指标	建立、健全集中采购的分销平台，支持小微企业合力采购、集中配送，从而减少采购成本（C_{76}）	100 个国家级和省级的工程研究中心，100 多个示范推广基地，用于改善企业创新工作条件（C_{77}）	大专院校、科研院所和大企业为小型微型企业提供、免费开放所需的研发试验设备与设施（C_{78}）	省科技资源统筹中心从政策支持、投资服务、一起共享、检验检测、资金支持、专业培训、场所供应为科技人才创新创业提供良好服务（C_{79}）	产业技术创新战略联盟，建立技术创新服务平台以服务小微企业技术创新（C_{80}）

续表

关注度	0.059	0.059	0.059	0.058	0.056
指标	省上利用有关专利技术的转移平台帮扶本省专利技术就地商业化转化（c_{81}）	科技中介单位在高新区开展技术评价与评估、技术成果转让、技术管理与咨询等服务，依标准提供对应的房租和物业费补贴（c_{82}）			
关注度	0.059	0.059			

本研究主要采用李克特四级量表，即非常不满意(1)、不太满意(2)、比较满意(3)、非常满意（4）。表 9-12 展示了被调查者分别在商事活动政策满意度 17 个测量指标的不同评价等级上所占的样本数和百分比。

表 9-12　　　　　　　　商事活动政策满意评价统计

态度指标	非常不满意 1		不太满意 2		比较满意 3		非常满意 4	
	样本数	百分比(%)	样本数	百分比(%)	样本数	百分比(%)	样本数	百分比(%)
c_{66}	1	10	2	20	3	30	4	40
c_{67}	1	10	2	20	2	20	5	50
c_{68}	1	10	2	20	2	20	5	50
c_{69}	2	18.2	1	9.1	3	27.3	5	45.5
c_{70}	1	10	1	10	4	40	4	40
c_{71}	1	14.3	1	14.3	4	57.1	1	14.3
c_{72}	1	10	1	10	4	40	4	40
c_{73}	0	0	0	0	3	50	3	50
c_{74}	1	16.7	1	16.7	4	66.7	0	0
c_{75}	1	16.7	2	33.3	3	50	0	0
c_{76}	1	16.7	1	16.7	4	66.7	0	0
c_{77}	1	16.7	1	16.7	4	66.7	0	0
c_{78}	2	28.6	1	14.3	4	57.1	0	0
c_{79}	2	18.2	1	9.1	4	36.4	4	36.4
c_{80}	1	14.3	1	14.3	5	71.4	0	0
c_{81}	2	28.6	1	14.3	4	57.1	0	0
c_{82}	2	28.6	1	14.3	4	5.1	0	0

$$p_i = \sum_{j=1}^{k} X_j y_{ij} \quad (i=1,2,\cdots,n; j=1,2,\cdots,k)$$

根据公式计算商事活动政策满意度各测量指标的相应满意度得分，得到表 9-13 中各指标的满意度平均得分。

其中，p_i- 创业者对第 i 个指标的满意程度

i- 影响创业者满意的指标

X_i- 满意程度等级为 j 时对应的分类

j- 为创业者满意的分类等级

Y_{ij}- 第 i 项指标满意度为 j 级的样本数占总人数的比

表 9-13　　　　　　　商事活动政策各指标满意度平均分

指标	C_{66}	C_{67}	C_{68}	C_{69}	C_{70}
满意度平均分	3	3.6	3.1	3.003	3.1
指标	C_{71}	C_{72}	C_{73}	C_{74}	C_{75}
满意度平均分	2.714	3.1	3.5	2.502	2.333
指标	C_{76}	C_{77}	C_{78}	C_{79}	C_{80}
满意度平均分	2.502	2.502	2.285	2.912	2.571
指标	C_{81}	C_{82}			
满意度平均分	2.285	0.725			

依据表 9-11 和表 9-13 的数据绘制了相应的四分象限模型图，该图主要以各指标的关注度作为横轴，以其满意度的平均得分作为纵轴，如图 9-10 所示。

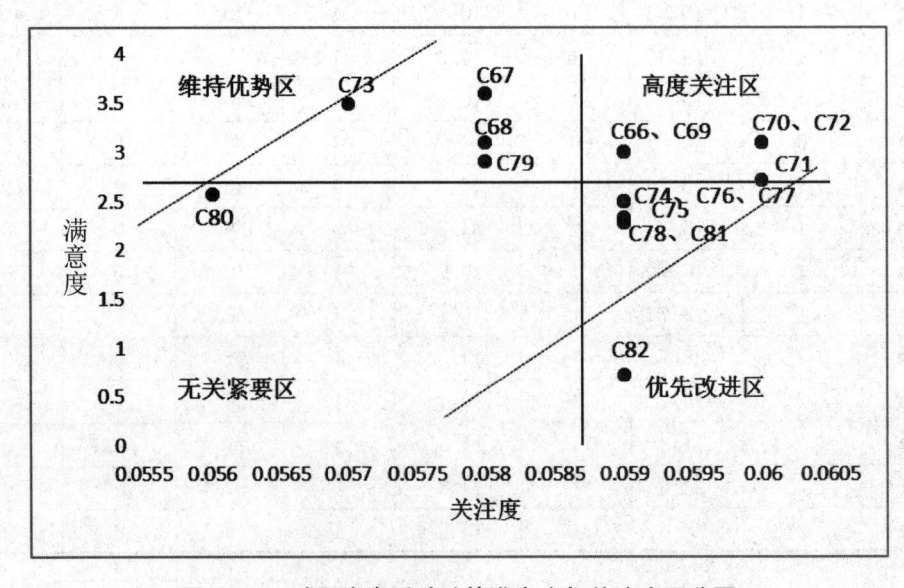

图 9-10　咸阳商事活动政策满意度与关注度四分图

从上图可知，除C_{82}外，四分象限图中的几乎所有点均落在由两条平行虚线包括的范围内，表明这些方面与创业者期望基本相吻合。但是，分布在不同象限的指标需要政府区别对待，有主有次。

第一象限的特点是创业者对该区域内的指标的关注度与满意度都处于高水平。落在这一象限的指标对于创业者是重要的关键因素，创业者目前对这些指标的满意度评价也比较高，政府应持续保持并不断发展这些指标，将其发展为优势，从而获得更高的政策满意度。落在第一象限的指标有：C_{66}、C_{69}、C_{70}、C_{71}、C_{72}。

第二象限的主要特征是低关注度、高满意度。若指标落在该象限，则这些指标对于创业者而言不是最重要的因素，即次要优势，在近期内无须再增加过多投入就已经可以使得创业者满意。对于这些指标要素，政府可以发挥其优势，促使其向第一象限变化。另一方面，由于其对于创业者当前的实际作用并不显著，若从政府资源有效分配的角度考虑，可先从这些指标做起。落在第二象限的指标有：C_{67}、C_{68}、C_{73}、C_{79}。

第三象限则表现为创业者关注度和满意度都非常低。该象限的指标需要得到政府更多的关注，需要进一步改善以提升创业者对其的满意度，但并不是最急需解决的问题。落在第三象限的指标有：C_{80}。

第四象限则是创业者的关注度很高但满意度非常低。该象限的指标需要引起政府的高度重视，需要重点修补和改进。若能得到解决和改善，将能大幅度提高创业者对这些政策的满意度。第四象限的指标有：C_{74}、C_{75}、C_{76}、C_{77}、C_{81}、C_{82}。一方面，陕西省政府急需将这些指标作为金融政策开展和实施的关键要素，给予更多的有效资源，确保有效落实和执行。另一方面，说明了陕西省创业者需要政府为其提供更加多样化的融资渠道与方式、更加多元化的金融产品、更加发达的资本市场以及更加开放的金融商业模式，渴望发挥自身的能动性与主动性筹集创办和发展资金，而非单纯地依靠政府的资助与补贴。

同理，可以得到咸阳市人才政策和留学人员政策的相关四分图（见图9-11、图9-12），进而寻找出其他政策层面的努力方向。图9-11显示，人才政策中，C_{84}、C_{86}落在第一象限，需要得到政府的高度关注；C_{87}、C_{88}落在第三象限，对创业者而言并不重要，且创业者对其并不是很满意，这些指标无须过多关注；C_{83}、C_{85}落在优先改进区，需要给予更多资源，是急需解决和提供的。由图9-12可知，在留学人员政策中，

C_{91}、C_{92}、C_{93}、C_{94}、C_{95}、C_{97}、C_{98}、C_{99}处于维持优势区，C_{89}、C_{90}、C_{96}急需解决和改进。

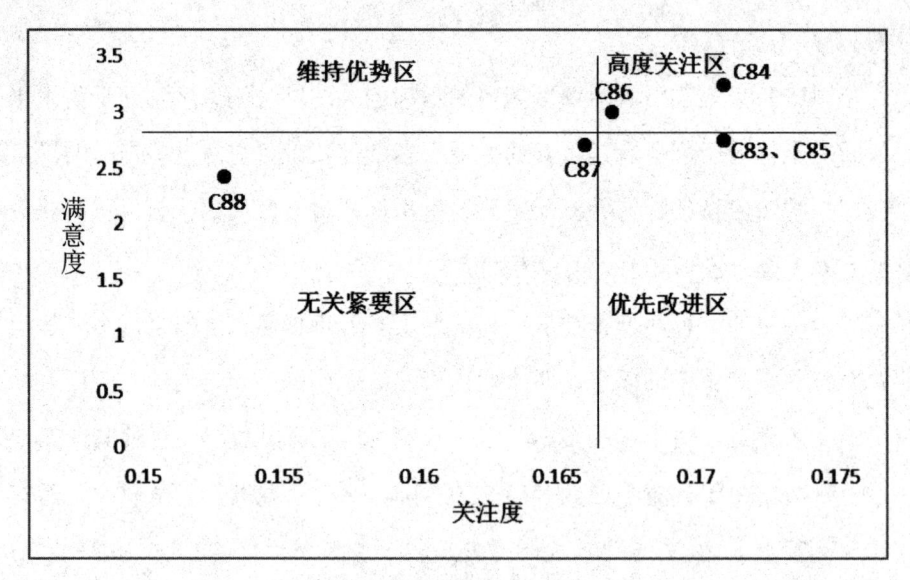

图 9-11 咸阳人才政策满意度与关注度四分图

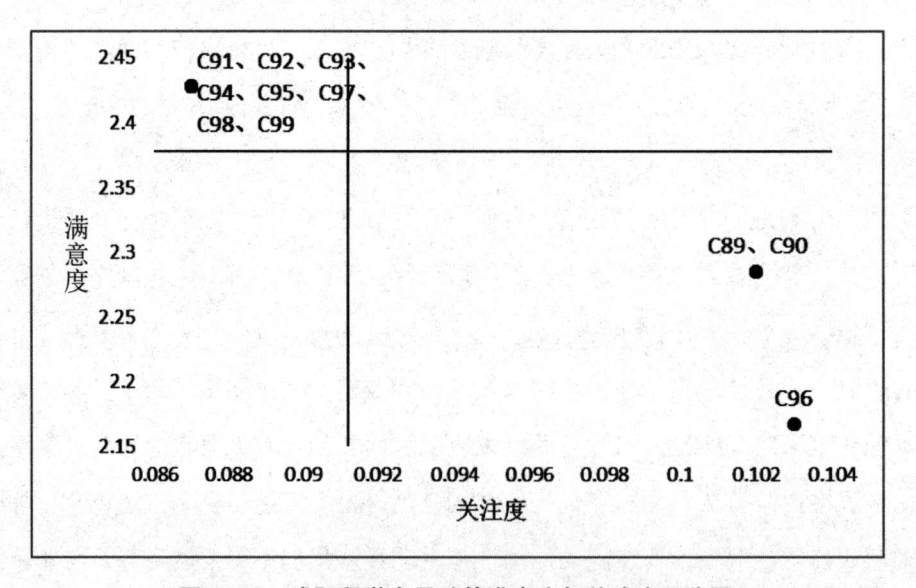

图 9-12 咸阳留学人员政策满意度与关注度四分图

总之，商事活动政策上，咸阳需高度关注 C_{66}、C_{69}、C_{70}、C_{71}、C_{72}，维持 C_{67}、C_{68}、C_{73}、C_{79}的政策优势，减少 C_{80}投入，优先改进C_{74}、C_{75}、C_{76}、C_{77}、C_{81}、C_{82}；人才政策上，咸阳应高度关注C_{84}、C_{86}，优先改进C_{83}、C_{85}；留学人员政策上，维持C_{91}、C_{92}、C_{93}、C_{94}、C_{95}、C_{97}、C_{98}的政策优势，优先改进C_{89}、C_{90}、C_{96}。

9.3 宝鸡市政策满意度关键影响因素识别与分析

同理，可以得到宝鸡市有关财税政策、金融政策、商事活动政策、人才政策和留学人员政策的满意度与关注度四分图，寻找各指标所处区域，从而采取相应对策。由表 9-14、图 9-13 可知，财税政策的大部分指标都集中在维持优势区和无关紧要区，只有 C_{10} 在优先改进区；C_3、C_4、C_6、C_{12}、C_{13}、C_{15}、C_{21}、C_{28}、C_{29}、C_{30}、C_{31}、C_{32} 位于维持优势区，C_1、C_2、C_5、C_7、C_8、C_9、C_{11}、C_{14}、C_{16}、C_{17}、C_{18}、C_{19}、C_{20}、C_{22}、C_{23}、C_{24}、C_{25}、C_{26}、C_{27}、C_{33}、C_{34} 位于无关紧要区域。

表 9-14　　　　宝鸡财税政策关注度与满意度得分

指标	C1		C2		C3		C4		C5		C6	
得分	0.025	2.633	0.027	2.655	0.03	2.672	0.032	3.77	0.03	2.629	0.033	2.769
	C7		C8		C9		C10		C11		C12	
	C13		C14		C15		C16		C17		C18	
得分	0.033	2.833	0.032	2.534	0.033	2.768	0.031	2.591	0.031	2.694	0.03	2.582
	C19		C20		C21		C22		C23		C24	
得分	0.031	2.72	0.033	2.54	0.035	2.746	0.031	2.672	0.033	2.717	0.029	2.626
	C25		C26		C27		C28		C29		C30	
得分	0.026	2.574	0.327	2.707	0.027	2.652	0.028	2.79	0.027	2.752	0.03	2.851
	C31		C32		C33		C34					
得分	0.028	2.768	0.029	2.744	0.031	2.696	0.029	2.72				

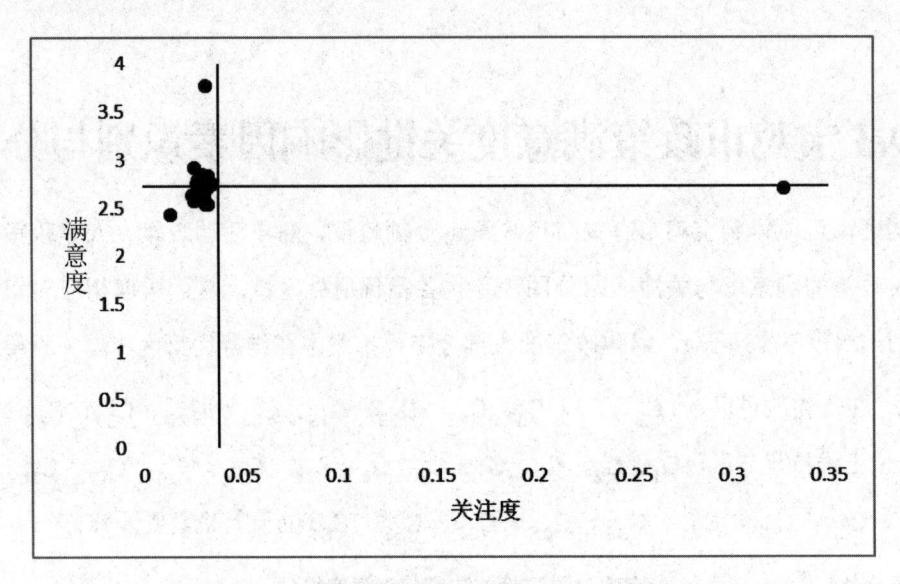

图 9-13 宝鸡财税政策满意度与关注度四分图

表 9-15 和图 9-14 表明，C_{38}、C_{39}、C_{42}、C_{44}、C_{51}、C_{54}、C_{57}、C_{62}、C_{64}、C_{65} 处于高度关注区，C_{41}、C_{43}、C_{56}、C_{59} 处于维持优势区，C_{45}、C_{47}、C_{50}、C_{63} 处于无关紧要区，C_{35}、C_{36}、C_{37}、C_{40}、C_{46}、C_{48}、C_{49}、C_{52}、C_{53}、C_{55}、C_{58}、C_{60}、C_{61} 处于优先改进区。

表 9-15　　　　　　　　宝鸡金融政策关注度与满意度得分

指标	C35		C36		C37		C38		C39		C40	
	C41		C42		C43		C44		C45		C46	
得分	0.024	2.72	0.032	2.881	0.023	2.667	0.031	2.804	0.029	2.579	0.027	2.717
	C47		C48		C49		C50		C51		C52	
	C53		C54		C55		C56		C57		C58	
得分	0.036	2.601	0.032	2.696	0.031	2.633	0.028	2.66	0.034	2.673	0.033	2.639
	C59		C60		C61		C62		C63		C64	
	C65											

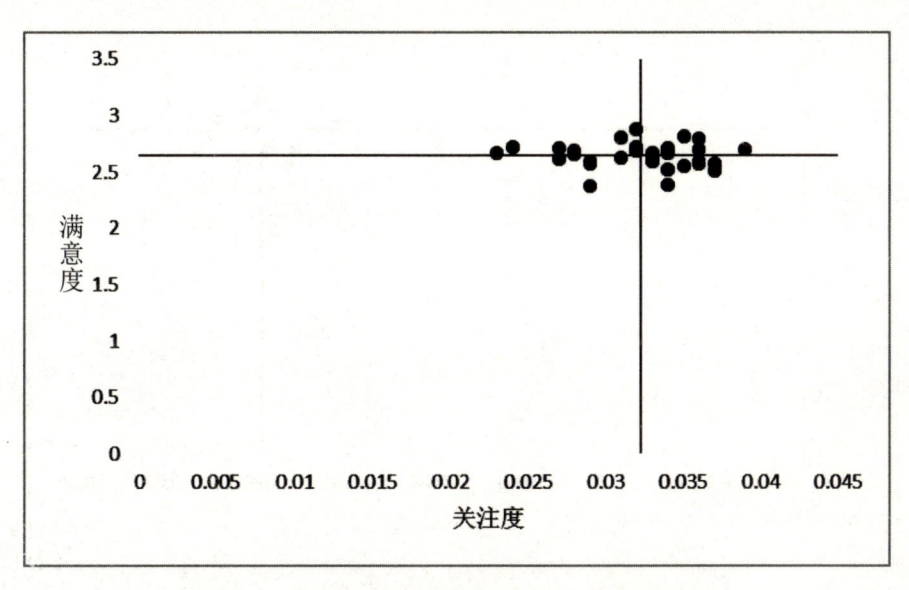

第九章 陕西省科技创新创业政策满意度关键因素识别

图 9-14 宝鸡金融政策满意度与关注度四分图

由表 9-16 和图 9-15 可知，宝鸡市商事活动政策的有关指标的分布情况。C_{68}、C_{70}、C_{73}、C_{75}、C_{77}、C_{78} 落在了高度关注区，C_{67}、C_{71}、C_{82} 落在了维持优势区，C_{69}、C_{79}、C_{80}、C_{81} 落在了无关紧要区，C_{66}、C_{72}、C_{74}、C_{76} 落在了优先改进区。

表 9-16　　　　　宝鸡商事活动政策关注度与满意度得分

指标	C66		C67		C68		C69		C70		C71	
得分	0.058	2.742	0.057	3.015	0.059	3.149	0.058	2.71	0.06	2.886	0.058	2.998
指标	C72		C73		C74		C75		C76		C77	
得分	0.065	2.83	0.063	3.186	0.066	2.717	0.064	2.884	0.067	2.808	0.061	3.047
指标	C78		C79		C80		C81		C82			
得分	0.064	2.982	0.039	2.756	0.056	2.558	0.055	2.701	0.05	2.953		

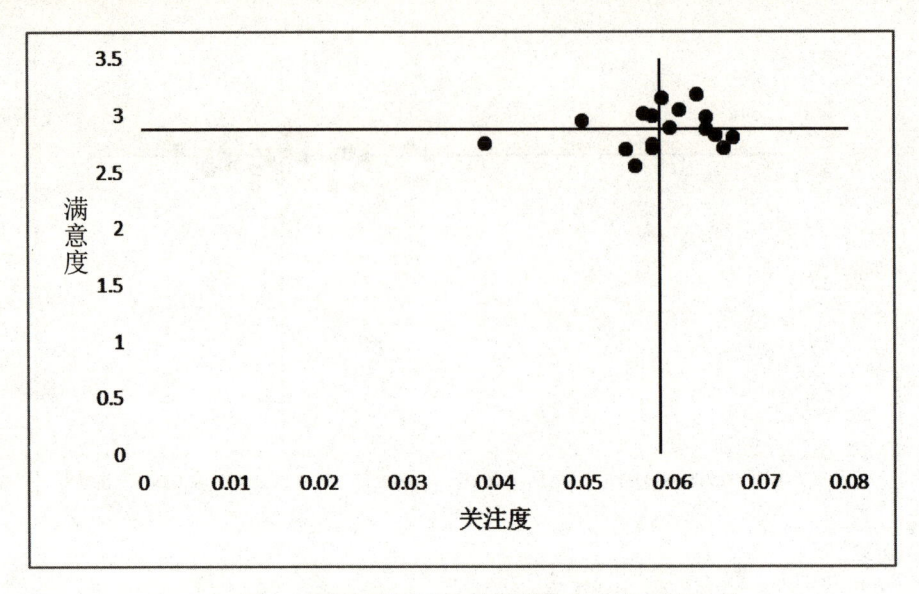

图 9-15 宝鸡商事活动政策满意度与关注度四分图

由图 9-16 可知，宝鸡人才政策中C_{84}、C_{85}需要高度关注，C_{87}需要维持其优势，C_{83}、C_{86}、C_{88}属于无关紧要因素。由图 9-17 可知，宝鸡留学人员政策中C_{90}、C_{91}、C_{92}、C_{98}需要得到高度关注，C_{93}、C_{99}需要保持其优势，C_{89}是无关紧要的因素、C_{94}、C_{95}、C_{96}、C_{97}属于急需改进的指标政策。

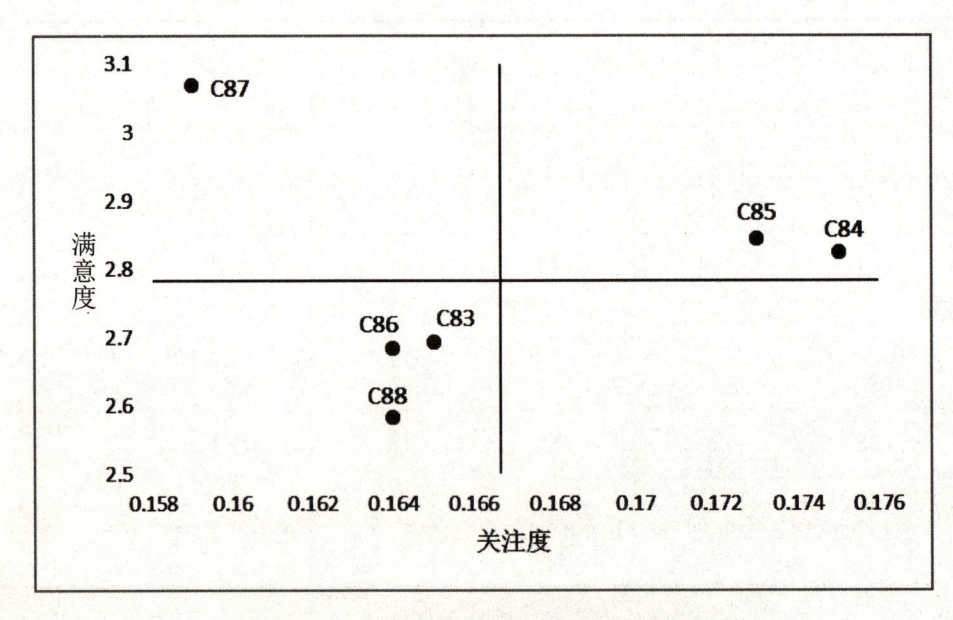

图 9-16 宝鸡人才政策满意度与关注度四分图

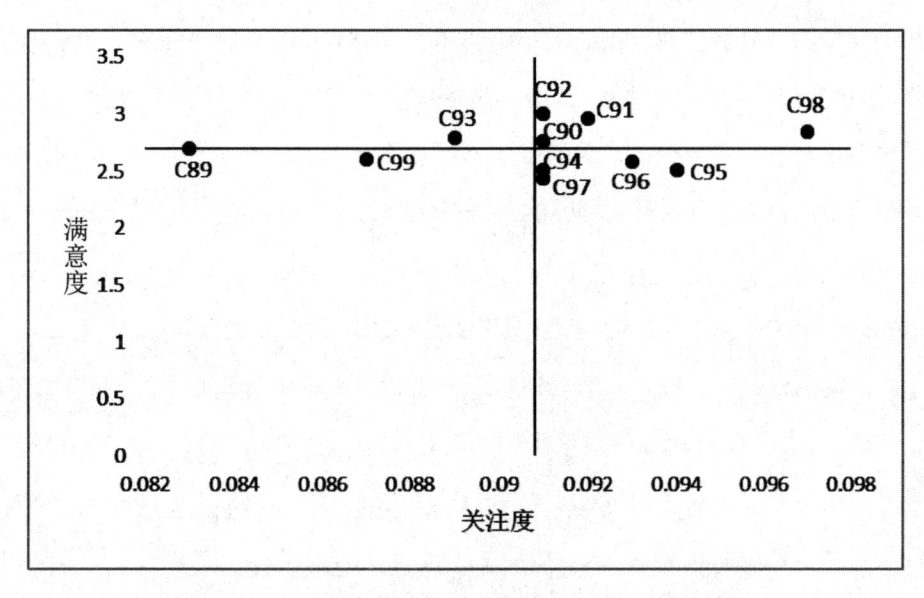

图 9-17　宝鸡留学人员政策满意度与关注度四分图

总之，财税政策上，宝鸡应维持 C_3、C_4、C_6、C_{12}、C_{13}、C_{15}、C_{21}、C_{28}、C_{29}、C_{30}、C_{31}、C_{32} 的政策优势，减少 C_1、C_2、C_5、C_7、C_8、C_9、C_{11}、C_{14}、C_{16}、C_{17}、C_{18}、C_{19}、C_{20}、C_{22}、C_{23}、C_{24}、C_{25}、C_{26}、C_{27}、C_{33}、C_{34} 投入，优先改进 C_{10}；金融政策上，宝鸡应高度关注 C_{38}、C_{39}、C_{42}、C_{44}、C_{51}、C_{54}、C_{57}、C_{62}、C_{64}、C_{65}，维持 C_{41}、C_{43}、C_{56}、C_{59} 的政策优势，减少 C_{45}、C_{47}、C_{50}、C_{63} 投入，优先改进 C_{35}、C_{36}、C_{37}、C_{40}、C_{46}、C_{48}、C_{49}、C_{52}、C_{53}、C_{55}、C_{58}、C_{60}、C_{61}；商事活动政策上，宝鸡应高度关注 C_{68}、C_{70}、C_{73}、C_{75}、C_{77}、C_{78}，维持 C_{67}、C_{71}、C_{82} 的政策优势，减少 C_{69}、C_{79}、C_{80}、C_{81} 投入，优先改进 C_{66}、C_{72}、C_{74}、C_{76}；人才政策上，宝鸡应高度关注 C_{84}、C_{85}，维持 C_{87} 优势，减少 C_{83}、C_{86}、C_{88} 投入；留学人员政策上，宝鸡应高度关注 C_{90}、C_{91}、C_{92}、C_{98}，维持 C_{93}、C_{99} 优势，减少 C_{89} 投入，优先改进 C_{94}、C_{95}、C_{96}、C_{97}。

9.4 研究结论

本章总共包括三个部分，分别是影响陕西省政策满意度的关键因素识别与分析、咸阳市政策满意度的关键要素识别与分析、宝鸡市政策满意度的关键要素识别与分析。首先，本部分从金融环境、财税环境、人才环境分析了陕西省创业者政策满意度水平一般的主要原因。分析表明，创业融资渠道单一、方式简单、手续繁杂，创业税负品类冗杂、税出多门，高层次人才缺乏是影响陕西省创业者政策满意度的主要原因。之后，运用四分图模型进一步分析了政策满意度水平处于一般的咸阳市和宝鸡市，识别并分析了影响咸阳市和宝鸡市政策满意度的主要要素以及今后应努力的方向。就咸阳而言，商事活动政策上，需高度关注C_{66}、C_{69}、C_{70}、C_{71}、C_{72}，维持C_{67}、C_{68}、C_{73}、C_{79}的政策优势，减少C_{80}投入，优先改进C_{74}、C_{75}、C_{76}、C_{77}、C_{81}、C_{82}；人才政策上，高度关注C_{84}、C_{86}，优先改进C_{83}、C_{85}；留学人员政策上，维持C_{91}、C_{92}、C_{93}、C_{94}、C_{95}、C_{97}、C_{98}的政策优势，优先改进C_{89}、C_{90}、C_{96}。就宝鸡而言，财税政策上，维持C_3、C_4、C_6、C_{12}、C_{13}、C_{15}、C_{21}、C_{28}、C_{29}、C_{30}、C_{31}、C_{32}的政策优势，减少C_1、C_2、C_5、C_7、C_8、C_9、C_{11}、C_{14}、C_{16}、C_{17}、C_{18}、C_{19}、C_{20}、C_{22}、C_{23}、C_{24}、C_{25}、C_{26}、C_{27}、C_{33}、C_{34}方面的资源投入，优先改进C_{10}；金融政策上，高度关注C_{38}、C_{39}、C_{42}、C_{44}、C_{51}、C_{54}、C_{57}、C_{62}、C_{64}、C_{65}，维持C_{41}、C_{43}、C_{56}、C_{59}的政策优势，减少对C_{45}、C_{47}、C_{50}、C_{63}的进一步投入，优先改进C_{35}、C_{36}、C_{37}、C_{40}、C_{46}、C_{48}、C_{49}、C_{52}、C_{53}、C_{55}、C_{58}、C_{60}、C_{61}；商事活动政策上，高度关注C_{68}、C_{70}、C_{73}、C_{75}、C_{77}、C_{78}，维持C_{67}、C_{71}、C_{82}的政策优势，减少C_{69}、C_{79}、C_{80}、C_{81}投入，优先改进C_{66}、C_{72}、C_{74}、C_{76}；人才政策上，高度关注C_{84}、C_{85}，维持C_{87}优势，减少C_{83}、C_{86}、C_{88}投入；留学人员政策上，高度关注C_{90}、C_{91}、C_{92}、C_{98}，维持C_{93}、C_{99}优势，减少C_{89}投入，优先改进C_{94}、C_{95}、C_{96}、C_{97}。

下篇
陕西省大学生创新创业研究

第十章 大学生创业环境认知对创业意向影响理论模型与研究设计

本章主要在前文文献综述的基础上，确定本文的相关概念，并从以往理论中对本文研究模型和假设做理论铺垫。起到承上启下的作用。

10.1 大学生创业环境认知概念与理论

10.1.1 大学生创业环境认知相关概念

1. 大学生创业环境及其认知

本研究综合大学生所处的各种能够影响其创业行为的环境，包括创业的社会环境、高校创业环境、创业的政策环境。创业的社会环境是指对大学生创业产生影响的社会因素，包括当前的国家经济发展形势、市场竞争、亲朋好友、社会创业氛围等。高校创业环境是指大学内对学生创业产生影响的因素，包括学校的创业氛围、学校的创业政策支持程度、学校的创业课程以及学校举办的创业活动等。创业的政策环境主要是指针对于大学生创业出台的各项创业政策以及完善或优化的各项创业服务，包括创业政策所带来的社会效应，各类创业政策的实施效果，政府服务工作的科学性、合理性、有效性、公平性等。本文所指的大学生对创业环境的认知是指大学生对所处的创业环境的态度及评价。

2. 大学生创业态度和创业倾向

大学生创业意向可以用创业态度和创业倾向来表示。本文沿用Phan(2002)的观点，将大学生的创业态度界定为"大学生对创业的一般看法,即大学生对创业会实现梦想、解决就业、实现独立、积累财富、挑战自我、带来成就感、提升社会地位、扩大个人影响、为国家经济和社会进步做贡献的一般看法";沿用 Luthje & Frank(2003)和 Phan(2002)的观点,将大学生的创业倾向界定为大学生为创业所做的准备以及在可预见的未来创业的可能性。

10.1.2 理论基础

1. 认知理论

认知理论来源于托尔曼(E.C.Tolman)在1932年发表的《动物和人的有目的的行为》(Purposive behavior of animals and men)中。认知理论认为,个体的认知会对人的行为产生重要的调节作用。关于认知活动的研究主要包括以下四个方面:①认知过程,是指个体认知活动中的信息加工过程,此过程中包含信息的获得、贮存、编码、提取和使用。②认知风格,是个体加工信息的方式并已经习惯化,形成独具个体标签的方式,它是个体在长期的认知活动中形成的、相对比较稳定的一种心理倾向。不同的认知风格表现在个体上会出现个体在学习方式、学科兴趣、对周围环境的适应性等方面的差异。③认知策略,是指认知活动的计划、方案、技巧或窍门。它具体表现为"如何解决问题""如何保持注意""如何记忆"等内涵。④元认知,是指个体对自己的认知活动的认知,根据研究学者的观点,元认知由以下三种心理成分组成:一是元认知知识,是指个体对自己或他人的认知活动的过程、结果等方面的知识;二是元认知体验,是指伴随认知活动而产生情感体验;三是元认知监控,是指个体在认知过程中,以自己的认知活动为对象,进行自觉的监督、控制和调节。

认知理论能够解释创业者与周围外部环境互动的心理过程,以及解释创业者个体在与环境相互影响过程中产生的行为。Mitchell 等(2002)将创业认知界定为个体用以评估、判断及确定机会价值、开创和发展新事业的知识结构。陈巍(2010)认为大学生的创业认知在一定程度上解释了其是如何通过简化的心智模型将所获得的零散信息集合在一起创造出新的产品或服务,以及集中必要的资源开创新事业的过程。Baron(2000)指出,反向思考、归因模型、计划错误、自我辩白等认知机制都会在一定程度上影响创业者的行为,而创业机会的辨识和创业环境的了解程度本身就是一个形态认知的过程。

2. 行为动力理论

行为的社会学概念理解是在一定的社会环境下，在人的意识支配下，依据一定的规则展开并获得一定结果的行为。行为的主体是人，行为是人的意识支配下的活动，具有一定的目的性、方向性。行为科学研究表明，人的行为产生于由其本身的动机，而动机则是由内在需要和外来刺激共同作用而起的。一般来说，人的行为是由其某种动机而促使的，其具体表现为实现某种动机的一系列过程行动。行为产生有以下几种主要理论：①需要理论，代表性的是马斯洛的需要层次理论，马斯洛将人的需要分为生理需要、安全需要、归属和爱的需要、尊重需要、自我实现的需要。这在一定程度上能够解释大学生创业现象，是源于某种需要。②动机理论，按照动机理论的观点，一般来说，由需要产生动机，动机会促使人为达到一定的目的而进行活动。其根本的关注点在于需要的产生。③激励理论。激励理论的研究目标是怎样调动人的积极性。在激励理论领域，有许多典型的代表，包括以赫兹伯格的"双因素理论"模型、麦克利兰的"成就需要激励理论"、奥德弗的"ERG理论"等为代表的内容激励理论，以弗罗姆的"期望理论"、亚当斯的"公平理论"等为代表的过程激励理论，以斯金纳的"强化理论"、海德的"归因理论"为代表的行为后果理论等。这些理论表明通过一系列的激励措施可以激发大学生的创业行为的产生。

在此基础上，有学者提出了计划行为理论（Ajzen & Fishbein，1975，1980），计划行为理论不同于需要理论和动机理论，因为该理论认为人的行为不是百分百地出于自愿，而是处在控制之下，它受三项内在因素的影响，包括个人行为态度、主观性规范和行为控制认知。因此，这三个方面的强度越大，即态度越积极，主观性规范越强大，或知觉行为控制越强，其个人的行为倾向就越大。

3. 三元交互决定论

三元交互决定论（triadic reciprocal determinism）是1977年由美国著名心理学家、社会学家班杜提出的，其主要观点是：行为、人的内部因素、环境影响三者彼此相互联结、相互决定（见图10-1）。其中，行为包括潜在行为和实际行动两个方面，个体包含人的思维、认知、自我评价等因素，环境则决定了个人创新创业能力的发挥程度。在该理论中，行为、个体和环境三个要素都具有双向的决定和互动关系，都对学术界创业倾向的研究产生了重大影响。该理论被认为是认知理论的典型代表。

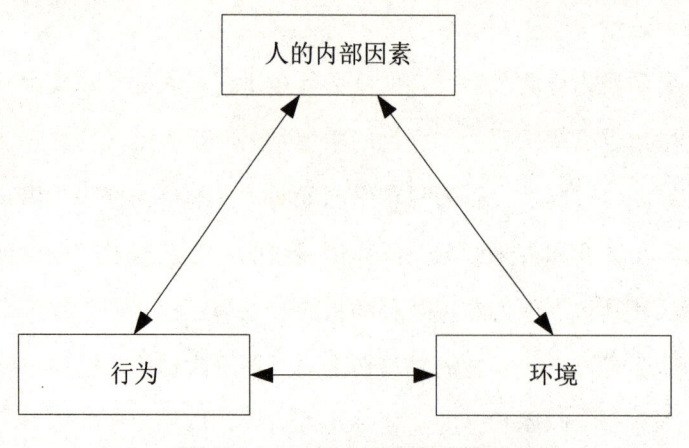

图 10-1　三元交互决定论模型

在三元交互决定理论的引导下，班杜拉提出三种关系模式，即环境是决定行为的潜在因素、人和环境交互决定行为以及行为是三者交互的相互作用。

其一，环境是决定行为的潜在因素是指环境对行为有确切影响，但是这种影响必须在环境和人这两项因素共同结合且被适当的行为激活时才会发挥作用。其二，人和环境的交互决定行为是指在环境决定的前提下，人既不是完全的被动反应者，也不是完全自由的实体，人与环境是交互决定的。其三，行为是三者的交互作用是指在行为内部，人的因素和环境影响是以彼此相连的决定因素产生作用的。这个过程是三者交互的作用，不是简单的两者的连接或两者之间双向的相互作用。

班杜拉的三元交互决定论从环境、人及其行为的互动关系中来考虑人的心理活动与环境表现，它强调的是个体对自己是否具有使用某项技能来实现自我目标的能力的判断，而不是个体是否具有某项技能，若个体认为自己拥有使用某项技能达成目标的能力，那么他就会采取相应的行动。

10.2 研究假设

韩力争（2011）认为大学生对创业环境的认知程度是一个调节变量，有些学生尽管有较强的创业态度，但创业倾向较低；相反，有些学生的创业态度较弱但却可能选择创业，这是因为他们对创业环境有着不同的认知，认知不同，导致大学生在对创业的整体把握和自信心等方面也就不同，从而影响其创业态度和创业倾向。所以本文将会探析大学生对创业环境的认知情况与其创业态度和创业倾向之间的关系。

环境本身是一个外延很大的抽象概念，Gnyawali 和 Fogel（1994）认为创业环境是创业过程中，由社会经济条件、政府政策和规程、创业资金支持和非资金支持等多种因素的有机结合；李静薇（2013）着重研究创业教育对大学生创业意向的影响，研究认为大学生对创业的社会环境的了解程度越好，其在学校开始实际创业行为的可能性就越高。这是因为步入社会后，不仅是就业还是创业，社会人士都很关注学生在校期间的创业能力和实践能力，这给予大学生进行创业行为的动力；Scott & Twomey（1988）指出父母拥有公司和产业或家庭实力强的学生的创业倾向要高一些，段利民、杜跃平（2012）研究认为金融支持、政府政策、政府项目、教育和培训、研究开发转移、国内市场开放程度、文化及社会规范对大学生的创业意向都呈正向影响，其不仅涉及政策环境的因素，还提供了一套政策建议的方向，可以从这几大方面来进行优化。张玉利（2004）认为，创业环境是在创业活动过程中各种要素组合一起来作用于大学生创业，这是本文坚持认为的观点。由此，作假设如下：

H1a：大学生对创业的社会环境的认知与创业态度呈正相关；

H1b：大学生对创业的社会环境的认知与创业倾向呈正相关。

创业的高校环境不仅包括高校内创业开设创业课程、举办创业活动、举行创业讲座等创业教育，也包括高校整体的创业氛围。蒋雁（2008）、金启慧（2010）以调查实证研究认为大学中创建的创业课程体系、教授的创业课程和讲座、举办的创业活动、提供的创业平台如创业企业实践和创业模拟大赛等能够使大学生对创业的了解更加具体和真实，使具有创业意向的大学生能够积累更多的创业经验、获得更多的创业指导，从而影响创业态度和创业倾向。郭洪、毛雨、白璇等（2009）从创业教育的角度出发，构建了大学生创业意向的影响因素模型，经过验证得出，大学生的在校经历会影响大学生的个性特征，从而影响创业态度，大学生的在校经历也同时会积累创业知识，由创业知识影响到创业能力，再影响创业意向。由此，作假设如下：

H2a：大学生对创业的高校环境的认知与创业态度呈正相关；

H2b：大学生对创业的高校环境的认知与创业倾向呈正相关。

创业的政策环境对于大学生来说是一项保障和服务环境。当大学生具有创业意向时，就会特别注重自身所处的环境中自己所能够拥有并且可利用的资源。这个时候就需要政府的一些鼓励、激励、保障等政策，能够提高创业的大学生的信心，使其坚强地迈出第一步。陈云（2012）单独研究创业政策环境对大学生创业意向的影响关系，他将创业政策提取三个因子，分别为政策影响、政策认知、政策获悉，得出政策认知、政策获悉对创业意向有正向影响，进一步，政策认知和政策获悉通过创业可行性和创业合意性来影响创业意向。任爽（2012）研究了创业政策的绩效评价，在她看来，要评价一个创业政策需要从以下几个方面入手：政策效应（包括目标实现度、政策效应评价、社会效应评价）、政策效率、政策回应度（政府政策评价、政府服务评价）等。这给予了本文对于创业政策环境因子分析的启示。由此，假设如下：

H3a：大学生对政策社会效应的评价与创业态度呈正相关；

H3b：大学生对政策社会效应的评价与创业倾向呈正相关；

H4a：大学生对创业政策的满意度与创业态度呈正相关；

H4b：大学生对创业政策的满意度与创业倾向呈正相关；

H5a：大学生对政府服务工作的评价与创业态度呈正相关；

H5b：大学生对政府服务工作的评价与创业倾向呈正相关。

乐国安等（2012）研究了大学生对创业成功要素的认知，他将创业成功要素认知分为"客观背景""主观能力""宏换环境"三个因子，认为这些会对大学生的创业意向产生一定影响。创业成功要素包括创业意识、创业精神、合适的创业机会、拥有创新的产品或服务、设计适当的商业模式、组建高效的管理团队、准确理解商业环境和市场细分、拥有广泛的商业网络和人际关系、可获得关键技术和智力支持此、可获得充足的资金支持、家人赞同和支持、学校鼓励、政府政策支持、社会氛围等，这些要素会影响创业成功，但是影响程度会有所不同。大学生对创业成功关键要素认知的认识表明其对创业成功的把握，表明了大学生对创业所持的态度。由此，作假设如下：

H6a：大学生对创业成功关键要素的认知与创业态度呈正相关；

H6b：大学生对创业成功关键要素的认知与创业倾向呈正相关。

在大学生创业态度和创业倾向的研究中，多数学者（许明华，2007；陈劲、贺丹、邱嘉铭，2007）认为创业态度对创业倾向有正向影响。由此，作假设如下：

H7：大学生的创业态度会对创业倾向产生正向影响。

高静（2014）通过对重庆市大学生创业的实证研究，认为个人背景和个人特质会影响创业态度，家庭环境、学校环境、社会环境会影响创业倾向，创业态度会影响创业倾向，而所有的影响都是正向影响。张云川（2011）认为，大学生的自身主客观条件、家庭背景、外部环境都会对大学生创业意向有显著影响，范巍、王重鸣（2004）的模型将研究更深一层，在影响创业倾向的基础上，再对创业行为产生影响，在他们看来，所有影响创业倾向的因素通过对创业倾向产生作用，再影响创业行为，而影响创业倾向的因素包括个人特征、背景因素和环境因素。本文将大学生的这些个人背景作为控制变量引入回归，一则验证之前的方差分析，二则控制背景因素，单独看创业环境本身对大学生创业态度和创业倾向的关系。

综合以上的研究模型，本文建立了大学生的创业环境认知对其创业态度和创业倾向的影响模型，如图 10-2 所示。

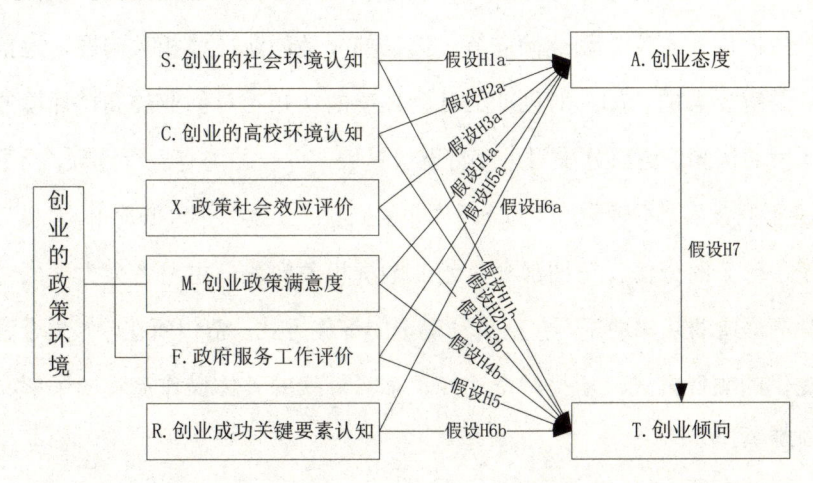

图 10-2 大学生创业环境认知对创业态度和创业倾向的影响关系模型

10.3 数据来源

为了研究大学生的背景差异对创业环境的认知情况，本研究设计了创业环境认知调查问卷，利用所获取的相应数据进行实证研究，然后主要采用问卷调查的方法进行研究。本次问卷设计遵从以下四条原则：

第一，问卷做出的保密承诺，并说明本次问卷调查是纯学术研究目的，强调匿名进行问卷填写。第二，全部选择被相关研究证实有效的测量量表，在此基础上进行修改。第三，在内容上做到前后呼应，以此推测被访者答题的真实程度。第四，在语言上，力求使用客观词语来表达，避免明显的主观态度倾向对参与者造成影响。

本研究的调查对象是在校大学生群体，他们分别来自陕西省西安市和咸阳市的几所公立的理工科大学、综合性大学和民办大学。问卷调查方式包括现场发放和网上发放问卷两种方式。

本次调查问卷包括两部分的内容，第一部分为背景资料调查部分，包括受测者的性别、攻读学位、年级、专业、成绩排名、参加创业竞赛的次数、参加创业竞赛的级别、创业竞赛获奖次数、创业竞赛获奖级别、参加创业活动的类型、成长环境、父亲工作类型、父亲文化程度、母亲工作类型、母亲文化程度、是否独生子女等。第二部分是与创业相关的问题，包括对创业概念的理解、创业动机、学校开设创业课程的情况、创业想法、创业选择形式、创业教育的最好方法、为创业应做的准备、创业需要的条件、创业障碍以及大学生的创业态度、创业倾向等。第三部分是创业环境相关问题，包括大学生对创业成功关键要素的认知、对创业的社会环境的认知、对创业的高校环境的认知和创业政策环境的认知，这部分采用里克特五级量表，每一题均有五个选项，分别为"非常不同意""不同意""不确定""同意""非常同意"（或"差""低""中""良""优"），并依次给予1～5的分值。第四部分是创业融资相关问题，主要考察大学生对创业融资方式和融资渠道的认知情况，包括启动资金的筹集方式，希望所在学校、金融机构、政府机构提供的融资方式、新型融资途径、小额贷款的具体操作流程的了解、目前贷款存在的问题等。

表 10-1　　　　　　　　　　问卷测量条款

变量		问项
创业态度	A1	我认为通过创业可以实现某种梦想
	A2	我认为通过创业可以解决个人就业问题
	A3	我认为通过创业可以实现个人经济独立
	A4	我认为通过创业可以积累资金和财富
	A5	我认为通过创业可以挑战自我
	A6	我认为通过创业可以给自己带来成就感
	A7	我认为通过创业可以提升自己的社会地位
	A8	我认为通过创业可以提升个人社会影响
	A9	我认为通过创业可以促进国家经济发展
	A10	我认为通过创业可以为社会做更多贡献

续表

变量		问项
创业倾向	T1	我愿意把创业作为个人职业生涯的起点
	T2	我乐于主动了解创业方面的知识和信息
	T3	我愿意花时间和经历为未来创业做准备
	T4	我毕业3年内创业的可能性非常大
	T5	我愿意承受创业初期较低的薪酬收入
	T6	我在校期间创业的可能性非常大
	T7	如有机会我愿意在校创业,承担延迟毕业风险
创业成功关键要素的认知	G1	创业意识、创业精神是创业成功的关键
	G2	合适的机会是创业成功的关键
	G3	拥有创新的产品或服务是创业成功的关键
	G4	设计适当的商业模式是创业成功的关键
	G5	组建高效的管理团队是创业成功的关键
	G6	准确理解商业环境和市场细分是创业成功的关键
	G7	拥有广泛的商业网络和人际关系是创业成功的关键
	G8	可获得关键的技术和智力支持是创业成功的关键
	G9	可获得充足的资金支持是创业成功的关键
	G10	家人的赞同和支持是创业成功的关键
	G11	学校鼓励是创业成功的关键
	G12	政府的政策支持是创业成功的关键
	G13	社会氛围是创业成功的关键
创业的社会环境	S1	目前的经济发展形势与趋势有利于创业
	S2	目前的市场竞争有利于创业
	S3	父母亲戚支持我创业
	S4	朋友支持我创业
	S5	所在学校有鼓励学生创业的具体措施
	S6	地方政府为学生创业提供了良好的条件
	S7	国家为大学生创业提供了良好的政策
	S8	社会氛围为学生创业营造了良好的环境

续表

变量		问项
创业的高校环境	C1	目前学校的政策有利于创业
	C2	目前学校的环境、氛围有利于创业
	C3	学校领导、老师积极鼓励学生创业
	C4	目前学校开设的创业课程对您很有帮助
	C5	目前学校举办的各类创业活动对您很有吸引力
创业的政策环境	P1	创业教育政策对培育大学生创业意愿的影响
	P2	各类创业扶持政策对激发大学生创业意愿的影响
	P3	创业政策对吸引外地人才到我市创业的影响
	P4	创业政策对留住本地人才、防止人才外流的影响
	P5	创业政策对提升社会整体创新创业能力的影响
	P6	创业政策对营造良好的创业氛围，带动社会创业的影响
	P7	国家的创业教育政策（如创业培训、举办创业大赛等）
	P8	政府的财政金融支持政策（如创业资助、贷款贴息、信用担保等）
	P9	税收优惠和规制环境扶持政策（如税费减免、注册零首付等）
	P10	场地及费用扶持政策（如创建创业园、减免房租等）
	P11	商事活动政策支持（如免收行政事业性收费、免费创业服务、免费保管人事档案、一址多照和一照多址等）
	P12	人才政策支持（如取消落户限制、休学创业、创业当学分等）
	P13	政府部门决策程序的科学性
	P14	政府部门政策执行的公平公正性
	P15	政府部门管理思路的创新性
	P16	政府部门兑现资助政策的及时性
	P17	政府部门政策落实的有效性
	P18	政府部门政策宣传手段的有效性
	P19	政府部门创业服务工作的有效性

第十一章 大学生创业环境认知对创业意向影响实证分析

本章主要基于第十章所收集的数据对前文所提出的假设进行验证。在假设验证之前，本章对上一章所收集到的数据进行了深入分析，包括大学生对创业环境的认知、大学生的创业态度和创业倾向情况，这些将会成为假设验证的关键变量。

11.1 调查对象描述性统计

问卷共发放430份，回收420份，有效问卷410分。调查对象的性别分布为男性256人，女性154人，百分比分别是62%和38%，在调查对象中，男性占大多数。

攻读学位分布情况。学士学位366人，占比89.3%。硕士学位有27人，占比6.6%。专科学历有11人，占比2.7%。博士学位有2人，占比0.5%。调查对象主要来源于本科。

专业分布情况。主要集中在工程类和经管类，分别有202人和132人，分别占比50.3%和32.8%。其他：理学类有41人，占比10.2%；人文类有8人，占比2%；法律类有5人，占比1.2%；公共管理类有11人，占比2.7%；艺术类有3人，占比0.8%。还有8人选择其他，其他的是医学类。

年级分布情况。三年级，有221人，占比53.9%。四年级有84人，占比20.5%。一年级有78人，占比19%。二年级有27人，占比6.6%。

参加创业竞赛次数情况。有323人是无创业竞赛经历的，占比达到79.4%；而参加一次的要多于参加多次的，分别有52人和32人，分别占比为12.8%和7.9%。创业竞赛获奖情况：有341人无获奖情况，占比83.2%，这与创业竞赛经历是有关系的，无创业竞赛经历就无获奖情况，况且，在有创业经历的人群中，也未必全能获奖，所以此项目比例较创业竞赛经历要大。获省市级奖项的人数都多于获校级奖项的和获国家级奖项的人数，三项分别为31人、21人、12人，分别占比7.6%、5.1%和2.9%。

参加创业竞赛级别情况。有319人未参与任何级别的创业竞赛，占比达到78.4%；参加过省市级的有37人，占比9.1%；参加过国家级的有23人，占比5.7%。

创业竞赛获奖次数情况。有349人未获奖，占比达到85.7%。获奖一次的多于获奖多次的：获奖一次的有32人，占比7.9%；获奖多次的有26人，占比6.4%。

创业经历情况。有351人无创业经历，占比85.6%。有创业经历的有50人，占比12.1%。

成长环境情况。有172人在农村长大，占比42.0%；有111人在县城长大，占比27.1%；有75人在城镇长大，占比18.3%；有47人在省会或大城市长大，占比11.5%。可以看出，成长环境情况符合正态分布。

父母职业方面。不管父亲还是母亲，从事农业的占多数，分别是172人和182人；其次，个体经商也较多，父母亲分别为82人和66人。其他：政府/事业单位的父母人数分别为59人和47人，占比为14.4%和11.5%；民企的父母人数分别为28人和31人，占比为6.8%和7.6%；国企的父母人数分别为24人和31人，占比为5.9%和7.6%；学校的父母人数分别为26人和34人，占比为6.3%和8.3%；少数父母在科研院所、军队和外企工作，人数分别为5人/3人、5人/2人、2人/2人，占比分别为1.2%/0.7%、1.2%/0.5%、0.5%/0.5%。

父母文化程度方面。父母的文化程度主要集中在初中及以下以及高中，而本科生和研究生较少。

是否独生的样本统计。有231人是非独生子女，占比56.3%；有172人是独生子女，占比为42.0%。基本上平均。

11.2 问卷的信度和效度检验

11.2.1 问卷的信度检验

在问卷调查过程中，难免会产生缺失值，其产生的原因主要集中在两个方面，一方面是调查中的由于各种因素形成的无回答,另一方面是在调查中得到的不可使用的信息。缺失值的存在会影响问卷的分析,因此在进行问卷分析前,需要将缺失值替换掉。关于如何处理缺失值,大致分为以下四类:第一类是加权的方法;第二类是个案删除方法;第三类是基于插补的方法;第四类是基于模型的方法。在所有的替代缺失值的方法中,插补方法是运用最多,也是最接近原问卷的方法。插补方法主要包括:EM算法、回归插补法、多重插补法、均值插补法。其中,均值插补法适用于样本量大而缺失值较少的样本,本研究的样本量为410份,其缺失率远远小于10%,因此采用均值插值法。

信度(Reliability)是测量工具的可信度或稳定性,一个好的测量工具必须稳定可靠,多次测量结果保持一致。本研究采用Cronbach的一致性系数(α系数)来分析问卷信度。大学生创业态度、创业倾向以及创业环境认知问卷测量量表的内部一致性信度检验,如表11-1所示。

表11-1 大学生创业态度和创业倾向各因子的信度系数

变量	测量条款	CICT	项已删除的Cronbach's α系数	Cronbach's α系数
创业态度	A1	0.804	0.936	0.943
	A2	0.779	0.937	
	A3	0.788	0.936	
	A4	0.773	0.937	
	A5	0.778	0.937	
	A6	0.808	0.935	
	A7	0.781	0.937	
	A8	0.742	0.938	
	A9	0.717	0.940	
	A10	0.687	0.941	
创业倾向	T1	0.633	0.779	0.817
	T2	0.514	0.800	
	T3	0.598	0.786	
	T4	0.716	0.765	
	T5	0.453	0.810	
	T6	0.549	0.794	
	T7	0.455	0.812	

从表11-1中可以看出,创业态度的总体Cronbach's α系数达到0.943,CICT各项都在0.6以上,可靠性系数很高,说明测量量表符合信度要求;创业倾向的总体Cronbach's α系数达到0.817,CICT各项都在0.4以上,可靠性系数很高,说明测量量表符合信度要求。大学生对创业环境认知各因子的信度系数,如表11-2所示。

表 11-2　　　　大学生对创业环境认知各因子的信度系数

变量	测量条款	CICT	项已删除的 Cronbach's α 系数	Cronbach's α 系数
创业成功关键要素认知	G1	0.754	0.944	0.948
	G2	0.818	0.942	
	G3	0.783	0.943	
	G4	0.790	0.943	
	G5	0.796	0.942	
	G6	0.815	0.942	
	G7	0.814	0.942	
	G8	0.802	0.942	
	G9	0.781	0.943	
	G10	0.678	0.946	
	G11	0.438	0.952	
	G12	0.727	0.944	
	G13	0.645	0.947	
创业的社会环境认知	S1	0.578	0.781	0.809
	S2	0.617	0.777	
	S3	0.511	0.789	
	S4	0.591	0.779	
	S5	0.655	0.771	
	S6	0.659	0.771	
	S7	0.342	0.864	
	S8	0.656	0.773	
创业的高校环境认知	C1	0.759	0.872	0.897
	C2	0.786	0.867	
	C3	0.776	0.869	
	C4	0.766	0.870	
	C5	0.657	0.896	
创业的政策环境认知	P1	0.607	0.943	0.945
	P2	0.618	0.943	
	P3	0.514	0.944	
	P4	0.533	0.944	
	P5	0.542	0.944	

续表

变量	测量条款	CICT	项已删除的 Cronbach's α 系数	Cronbach's α 系数
创业的政策环境认知	P6	0.543	0.944	0.945
	P7	0.672	0.942	
	P8	0.704	0.941	
	P9	0.720	0.941	
	P10	0.732	0.941	
	P11	0.690	0.942	
	P12	0.703	0.941	
	P13	0.762	0.940	
	P14	0.748	0.940	
	P15	0.749	0.940	
	P16	0.719	0.941	
	P17	0.709	0.941	
	P18	0.707	0.941	
	P19	0.704	0.941	

从表 11-2 来看，创业成功关键要素的 13 项测量条款的 CICT 值均大于 0.6，α 系数为 0.948。创业的社会环境的 8 项测量条款的 CITC 值均大于 0.5，α 系数为 0.809。创业的高校环境 5 项测量条款的 CITC 值均大于 0.6，α 系数为 0.897。创业的政策环境的各项 CICT 值均大于 0.5，α 系数为 0.945。根据 CITC 大于 0.3 和 α 系数大于 0.7 的标准，大学生创业态度、创业倾向以及创业环境认知的测量条款都符合信度检验的要求，具有较高的内部一致性。

11.2.2 问卷的效度检验

在效度检验方面，研究学者主要使用探索性因子分析检验建构效度。对量表进行因子分析前，需要进行 KOM 取样适当性检验和 Bartlett 球形检验。KMO 样本测度（Kaiser-Meyer-Olkin Measure of Sampling Adequacy）和巴特莱特球形检验（Bartlett's Test of Sphericity）可以判断样本是否适合做因子分析。因子分析适合性判定准则如表 11-3 所示。

表 11-3 　　　　　　　　　　因子分析适合性判断准则

KMO 统计量值	因子分析适合性
0.9 以上	非常适合进行因子分析
0.8 以上	适合进行因子分析
0.7 以上	尚可进行因子分析
0.6 以上	勉强可进行因子分析
0.5 以上	不适合进行因子分析
0.5 以下	非常不适合进行因子分析

1. 创业成功关键要素认知的因子分析

由表 11-4 得出,相伴概率为 0.000,小于 0.05,显著性水平高,与单位矩阵有显著差异,KMO 为 0.949,说明适合因子分析。在因素分析中,本研究采用了主成分分析法,根据 Kaiser 准则,抽取固定值 1 个因子,方差最大旋转在经 25 次迭代后收敛,累计方差贡献率为 62.162%。创业成功关键要素认知的因子负荷如表 11-5 所示。

表 11-4　　创业成功关键要素认知的 KMO 值和 Bartlett's Test

取样足够度的 Kaiser-Meyer-Olkin 度量		0.949
Bartlett 的球形度检验	近似卡方	4300.833
	Df	78
	Sig.	0.000

表 11-5　　创业成功关键要素认知的因子负荷和累计方差贡献率

变量	因子负荷	因子命名	累计方差贡献率(%)
G1	0.797	创业成功关键要素认知	62.162
G2	0.857		
G3	0.827		
G4	0.831		
G5	0.840		
G6	0.852		
G7	0.853		
G8	0.844		
G9	0.821		
G10	0.713		
G11	0.480		
G12	0.765		
G13	0.684		

抽取方法:主成分分析法;旋转方法:最大方差法;迭代次数:25。

采用最大方差法对因子载荷矩阵实行正交旋转以使因子具有命名解释性。从问题题项来看,可以命名为"创业成功关键要素认知",保持原名称不变。通过因子分析表明创业成功关键要素认知表具有良好的效度。

2. 创业的社会环境认知的因子分析

由表 11-6 得出，相伴概率为 0.000，小于 0.05，显著性水平高。KMO 为 0.819，说明适合因子分析。在因素分析中，本研究采用了主成分分析法，根据 Kaiser 准则，抽取固定值 1 个因子，方差最大旋转在经 25 次迭代后收敛，累计方差贡献率为 50.228%。创业的社会环境认知因子负荷如表 11-7 所示。

表 11-6　　　创业的社会环境认知的 KMO 值和 Bartlett's Test

取样足够度的 Kaiser-Meyer-Olkin 度量		0.819
Bartlett 的球形度检验	近似卡方	1449.858
	Df	28
	Sig.	0.000

表 11-7　　　创业的社会环境认知的因子负荷和累计方差贡献率

变量	因子负荷	因子命名	累计方差贡献率（%）
S1	0.715	创业的社会环境认知	50.228
S2	0.734		
S3	0.671		
S4	0.739		
S5	0.780		
S6	0.768		
S7	0.443		
S8	0.759		

抽取方法：主成分分析法；旋转方法：最大方差法；迭代次数：25。

从问题题项来看，命名为"创业的社会环境认知"，保持原名称不变。通过因子分析表明创业的社会环境认知表具有良好的效度。

3. 创业的高校环境认知的因子分析

由表 11-8 得出，在 KMO 中，概率为 0.000，小于 0.05，显著性水平高，与单位矩阵有显著差异，KMO 为 0.828，说明适合因子分析。创业的高校环境认知的因子负荷如表 11-9 所示。

表 11-8　　创业的高校环境认知的 KMO 值和 Bartlett's Test

取样足够度的 Kaiser-Meyer-Olkin 度量		0.828
Bartlett 的球形度检验	近似卡方	1347.927
	Df	10
	Sig.	0.000

表 11-9　　创业的高校环境认知的因子负荷和累计方差贡献率

变量	因子负荷	因子命名	累计方差贡献率（%）
C1	0.862		
C2	0.877		
C3	0.868	创业的高校环境认知	71.480
C4	0.849		
C5	0.767		

抽取方法：主成分分析法；旋转方法：最大方差法；迭代次数：25。

从问题题项来看，可以命名为"创业的高校环境认知"，保持原名称不变。通过因子分析表明创业的高校环境认知表具有良好的效度。

4. 创业的政策环境认知的因子分析

由表 11-10 得，相伴概率为 0.000，小于 0.05，显著性水平高。KMO 为 0.944，说明非常适合因子分析。根据 Kaiser 准则，抽取特征值大于 1 的个 3 个因子。经过主成分分析，创业的政策环境认知的因子负荷如表 11-11 所示。

表 11-10　　创业的政策环境认知的 KMO 值和 Bartlett's Test

取样足够度的 Kaiser-Meyer-Olkin 度量		0.944
Bartlett 的球形度检验	近似卡方	4927.435
	Df	171
	Sig.	0.000

表 11-11　和创业的政策环境认知主成分分析及累计方差贡献率

变量	因子 1	因子 2	因子 3	变量名称	重新编码	累计方差贡献率（%）
P1	0.252	0.307	0.626	政策社会效应评价	X1	
P2	0.198	0.278	0.750		X2	
P3	0.165	0.126	0.769		X3	
P4	0.171	0.168	0.732		X4	
P5	0.159	0.171	0.785		X5	
P6	0.198	0.152	0.752		X6	
P7	0.296	0.66	0.378	创业政策的满意度	M1	
P8	0.399	0.661	0.246		M2	
P9	0.378	0.729	0.205		M3	68.583
P10	0.383	0.779	0.170		M4	
P11	0.297	0.786	0.235		M5	
P12	0.357	0.704	0.249		M6	
P13	0.623	0.447	0.307	政府服务工作评价	F1	
P14	0.718	0.302	0.316		F2	
P15	0.696	0.388	0.284		F3	
P16	0.764	0.321	0.208		F4	
P17	0.784	0.306	0.176		F5	
P18	0.769	0.319	0.181		F6	
P19	0.802	0.276	0.183		F7	

抽取方法：主成分分析法；旋转方法：最大方差法；迭代次数：25

从创业的政策环境认知的主成分分析来看，共提取了 3 个因子，3 个因子的累计方差贡献率达到 68.583%，符合要求。本文将三个因子进行命名，P1-P6 命名为"政策社会效应评价"并重新编码为 X1，X2，……，X3；P7-P12 命名为"创业政策的满意度"，并重新编码为 M1，M2，……，M6；P13-P19 命名为"政府服务工作评价"，并重新编码为 F1，F2，……，F7。通过因子分析表明创业的政策环境认知表具有良好的效度。

11.3 大学生对创业环境的认知情况分析

11.3.1 大学生创业环境认知的基本情况统计

1. 大学生对创业的社会环境的认知情况分析

由图 11-1 得出，大学生对创业的社会环境的各项打分均值都集中在 3.0~3.5，且 S7、S5、S6 和 S1 的比例较大，这说明大学生认为"国家为大学生创业提供了良好的政策"并且"地方政府也为学生创业提供了条件"，对"所在学校有鼓励学生创业的具体措施"和"目前的经济发展形势与趋势有利于创业"持乐观态度。相对来说，大学生对"父母、朋友支持创业"和"社会氛围促使创业"不太乐观。这也说明了父母、朋友和社会氛围会对大学生创业产生一定的限制影响。

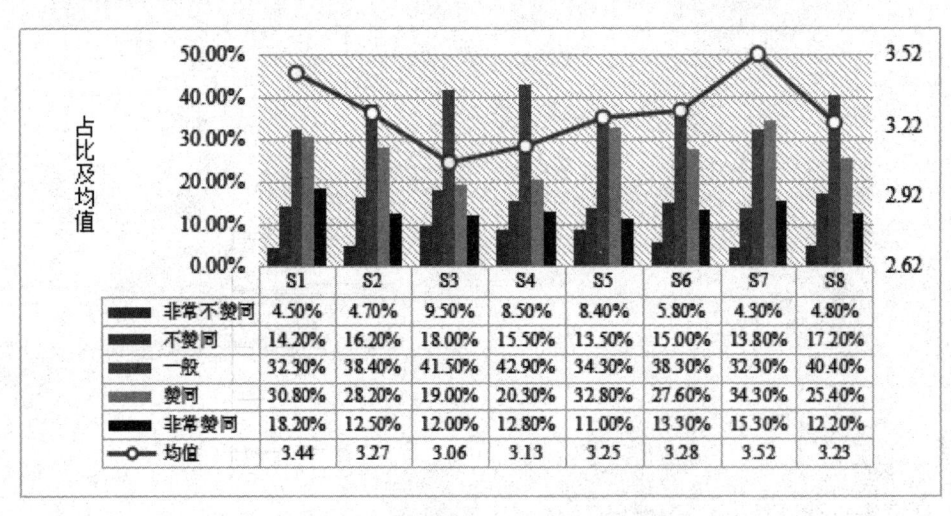

	S1	S2	S3	S4	S5	S6	S7	S8
非常不赞同	4.50%	4.70%	9.50%	8.50%	8.40%	5.80%	4.30%	4.80%
不赞同	14.20%	16.20%	18.00%	15.50%	13.50%	15.00%	13.80%	17.20%
一般	32.30%	38.40%	41.50%	42.90%	34.30%	38.30%	32.30%	40.40%
赞同	30.80%	28.20%	19.00%	20.30%	32.80%	27.60%	34.30%	25.40%
非常赞同	18.20%	12.50%	12.00%	12.80%	11.00%	13.30%	15.30%	12.20%
均值	3.44	3.27	3.06	3.13	3.25	3.28	3.52	3.23

图 11-1 大学生对创业的社会环境认知情况

2. 大学生对创业的高校环境的认知情况分析

由图 11-2 得出，大学生对创业的社会环境的各项打分均值都集中在 3.0 左右，其中 C4 和 C5 低于分值 3。对 C3、C2 和 C1 的评价情况要好一点，说明"学校领导、老师积极鼓励学生创业""目前学校的环境和氛围有利于创业""目前学校政策有利于创业"这三项得到了学生的认可。相对来说，大学生对"目前学校开设的创业课程很有帮助"以及"目前学校举办创业活动很有吸引力"所持态度不是很好，这说明，学校开展的创业教育和创业活动还有很大的可改进余地。

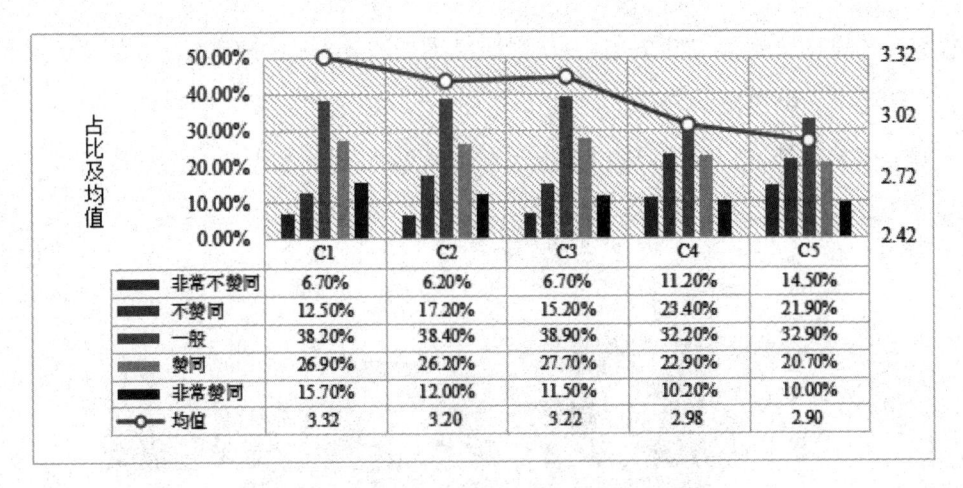

图 11-2 大学生对创业的高校环境认知情况

	C1	C2	C3	C4	C5
非常不赞同	6.70%	6.20%	6.70%	11.20%	14.50%
不赞同	12.50%	17.20%	15.20%	23.40%	21.90%
一般	38.20%	38.40%	38.90%	32.20%	32.90%
赞同	26.90%	26.20%	27.70%	22.90%	20.70%
非常赞同	15.70%	12.00%	11.50%	10.20%	10.00%
均值	3.32	3.20	3.22	2.98	2.90

（3）大学生对创业的政策环境的认知情况分析

（1）大学生对政策社会效应的评价情况分析。

由图 11-3 得出，大学生对政策社会效应的评价集中在 3.5～4，这说明，不管是创业教育政策还是各类创业扶持政策都对大学生创业意愿的影响较良好，且创业政策对吸引外地人才到西安市创业，对留住本地人才、防止人才外流，对提升整体创新创业能力以及对营造良好的创业氛围都至关重要，且大学生对创业政策的发展趋势很看好。这说明，要在保证创业政策继续发挥良好效应的基础上，逐步优化创业政策，能够使创业政策的效应往更高的水平提升。

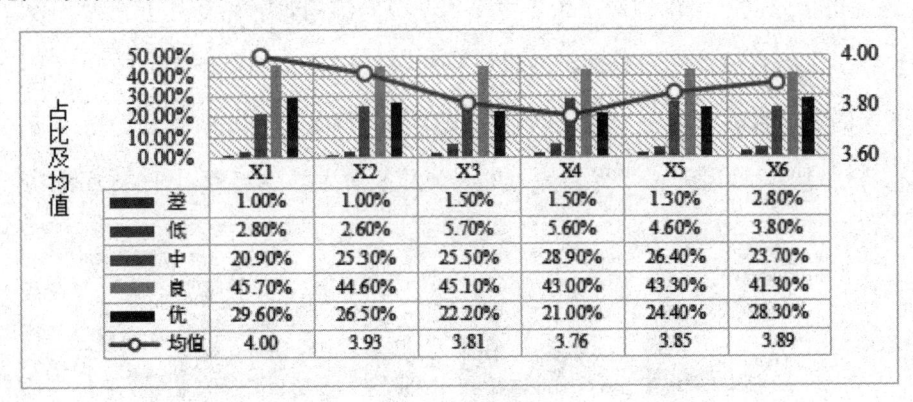

	X1	X2	X3	X4	X5	X6
差	1.00%	1.00%	1.50%	1.50%	1.30%	2.80%
低	2.80%	2.60%	5.70%	5.60%	4.60%	3.80%
中	20.90%	25.30%	25.50%	28.90%	26.40%	23.70%
良	45.70%	44.60%	45.10%	43.00%	43.30%	41.30%
优	29.60%	26.50%	22.20%	21.00%	24.40%	28.30%
均值	4.00	3.93	3.81	3.76	3.85	3.89

图 11-3 大学生对政策社会效应评价情况

（2）大学生对创业政策的满意度的情况分析。

由图 11-4 得出，大学生对目前的创业政策的满意度很高，各项均值都在 3.5 以上，接近 4.0。在优的评价中，可以看到国家的创业教育政策（如创业培训、举办创业大赛等）是最出色的。政府的财政金融支持政策（如创业资助、贷款贴息、信用担保等）、税收优惠和环境扶持政策（如税费减免、注册优惠等）、场地扶持政策（如创建创业园、减免房租等）、商事活动方面的政策（如免收行政事业性收费、免费创业服务、一址多照和一照多址等）、人才政策支持（如休学创业、创业当学分等）都得到了大学生的强烈认可。

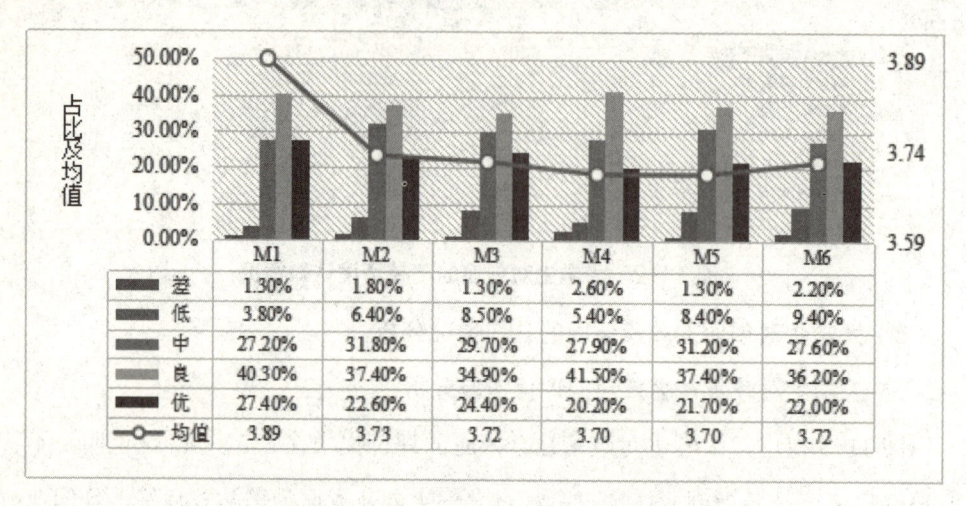

	M1	M2	M3	M4	M5	M6
差	1.30%	1.80%	1.30%	2.60%	1.30%	2.20%
低	3.80%	6.40%	8.50%	5.40%	8.40%	9.40%
中	27.20%	31.80%	29.70%	27.90%	31.20%	27.60%
良	40.30%	37.40%	34.90%	41.50%	37.40%	36.20%
优	27.40%	22.60%	24.40%	20.20%	21.70%	22.00%
均值	3.89	3.73	3.72	3.70	3.70	3.72

图 11-4　大学生对创业政策的满意度情况

3. 大学生对政府服务工作评价的情况分析

由图 11-5 得出，大学生对政府服务的评价均值集中在 3.5～3.7，只有 F1 在 3.7 之上，说明政府部门决策程序的科学性得到了广大大学生的认可。除了 F1、F3、F7 和 F2 的表现也十分良好，说明对于大学生来说，政府部门管理思路的创新性、政府部门创业服务工作的有效性和政府部门政策执行的公平公正性相对于资助政策的及时性、政策落实的有效性、宣传手段的有效性来说，要好得多。所以政府要加强政策的宣传力度和执行力度，在及时性上做出更好的表现才能对大学生起到很好的鼓励作用。

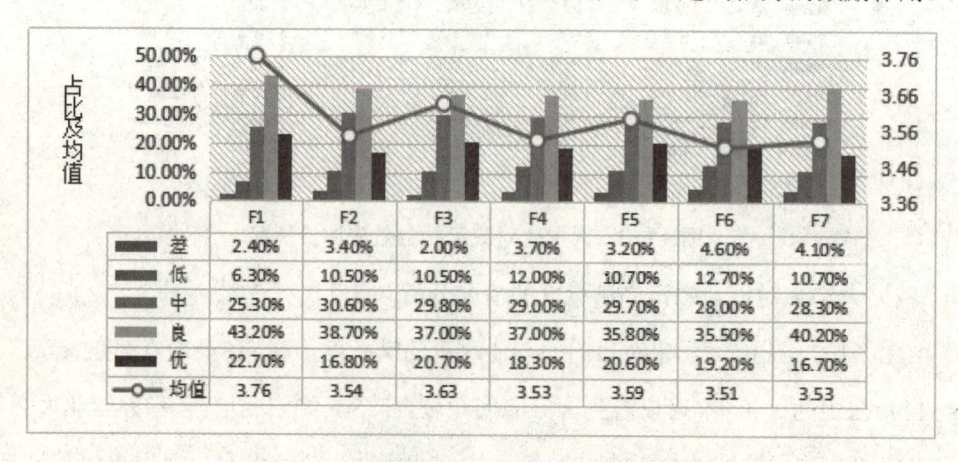

	F1	F2	F3	F4	F5	F6	F7
差	2.40%	3.40%	2.00%	3.70%	3.20%	4.60%	4.10%
低	6.30%	10.50%	10.50%	12.00%	10.70%	12.70%	10.70%
中	25.30%	30.60%	29.80%	29.00%	29.70%	28.00%	28.30%
良	43.20%	38.70%	37.00%	37.00%	35.80%	35.50%	40.20%
优	22.70%	16.80%	20.70%	18.30%	20.60%	19.20%	16.70%
均值	3.76	3.54	3.63	3.53	3.59	3.51	3.53

图 11-5　大学生对政府服务工作评价的情况

11.3.2 背景差异对大学生创业环境认知的差异影响分析

很多学者研究认为，不同背景的大学生对于事物的认知情况是有很大区别的，本研究针对大学生的特点，设置背景资料（包括受测者的性别、攻读学位、年级、专业、成绩排名、参加创业竞赛的次数、参加创业竞赛的级别、创业竞赛获奖次数、创业竞赛获奖级别、参加创业活动的类型、成长环境、父亲工作类型、父亲文化程度、母亲工作类型、母亲文化程度、是否独生子女等），来研究背景差异下大学生对各类创业环境认知的情况。

1. 性别差异的影响

调查对象的性别分布为男性 256 位，女性 154 位，占比分别是 62% 和 38%，男女性别的调查样本数量基本上较为平均。如表 11-12 所示。

表 11-12　性别差异对大学生创业环境认知影响检验结果（置信区间95%）

	性别	N	均值	是否等方差	F 统计	Sig.(F)	T 统计	Sig.(2-tailed)
S	男	256	4.626	E.V assumed	4.094	0.044	-0.624	0.533
	女	154	3.31	E.V not assumed			-0.659	0.510
C	男	256	3.021	E.V assumed	4.232	0.043*	-2.966	0.003**
	女	154	3.300	E.V not assumed			-2.990	0.003**
X	男	256	3.89	E.V assumed	0.041	0.839	0.561	0.575
	女	154	3.86	E.V not assumed			0.566	0.571
M	男	256	3.7418	E.V assumed	1.302	0.255	-0.308	0.758
	女	154	3.7660	E.V not assumed			-0.316	0.752
F	男	256	3.5636	E.V assumed	0.275	0.601	-0.583	0.560
	女	154	3.6138	E.V not assumed			-0.579	0.563

注：**. 表示在 0.01 水平上显著相关（双侧）；*. 表示在 0.05 水平上显著相关（双侧）。

通过表 11-12 性别差异对大学生创业环境认知影响检验结果（置信区间 95%）可以看出，不同性别对创业的高校环境认知在显著性水平 α=0.01 上有显著性差异，而在其他创业环境上（包括创业的社会环境、政策环境）上没有显著性差别。在性别差异的基础上，通过不同性别在创业的高校环境认知的均值上可以看出倾向性，由于女生的均值大于男生，说明女生对于创业的高校环境的满意度高于男生。这与男女的思维有关，女性更多偏向形象思维，男性更多偏向逻辑思维。男性在做决策时更重逻辑即左半脑的功能,女性则习惯于把左半脑的理性思维和右半脑的感性思维结合起来,即把感觉、关系等因素用于决策过程,力求全面与周到。这表明了性别在决策时的差异,在对创业环境做出评价时,女性偏向于综合考量,协调各方面的因素,对创业环境的态度就比男性要好一些。

2. 是否为独生子女的差异影响

是否独生情况:有231人是非独生子女,占比56.3%;有172人是独生子女,占比为42.0%。是否为独生子女的调查样本数量基本上较为平均。是否独生对大学生创业环境认知影响检验结果如表11-13所示。

表11-13　是否独生对大学生创业环境认知影响检验结果(置信区间95%)

	是否独生	N	均值	是否等方差	F统计	Sig.(F)	T统计	Sig.(2-tailed)
S	独生	172	3.28	E.V assumed	3.034	0.082	-0.077	0.939
	非独	231	3.29	E.V not assumed			-0.076	0.939
C	独生	172	3.17	E.V assumed	3.125	0.078	0.742	0.459
	非独	231	3.10	E.V not assumed			0.728	0.467
X	独生	172	3.90	E.V assumed	1.611	0.205	0.757	0.449
	非独	231	3.85	E.V not assumed			0.753	0.452
M	独生	172	3.88	E.V assumed	2.108	0.047*	2.862	0.004**
	非独	231	3.66	E.V not assumed			2.815	0.005**
F	独生	172	3.72	E.V assumed	0.036	0.849	2.732	0.007**
	非独	231	3.49	E.V not assumed			2.726	0.007**

注:**.表示在0.01水平上显著相关(双侧);*.表示在0.05水平上显著相关(双侧)。

通过表11-13是否独生对大学生创业环境认知影响检验结果(置信区间95%)可以看出,是否为独生子女对创业政策的满意度和政府服务工作评价在显著性水平α=0.01上有显著性差异,而在创业的社会环境认知、创业的高校环境认知和政策社会效应评价上没有差异。根据均值来判断,由于独生子女的均值都大于非独生子女的均值,所以可以得出独生子女对创业政策满意和政府服务工作评价都高于非独生子女。独生子女就业意愿越来越趋向保守,越来越偏向于风险低的稳定职业,可能的原因是,由于独生子女的创业倾向并不是很高,所以接触创业政策和政府对于创业的服务的机会较少,甚至不了解,而非独生子女拥有较高的创业倾向,对于创业政策和创业服务要求可能会更高。结果显示的是非独生子女的均值较低,对创业政策的满意度上为 3.66,中等稍偏上;而对政府服务工作的评价稍显低,仅为 3.49;说明政府的服务工作还需优化。

3. 其他背景差异对创业环境认知的差异影响

由于攻读学位、年级、专业、成绩排名、参加创业竞赛的次数、创业竞赛的级别、创业竞赛获奖次数、获奖级别、参与创业活动的类型、成长环境、父母亲工作类型、父母的文化程度的题项取值都超过 2,所以不适合做独立两样本 T 检验,而适合做单因素方差分析。

经过单因素方差分析,得出结果为:攻读学位、专业、成绩排名、参加创业竞赛的次数、创业竞赛级别、创业竞赛获奖级别、参与创业活动的类型以及父母的文化程度均没有显著性差异;而年级、创业竞赛获奖次数、成长环境、父亲职业(母亲没有显著性差异)对创业环境认知有影响,检验结果如表 11-14 所示。

表 11-14　大学生创业环境认知在背景差异上 ANOVA 方差分析结果(置信区间 95%)

影响	变量		均值差	F 统计	Sig.(F)	Scheffe 显著性
年级 VS 创业的社会环境认知	一年级	二年级	0.688	7.510	0.000**	0.003**
		四年级	0.488			0.002**
年级 VS 创业的高校环境认知	一年级	二年级	0.969	12.515	0.000**	0.000**
		三年级	0.594			0.000**
		四年级	0.685			0.000**
年级 VS 政策社会效应评价	一年级	四年级	0.378	4.468	0.004**	0.005**
年级 VS 政府服务工作评价	一年级	四年级	0.526	5.786	0.001**	0.001**
创业竞赛获奖次数 VS 创业的社会环境认知	一次	多次	-0.579	3.705	0.025*	0.027*
成长环境 VS 政策满意度	农村	省会/大城市	-0.362	3.185	0.024*	0.041*

续表

影响	变量		均值差	F 统计	Sig.(F)	Scheffe 显著性
父亲工作类型 VS 创业的社会环境认知	科研院所	农业	1.936	4.555	0.000**	0.001**
		政府/事业单位	1.765			0.005**
		学校	1.827			0.006**
		军队	2.050			0.040*
		经商	1.667			0.010*
		国企	1.883			0.004**
		民企	1.556			0.046*

注：**. 表示在 0.01 水平上显著相关（双侧）；*. 表示在 0.05 水平上显著相关（双侧）。

从表 11-14 可以看出，在对创业的社会环境的认知上，一年级和二年级、四年级在显著性水平 α=0.01 上有显著差异，且根据均值差正负号可以得出，一年级的满意度要高于二年级和四年级的满意度，相对来说，三者的满意度水平由高到低依次为：一年级、四年级、二年级，其他没有显著差异。在创业的高校环境的认知上，一年级和二年级、三年级、四年级在显著性水平 α=0.01 上有显著差异，根据均值差可以得出，一年级的满意度要高于二年级、三年级和四年级的满意度，四者的满意度水平由高到低依次为：一年级、三年级、四年级、二年级。在政策社会效应评价的认知上，一年级和四年级在显著性水平 α=0.01 上有显著差异，且根据均值差得出，一年级的满意度高于四年级，其他没有显著差异。在政策服务工作评价的认知上，一年级和四年级在显著性水平 α=0.01 上有显著差异，且根据均值差得出，一年级的满意度要高于四年级，其他没有显著差异。年级对政策满意度没有显著差异。林叶（2014）在研究中认为，不同年级的创业课程设置不同，每个年级所应对的挑战也不同，因此对周围的创业环境认知也会存在差异。一般来说，年级越高接触创业环境的机会可能越多，对创业环境的认知可能更接近创业环境本身所发挥的效应。

在对创业的社会环境的认知上，创业竞赛获奖一次和创业竞赛获奖多次的大学生在显著性水平 α=0.05 上有显著差异，根据均值差得出，后者对于创业的社会环境的满意度要高于前者，其他没有显著性差异。获奖次数在对创业的高校环境、政策社会效应评价、创业政策的满意度、政府服务工作评价上没有显著差异。导致这种差异的原因很可能是参加竞赛越多，受到创业的社会环境的熏陶越多造成差异。

在对创业政策的满意度的认知上，成长环境是农村的和成长环境是省会/大城市

在显著性水平 α=0.05 上有显著差异，根据均值差得出，在省会／大城市成长起来的对创业政策满意度的水平高于在农村成长起来的对创业政策满意度，其他成长环境（包括县、城镇）没有显著差异，成长环境对创业的社会环境、创业的高校环境、政策社会效应评价、政府服务工作评价上没有显著差异。一般来说，城镇学生从小所处的教育环境可能比大多数农村学生所处的环境更为舒适，农村出来的大学生创业可能更为艰难一些，对于创业政策的要求也可能会更高一些，而这种高的要求和现实存在差距就可能导致满意度低。

在对创业的社会环境的认知上，父亲在科研院所工作和父亲职业为务农或在政府／事业单位、学校、国企工作在显著性水平 α=0.01 上有显著差异，父亲在科研院所工作和父亲在军队民企工作以及经商在显著性水平 α=0.05 上有显著差异。根据均值差可以得出，父亲在科研院所工作对创业的社会环境的满意度均高于其他职业类型。相对来看，在显著性水平 α=0.01 上，父亲不同职业对创业的社会环境的满意度水平由高到低依次为：科研院所、政府／事业单位、学校、国企、农业。在显著性水平 α=0.05 上，父亲不同职业对创业的社会环境的满意度水平由高到低依次为：科研院所、民企、经商、军队。父亲的不同职业对其他创业环境（创业的高校环境、政策社会效应评价、创业政策的满意度、政府服务工作评价）的认知无显著差异。在科研院所、政府／事业单位、学校等工作的对于创业的社会环境的满意度高于其他职业，比如民企、经商、农业等，一般来说，前者对于创业环境的接触机会并不如后者大，所以会产生差异。

11.4 大学生的创业态度和创业倾向的调查分析

11.4.1 大学生创业态度和创业倾向的基本情况统计

1. 大学生创业态度基本情况分析

由图 11-6 得出，在大学生对创业态度的均值上，前 6 项（A1-A6）的同意水平较高，而后 4 项（A7-A10）相对来说较低。A5、A6、A1 的同意水平较高且集中在"同意"及"非常同意"上。说明大学生强烈同意认为创业可以带来的财富、成就感和梦想实现。而相对来说，认为创业可以提升社会地位，提升个人社会影响，促进经济发展和为社会做贡献的认可度较低。大学生创业从自身考虑较多，很难涉及为社会和国家服务。

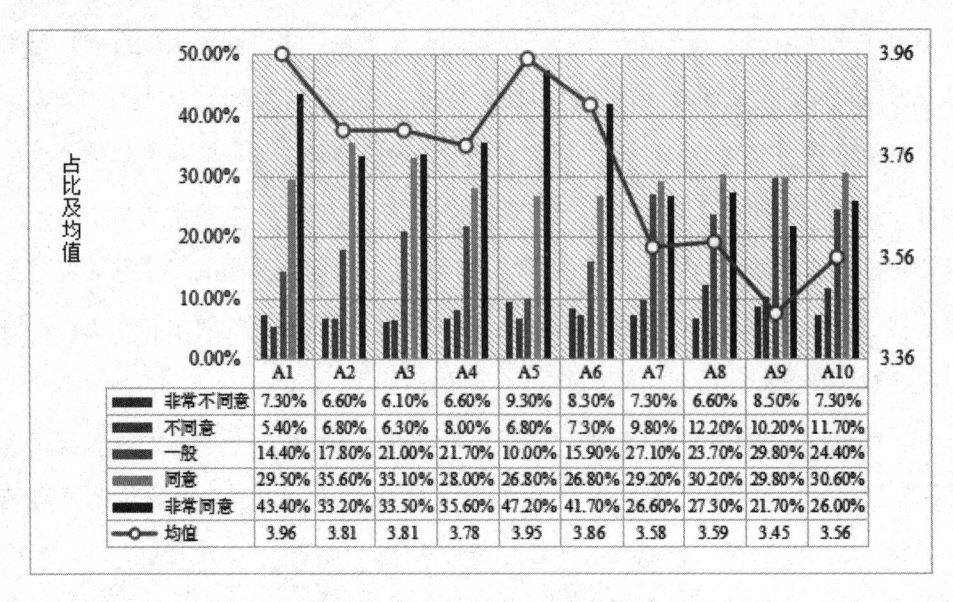

	A1	A2	A3	A4	A5	A6	A7	A8	A9	A10
非常不同意	7.30%	6.60%	6.10%	6.60%	9.30%	8.30%	7.30%	6.60%	8.50%	7.30%
不同意	5.40%	6.80%	6.30%	8.00%	6.80%	7.30%	9.80%	12.20%	10.20%	11.70%
一般	14.40%	17.80%	21.00%	21.70%	10.00%	15.90%	27.10%	23.70%	29.80%	24.40%
同意	29.50%	35.60%	33.10%	28.00%	26.80%	26.80%	29.20%	30.20%	29.80%	30.60%
非常同意	43.40%	33.20%	33.50%	35.60%	47.20%	41.70%	26.60%	27.30%	21.70%	26.00%
均值	3.96	3.81	3.81	3.78	3.95	3.86	3.58	3.59	3.45	3.56

图 11-6　大学生的创业态度情况

2. 大学生创业倾向基本情况分析

由图 11-7 得出，目前大学生对创业倾向各题项的同意水平均值集中在 3.0 左右。大学生对 T2、T5、T3 的同意水平相对较高，而对 T4、T1 和 T2 的同意水平较低，相对来说，T7 的水平最低。说明大学生在创业倾向上，愿意做知识和信息储备，愿意花时间和经历为未来创业做准备，愿意创业初期的较低薪酬收入；而短时间内进行创业的可能性较小，包括在校期间创业、毕业 3 年内进行创业、把创业作为个人职业生涯起点等，而为创业承担延迟毕业的风险是绝大部分大学生不愿意的。

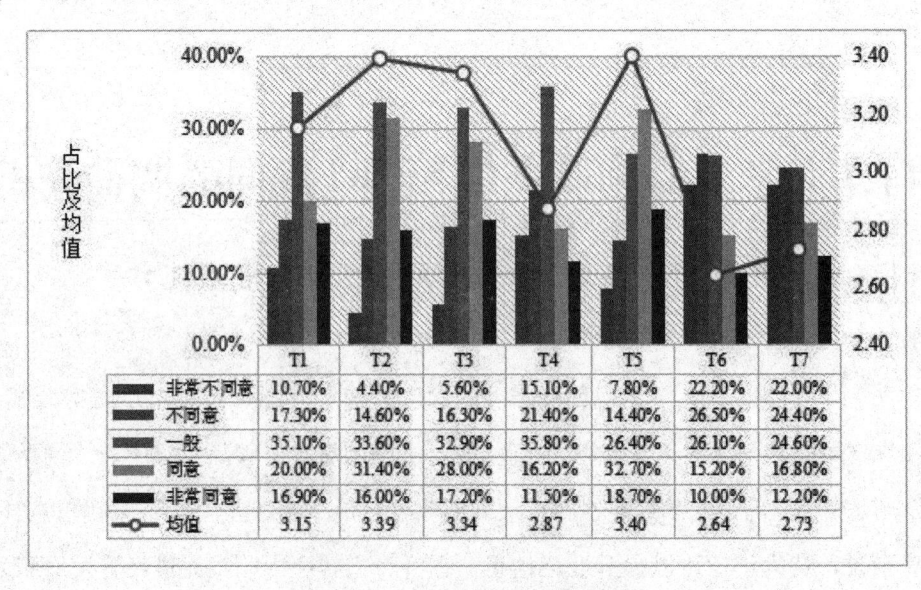

	T1	T2	T3	T4	T5	T6	T7
非常不同意	10.70%	4.40%	5.60%	15.10%	7.80%	22.20%	22.00%
不同意	17.30%	14.60%	16.30%	21.40%	14.40%	26.50%	24.40%
一般	35.10%	33.60%	32.90%	35.80%	26.40%	26.10%	24.60%
同意	20.00%	31.40%	28.00%	16.20%	32.70%	15.20%	16.80%
非常同意	16.90%	16.00%	17.20%	11.50%	18.70%	10.00%	12.20%
均值	3.15	3.39	3.34	2.87	3.40	2.64	2.73

图 11-7　大学生的创业倾向情况

11.4.2 背景差异对创业态度和创业倾向的差异影响分析

许多学者经过研究认为个体背景如性别、专业、受教育程度、成长环境、创业竞赛参与与否、实习经历等对大学生的创业态度和创业倾向有显著差异（Winden，1989；Lerner & Hendeles，1996；Meseh & Walstad，1998；范魏、王重鸣，2004；赵有声、潘新新，2006；许明华，2007；蒋雁，2008；田松海，2013）。

通过对以往学者的研究整理发现，性别差异对于大学生的创业意向影响有差异，这被广大研究学者经过实证检验。在专业上，有学者认为理工科学生的创业意向相对低，而财经类的学生创业意向相对较高（Christian Luthje & Nikolaus Franke，2003；范魏、王重鸣，2004），有学者认为理工类的学生的创业态度要高于经管类的学生的创业态度，但是两者的创业倾向没有显著差异（陈劲、贺丹、邱嘉铭，2007）；受教育程度对大学生的创业意向影响上，有学者认为无差异（Forbes，2005），有学者认为有差异。许明华（2007）认为年级高低对创业态度和创业倾向有显著差异；有无创业竞赛经历对大学生的创业态度和创业倾向也存在差异，这点在陈劲、贺丹、邱嘉铭的研究中得到了证实。学者们研究证实成长环境、实习经历都对创业意向有显著影响。

通过总结发现，在创业态度与创业倾向的背景差异上，不同学者持不同的意见，原因在于问卷调查样本来自不同地区，或者研究点不同，等等，值得注意的是，本研究研究的是创新创业，如前文所述有别于一般意义上的创业。所以在结论上可能有所差异。

1. 性别差异的影响

性别差异对大学生创业态度和创业倾向的影响检验结果，如表 11-15 所示。

表 11-15 性别差异对大学生创业态度和创业倾向的影响检验结果（置信区间95%）

	性别	N	均值		F 统计	Sig.(F)	T 统计	Sig.(2-tailed)
A	男	256	3.79	E.V assumed	3.129	0.078	1.415	0.158
	女	154	3.65	E.V not assumed			1.362	0.174
T	男	256	3.01	E.V assumed	0.102	0.749	-2.113	0.035*
	女	154	3.18	E.V not assumed			-2.114	0.035*

注：***、**、* 分别表示在 0.001、0.01、0.05 水平上显著相关（双侧）。

通过表 11-15 可以看出，由于创业态度在性别上的独立两样本 T 检验结果中 F 统计量的相伴概率为0.078,大于0.05,假设方差相等时的T统计量的相伴概率为0.158,大于0.05,所以拒绝原假设,创业态度在性别上不存在显著差异。从创业倾向上的独立两样本T检验结果来看,F统计量的相伴概率为0.749,大于0.05,也就是不存在显著差异。假设方差相等时可以看到,T统计量的相伴概率为0.035,小于0.05,说明性别在创业倾向的均值上存在显著差异。从均值上来看,由于女性均值为3.18,大于男性均值3.01,说明女大学生的创业倾向要高于男大学生的创业倾向。综合学者研究,本文认为,由于男女思维的差异不同,男性由于偏向逻辑思维,接触实际创业的机会比女性要多,在创业的过程中可能感受到创业的艰辛,于是在创业倾向上更偏向保守。女性由于创业态度本身就比男性要好,且善于综合考虑各种影响因素,在创业的理解上,认为创业存在艰辛的同时也存在成就,导致在创业倾向上也较高。

2. 是否为独生子女的差异影响

是否独生对大学生创业态度和创业倾向的影响检验结果,如表11-16所示。

表11-16 是否独生对大学生创业态度和创业倾向的影响检验结果(置信区间95%)

	性别	N	均值	是否等方差	F统计	Sig.(F)	T统计	Sig.(2-tailed)
S	独生	172	3.73	E.V assumed	0.281	0.596	0.003	0.998
	非独	231	3.73	E.V not assumed			0.003	0.998
C	独生	172	3.042	E.V assumed	2.348	0.126	-0.712	0.477
	非独	231	3.101	E.V not assumed			-0.701	0.484

注:***、**、*分别表示在0.001、0.01、0.05水平上显著相关(双侧)。

通过表11-16可以看出,是否为独生子女对创业态度和创业倾向上都没有通过检验,(F统计量和T统计量的相伴概率均大于0.05),都没有显著性差异。

3. 其他背景差异对大学生创业态度和创业倾向的影响

由于除性别和是否独生子女之外的其他题项的取值都超过2,所以不适合做独立两样本T检验,而适合做单因素方差分析。

经过单因素方差分析,得出结果为:成绩排名、参加创业活动的类型、成长环境、父母亲工作类型、父母的文化程度均没有显著性差异;而攻读学位、年级、专业、参加创业竞赛的次数、创业竞赛的级别、创业竞赛获奖次数、获奖级别对创业态度和创业倾向有影响,检验结果如表11-17所示。

表 11-17　大学生创业态度、创业倾向在背景差异上 ANOVA 方差分析检验结果（置信区间 95%）

影响	变量		均值差	F 统计	Sig.(F)	Scheffe 显著性
攻读学位 VS 创业态度	普通硕士	专科	-1.372	9.041	0.000**	0.007**
		学士学位	-1.168			0.000**
年级 VS 创业态度	一年级	二年级	0.993	22.690	0.000**	0.000**
		四年级	0.612			0.000**
	三年级	二年级	1.128			0.000**
		四年级	0.746			0.000**
年级 VS 创业倾向	一年级	三年级	0.336	4.115	0.007**	0.021*
		四年级	0.400			0.021
专业 VS 创业态度	工程类	经管类	0.470	5.109	0.000**	0.007**
创业竞赛次数 VS 创业态度	无	一次	0.654	12.807	0.000**	0.000**
		多次	0.461			0.034*
创业竞赛次数 VS 创业倾向	无	多次	-0.439	4.302	0.014*	0.015*
创业竞赛的级别 VS 创业态度	无	国家级	0.917	11.079	0.000**	0.000**
		校级	0.717			0.000**
创业竞赛获奖次数 VS 创业态度	一次	多次	-0.800	7.945	0.000**	0.019*
		无	-0.862			0.000**
创业竞赛获奖级别 VS 创业态度	省市奖	无	-0.582	3.594	0.014*	0.018*
参加创业活动类型 VS 创业倾向	无	参与公司创业过程	-0.970	2.735	0.043*	0.041*
		拥有企业部分产权	-0.477			0.032*
		参与某企业经营	-0.235			0.012*

注：***、**、* 分别表示在 0.001、0.01、0.05 水平上显著相关（双侧）。

由表 11-17 得出，在对大学生创业态度的影响上，普通硕士学位与专科学历、学士学位在显著性水平 α=0.01 有显著差异，根据均值差可以得出，专科学历的大学生的创业态度好于学士学位大学生的创业态度，而普通硕士学位的大学生的创业态度最差。其他攻读学位选项（包括MBA、博士学位、工程硕士）之间不存在差异。

年级对大学生创业态度也有差异影响，一年级与二年级、四年级在显著性水平 α=0.01 有显著差异，根据均值差得出，一年级的创业态度好于四年级，四年级的创业态度好于二年级；而三年级和二年级、四年级之间在显著性水平 α=0.01 有显著差异，而且三年级的创业态度好于二年级和四年级。综合来看，在对创业态度的认知上，由好到差依次为：一年级、三年级、四年级、二年级。

年级对大学生的创业倾向也有差异影响，一年级与三年级、四年级在显著性水平 α=0.05 有显著差异，且一年级的创业倾向高于三年级，三年级的创业倾向高于四年级，而二年级与各年级之间不存在差异。

在对大学生创业态度的影响上，不同专业也有所差异，工程类和经管类在显著性水平 α=0.01 有显著差异，且工程类对创业态度要好于经管类。

参与创业竞赛的次数多少对大学生创业态度和创业倾向也有差异影响。没有参加过创业竞赛和参加过一次、多次创业竞赛之间存在显著差异，且没参加过创业竞赛的大学生的创业态度要好于参加过多次的大学生的创业态度，而参加过多次的大学生的创业态度要好于参加过一次的大学生的创业态度。在创业倾向上，没有参加过创业竞赛的和参加过多次创业竞赛的大学生之间在显著性水平 α=0.05 有显著差异，参加过多次的创业倾向要高于未参加过的。

参与创业竞赛的不同级别对大学生创业态度的影响也存在差异，无任何级别参赛经历的和参加过国家级竞赛的、参加过校级竞赛的之间在显著性水平 α=0.01 有显著差异，且无任何级别参赛经历的对于创业态度的认知要好于参加过校级竞赛的，而参加过校级竞赛的要好于参加过国家级竞赛的；而参加过省市级竞赛的大学生与其他级别的大学生在创业态度上没有差别，参与创业竞赛的不同级别对于创业倾向没有差别。

参加了竞赛后，获奖次数也对大学生创业态度的影响有所差别。获一次奖与多次获奖、未获奖之间存在显著差异，未获奖的大学生对创业态度的认知好于多次获奖的大学生，而多次获奖的大学生的创业态度要好于仅获奖一次的大学生的创业态度。获奖次数多少对于大学生的创业倾向没有显著差异。

大学生的获奖级别对其创业态度的影响也存在差别。获省市级奖的与未获任何级别奖的大学生的创业态度在显著性水平 α=0.05 有显著差异，且未获任何级别奖的大学生的创业态度要好于获省市级奖的大学生的创业态度；而获国家级奖的大学生与获其他级别奖（包括未获奖）的大学生之间在创业态度认知上不存在差别，大学生的获奖级别在创业倾向上不存在差别。

大学生参与创业活动的类型会对其创业倾向产生差异影响，没有参加创业活动的大学生与参加过创业活动的大学生（无论哪种类型）在显著性水平 α=0.05 有显著差异，根据均值差，参与公司创业过程的大学生的创业倾向高于拥有某企业产权的大学生的创业倾向，而拥有某企业产权的大学生的创业倾向高于参与某企业经营的大学生的创业倾向。参加创业活动的类型对创业态度无差异影响。

11.5 相关与回归分析

11.5.1 相关分析

相关分析（correlation analysis）是研究现象之间是否存在某种依存关系，并对具体有依存关系的现象探讨其相关方向以及相关程度，是研究随机变量之间的相关关系的一种统计方法。本研究用 Pearson 相关系数来检验变量之间相关性，Pearson 相关系数是用来衡量两个数据集合是否在一条线上面，一般用来衡量定距变量间的线性关系。检验结果如表 11-18 所示。

表 11-18　　　　　　各变量间的相关关系（Pearson 相关系数）

变量	S	C	X	M	F	R	A	T
S	1							
C	0.698**	1						
X	0.278**	0.286**	1					
M	0.289**	0.245**	0.592**	1				
F	0.335**	0.285**	0.554**	0.771**	1			
R	0.457**	0.267**	0.238**	0.252**	0.274**	1		
A	0.134	0.250**	0.141**	0.183**	0.193**	0.794**	1	
T	0.464**	0.437**	0.200**	0.111*	0.122*	0.154**	0.156**	1

注：***、**、* 分别表示在 0.001、0.01、0.05 水平上显著相关（双侧）。

从表 11-18 可以看出，各变量之间的 Pearson 相关系数都为正，且都通过了显著性水平。这说明，社会创业环境、大学内创业环境、政策社会效应评价、创业政策的满意度、政府服务工作评价、创业成功关键要素认知与创业态度和创业倾向之间确实存在正向相关关系，在一定程度上支持了前面的假设。

11.5.2 层次回归分析方法

在前面的研究结论得出对于创业态度而言，大学生个人背景中的攻读学位、年级、专业、参加创业竞赛的次数、参加创业竞赛的级别、竞赛获奖次数、竞赛获奖级别有显著差异；对于创业倾向而言，大学生个人背景中的年级、参加创业竞赛的次数、参加创业活动类型有显著差异。这就表明了本研究要先对这些因素进行控制，然后看社会创业环境、大学内创业环境、创业政策环境、创业成功关键要素认知认识对于创业态度和创业倾向的影响，这就涉及统计方法中的层次回归。

层次回归中所谓的层级是指自变量之间的关系或等级，从逻辑上，根据自变量之间的关系，从其相互产生影响的顺序，将自变量分成多层。自变量的影响作用越是基础，其层级越高，层级高的自变量可能会影响层级低的自变量，反之则不行。与一般回归分析不同的是，衡量变量是否进入方程的标准不是其对因变量贡献量的大小，而是其对因变量起作用的逻辑顺序。这样，在进行回归时，自变量由高层级到低层级逐步加入回归方程。

在进行层次回归分析时，要对各变量进行共线性诊断：一般以容忍度、方差膨胀因子（VIF，容忍度的倒数）作为共线性诊断指标。容忍度的值介于 0 和 1 之间，值越小，自变量与其他自变量间共线性问题越明显；VIF 值越大，则共线性问题越明显，一般以小于 10 为判断依据（Neter etal.，1985）。DW 值用来检验回归分析中的残差项是否存在自相关现象，DW 值的取值介于 0 和 4 之间：残差一阶正相关时，DW ≈ 0；残差一阶负相关时，DW ≈ 4；残差独立时，DW ≈ 2。为了减少自变量间的多重共线性，层次回归前先对模型中各变量进行中心化处理（减去变量的均值），这一处理不会改变回归系数的显著性。各变量间的共线性诊断，如表 11-19 所示。

表 11-19　　　　　　　　　各变量间的共线性诊断

变量 / 共线性检验	容差	VIF
性别	0.790	1.266

续表

变量/共线性检验	容差	VIF
攻读学位	0.737	1.356
年级	0.740	1.351
专业	0.827	1.210
参加创业竞赛次数	0.462	2.164
参加创业竞赛级别	0.464	3.793
创业竞赛获奖次数	0.345	2.898
创业竞赛获奖级别	0.300	3.338
参加创业活动类型	0.821	1.218
成长环境	0.628	1.593
父亲工作类型	0.443	2.255
父亲文化程度	0.590	1.695
母亲工作类型	0.407	2.457
母亲文化程度	0.532	1.880
是否独生子女	0.817	1.224
社会创业环境	0.393	2.545
大学内创业环境	0.457	2.190
政策社会效应评价	0.580	1.726
创业政策的满意度	0.344	2.910
政府服务工作评价	0.359	2.788
创业成功认识	0.609	1.642

可以看出，各变量的容差在 0 和 1 之间，且接近于 1；VIF 远远小于 10；且各变量间的残差共线性检验值 DW=1.849≈2，说明各变量之间不存在共线性。

11.5.3 以创业态度作为因变量进行层次回归

第一步，将性别、攻读学位、年级、专业、成绩排名、参加创业竞赛的次数、参加创业竞赛的级别、竞赛获奖次数、竞赛获奖级别、参加创业活动级别、成长环境、父亲工作类型、父亲文化程度、母亲工作类型、母亲文化程度作为控制变量引入方程；第二步，逐步将"创业的社会环境认知、创业的高校环境认知、政策社会效应评价、创业政策满意度、政府服务工作评价、创业成功关键要素认知"作为自变量引入方程。将创业态度作为因变量引入方程。结果如表11-20所示。

表11-20　以创业态度为因变量的层次回归分析结果（置信区间95%）

变量	因变量1创业态度						
	模型1		模型2		判定统计量		
	β	t	β	t	R^2	F	ΔR^2
第一步：控制变量							
性别	-0.078	-1.522					
攻读学位	-0.264	-5.107***					
年级	-0.105	-2.013*					
专业	-0.129	-2.591*					
参加创业竞赛次数	0.068	2.014*					
参加创业竞赛级别	0.126	2.408*					
创业竞赛获奖次数	0.101	2.186*			0.208	6.042***	0.209**
创业竞赛获奖级别	-0.098	-0.171*					
参加创业活动类型	-0.177	-2.605					
成长环境	-0.078	-1.330					
父亲工作类型	0.041	0.596					
父亲文化程度	0.110	1.848					
母亲工作类型	0.003	0.040					
母亲文化程度	0.087	-1.372					
是否独生子女	0.013	0.253					
第二步：自变量							
创业的社会环境认知			0.128	2.602**	0.334	10.811***	0.126***
创业的高校环境认知			0.003	0.059	0.335	10.217	0.001
政策社会效应评价			0.080	1.966*	0.467	9.725***	0.132**
创业政策的满意度			0.035	0.673*	0.580	9.500***	0.113**
政府服务工作评价			0.031	0.604	0.581	9.028***	0.001
创业成功关键要素认知			0.717	18.127***	0.814	31.354***	0.233***

注：***、**、*分别表示在0.001、0.01、0.05水平上显著相关（双侧）。

检验结果显示，模型1中的F统计量显著。寻找各控制变量中的β系数和t统计量的显著性，t统计量存在显著性的有：攻读学位、年级、专业、参加创业竞赛的次数、参加创业竞赛级别、创业竞赛获奖次数、创业竞赛获奖级别，其他的控制变量的t统计值并没有达到显著性水平。由β系数得出，与创业态度存在正向关系的有：参加创业竞赛的次数、参加创业竞赛级别、创业竞赛获奖次数；而与创业态度存在负向关系的有：攻读学位、年级、专业、创业竞赛获奖级别。这与前面的方差分析结果一致。

模型2中结果显示，创业的社会环境认知、政策社会效应评价、创业政策的满意度、创业成功关键要素认知认识对创业态度有显著影响，$\Delta R2$ 分别为：0.126***、0.132**、0.113**、0.233***，表明三个变量对创业态度的回归系数均显著，由此，假设H1a、H3a、H4a、H6a得到验证成立，R方的改变值为0.126+0.132+0.113=0.371，方差分析显著，说明排除控制变量的影响，单独由这四个变量所解释的差异为37.1%，具有统计学意义。假设H2a和H5a未得到支持。

11.5.4 以创业倾向作为因变量进行层次回归

第一步，将控制变量引入方程；第二步，逐步将以上6个自变量和创业态度引入方程作为自变量，将创业倾向作为因变量引入方程。结果如表11-21所示。

表11-21　以创业倾向为因变量的层次回归分析结果（置信区间95%）

变量	模型1 β	模型1 t	模型2 β	模型2 t	R2	F	ΔR2
第一步：控制变量							
性别	0.028	0.511					
攻读学位	0.007	0.134					
年级	−0.159	−2.870**					
专业	0.084	1.575					
参加创业竞赛次数	−0.015	−1.204*					
参加创业竞赛级别	−0.004	−0.047			0.103	2.622	0.103**
创业竞赛获奖次数	−0.042	−0.501					
创业竞赛获奖级别	−0.037	−0.413					
参加创业活动类型	−0.219	−4.200***					
成长环境	0.069	1.110					
父亲工作类型	0.022	0.296					
父亲文化程度	0.070	1.107					
母亲工作类型	0.094	1.229					
母亲文化程度	−0.078	−1.154					
是否独生子女	−0.023	−0.432					
第二步：自变量							
创业的社会环境认知			0.395	5.634***	0.284	8.530***	0.181***
创业的高校环境认知			0.132	2.024*	0.293	8.403***	0.009*
政策社会效应评价			0.106	1.841*	0.303	7.983***	0.010*
创业政策的满意度			0.045	0.625	0.309	7.800***	0.006
政府服务工作评价			0.035	1.516	0.312	7.526***	0.003

续表

变量	因变量1 创业倾向					
	模型1		模型2		判定统计量		
	β	t	β	t	R2	F	ΔR2
第二步：自变量							
创业成功关键要素认知			0.021	0.375	0.312	7.173***	0.000
创业态度			0.156	3.199**	0.433	10.231**	0.121**

注：***、**、* 分别表示在 0.001, 0.01, 0.05 水平上显著相关（双侧）。

检验结果显示，模型1中的F统计量显著。寻找各控制变量中的β系数和t统计量的显著性，可以看到，t统计量存在显著性的有：年级、参加创业竞赛的次数、参加创业活动类型，其他的控制变量的t统计值并没有达到显著性水平。由β系数得出，年级、参加创业竞赛的次数、参加创业活动类型与创业倾向存在的关系是负向，这与前面的方差分析结果一致。

模型2中结果显示，创业的社会环境认知、创业的高校环境认知、政策社会效应评价对创业倾向有显著影响，ΔR2分别为：0.181***、0.009**、0.010**，0.121** 表明三个变量对创业倾向的回归系数均显著，且β系数均为正，由此，假设H1b、H2b、H3b、H7 得到验证成立，R方的改变值为 0.181+0.009+0.010+0.121=0.321，方差分析显著，说明排除控制变量的影响，单独由这四个变量所解释的差异为32.1%，具有统计学意义。假设H4b、H5b、H6b 未得到支持。

通过层次回归分析得出的结论如表 11-22 所示。

表 11-22　　　　　　　　假设检验结果汇总

假设代码	影响方向		检验结果	回归系数
H1a	创业的社会环境认知	创业态度	成立	+0.128
H1b	创业的社会环境认知	创业倾向	成立	+0.395
H2a	创业的高校环境认知	创业态度	不成立	无
H2b	创业的高校环境认知	创业倾向	成立	+0.123
H3a	政策社会效应评价	创业态度	成立	+0.080
H3b	政策社会效应评价	创业倾向	成立	+0.106
H4a	创业政策的满意度	创业态度	成立	+0.035
H4b	创业政策的满意度	创业倾向	不成立	无
H5a	政府服务工作评价	创业态度	不成立	无
H5b	政府服务工作评价	创业倾向	不成立	无
H6a	创业成功关键要素认知	创业态度	成立	+0.717
H6b	创业成功关键要素认知	创业倾向	不成立	无
H7	创业态度	创业倾向	成立	+0.156

11.6 分析结论

本章针对大学生群体，综合创业环境认知自问卷和创业态度、创业倾向自问卷，构建大学生创业环境认知和创业行为之间的问卷。经过研究假设与检验，得出如下几个结论：

1. 大学生的个人背景差异影响创业行为

参加创业竞赛的次数、级别、创业竞赛获奖次数正向影响创业态度。创业竞赛作为一种具有挑战性的活动，一则通过较高的奖励吸引大学生参与；二则通过设计成熟的创业思路和模拟场景、安排细致的创业辅导、设置强劲的竞争对手，能够让大学生真实体会创业的过程；三则由于企业家的存在，从而让具有创业意向的大学生能够有更多的机会获得企业家创业资金的支持，创业态度会更好。

大学生攻读学位、所在年级、创业竞赛获奖级别会负向影响创业态度，在就读专业上，工程类专业学生的创业态度好于经管类学生，这是因为本问卷针对的创业倾向于科技创业，在这一方面，工程类的学生的理论知识扎实，加上国家鼓励科技创业，所以创业态度水平就较高。在攻读学位上，专科学生的创业态度好于学士学位学生，学士学位学生的创业态度好于普通硕士学位学生；在年级对创业态度的影响上，低年级的学生好于高年级的学生，这是因为学校针对不同年级设置的创业课程不同，每个年级应对的创业挑战也不同，低年级的学生在于启发创业意识，而高年级的学生的创业课程和创业挑战难度都较大，会更接近于实际创业，这种差异会影响大学生的创业态度。创业竞赛获奖级别对创业态度有负向影响，可能原因是本样本量中，未获奖的占绝大多数。不过，有专家研究认为，可能是获国家级奖的学生在获奖之前经历了多次创业竞赛，获得了更多的专业性意见，了解了更多的他人创业经验，更能认识到创业的艰辛与困难导致创业态度和创业倾向的弱化。

年级、参加创业竞赛的次数和参加创业活动的类型与创业倾向呈负向关系。年级越高，创业倾向越低；而参加创业竞赛的次数和参加创业活动的类型由于采集的数据有79.4%的大学生未曾参加创业竞赛，85.6%的大学生未曾参加过任何类型的创业活动，会导致结论的偏颇。

2. 大学生对创业环境的认知对创业行为有正向影响

大学生对创业的社会环境、创业的高校环境和创业政策环境的认知会正向影响大学生的创业态度和创业倾向。大学生对当前创业环境的认知越好,就会越有意向创业。创业环境中所包含的宏观环境、政策支持、社会氛围、亲朋好友的支持、学校的鼓励等都会形成一股强大的促使力量,使有创业意向的大学生采取创业行动。因此,创业的社会环境要注重培育良好的创业文化,包括提升创业者的社会地位、对创业失败的宽容;学校应注重创业课程、创业竞赛、创业活动的设置,引进创业导师;创业政策环境要注重政策的社会效应和政策的宣传,一方面要发挥政策作用留住人才不外流,一方面要通过政策吸引外地甚至海外留学人员来陕创业,另一方面要通过政策降低大学生创业风险,缓解大学生及亲人对创业的担心。

3. 大学生对创业成功关键要素认知正向影响大学生的创业态度

大学生对创业成功关键要素的认知越清晰,表明他越有钻研创业成功的精神,其创业态度就越好。创业成功关键要素认知能够起到引导大学生创业方向的作用。此外,大学生认为创业成功的关键要素有以下几个方面。①从创业者个人方面来说:个人的追求志向要明确和坚定;创业者本身不仅要有较强的抗压能力和过硬的自控力,还要对市场把握精准。②从创业合作团队来说:对于科技创新型创业,拥有一支优秀的产品研发团队或技术团队很重要;组建高效的管理团队能够把握好战略方向,发现市场潜力。③从客观条件来说:充足的资金,扎实的社会资本,创业咨询机构所提供的创业指导很重要,尤其是创业的可行性评估对创业者来说具有一定的指导性。

4. 大学生的创业态度正向影响其创业倾向

创业态度越好,其创业倾向越高。为了提高大学生的创业倾向,高校、政府部门要非常重视培养大学生创业态度,要特别注重与创业态度密切相关的影响因素,如通过课程、举办创业活动、媒体等渠道宣传大学生通过创业可以解决就业问题,实现经济独立,实现自身价值与梦想,为社会和经济做出贡献,等等。如果这些因素可以将大学生的创业态度由差转为好,那么就可能被培养主体、创业榜样等所引导,使其朝着有利于创业倾向的方向改变,以此来激发大学生的创业倾向。

第十二章 陕西省科技创新创业政策环境的研究结论与政策建议

12.1 陕西省科技创新创业政策环境的研究结论

12.1.1 关于公共服务和政策满意度的研究结论

（1）本文运用分层回归分析方法验证创业者政策知晓度、政府公共服务程序、政府公共服务态度、政府公共服务人员素质水平对创业者政策满意度的影响，以及政策知晓度在三种政府公共服务评价与创业者政策满意度间的调节作用。结果表明，创业者的政策知晓度直接正向影响创业者的政策满意度，政府公共服务程序、服务人员素质对创业者的政策满意度有直接正向作用，创业者政策知晓度正向调节着政府公共服务程序与创业者政策满意度、政府公共服务态度与创业者政策满意度间的关系。

（2）本文构建了中介效应模型，验证创业者政策满意度的中介效应。研究结果显示，政府公共服务不仅直接正向影响着企业创业绩效，还通过创业者对政策的满意度间接正向影响企业创业绩效，创业者对政策的满意度在政府公共服务与企业创业绩效间具有中介效应。

（3）本研究运用模糊综合评价法计算了陕西省西安市、咸阳市、宝鸡市创业者对科技创业政策的总体满意度得分，同时还测算了各创业者分别对财税政策、金融政策、商事活动政策、人才政策、留学人员政策的满意度。结果表明，整体而言，陕西省创业者对科技创业政策的总体满意度水平一般，各政策层面的满意度水平也是一般。就各地区而言，西安市创业者对科技创业政策整体比较满意，且对各政策层面比较满意；

咸阳市创业者对创业政策整体比较满意，但对商事活动政策、人才政策和留学人员政策满意度一般；宝鸡市创业者对创业政策总体满意度一般，且对各政策层面的满意度均处于一般水平。

（4）在成分分析的基础上，结合陕西省创业特点，分析了陕西省创业者在创业方面所面临的主要问题，以及影响其对陕西省创业政策满意度的主要因素（融资渠道与方式匮乏、金融产品单一、融资成本高、税出多门、高层次人才缺乏）。之后，运用了四分象限图模型具体分析了咸阳市在商事活动政策、人才政策和留学人员政策方面影响创业者满意度一般的主要因素，宝鸡市创业者在财税政策、金融政策、商事活动政策、人才政策和留学人员政策五个方面满意度一般的关键影响因素，为进一步调整优化政策，激活科技创业健康发展提供了方向依据。

12.1.2 关于陕西省大学生创新创业的研究结论

本文的研究目的在于探析当前大学生对创新创业所持的态度，以及政府目前针对大学生创新创业政策的实施效果。在校大学生对于创新创业的认知表明了其创业的潜在性，政府的创新创业政策实施效果表明了政府对大学生扶持的决心与力度，两者的适当结合才能让大学生创新创业更能由意识转化为行动。一方面学生要对创新创业有着较为明确的理解与认知才能更好地享受创新创业政策，参与到创新创业的队伍中来；另一方面创新创业政策能够强化大学生创新创业的动机，促使其对整体的创业环境有较好的满意度。然而从目前的调查情况来看，两者的结合并不是很好。

（1）大学生对创业环境的整体认知情况一般。这不仅包括大学生的认知水平存在背景差异，而且也包括创业环境的整体情况也不太乐观。

研究认为，越有创业意向并通过参与创业活动，接触创业环境的在校大学生对于创业环境的满意度就越低。如对创业倾向较高的非独生子女来说，他们对创业环境的要求也比较高，希望通过创业环境的优化来保障自己创业的顺利与成功，这一点无可厚非；而通过调查发现，他们对当前创业环境尤其是创业政策和政府服务工作的满意度偏低，说明目前针对大学生的创新创业政策环境并不是很好。在越具有创业倾向的高年级同学的身上，调查发现其对创业环境尤其是创业的社会环境、创业的高校环境、政策社会效应的满意度低于低年级的学生。在很多农村出来的大学生来看，他们由于本身所生活的环境较大城市大学生的生活环境艰难，所以在创业政策的要求上可能会更高,因此心理预期与现实差距可能会导致心理落差,从而影响其对创业环境的满意度。调查显示,他们对创业政策的满意度并不是很高,说明目前的创业政策环境的确是存在问题,至少并不能满足很多农村出来的大学生对于创业的要求。

通过大学生对创业环境认知情况的描述性统计来看,大学生对于创业的社会环境、创业的高校环境的满意度很低,尤其是高校环境,这说明高校对大学生创业的关注度还不高。一方面学校领导、老师在不断鼓励大学生创业,但另一方面学校的创业教育并没有跟上节奏。创业课程的设置、创业活动的类型、创业导师的安排等并没有发挥其实际功效,仅仅流于形式的创业教育并不能够激励大学生创业。相对来说,大学生对创业政策环境的满意度高于创业的社会环境和高校环境,这是受目前创业政策条目多的影响,虽然大多数学生并没有真正接触过创业政策,但是能够通过各种途径了解到目前的创业政策。本研究针对创业的政策环境做了研究分析,分离出三个主因子,包括创业政策的社会效应评价、创业政策的满意度、政府创新创业服务工作评价,大学生对这三个因子的满意度评价并不是很平均,相对来说,政府服务工作的评价较低,说明当前政府对于政策的执行效率、工作有效性与及时性等存在问题,政府的服务工作还需要完善。

(2) 政府的创新创业政策的实施效果一般。通过具体分析认为,目前存在的主要问题有以下几个方面:①政府创新创业服务工作得分低。这是社会公众的一种心理期望和实际的心理差距,其绩效和要求之间存在差距,解决办法不是降低社会公众对于政府的要求,而是提高政府的绩效。②政策的社会效应得分较高,取得了社会大众的广泛认可。这是创新创业政策中十分重要的一个指标,政策不能仅仅停留在形式上,要落实到实际工作中,体现在社会效应上,社会公众之所以对此项打分较高,是看到了政策发挥的社会效应。但是这其中存在一个问题,评价主体往往基于当前的效应而做评价,往往会忽视政策出台的数量和发挥效应的数量之间的数量差,也可能会忽视政策出台的时间和政策发挥效应的时间之间的时间差。至于政策所发挥的社会效应是否真正能够体现政策的实施效果,并不是一个决定性指标,还要结合其他方面来看。③创新创业政策的满意度得分集中在优良。这是大学生对创新创业政策的满意度的基本情况得出的结论。大学生对创新创业政策的满意度均值集中在3.5以上(满分5),说明创新创业政策的满意度受到了良好的认同。但由于模糊评价本身存在模糊性和难以量化的特征,以及大学生群体对于政策的感受仅仅停留在书本理论上的现实,政府还是要加强创新创业政策本身所具有的内容覆盖全面性、问题解决针对性、受众群体广泛性、政策优惠性等方面。

（3）通过层次回归分析法探析了大学生创业环境的认知情况对其创业态度和创业倾向的影响。层次回归分析注重对变量层级的确定与控制，由于背景差异会影响大学生对创业环境的认知，所以本章将背景资料中的各变量作为第一层即控制变量，然后逐步对各大学生创业环境认知进行回归。回归结果为：一般来说，大学生对当前创业环境的认知越好，就会越有可能促使其进行创业。创业环境中所包含的宏观环境、创业形势、政策支持、社会氛围、亲朋好友的支持、学校的鼓励等都会形成一股强大的促使力量，鼓励有创业意向的大学生采取创业行动。

所以要促使大学生创业，首先要提高大学生对创业环境的整体认知水平，也就是通过优化创业环境提高大学生满意度水平。这其中创业环境包括了创业的社会环境、创业的高校环境和创业的政策环境。除此之外，本章关注大学生对创业成功关键要素的把握。将创业成功关键因素认知作为一个自变量探析对大学生创业态度和创业倾向的影响，结果发现，大学生对创业成功关键因素认知与其创业态度呈正向关系，创业成功关键要素的认知本身就是一种态度问题，对创业成功要素的把握表明了大学生对创业的认识程度，要素成为创业成功的关键。

12.2 完善科技创新创业公共服务和政策环境的建议

通过调查研究与数据分析，本文认为政府应该从三个大方面完善科技创业政策，提高本省的科技创业水平。一是提高全体创业者对政策的知晓度、满意度，提升政府的公共服务质量水平。二是具体改进和完善财税政策、金融政策、商事活动政策、人才政策和留学人员政策方面的条款与侧重，增强政策和服务的针对性、操作性和有效性。三是针对西安市、咸阳市、宝鸡市这三个陕西省科技创业最为集聚的典型地区，在陕西省创业政策的引领下，因地制宜地制定符合地方特色和需求的相关政策。具体政策建议分述如下：

12.2.1 提升政府政策的知晓度、满意度和公共服务质量

（1）政府应该高度重视政策信息在传播过程中的质量，力求客观全面，加强政策的宣传、普及力度，扩大政策的影响面。设立专门的创业信息网络平台，在平台上及时更新和发布新信息和新政策。定期开展创业者座谈会、讨论会等帮助其理解政策内容，寻求创业者的切实建议与诉求。专门制定一本创业政策汇编书，采取纸质版或电子版形式向下发放，定期制作更新小册子附件。高效利用报纸、杂志、电视、广播、互联网等大众媒体传播方式，加强传播媒介间的融合，为公众获取政策信息建立多元媒介渠道。例如，通过电视，实现政策在多媒体渠道的不断传播和扩散；依托报纸，开展深入研究；运用网络和手机等，实时发布并更新政策信息。此外，大力依托微博、微信等方式，宣传推广那些科技创新水平高、市场前景发展好的创业项目和新生企业，从而促进和鼓励创业者与天使投资以及相关投资机构的直接沟通和合作；给予创业家资金、专业人员等方面支持以建立杂志、网站、微博等丰富多样的创业宣传平台，分享和传播典型的创业人物、出色的创业商机、重点创业投资以及丰富的创业经验等方面的重要创业信息。36氪和IT龙门阵是新兴的创业媒体，不断为广大投资者和创业者提供来自全球范围的创业方面的实时信息，同时也提供了新鲜的创业观点与创业故事。

（2）政府应该切实提高创业者对创业政策的满意度，加强政策在实施过程中的评价以及执行后评价与反馈。采用电视、互联网、移动终端等各种途径与方式将科技创业激励政策普及到广大创业者，确保其及时了解政策、正确理解政策。保证政策在执行过程中不流于形式，政府应该加大投资以将创办企业、申请优惠政策过程自动化；严格选拔和培训专门负责创业工作的服务人员以确保其对已有政策内容、适用范围、申请条件等的理解与熟悉程度，确保为创业者提供优质的服务水平，真正将优惠政策惠及广大创业者。利用信息化网络平台实时发放政策执行效果的在线问卷调查，跟踪并分析已有创业政策，及时搜集反馈信息并听取创业者意见，反复修善政策内容，形成创业政策的良性反馈机制以及互动机制。

（3）提升创业公共服务效能，即改进政府公共服务观念，提高公共服务素质，优化服务流程与组织结构，完善公共服务办公自动化、电子化水平，确保管理考核体系化、指标化。具体表现为：①聘请高校创业型教授、政策制定者等安排体系化课程，定期

培训那些专门负责创业工作的服务人员，贯彻政府政策的宗旨、方向，培养服务人员的服务态度与素质，提升其专业能力。为创业者提供热情、真诚、耐心与细致的服务工作，努力实现真情接待零距离，真心办事零差错，真诚服务零投诉的公共服务目标。②突破原有体制限制，采取"两集中、两到位"的战略不断推动政府各工作部门实现审批过程集成化以及层级结构扁平化，"一个窗口"负责对外审批，将中心窗口转化为实体"办事处"。设立综合服务窗口，负责统一登记和受理有关审批申请，继而分转到各个窗口办理，采用系统自动计时、限时办结的方式推动全流程效率。为科技创业人才建立"绿色通道"，简化其在创办企业过程中的所有审批程序。③强化政府政策引导、加大财政资金的支持力度，鼓励各级社会机构集中力量创办创新型孵化器，构建全套创业服务支撑体系。

12.2.2 改进和完善促进创新创业的配套政策

1. 财税政策

（1）实行以促进科技创业为主要目标的政府采购制度。①在政府采购政策中引入竞争。采购过程中，要明确扶持的概念，同时保证创业主体之间的竞争，确保整体的创业水平和竞争力。②政府采购政策应该具备连贯性和针对性。挑选那些有着良好的未来发展前景、对于整个社会经济的持续健康发展有着长远影响的项目或企业进行扶持。同时，从初期、中期到后期全程给予目标主体创业支持，并适当调整采购政策。③建立一些特殊的采购制度。例如，给予中小企业一定程度的门槛价优惠和价格优惠，美国政府明确规定低于10万美元的政府采购合同必须优先选择中小企业，并且为其提供一定程度的价格减免；大额采购合同可以分割为若干部分参加招标，帮助中小企业广泛获得参与投标的机会。

（2）延长处于创业初期的科技创业型中小企业的税收优惠期限，切实减轻税收负担。减免处于创业初期并且未盈利的企业的增值税或者营业税，对科技人才的创业项目实行企业研发投入税前扣除，对科技型创业企业在科技成果产业化过程中所赢得的大额收益两年内可以免征地方税收。政府可以建立促进企业不断增加研发投入的相关企业所得税返还制度，允许创业人才收入的个人所得税在税前列支年金、保险等保障性项目，避免双重征税，设置政府专项资金，提供相应的奖励补贴。对于科技创业人才而言，若其凭借技术入股或者期权激励取得股权收益，则可以享受减征或免征优惠。

2. 金融政策

（1）政府应该为创业企业创造全面、多元、灵活的资金投入机制。①将民间小借贷公司和小额贷款公司合法化，引导商业银行、民间资本对小企业发放贷款或者投资。②壮大科技产业种子基金和风险投资基金以利用投资基金市场，加快发展科技型中小企业的上市步伐以利用股票市场，试点发行科技企业集合债券以利用债券市场，采用中小企业集合债券、集合信托、集合票据等融资方式。③使科技型中小企业成为特定帮扶对象，使小企业放贷机构成为专门对口融资机构，使信用评级和动产质押成为化解机构金融风险的创新方法，再引入金融创新科技实现具体操作，构建完整的融资模式。

（2）政府应专设负责经营科技企业信贷业务的科技银行，改良审核步骤，缩短审批时间，减少并降低企业贷款的准许条件，研究并开发新型金融产品（例如上海张江高新区的"科灵通"和"投贷宝"）。同时，开展知识产权质押贷款、"银行＋担保＋合理"的风险补偿信贷服务（指银行给企业放贷、担保公司认购公司的期权，共担风险、共享期权收益）、"股权＋债权"的融资服务（指银行放贷给有风险投资注资的科技型企业，企业需凭借知识产权作为质押担保）三大类信贷产品。此外，还可借鉴"科技小巨人信用贷""科技微贷通"等，采用以纯信用担保方式为创业企业提供信用保证贷款。

（3）健全金融市场中介服务体系。①创设更多科技担保的专业机构，创新管理机制，根据不同企业的不同发展阶段提供不同期限和条件的贷款担保制度，充分发挥政策性担保机构、商业担保机构、再担保机构的融资担保作用。构建全省小企业融资担保体系、县市级担保体系和社区担保体系三位一体的融资担保体系。②创新更多的科技保险险种，扩大保费补贴科技企业的范围，进而降低企业科技创业的成本，保障其融资环境，支持其资金需求以及化解科技创业的风险。"科技创业企业履约保证保险贷款"是帮助科技型中小企业摆脱融资瓶颈的新方式，当企业对该品种贷款逾期不还时，上海市科学技术委员会风险补偿金（25%）、保险公司（45%）、商业银行（30%）则需按照各自比例分别承担贷款损失。

3. 商事活动政策

（1）建立电子化系统，使得创办企业的程序可以在网上完成，减少申请手续、缩短创办时间。可在官方网站上设置"小企业计划""小企业服务""小企业工具"和"小企业资源"等栏目，通过简洁的编排、通俗的语言和以"你"为对象的问答式沟通方式，缩短与小企业间的心理距离，提高交流效率，帮助创业者尤其是缺乏创业知识或文化程度不高的创业者，为中小企业提供更加便利的服务和支持。同时，构建高度完善的信息公开机制，为创业者提供便利的渠道以获取有关创业的相关条例和信息等。

（2）设立一站式服务窗口，不仅可以一次性办理注册、税务、养老金等，还可以同时申办电力、天然气以及电话安装等业务，方便创业者；设立一站式的行政事务服务中心，同时与民企合作，方便创业人员一并申请信用卡和手机等相关服务。

4. 人才政策

（1）人才培养与开发方面，加快教育改革，特别是创业教育改革。加大投资成立创业型大学，以创业精神为办学理念，与产业界密切合作，构建支持学术创业的组织结构（例如，技术许可办公室、创业发展项目组织等）。构建完备的创业教育课程体系和培训项目，采用教授与杰出创业家共同授课的方式分别负责创业理论知识与创业实践应用教学；注重跨学科教育与跨学科人才方面的培养，招收创业学硕士和博士。成立创业教育基金会，建立教育园区、科技园、科技企业孵化器、企业集群等为创业型大学提供良好的配套资源与环境，投资开展各种类型的创业型比赛、组织教师和学生参观国内外创业园区或典型企业，为那些具有发展潜力的创业想法或项目提供完备的孵化体系，等等。

（2）人才引进方面，建立人才破格引进渠道。对于那些符合人才引进标准的高层次人才，企业可以直接负责申报并办理人才引进事宜；对于那些不符合条件的却又属于企业迫切需要的紧缺人才，企业可以为其申请办理破格引进。此外，制定一些特殊政策吸引高水平创业人才。例如，"珠江人才计划"通过引进创新科研团队以及领军人才推动珠江三角洲地区转型升级；"广东杨帆计划"促进广东与西北地区间发展。

（3）制定具备高度吸引力的人才使用政策。一方面，政府应该为高层次人才生活提供配套的福利性政策以给予其良好的生活环境，包括年薪、住房、配偶就业、子女安排与教育、户籍制度、医疗保险、生活补贴、休闲娱乐等。例如，施行有关科技人才资格的国家、区域间的相互认证制度、养老金的相互补充制度。另一方面，政府应该为高层次人才构建一套完整的发展性政策体系，充分发挥和激励人才的潜能。例如，加大投资建设国家级以及省部级重点实验室、技术研发机构、公共研发平台，免费为人才提供办公或实验场所和启动资金等，共享公共科研基地设施平台，鼓励创新、包容失败。构建以薪酬制、股权制、期权制、奖励制为主要内容，且与工作绩效相连的多元化激励机制与分配体系,加强知识产权保护与管理,完善科技成果转化机制,加强人才评估体系建设。

5. 留学人员政策

在上述人才政策的基础上,制定并出台一些专门针对留学人员创业的相关政策。第一,创新留学人员服务体制,简化办理程序、减少申办周期、提高服务效率,形成全过程、全方位、高质量、无障碍的服务机制。第二,完善创业信息平台。开辟留学人员归国创业绿色通道,为其提供各类有关学术前沿、留学回国政策、国内经济发展以及人才需求缺口的相关信息。建立海外留学生档案,与海外大使馆等保持联系,掌握优秀海外留学人员的电子资料。与人力资源部门、驻外大使馆等在诸多城市及国家合力打造一个"联系陕西"的网络,吸引高层次海外人才进驻陕西。第三,对于海归人才,政府应创建"科学人才库",兴建科技园和科技城,给予技术人员丰厚报酬,营造良好发展环境,外国企业的商业事务外包,对等承认的双重国籍,创设"海外陕西人日"。建立了设计创新集群,建设各类研究院、产业中心和高科技园区以吸引海外人才。第四,不断加大投入,致力于创设卓越的科研技术研究与开发的工作条件和环境,同时不断建立庞大的科技园以及研发机构等,吸引了众多创新型人才,因为科研机构与科研环境在一定程度上与创新型人才的创新能力的发挥有着紧密的联系。

12.2.3 对于西安市、咸阳市和宝鸡市的建议

1. 对于西安市的建议

西安市应该在保持现有政策的条件下,修正和完善相应条款,注重政策在具体落实过程中所遇到的问题,并及时调整;高度关注政策的反馈调研与数据收集,随时与创业者沟通,保证政策制定与创业者需求的实时对接。虽然其在五个政策层面上均处于创业者比较满意的状态,但是相比而言,财税政策和人才政策满意度略低,需要投入更多资源。财税政策方面,需要优先改进如下政策:省科技型中小企业创新资金采用无偿资助以及贷款贴息支持企业;省财政规定的用于支持中小企业技术进步、改造的全部资金的60%以上用于小微企业;国家技改贴息资金和研发资金优先支持《中国高新技术产品出口目录》中的产品出口,着重鼓励出口企业的技术创新;在国际行业排名前10的国内上市公司对其研发机构补贴30万元。高度关注以下政策:1亿元种子投资基金用于补偿科技企业的投资损失;凡本省大中型企业研发经费增幅高于标准

的按实际的 2%，给予 100 万元以下的奖励；世界 500 强企业研发机构一次性补贴 50 万元；对最新授权的国家级和省级企业的技术发展中心给予 200 万元、50 万元、5 万元的资金奖励；获得国家科技进步或发明奖的企业给予 200 万～500 万元的奖励；在发明、实用新型、外观设计、集成电路布图设计方面获得国内专利的每件资助 3000 元以内。人才政策方面，需要优先改进并提升以下政策：完善知识、技术、管理、技能等要素按贡献参与分配的创新创业人才激励机制，推行期权股权等中长期激励创新人才办法。需要对"事业单位内吸收、引进那些在重点领域内表现优秀的高层次人才，岗位可以申请特设，编制可以优先得到保证，超编可以采取先进后出"给予高度关注与重视。需要继续维持"高校、科研单位高层次技术人才到企业从事专门的技术研究与开发工作，其人事关系可以在 3 年内依旧保留在原工作单位并保证为其缴纳养老、失业、医疗等方面的社会保险福利。减少以下政策的资源投入：为化解引进人才后顾之忧，重点解决引进人才创业者落户、出入境、住房、子女入学困难等问题；高校科技人员从事科研工作不影响其在原单位进行专业技术资格评审，并可按在企业的成绩晋升专业技术职务。

2. 对于咸阳市的建议

咸阳市应该重点关注在商事活动政策、人才政策、留学人员政策方面的改善、加强和提高。在商事活动政策方面，需要集中优势力量和主要资源最先加强如下政策的实施和落实：创业孵化中心、生产力促进中心建成有效运营后给予一次性 30 万元以内转向补助；100 个国家级和省级的工程研究中心，100 多个示范推广基地，用于改善企业创新工作条件；省专利技术转移平台帮扶本省专利技术就地商业化转化；科技中介单位在高新区开展技术评估、转让、咨询等服务，按规定提供相应的房租和物业费补贴。在人才政策方面，需要集中精力最先改进和完善以下政策：为化解引进人才后顾之忧，重点解决引进人才创业者落户、出入境、住房、子女入学困难等问题；高校科技人员从事科研工作不影响其在原单位进行专业技术资格评审，并可按在企业的成绩晋升专业技术职务。留学人员政策方面，最需解决如下问题：高新区、经开区留学人员创业园关于留学人员创新创业的优惠政策了解情况；留学人员的科技重点项目、优秀项目、启动项目分别给予 8 万～10 万元、3 万～5 万元、2 万元以内的资助。

3. 对于宝鸡市的建议

宝鸡市应该在财税、金融、商事活动、人才、留学人员五个方面全面改进和提高。

财税政策方面,最需关注的政策是:国家创新型企业认定的给予 100 万元奖励。继续保持在如下政策方面的资源投入与优势:国家技改贴息资金和研发资金优先支持制度标明的产品出口,着重鼓励出口企业的技术创新;一次性给予位于省级以上政府采购名录的自主创新产品 20 万~50 万元的奖励;经国家认定的孵化器、科技园区等中介服务机构,三年内免征相关营业税、房产税、城镇土地使用税。在金融政策方面,最需优先解决如下问题:首批新三板市场挂牌的企业可获 50 万元以内省专项资金奖励;高新区给予拟在新三板上市已完成股改的企业奖励 50 万元;高新区给予在新三板成功挂牌上市的创业企业奖励 100 万元;高新区举行新三板专题研讨与培训会助力企业上市;境内证券市场已上市实现再融资的公司奖励最高 100 万元;政策性创投企业如陕西省能源化工产业投资公司加大对资助创新项目及公司的融资;西部产权交易所助力为上市的科技创新企业进入股份代办转让系统进行融资。在商事活动政策方面,急需加强和完善的政策有:注册资本低于 50 万元的小微企业,其申办创业时的注册资本可以是零首付;区市创业指导中心免费为创业者提供创业辅导与培训、小额贷款资助、税费优惠与减免、政策制度咨询等系统服务;创业孵化中心、生产力促进中心建成有效运营后给予一次性 30 万元以内专项补助。在人才政策方面:高校、科研单位的高层次科技人才到企业中从事专门的科技研究与开发工作,其人事关系可以在 3 年内依旧保留在原工作单位并保证为其缴纳养老、事业、医疗等社会保险福利;高校科技人员从事科研工作不影响其在原单位进行专业技术资格评审,并可按在企业的成绩晋升专业技术职务,这两项政策最需改进和完善。在留学人员政策方面,留学人员高新技术创业项目经评审达标资助 50 万元以内研发经费;留学人员的科技重点项目、优秀项目、启动项目分别给予 8 万~10 万元、3 万~5 万元、2 万元以内的资助。

12.3 完善大学生科技创新创业政策环境的建议

根据研究结果,为促进和保障大学生创新创业的发展,主要从政府、高校方面来优化创业环境,尤其突出政府的主导作用,在以政府优化创业的社会环境和政策环境的基础上,与高校协同优化创业的高校环境,切实发挥政府主导作用,保障大学生创业。

12.3.1 优化创业的高校环境，培养创业意识

调查结果显示，大学生对目前的大学内创业环境的满意度偏低，尤其是目前学校的创业课程、创业活动等都没有得到很好的认可。整体上来看，学校的氛围、学校创业政策的认可程度也不是很高。说明高校对大学生创业还未引起足够重视；而创业教育是激发和促进大学生创业很重要的一个环节。针对调查对象所认为的目前创业教育最好方法的结果来看，高校应从以下几个方面配合政府做好创业教育。

（1）提供学校资金支持。包括提供资金、项目双选平台，建立大学生创业基金，通过举办创业竞赛、创业活动等设立创业奖金，引导校友企业捐赠形成创业基金。

（2）完善创业课程体系，开展创业基础教育。调查结果显示，目前大学生渴望学习创业方面的知识。要从以下三个方面考虑：一要激发大学生创业意识，培养创业心理品质，塑造有创业意识且独立性、适应性和抗压能力强的创业型大学生。二要帮助大学生认识创业知识、了解创业环境。各高校要将大学生创新创业教育融入各学科和专业人才培养的整个过程中。将研究性学习和创新创业性实践结合起来，不断收集和反馈大学生在创新创业教育过程中的问题和难点，借鉴并探索出合适的解决方案，切实保障创新创业教育的落实。调查的高校普遍将创业类课程作为选修课，并没有针对性，大学应进一步推进创业课程的系统化和专业化，整合教学和管理资源，推动师资专业化，采取专兼职结合、校内和校外结合、专家和创业导师结合的方法。三要注重创业能力的提高。帮扶学校创业社团成立，开展创业大赛，进一步加强"校企联合培养模式"，拓宽大学生创业实践平台，优化类似"闪电孵化器"的创业孵化器。

（3）联合校外力量，建立创业实践基地。包括到创业成功的企业实地考察，建立校企联合培养基地，邀请知名创业者或校友创业者来校举办讲座。第一，聘请社会上的成功的创业企业家担任创业导师，在与大学生交流过程中引用案例分析的方式帮助大学生对创业产生更深刻的认识，让创业导师在分享创业经历的过程中着重客观评价创业经历，而不渲染创业艰辛，客观地解读当下的创业疑惑和创业政策，为大学生提供创业指导。第二，高校与企业、政府形成合作模式，共同搭建创业实践基地，高校最好利用好校友企业资源，让大学生能够在假期期间到校友企业参观与访问，了解企业运作，从中获得真实的创业感受与经验。

（4）灵活执行中央关于大学生创业的人才政策支持。为更好地支持创业人才进行

创业，高校需要配合政府落实好一系列创业人才支持政策，如取消落户限制条例，鼓励休学创业，实行创业当学分，等等。我国以学分制为基础，推进了弹性学制，将学生在校最长年限、休学次数和期限的决定权下放"由学校规定"，然而这项学制并没有在实践中有效推广。其主要原因在于其本身限定的休学时间与创业所需时间存在时间差，所以大多数学生只能选择等毕业后再创业。大多数高校规定休学时间"累计不得超过两年"。如果存在学年内主修不到规定的学分，大学生就会面临"留级"或"退学"风险。但从创业的一般规律来看，一家企业从创办到稳定，至少需要3~5年的时间。

国内可以借鉴国外的"完全学分制"，其内容有三：其一，国外高校的课程设置灵活，由学生自主选择所需培养方案进行学习，选择课程和选择授课老师等都比较灵活，还可以变换专业，以满足个性化需求。其二，高校主要责任是教学，学校对学生在休学或保留学籍期间发生的行为不承担责任，这就减少了学校对学生在外可能发生的风险的担心，从而更容易普及。其三，国外高校基本上是基于学分基础上的收费制度，学校根据学生注册的学分数收取学费，因而也就没有年级概念，这样相对来说，不会存在留级的限制。

因此我国要落实好"弹性学制"，不仅要考虑在落实"弹性学制"期间遇到阻碍问题，及时灵活变通，解决问题。还要学校能够通过法律手段切实将学校与学生各自的权利与义务厘清，进一步落实和扩大高校的办学自主权。

（5）重视大学生创业职业生涯规划。为那些具有创业意愿的大学生提供创业职业规划服务。针对低年级处于职业初选期的学生，有意识地组织学生通过暑期社会实践到企业实践，培育其就业和创业意识；针对高年级的职业规划期或直面就业期的学生，有意识地通过创业教育培养大学生就业选择的定位，减少盲目性和恐慌症。可以联合第三方职业生涯规划服务公司，通过社会的力量以公司的形式聚集起大批有着各行各业工作背景的人员为大学生提供各种咨询指导，充当职业辅导教师。

12.3.2 优化创业的社会环境，营造良好氛围

通过研究结果发现，创业的社会环境中存在的问题主要包括社会整体的创业氛围不够浓厚，大学生掌握的社会资源较少以及来自大学生的亲朋好友阻挠的障碍。这些通过政府对创业环境的优化都能解决。首先要搞清楚，亲朋好友的阻挠的根本原因在

于大学生创业风险太大,而整体的创业环境不够完善导致担心加大。这样看来,根本问题还是在于政府。因此,政府需要加大对创业社会环境的优化,具体包括:

(1)优化创业的基础设施与配套设备,创业需要有硬环境支持。创业孵化基地则是年轻大学生创业者的一个良好的创业孵化平台,政府可以通过建设标准的大学生创业孵化基地,搭建良好的创业服务平台为大学生创业提供基础平台支持。

(2)优化大学生创业氛围。通过各种舆论平台和载体宣传大学生创业的优惠政策,引导社会大众认可和尊重大学生创业。对于创业者来说,社会整体的创业氛围是有利于鼓舞其不断奋斗的保证,全社会要形成一种崇尚创新、宽容失败的社会氛围;通过设立大学生创业榜样奖励制度,树立创业典型,借助舆论手段,传递成功经验,引导舆论风向转向报道大学生创业正能量,增强大学生创业成功的信心,营造出"大学生积极投入,政府背后助推,媒体热情宣传,全社会普遍关注、关心、支持"的良好创业氛围。

(3)健全创业保障体系。政府、学校、企业等主体要发挥自身资源给予大学生充足的创业启动资金;要进行破产制度创新,放宽对大学生创业失败者的限制,减少创新创业的制度障碍,保障大学生能够再次站起来寻找创业出路,或者针对创业的大学生建立失败吸收制度,为创业失败的大学生留有其他就业出路,缓解大学生创业的后顾之忧。

12.3.3 优化创业的政策环境,保障创业开展

通过调查发现,大学生创新创业政策出现的问题集中在政策本身并没有发挥其对大学生的效应,虽然大学生对创新创业政策的满意度和政策效应本身的评价较高,但其并没有较好的创业倾向。通过调查,在校大学生的创业倾向很低。优化大学生创新创业政策,需要从完善政策体系、落实政策内容和做好政策服务三方面入手。

1. 完善政策体系

近些年来,陕西省出台多项政策对大学生创业启动资金给予支持,包括创业资助、创业补贴、贷款贴息、信用担保、扣减实际应缴纳的营业税、个人所得税等,但调查结果发现目前的这些政策条目在大学生群体中普及率较低,尤其是调查发现目前大学生创业小额担保贷款政策存在着种种门槛限制,大学生普遍反映贷款不利。大学生创业政策中迫切需要完善的是创业融资问题。完善大学生创业融资政策,需要从以下两

个方面进行：

第一方面，要拓宽创业融资渠道，包括：完善大学生创业基金体系，完善贷款政策，鼓励风险投资进入大学生创业领域。

（1）完善大学生创业基金体系。大学生创业基金体系要靠政府、高校和企业三方面的相互补充。政府通过财政预算拨款的形式成立大学生创业基金，设立大学生创业项目并进行审核，根据项目的好坏和项目转化情况向创业者提供创业基金等级，组织创新创业大赛，营造创新创业文化氛围，陕西省已有地方采取这种大学生创业项目比赛的形式来促进创业启动。例如铜川的大学生创业项目比赛争夺10万元项目奖金；高校可以发挥主动性，通过举办创业比赛、创业模拟大赛等活动发掘优秀且切实可行的创业项目，发放支持奖金并可推荐到更高层次和更高水平的竞赛中，以期获得更多企业家或创业导师的青睐。开展创业融资方面的培训，以及推荐优秀的项目进入创业孵化基地；企业通过捐赠形成创业基金，相对于政府和高校，企业捐赠基金比较灵活，关键在于企业要看重哪个项目，看重的项目可以追加投资，可以提高基金额度，等等。当然，政府、高校、企业之间完善的基金体系需要政府提供良好的创业政策环境，高校可以联系校友企业，成立创业基金。

（2）完善大学生创业贷款政策。包括降低贷款门槛，降低贷款利率，延长还款期限，提高贷款额度，简化贷款申请流程，等等。其一，降低贷款门槛，简化贷款条件。其二，降低贷款利率，延长还款期限，将会促使更多有条件的创业大学生申请贷款，从而为更多大学生服务。其三，提高贷款额度。目前针对大学生创业的小额贷款额度还是较少，虽然近些年来有所提升（由原来的2万元提升到5万元），但是相对于创业资金需求来说，尚不能满足，根据大学生创业资金需求的金额有步骤地上调贷款额度，延长还款期限。其四，简化贷款申请流程。贷款手续的复杂往往导致大学生放弃贷款而选择其他途径筹资，简化流程，方便大学生贷款既能减少贷款成本，又能够帮扶大学生。

（3）鼓励风险投资进入大学生创业领域。政府应发挥强大的主导力量，健全与风险投资相关的法律体系，规范和监督大学生创业基金的投资运营和风险管理，净化投资环境，对投资欺诈等行为进行处罚。允许除第三方投资机构之外的民间资本如个人、大中型企业、金融机构、国际创业资本等进入风险投资市场，扩大资本规模。

第二方面，减少大学生创业障碍，降低大学生创业门槛。在目前大学生创业优惠政策的基础上，要特别注重大学生创业进入门槛，包括税收优惠和规制环境扶持政策，场地及费用扶持政策,商事活动政策支持。目前陕西省已出台相关政策帮扶大学生创业,包括税费减免、注册零首付、创建创业园、减免房租、经营场所费用、免收行政事业性收费、免费创业服务、免费保管人事档案、一址多照和一照多址等,这些表明陕西省放宽市场主体准入条件,降低登记注册门槛的决心。

这些政策实用性较大,如果很好地执行下去必将刺激更多的大学生参与创业队伍中来。目前存在的问题并不是政策的缺失,而是政策在落实过程中出现的问题。所以以下两个方面的内容将是政府应该关注的。

2. 落实政策内容,提高执行力

国家对大学生就业、创业问题十分重视,并出台了相关的政策,但就目前情况来看,政府资助政策落实的及时性、政策落实的有效性和宣传手段的有效性这几个方面的反应不十分乐观,出现"上有政策、下有对策"的不合理情况,严重打击了大学生创业的激情。为此,各部门应从提高政府执行者素质、细化政策、制定具体实施办法、加强政策宣传等方面入手。

(1)提高政策执行者素质。执行者作为政策实施的关键,其直接作用于民,所以其作用不言而喻。提高政策执行者素质,要从培育意识、加强教育、提高能力三方面入手。首先,培育意识。使政策执行者意识到人民是一切权力的主人,为人民服务,才能执政得当,执政清明,执政有力,执政长久。其次,加强教育。加强对政策执行者的业务知识和业务能力的培训,制定培训计划和教育体系,深入了解政策的内容和执行方式,以更高效的方式落实政策。再次,提高能力。提高能力要从实践中获得,注重从基层锻炼做起,深入基层,调查研究,设身处地,了解困难。

(2)细化政策,制定具体实施办法。目前的政府政策总体上来说较全,但细细观察便会发现,不仅政策中有很多条款缺乏科学性和合理性,而且政策的宏观性、方向性很大,其具体的实施办法并没有明确指出,导致政策执行者知晓政策后无从下手。细化政策,制定具体实施办法,能够有效地避免政策落实过程中部门相互推诿导致的政策延迟和滞后问题,从而及时为大学生提供帮扶。具体来说,首先要由政府牵头,各部门协作,共同确定政策的执行部门,并将责任部门在各宣传渠道上予以公示,各相关部门要建立一套沟通协调机制,保证信息对称与沟通的畅通,防止责任不清;其次,在发布各创业政策时,要一并推出配套措施,由上而下地推出实施细则的指导办法,指导并强迫各级政策执行单位的政策落实;再次,要注重及时反馈问题,由政府牵头定期组织相关部门召开交流会，提出问题一起解决，分享经验、促成发展，为解决创业问题建立良好的沟通机制和协作机制。

（3）加强政策宣传。政策的出台要让每一个政策受益者了解，没有了解到的政策便失去了政策本身的意义。加强政策宣传，让具有创业意向的大学生能够及时、全面、准确地了解相关政策。要注重传统媒体和现代媒体的结合。照顾传统媒体，例如宣传栏、报纸、电视，可以让大学生的亲戚和家人看到，让家人知晓政策，能够减少大学生创业阻碍，从而营造良好的家庭创业氛围。结合新媒体，主要是通过网络的力量，网站、官方微信平台、官方微博，或通过专门的自媒体渠道邀请创业政策制定部门的专家在线对政策进行详细解读，与大学生进行实时互动交流，指导广大网民有方向地寻找政策解决途径，听取广大网民对政策的各种意见和建议。在宣传过程中，注重对政策的逐条分析与解读，尤其注重对大学生疑惑的解读，通过调查问卷或开通咨询热线，为大学生答疑解惑。

3. 做好政策服务

严格说来，以上两点都是政策服务的内容，在此提出做好政策服务，主要针对政府及相关执行部门要提高服务水平，转变角色，从职能型转变为服务型。提高服务水平，不仅要靠执行者提高自身素质，也需要外界的力量促使政府提高服务水平。因此，要从以下三个方面辅助提升。

（1）做优质的管理，成优质的服务。考核部门要量化考核单位的服务指标，既能使服务具有针对性、可行性，也可以起到激励和惩罚作用，从而形成良好的榜样学习氛围，但是在执行过程中，要结合非量化指标，不可太注重量化指标而忽视其他指标的重要性，还要注意在考核过程中的监督和控制问题。在考核主体选择上，要照顾周全，采用科学合理的考核方法能够让考核结果公正、公平、透明，如360度评估、增加民意测评和专家评测等。

（2）用优质的方式，成优质的效率。首先，重整行政流程，该简化的简化，该删除的删除，能够合并的合并，从机制上提高办事和服务效率。其次，改进服务技术。借鉴并吸收成功模式，例如"网上政务大厅""政务超市""网格化管理"等，既便捷高效，又减少成本。再次，搭建创业服务平台，打造创业政策一站通，全面建立覆盖乡镇、社区、创业园区的创业服务机构，完善创业服务网络。

（3）造优质的平台，成优质的创业。大学生创业需要平台，政策服务者通过打造良好的服务平台，构建良好的创业服务体系和培训体系，搭建良好的沟通交流平台，建造良好的孵化园等大学生创业服务园，能够让大学生更好地接受创业知识，更好地参与创业实践，对创业成功有着更大的自信心和坚持力。

附录 A 企业关于有关政策评价的调查问卷（Ⅰ）

尊敬的朋友：

您好！我们正在进行一项关于科技创新创业政策效果的调查研究，恳请您协助填答。您的回答没有对错之分，只作学术研究之用，您的意见和看法对于我们的研究非常重要。本调查不记名，且保证您提供的数据资料仅供学术研究参考，对于您个人及公司的基本资料我们将会严格保密！

感谢您的支持，祝工作顺利！

一、背景资料

1. 创业者创业时的年龄

A. 19 岁及以下　　B. 20～25 岁　　C. 26～35 岁　　D. 36～45 岁　　E. 46 岁及以上

2. 创业者性别

A. 男　　B. 女

3. 贵企业的创立者属于

A. 本土企业家　　B. 海归企业家

4. 创业者教育背景

A. 专科及以下　　B. 本科　　C. 硕士　　D. 博士

5. 贵企业目前的员工数量

A. 50 人及以下　　B. 51～100 人　　C. 101～500 人　　D. 501～1000 人　　E. 1000 人以上

6. 贵企业所属行业

A. 软件产业　　B. 计算机硬件　　C. 电子信息　　D. 通信产业　　E. IT 服务业

F. 节能环保　　G. 生物科技　　H. 半导体　　I. 新材料工业　　J. 资源开发

K. 装备制造业　　L. 仪电仪表　　M. 新能源产业　　N. 医药制造　　O. 机械制造

P. 化工化纤　　Q. 金属开采加工　　R. 管理咨询　　S. 农业　　T. 文化娱乐产业

7. 贵企业登记类型

A. 国有　　B. 集体　　C. 私营　　D. 混合所有　　E. 中外合资

F. 外资企业

8. 贵企业成立年数

A. 1年以内　　B. 1~2年　　C. 3~5年　　D. 6~8年　　E. 9年及以上

二、以下是关于创业以及创业融资方面的问题（可多选）

9. 您的创业动机是什么

A. 增加收入改善生活　　B. 获得成功的满足感　　C. 时间自由灵活

D. 拥有自己的企业，独立自主　　　　　　E. 其他 _____

10. 您周围的创业氛围如何

A. 政策宣传到位　　B. 重视企业家　　C. 鼓励创新创业　　D. 周围创业积极性高

11. 当前您创业的主要困难是

A. 创新成果保护不周　　B. 自有资金不足　　C. 创新思路不清晰　　D. 创业人才缺乏

E. 创业融资困难　　F. 政策落实不到位　　G. 技术成果转让费高　　H. 创业公共服务不足

I. 其他 _____

12. 您的创业资金来源是

A. 自己储蓄　　B. 政府创业资金扶持　　C. 银行贷款　　D. 民间借贷

E. 风险投资　　F. 内部集资　　G. 亲友借款　　H. 其他 _____

13. 您的创业技术项目来源是

A. 自己开发　　B. 通过中介组织获得　　C. 直接去院所购买　　D. 合伙人技术入股

E. 其他 _____

14. 你需要贷款时会首选哪些方式（限选3项）

A. 去小额贷款公司　　B. 工农中建交五大行借　　C. 去股份制银行　　D. 去外贸银行

E. 问亲朋好友借　　F. 民间小借贷公司　　G. 其他 _____

15. 您认为在企业融资过程中，企业哪些方面的优势更重要

A. 企业规模　　B. 企业财务制度　　C. 盈利率　　D. 抵押品价值

E. 担保人信用　　F. 所属行业　　G. 企业信用等级　　H. 公关关系

I. 其他 _____

16. 您认为贵企业目前贷款困难的原因

A. 贷款手续复杂　　B. 无有效资产抵押　　C. 贷款利率高　　D. 当地银行无审批权

E. 找不到合格担保人　　F. 企业信用等级不够　　G. 自有资金比例达不到要求

H. 获得贷款附加成本高　　I. 不清楚如何获得贷款　　J. 其他 _____

17. 当被银行拒贷时，贵企业认为拒贷理由

A. 信贷规模紧张　　B. 无有效资产抵押　　C. 贷款利率高　　D. 企业信用等级不够

E. 银行无相关产品　　F. 企业负债率太高　　G. 企业经营时间太短 / 企业管理人员评价不高

H. 其他 _____

18. 您认为银行主管部门如何解决企业融资难问题

A. 协调担保　　B. 担保机制多样化　　C. 融资信息透明化　　D. 完善贷款体系

E. 融资渠道多样化，增加新的贷款品种　　F. 完善中小企业信用评级体制

G. 降低贷款抵押、评估的收费　　H. 简化贷款程序，缩短贷款审批时间

I. 完善对信贷人员的激励与约束机制　　J. 其他 _____

19. 您对政府解决中小企业融资难的政策措施了解多少

A. 中小企业集合发展　　B. 支持设立小额信贷公司　　C. 政府建立增信平台，企业建立互保金

D. 加大对中小企业上市的支持与服务力度　　E. 政府专项产业资金的无偿资助、贷款贴息

F. 促银企合作，沟通信息，在项目推介方面牵线搭桥　　G. 发起设立创新投等风险投资企业

H. 发起成立中小企业担保中心、高新投等担保企业　　I. 不清楚

20. 您认为以下哪三种措施最能改善科技型中小企业融资困难的状况（限选3项）

A. 推动"动产"质押普及化　　B. 推广小额贷款公司　　B. 推广担保公司

C. 建立小企业信用评级制度　　D. 建立专门面向小企业放贷的金融机构

E. 通过"放贷人条例"，使自然人放贷合法化　　F. 其他 _____

21. 您认为政府今后应该努力的方向是

A. 进一步建立和完善中小金融机构体系　　B. 加快发展科技型中小企业资本市场

C. 加大对信用担保机构的支持力度　　D. 鼓励发展创投业

E. 鼓励发展小额贷款公司　　F. 利用政策引导金融机构更多地向科技型中小企业贷款

G. 加强政府和科技型中小企业之间的沟通　　H. 建立和完善统一的企业征信体系

I. 在政府招标、采购上向科技型中小企业倾斜　　J. 选出您认为最紧迫的三项 _____

三、以下是关于您创业税负方面的问题（可多选）

22. 贵企业目前享受的税收优惠政策有哪些

A. 符合条件的小型微利企业　　　B. 从事国家重点扶持的公共基础设施项目投资经营所得减免

C. 技术开发费加扣除额（50%部分）　D. 符合条件的技术转让所得减免税额

E. 高新技术企业所得税减免税额　　F. 从事符合条件的环境保护、节能节水项目的所得减免税

G. 资源综合利用减计收入减免税额　H. 从事农、林、牧、渔业项目的所得减免税额

I. 对安置残疾人就业的小型微型企业减免税额　　　J. 其他 _____

23. 贵企业目前面临有关部门的不合理收费情况

A. 自行扩大检验范围和缩短检验周期或者自行设立年检、年审等规定

B. 有无占有、借用、无偿使用企业的产品、房产、汽车等财物

C. 有无向企业索要财物或者要求报销各种费用、提供办案经费

D. 有无低价购买企业产品或者拖欠企业的劳务费用

E. 有无强制或者变相强制企业提供赞助、资助或者捐献财物

F. 有无强制企业刊登广告和参与有偿宣传报道或者订购和参编报刊、图书、音像资料等

G. 有无强制企业购买指定商品或者接受指定的检测、咨询、信息、商业保险等服务

H. 有无强制企业参加学会、协会、研究会以及培训、展览、考核、评比、达标等活动

I. 有无要求企业为其他单位或者个人的债务提供担保

J. 有无其他增加企业负担的行为

24. 贵企业承担的现行主要税种有哪些

A. 增值税　　B. 营业税　　C. 各种税附加　　D. 企业所得税　　E. 土地使用税

F. 企业主个人所得税

25. 贵企业承担的现行行政事业性收费来自

A. 工商部门　　B. 环保部门　　C. 质监部门　　D. 公共卫生安全等部门

26. 贵企业承担的现行经营服务性收费来自

A. 社会中介机构　　B. 报刊征订情况　　C. 其他 _____

27. 贵企业承担的基金及集资情况

A. 基本养老保险基金　B. 基本医疗保险基金　C. 失业保险基金　D. 工伤保险基金

E. 生育保险基金　　　F. 其他 _____

28. 您认为企业目前负担重的主要原因

A. 乱摊派　　　　B. 乱收费　　　　C. 乱罚款　　　　D. 乱检查　　　　E. 乱培训

F. 乱评比　　　　G. 其他

四、以下是关于人才政策方面的问题（可多选）

29. 您认为目前企业人才队伍状况与企业发展的需要相比怎样

A. 基本适应企业发展的需要　　　　B. 符合企业需求的专业人才难找

C. 人才流失严重　　　　　　　　　D. 其他 _____

30. 您认为贵企业人才队伍整体建设存在的主要问题

A. 整体素质不高　　　　B. 人才规模有限　　　　C. 高层次人才不足

D. 人才结构不均衡　　　E. 人才流失严重　　　　F. 其他 _____

31. 您认为目前贵企业人才缺乏的最主要原因是什么

A. 没有好的企业愿景　　B. 企业员工培训意识不够　　C. 企业难以提供高薪酬、福利

D. 企业人才培养投入不足　　E. 其他 _____

32. 您认为贵企业在人才引进方面遇到的主要问题有哪些

A. 高层次人才不足，难以引进　　B. 专业素质较差，难以满足需要　　C. 流动性大，不好管理

D. 政策创业环境吸引力不够　　　E. 综合素质不强，缺乏合作精神　　F. 其他 _____

33. 您认为影响贵企业人才稳定和发挥作用的原因有哪些

A. 分配制度不合理　　　B. 缺少发挥作用的舞台　　C. 工资待遇低

D. 缺少公平竞争的环境　E. 缺乏相应的激励机制　　F. 单位领导不重视

G. 社会保障体系不完善　H. 其他 _____

34. 您认为企业解决人才缺乏最有效的方式

A. 提高薪酬、提高福利　　B. 改善员工工作环境　　C. 加大员工培训投入力度

D. 制定合理的管理和晋升激励机制　　　　　　　　E. 其他 _____

35. 贵企业在人才开发方面遇到的最大问题是

A. 人才流失问题严重　　B. 人才信息沟通不及时　　C. 校企合作不够

D. 员工培训的成本高　　E. 人才来源渠道不畅通，符合企业需求的人才难找

36. 您认为政府部门在加强人才队伍建设上应该怎样做

A. 指导产业聚集，引导企业发展　　B. 创优政策环境，吸引人才流动

C. 加强人才培养，提高人员素质　　D. 维护市场秩序，维持公平竞争

37. 您认为制约人才作用发挥的主要因素是（限选3项）

A. 所在单位发展空间有限　　B. 工作中人际关系复杂　　C. 缺乏必要的工作条件和经费

D. 没有受到应有的重视　　E. 缺乏国外交流的机会　　F. 单位的管理制度不利于开展工作

G. 政府公共服务不到位　　H. 分配、激励机制不到位　　I. 其他 _____

38. 您是否享受了陕西省以下高层次人才优惠政策

A. 获得科研经费资助　　B. 获得政府政策性创业资助　　C. 获得安家补助

D. 在税收等方面享受优惠　　E. 在各类认定、评比中得到优先　　F. 安排配偶就业或子女入学

G. 在住房、医疗等方面享受优惠　　H. 其他 _____

39. 请您对现有人才服务项目做出评价

A. 很满意 / 很需要　　B. 比较满意 / 比较需要　　C. 不太满意 / 不太需要

D. 不满意 / 不需要

五、以下是创新创业绩效方面相关问题（单选）

40. 贵企业目前的经营状况如何

A. 盈利良好　　B. 盈利正常　　C. 亏损　　D. 停产

41. 贵企业目前的营业收入

A. 100 万元以下　　B. 100 万～1000 万元　　C. 1000 万元以上

42. 贵企业的研发经费投入占年销售收入的比重

A. 5% 以下　　B. 5%～10%　　C. 10%～15%　　D. 15%～20%　　E. 20% 以上

43. 贵企业的研发人员占公司总人数的比重

A. 10%～20%　　B. 20%～30%　　C. 30%～40%　　D. 40%～50%　　E. 50% 以上

44. 贵企业新产品销售收入占年销售收入比重

A. 10%～20%　　B. 20%～30%　　C. 30%～40%　　D. 40%～50%　　E. 50% 以上

45. 贵企业能包容研发失败

A. 非常不同意　　B. 不同意　　C. 不确定　　D. 同意　　E. 非常同意

46. 贵企业鼓励员工自我表达

A. 非常不同意　　B. 不同意　　C. 不确定　　D. 同意　　E. 非常同意

47. 贵企业努力创建信任、包容、尊重的企业文化

A. 非常不同意　　B. 不同意　　C. 不确定　　D. 同意　　E. 非常同意

48. 目前贵企业的专利数大约是多少？_____

六、以下是创新创业政策方面的问题（请在合适的选项下面画"√"）

下表是政府出台的关于科技创新创业方面的帮扶政策，请您就：对政策了解程度（1表示非常不了解、2表示不太了解、3表示一般、4表示比较了解、5表示非常了解）；是否享受（0表示没享受、1表示享受过）；您对政策的满意度（1表示非常不满意、2表示不太满意、3表示一般、4表示比较满意、5表示非常满意）做出评价，并在相对应的单元格内打"√"即可。

第一板块：财税政策方面	对政策了解程度					是否享受		您对政策满意度				
	1	2	3	4	5	0	1	1	2	3	4	5
49."贴息贷款"方面的政策												
50."科技奖励"方面的政策												
51."创业扶持基金"方面的政策												
52."税收优惠"方面的政策												
第二板块：金融政策方面	对政策了解程度					是否享受		您对政策满意度				
	1	2	3	4	5	0	1	1	2	3	4	5
53. 政策性担保政策												
54."质押贷款"方面的政策												
55."风险资本"方面的政策												
第三板块：商事活动方面	对政策了解程度					是否享受		您对政策满意度				
	1	2	3	4	5	0	1	1	2	3	4	5
56."工商注册、登记便利"政策												
57."租用经营场所补贴"政策												
58."创业中介、咨询服务"政策												
59."创业培训"政策												
第四板块：人才政策方面	对政策了解程度					是否享受		您对政策满意度				
	1	2	3	4	5	0	1	1	2	3	4	5
60."购房、租房补贴"方面政策												
61."子女落户、入托、入学"政策												
62."社会保障补贴"方面政策												
63."期权股权长期激励"方面政策												
64."高层次人才奖励"政策												

第五板块：政府管理服务	请对以下政府管理服务方面进行打分（由1到5依次变好）				
	1	2	3	4	5
65. 您对政府服务工作程序简洁评价					
66. 您对政府人员工作效率的评价					
67. 您对政府工作人员服务态度评价					
68. 您对政府一站式专窗服务的评价					

附录 B　企业关于有关政策评价的调查问卷（Ⅱ）

下表第一栏是政府出台的关于科技创新创业方面的帮扶政策，请您就对政策了解程度（1 表示非常不了解、2 表示不太了解、3 表示比较了解、4 表示非常了解）、是否使用过政策（0 表示没用过、1 表示使用过）以及您对政策的满意度（1 表示非常不满意、2 表示不太满意、3 表示比较满意、4 表示非常满意）做出评价，并在相对应的单元格内打"√"即可。

第一板块：财税政策方面	对政策了解程度					是否使用过政策		政策满意度			
	1	2	3	4	0	1	1	2	3	4
省级中小企业发展专项资金每年 5 亿元，助力企业										
1 亿元科技创业种子投资基金用于补偿科技企业的投资损失										
省级科技产业示范基地和生产力促进中心的企业给予 30 万元经费										
省科技型中小企业技术创新资金采用无偿资助或贷款贴息支持方式										
省财政安排中小企业技术进步和技术改造资金的 60% 以上用于小微企业										
国家技改贴息资金和研发资金优先支持《中国高新技术产品出口目录》中产品出口，鼓励出口企业创新										

凡本省大中型企业研发经费增幅高于标准的按其实际发生额的2%，给予不超过100万元的奖励							
世界500强企业研发机构一次性补贴50万元							
在国际行业排前10名的国内上市公司对其研发机构补贴30万元							
国家创新型企业认定的给予100万元奖励							
对新认定的国家级和省级企业技术中心给予50万元、30万元奖励							
对新认定的设在规模以上企业的国家级工程技术研究中心、重点实验室，给予一次性300万元奖励							
验收通过的服务中小微企业技术创新的产业共性技术服务平台，每家给予100万元补助							
高新区内获得国家、省级、市级公共服务平台专项补助的企业，分别给予一次性200万元、50万元、5万元资金奖励							
升级为国家级技术转移示范机构的给予一次性20万元奖励							
获得国家科技进步或国家发明奖的企业，分别一次性给予200万~500万元奖励							
获得国内发明专利、实用新型专利、外观设计专利、集成电路布图设计每件资助不超过3000元							
获得中国、陕西名牌产品，中国驰名商标，省级著名商标任一项的企业，给予不超过50万元奖励							
在省内技术市场实施转移成功的产学研用合作项目，给予不超过300万元补助							
资助实现重大科技成果省内转化的企业给予300万元内的后补助或贴息							
给予省级以上政府采购目录的自主创新产品每项一次性20万~50万元的奖励							
首次实现出口创汇额度超过50万美元的产品及技术，给予不超过100万元的奖励							

政策内容	对政策了解程度				是否使用过政策		政策满意度			
资助使用本省首台首套产品的企业可给予不超过50万元的风险补偿										
在1个纳税年度内，企业技术转让所得未超或超过500万元的部分，免征或减半征收企业所得税										
省科技厅认定的技术咨询和技术服务合同年净收入在30万元以下的，暂免征所得税										
国家高新技术产业开发区内新办高新技术企业认定后，获利后两年内免征所得税										
对企业进口科技开发用品、关键设备、原材料及零部件免征进口关税和进口环节增值税、消费税										
针对中小高新技术企业的创业风险投资企业，实行投资收益税收减免或抵扣应纳税额										
经认定的科技企业孵化器、大学科技园等中介服务机构，三年内免征营业税、房产税和城镇土地使用税										
全省推行小微企业"清费返税"试点，规范对小微企业收费罚款										
允许企业按当年实际发生的技术开发费用的150%抵扣当年应纳税所得额										
企业用于研究开发的仪器和设备，单位价值在30万元以下的，可一次或分次摊入管理费										
投资于未上市中小高新技术企业2年以上（含2年）的创业投资企业，可按其投资额的70%抵扣该创投企业的应纳税所得额										
中小企业贷款损失准备金可税前扣除										

第二板块：金融政策方面	对政策了解程度				是否使用过政策		政策满意度			
	1	2	3	4	0	1	1	2	3	4
首批新三板市场挂牌的企业可获50万元以内省专项资金奖励										
高新区奖励拟在新三板上市已完成股改企业50万元										

高新区给予新三板成功挂牌企业奖励 100 万元									
高新区给予新三板已挂牌企业四年内税收优惠、贷款贴息、保费补贴、担保补贴等综合财政金融支持									
省市将新三板挂牌交易企业纳入拟上市企业后备资源库,享受"绿色服务通道"推动挂牌企业向中小板、创业板转板上市									
高新区举行新三板专题培训会助力企业上市									
省金融办为创业板上市后备企业垫付上市前期费用最高 100 万元									
政府扶持资金对创业板已上市科技型企业给予 300 万元以内奖励									
省金融办和证监局举办创业板上市培训助企业上市									
省中小企业局征集企业培育指导冲刺创业板上市									
完成在主板和中小板上市的企业奖励最高 200 万元									
境内证券市场已上市实现再融资的公司奖励最高 100 万元									
境外首发或已融资 1000 万美元以上非首发上市企业奖 100 万元									
陕西省已发放小额担保贷款 12.1 亿元,是前 5 年之和									
各高新区、投资机构与商业银行联合设立融资担保机构支持科技型中小企业融资									
对科技型中小企业不良贷款比率实行差异化考核,适当提高其不良贷款比率容忍度									
妇女可申请最高 8 万元、15 万元、30 万元三档小额担保贷款及财政贴息									
符合条件的高新技术可发行高收益债券融资									
银行对有稳定物流和现金流的科技型中小企业发放信用贷款、应收账款质押和仓单质押贷款									

经评估的商标权、专利权可作为贷款质押									
银行发行小微企业专项金融债券									
高新区给予正常运营一年以上且有业绩的创业风险投资、信用担保等投融资机构一次性10万元奖励									
高新区风险投资机构优先为获得市级以上科技资助立项的企业安排风险投资									
政策性创投企业如陕西省能源化工产业投资公司加大对自主创新项目及公司的融资									
高新区组织投资机构、证券公司等对拟上市的科技型中小企业进行免费培训和咨询,指导企业的上市融资									
对已取得深圳证券交易所出具的代办系统挂牌证明文件并成功在代办系统挂牌的公司,高新区给予一次性经费补贴50万元									
西部产权交易所助力未上市高新技术企业进入股份代办转让系统进行股份转让融资									
高新区科技保险补贴专项资金1000万元支持科技创新企业分散创业风险									
除银团贷款外,禁止和严格限制金融机构对小微企业贷款收取承诺费、资金管理费,财务顾问费、咨询费									
支持保险公司为高新技术企业开发产品责任保险、出口信用保险、业务中断保险等险种									
省级再担保资金对各地出现的呆坏账核销损失超过担保基金承担能力的部分负连带清偿责任									
第三板块:商事活动政策方面	对政策了解程度				是否使用过政策		政策满意度			
	1	2	3	4	1	2	1	2	3	4
注册资本在50万元以下的小微企业,可注册资本零首付										
允许微型微利非正规创业实体免于工商注册登记,实行备案制										

政策内容								
创办小微企业时非货币出资金额最高可占公司注册资本的 70%								
允许家庭住所、租借房、临时商业房等作为经营场所进行创业注册								
科技人员创业因资金紧张、生产成本上涨导致 6 个月未开展经营活动可申请一年内暂缓吊销营业执照								
省十大科技园区扶持重大自主创新成果产业化项目的入园规划，加快高新技术产业的集群化发展								
区市创业指导中心免费为创业者提供创业培训、小额贷款、税费减免、政策咨询等"一条龙"服务								
4000 个小微企业公共服务平台，500 个国家中小企业公共服务示范平台增强政策咨询、创业创新、知识产权、投资融资、管理诊断、检验检测、人才培训、市场开拓、财务指导、信息化服务功能，重点为小微企业提供质优价惠的服务								
创业孵化中心、生产力促进中心建成有效运营后给予 30 万元以内专项补助								
企业在科技大市场进行技术交易、信息咨询、项目对接、参加优惠政策培训会享受免费服务								
建设集中采购分销平台，支持小微企业通过联合采购、集中配送，降低采购成本								
100 个国家级和省级的工程研究中心，100 多个示范推广基地，用于改善企业创新的工作条件								
大专院校、科研机构和大企业向小型微型企业开放研发试验设施								
省科技资源统筹中心从政策扶持、投资服务、仪器共享、检验检测、资金支持、专业培训、场所供应为科技人才创新创业提供良好服务								
产业技术创新战略联盟建立技术服务平台，为小微企业技术创新提供支撑服务								

省专利技术转移平台帮扶本省专利技术就地转化										
科技中介单位在高新区开展技术评估、技术转让、技术咨询等服务,依标准给予相应房租及物业费补贴										
第四板块:人才政策方面	对政策了解程度				是否使用过政策		政策满意度			
	1	2	3	4	0	1	1	2	3	4
为化解引进人才后顾之忧,重点解决创业者落户、出入境、住房、子女入学困难等问题										
高校科技人员到企业从事科技开发,其人事关系3年内可保留在原单位,并为其缴纳部分养老、失业、医疗等社会保险										
高校科研单位科技人员到企业从事科研工作不影响其在原单位进行专业技术资格评审,并可按在企业的成绩晋升专业技术职务										
"陕西省特聘专家"按特殊人才直接评聘相应高级专业技术职称										
事业单位引进重点领域高层次人才,岗位可申请特设,编制优先保证,超编可先进后出										
完善知识、技术、管理、技能等按贡献参与分配的创新创业人才激励机制,推行期权股权等中长期激励创新人才办法										
第五板块:留学人员创新创业政策方面	对政策了解程度				是否使用过政策		政策满意度			
	1	2	3	4	0	1	1	2	3	4
高新区、经开区留学人员创业园关于留学人员创新创业的优惠政策了解情况										
"企业联络员+项目经理+创业导师+商业资源"四级孵化培育体系助力留学人员创新创业										
曾供职国外大公司的留学生携填补国内空白发明专利进行创业且特别优秀项目、留学生团队投资额达1000万元以上,经评审,高新区可给予最高500万元投资										

项目属于战略性新兴产业的，给予80万元研发资助。特别优秀的项目给予200万元的无偿资助									
省留学人员企业经理人扶持重点创业项目可获扶持资金50万元									
确定为陕西省留学人员企业经理人扶持计划创业项目，高新园区至少按省扶持资金1∶1的比例配套									
留学人员高新技术创业项目经评审达标资助50万元以内的研发资助									
留学人员的科技重点项目、优秀项目、启动项目分别给予8万~10万元、3万~5万元、2万元以内的资助									
成立短于6年的留学人员企业（生物医药企业可放宽到八年），高新区给予产品检测、行业认证、生产许可证申请、产品注册、参加知名展会展位费50%的补贴，累计不超过50万元									
高新区按贷款利息的50%给予获得贷款的留学人员企业利息补贴									
留学人员在国家级孵化器创业企业，给予3年100平方米的房租补贴；留学人员持有50%以上股权并专职工作于所创科技型企业，房租补贴延长到5年									
第六板块：政府服务工作方面	服务工作程序简洁				服务热情积极		一站式专窗服务名符其实		
	1	2	3	4	0-3	4,5	1	2	3	4
自主创新政策奖励资助资金审核小组									
科技成果鉴定证书审批									
自主知识产权证明审批									
国家重点新产品证书审批									
省部级新产品鉴定证书审批									
国家高新技术产业开发区高新技术企业认定审批									
科技成果登记									

行业准入证明审批								
专利证书审批								
软件登记证书审批								
软科学成果评审证书或验收报告办理								
科技计划项目验收报告办理								
享受政策贷款拨付工作								
国家、省、市名牌产品、驰名商标的认定工作								
管委会牵头相关部门开辟企业上市"绿色通道"辅导								

附录 C 大学生创新创业调查问卷

尊敬的朋友：

您好！我们正在进行一项关于大学生创业的调查研究，恳请您协助填答。您的回答没有对错之分，只作学术研究之用，您的意见和看法对于我们的研究非常重要。本调查不记名，且保证您提供的数据资料仅供学术研究参考，对于您个人及公司的基本资料我们将会严格保密！

感谢您的支持，祝工作顺利！

一、背景资料

1. 您是本科还是高职

A. 本科　　　　B. 高职

2. 您的性别

A. 男　　　　　B. 女

3. 您当前攻读的学位是

A. 专科　　　B. 学士学位　　C. 普通硕士学位　　D. MBA　　　　E. 博士学位

F. 工程硕士

4. 您目前所在的年级

A. 一年级　　B. 二年级　　　C. 三年级　　　　　D. 四年级及以上

5. 您目前就读专业属于

A. 工程类　　B. 理学类　　　C. 经管类　　　　　D. 人文类　　　E. 法律类

F. 公管类　　G. 艺术类　　　H. 其他＿＿＿＿＿

6. 您的成绩在本专业排名

A. 后 25%　　B. 后 25%～50%　　C. 前 50%～25%　　D. 前 25%

7. 您是否参加过创业计划竞赛

A. 参加过一次　　　　　B. 参加过多次　　　　C. 未曾参加过

8. 您是否参加过某类创业计划竞赛

A. 参加过国家级　　　　B. 参加过省（市）级　　C. 参加过校级　　　　D. 未曾参加过

9. 您是否获得过创业计划竞赛的奖项

A. 一次获奖　　　　　　B. 多次获奖　　　　　　C. 未曾获奖

10. 您是否荣获过某类创业计划竞赛的奖项

A. 曾获国家级奖　　　　B. 曾获省（市）级奖　　C. 曾获校级奖　　　　D. 未曾获过

11. 您是否参加过创业活动

A. 曾参与过公司创业　　B. 拥有某家企业部分产权　　C. 参与某企业的经营　　D. 未曾参加过

12. 您从小成长的环境属于

A. 省会城市或大城市　　B. 地市县级城市　　　　C. 城镇　　　　　　　　D. 农村

13. 父亲工作类型

A. 农村　　　　　　　　B. 政府及事业单位　　　C. 学校　　　　　　　　D. 科研院所

E. 公检法军队　　　　　F. 个人经商　　　　　　G. 国企　　　　　　　　H. 民企

I. 外企

14. 父亲的文化程度

A. 初中及以下　　　　　B. 高中　　　　　　　　C. 本科　　　　　　　　D. 研究生

15. 母亲工作类型

A. 农村　　　　　　　　B. 政府及事业单位　　　C. 学校　　　　　　　　D. 科研院所

E. 公检法军队　　　　　F. 个人经商　　　　　　G. 国企　　　　　　　　H. 民企

I. 外企

16. 母亲的文化程度

A. 初中及以下　　　　　B. 高中　　　　　　　　C. 本科　　　　　　　　D. 研究生

17. 您属于

A. 独生子女　　　　　　B. 非独生子女

18~22 为打分题，请根据您的实际情况，在准确描述您个人观点和想法的数字上划"√"。
5 表示非常赞同、4 表示赞同、3 表示一般、2 表示不赞同、1 表示非常不赞同。

18. 您对创业的态度（5～1 由非常同意到非常不同意）

	5	4	3	2	1
我认为通过创业可以实现某种梦想					
我认为通过创业可以解决个人就业问题					
我认为通过创业可以实现个人经济独立					
我认为通过创业可以积累资金和财富					
我认为通过创业可以挑战自我					
我认为通过创业可以给自己带来成就感					
我认为通过创业可以提升自己的社会地位					
我认为通过创业可以提升个人社会影响					
我认为通过创业可以促进国家经济发展					
我认为通过创业可以为社会做更多贡献					

19. 您的创业倾向（5～1 由非常同意到非常不同意）

	5	4	3	2	1
我愿意把创业作为个人职业生涯的起点					
我乐于主动了解创业方面的知识和信息					
我愿意花时间和经历为未来创业做准备					
我毕业3年内创业的可能性非常大					
我愿意承受创业初期较低的薪酬收入					
我在校期间创业的可能性非常大					
如有机会我愿意在校创业，承担延迟毕业风险					

20. 您对创业成功关键要素的认识（5～1 由非常同意到非常不同意）

	5	4	3	2	1
创业意识、创业精神是创业成功的关键					
合适的机会是创业成功的关键					
拥有创新的产品或服务是创业成功的关键					
设计适当的商业模式是创业成功的关键					
组建高效的管理团队是创业成功的关键					

准确理解商业环境和市场细分是创业成功的关键					
拥有广泛的商业网络和人际关系是创业成功的关键					
可获得关键的技术和智力支持是创业成功的关键					
可获得充足的资金支持是创业成功的关键					
家人的赞同和支持是创业成功的关键					
学校鼓励是创业成功的关键					
政府的政策支持是创业成功的关键					
社会氛围是创业成功的关键					

您认为创业重要的其他关键因素：

21. 您对国家经济形势及趋势、社会创业环境的直观感觉（5～1 由非常同意到非常不同意）

	5	4	3	2	1
目前的经济发展形势与趋势有利于创业					
目前的市场竞争有利于创业					
父母亲戚支持我创业					
朋友支持我创业					
所在学校有鼓励学生创业的具体措施					
地方政府为学生创业提供了良好的条件					
国家为大学生创业提供了良好的政策					
社会氛围为学生创业营造了良好的环境					

22. 您对学校创业环境及创业教育的直观感觉（5～1 由非常同意到非常不同意）

	5	4	3	2	1
目前学校的政策有利于创业					
目前学校的环境、氛围有利于创业					
学校领导、老师积极鼓励学生创业					
目前学校开设的创业课程对您很有帮助					
目前学校举办的各类创业活动对您很有吸引力					

23. 以下需要您做出评价

	优	良	中	低	差
创业教育政策对培育大学生创业意愿的影响					
各类创业扶持政策对激发大学生创业意愿的影响					
创业政策对吸引外地人才到我市创业的影响					
创业政策对留住本地人才、防止人才外流的影响					
创业政策对提升社会整体创新创业能力的影响					
创业政策对营造良好的创业氛围,带动社会创业的影响					
国家的创业教育政策(如创业培训、举办创业大赛等)					
政府的财政金融支持政策(如创业资助、贷款贴息、信用担保等)					
税收优惠和规制环境扶持政策(如税费减免、注册零首付等)					
场地及费用扶持政策(如创建创业园、减免房租等)					
商事活动政策支持(如免收行政事业性收费、免费创业服务、免费保管人事档案、一址多照和一照多址等)					
人才政策支持(如取消落户限制、休学创业、创业当学分等)					
政府部门决策程序的科学性					
政府部门政策执行的公平公正性					
政府部门管理思路的创新性					
政府部门兑现资助政策的及时性					
政府部门政策落实的有效性					
政府部门政策宣传手段的有效性					
政府部门创业服务工作的有效性					

参考文献

[1] Acs, Z J, Arenius, et al. 2004 Global Entrepreneurship Monitor [R]. London Business School and Babson College, 2005.

[2] Albert Bandura. Self-efficacy: Toward a Unifying Theory of Behavioral Change [J]. Psychological Review, 1977（2）: 191-215.

[3] Aldrich H E, Martinez M A. Many are Called, But Few are Chosen: An Evolutionary Perspective for the Study of Entrepreneurship [J]. Entrepreneurship Theory and Practice, 2001, 25（4）: 41-57.

[4] Alvarez SA, Busenitz L.W. The Entrepreneurship of Resource-based Theory [J]. Journal of Management, 2001, 27（6）: 755-775.

[5] Anders Lundstrom, Lois Stevenson. Entrepreneurship Policy: Theory and Practice [M]. Springer, 2010:41-73.

[6] Aspelund A, Berg-Utby T, Skjevdal R. Initial Resources' Influence on New Venture Survival: A Longitudinal Study of New Technology-based Firms [J]. Technovation, 2005, 25（11）: 1337-1347.

[7] Audretsch D B. Entrepreneurship: A Survey of the Literature [R]. European Commission, Enterprise Directorate General, 2002.

[8] Audretsch, D B, Thurik A R. A Model of the Entrepreneurial Economy [J]. International Journal of Entrepreneurial Education, 2004（2）:143-166.

[9] Audretsch, D. Sustaining innovation and growth: Public policy support for

entrepreneurship [J] . Industry and Innovation, 2004,11（3）: 167–191.

[10] Baldwin, John, Garnett Picot.Employment Generation by Small Producers in the Canadian Manufacturing sector [J] .Small Business Economics, 1995, 7（4）: 317–331.

[11] Baron, N S. Alphabet to Email: How Written English Evolved and Where It's Heading [M] . London: Routledge, 2000.

[12] Beckman C M, Burton M D, O'Reilly C. Early Teams: The Impact of Team Demography on VC Financing and Going Public [J] . Journal of Business Venturing, 2007, 22（2）: 147–173.

[13] Brett AG, David B A, Patricia P M.The Emergence of Entrepreneurship Policy [J] . Small Business Economics, 2004（22）:313– 323.

[14] Brouthers K D, Bakos G. SME Entry Mode Choice and Performance: Transaction Cost Perspective [J] .Entrrepreneurship Theory and Practice, 2004, 28（3）: 229–247.

[15] Bygrave, W.Building an Entrepreneurial Economy: Lessons from the United States [J]. Business Strategy Review, 1988, 9（2）: 11–18.

[16] Chen,C C, Greene,et al. Does Entrepreneurial self-efficacy distinguish Entrepreneurs from managers [J] . Journal of Business Venturing, 1998（13）: 295–317.

[17] Chowdhury S. Demographic Diversity for Building an Effective Entrepreneurial Team: Is it Important？ [J] . Journal of Business Venturing, 2005, 20（6）: 727–746.

[18] Chrisman J J. The Determinants of New Venture Perfornmance: An Extended Model[J]. Entrepreneurship Theory and Practice, 1998, 23（1）: 05–29.

[19] Christian Luthje, Nikolaus Franke. Public Education: Its Effect on Entrepreneurial Characteristics [J] . Journal of small Business and Entrepreneurship, 2003.

[20] Colwell K, Narayanan V. Foresight in Eeconomic Development Policy: Shaping the Institutional Context for Entrepreneurial Innovation [J] . Journal Citation Reports, 2010, 42（4）: 295–303.

[21] Deleney A M. Assessing Undergraduate Education From Graduating Seniors' Perspective: Peer Institutions Provide the Context [J] .Tertiary Education and Management, 2001,7（3）: 255–276.

[22] David Swindell, Jenet Kelly. Performance Measurement Versus City Service Satisfaction: Intra-city Variations in Quality [J]. Social Science Quarterly, 2005, 86（3）: 704-719.

[23] Davidsson P. Editors' Introduction: Low and MacMillan Ten Years on Achievements and Future Directions for Entrepreneurship Research [J]. Entrereneurship Thoery and Practice, 2001, 25（4）: 05-16.

[24] Davidsson,M. Deteminants of entrepreneurial intentions [J]. Paper Presented of The RENTIX workshop, 1995（11）: 23-24.

[25] Delgado Mercedes, Porter Michael E, Stern Scott. Clusters and entrepreneurship [J]. Journal of Economic Geography, 2010, 10（4）: 495-518.

[26] Devlin, F J. Monitoring the Success of Policy Initiatives to Increase Consumer Understanding of Financial Services [J]. Journal of Financial Regulation and Compliance, 2003, 11（2）: 151-163.

[27] Ebner A. Institutions, Entrepreneurship, and the Rationale of Government: an Outline of the Schumpeterian Theory of the State [J]. Journal of Economic Behavior & Organization, 2006, 59（4）: 497-515.

[28] Ewabd A M, Ozment J. Toward Management of Transportation Service Quality [J]. Logistics and Transportation Review, 1994, 30（2）: 115-140.

[29] Eisenhardt, K M, Schoonhoven, C. The Organizational Growth: Linking Founding Team, Strategy, Environment and Growth among U. S. Semiconductor Ventures [J]. Administrative Science Quarterly, 1990, 35（3）: 504-529.

[30] Ensley M D. Understanding the Dynamics of New Venture Top Management Teams Cohesion, Conflict, and New Venture Performance [J]. Journal of Business Venturing, 2002, 17（4）: 365-386.

[31] Feldman M, Francis J, Bercovitz J. Creating a cluster while building a firm: enterpreneurs and the formation of industrial clusters [J]. Regional Studies, 2005, 39（1）: 129-141.

[32] Finkelstein S, Hambrick D C. Top-manage ment-team Tenure and Organization Outcomes: The Moderating Role of Management Discretion [J]. Administrative

Science Quarterly, 1990, 35: 484–503.

[33] Foo M, Sin H, Yiong L. Effects of Team Inputs and Intrateam Processes on Perceptions of Team Viability and Member Satisfaction in Nascent Ventures [J]. Strategic Management Journal, 2006, 27 (4): 389–399.

[34] Friman M, Edvarosson B, garling T. Frequency of Negative Critical Incidents and Satisfaction With Public Transport Services [J]. Journal of Retailing and Consumer Services, 2001, 8 (2): 95–104.

[35] Gilbert B A, McDougall P P, Audretsch D B. Clusters, knowledge spillovers and new venture performance: an empirical examination. Journal of Business Venturing. 2008 (23): 405–422.

[36] Gnyawall, Fogel. Environments for Entrepreneurship Development: Key Dimensions and Research Implications [J]. Entrepreneurship Theory and practice, 1994 (4): 43–62.

[37] Godwin L N, Stevens C E, Brenner N L. Forced to Play by the Rules? Theorizing How Mixed-Sex Founding Teams Benefit Women Entrepreneurs in Male-Dominated Contexts [J]. Entrepreneurship: Theory and Practice, 2006, 30 (5): 623–642.

[38] Gregg G R, Douglas M, Stephen I. Drivers and Consequences of Citizen Satisfaction: An application of the American Customer Satisfaction Index Model to New York City [J]. Public Administration Review, 2004, 64 (4): 331–342.

[39] Gronroos C. Strategic Management and Marketing in the Service Sector: Research Reports [J]. Helsinki: Swedish School of Economics and Business Administration, 1982.

[40] Gurel E, Altinay L, Daniele R.Tourism students' entrepreneurial intentions [J]. Annals of Tourism Research, 2010 (3).

[41] Harper D A. Towards a Theory of Entrepreneurial Teams [J]. Journal of Business Venturing, 2008, 23 (6): 613–626.

[42] Haslam, J. Learning the Lesson-Speaking up for Communication as an Academic Discipline too Important to be Sidelined [J]. Journal of Communication Management, 2002, 7 (1): 14–20.

[43] Henneke D, Luthje C. Interdisciplinary Heterogeneity as a Catalyst for Product Innovativeness of Entrepreneurial Teams [J]. Creativity and Innovation Management, 2007, 16 (2): 121-132.

[44] Hisrich, R D, Brush, et al. Women and minority entrepreneurs: A comparative analysis [J]. American Psychologist, 1990, 45 (2): 209-222.

[45] Hmieleski, Keith M, Ensley, et al. A Contextual Examination of New Venture Performance: Entrepreneur Leadership Behavior, Top Management Team Heterogeneity and Environmental Dynamics [J]. Journal of Organizational Behavior, 2007, 28 (7): 886-889.

[46] Hughes M, Morgan R E. Deconstructing the Relationship between Entrepreneurial Orientation and Business Performance at the Embryonic Stage of Firm Growth [J]. Industrial Marketing Management, 2007, 36 (5): 651-661.

[47] Chun Liu. Evaluation of Taiwan's National Health Insurance Policy: an Importance-Satisfaction Analysis [J]. Int J Health Plann Mgmt, 2014, 29 (2): 145-158.

[48] Jackson S E, Joshi A, Erhardt N L. Recent Research on Team and Organizational Diversity: SWOT Analysis and Implications [J]. Journal of Management, 2003 (29): 801-830.

[49] Jackson T, Vitberg A K. Career Development, Part1: Careers and Entrepreneurship. Personel, 1987.

[50] Jain H A. Predictors of Performance of Venture Capitalist-backed Organizations [J]. Journal of Business Research, 2001, 52 (3): 223-233.

[51] Joseph M Sirgy, Don R Rahtz, Muris Cicic, et al. A Method for Assessing Residents' Satisfaction With Community Based Services: A Quality of Life Perspective [J]. Social Indicators Research, 2000 (49): 279-307.

[52] Julian C C, Wachter R M, Mueller C B. International Joint Venture Top Management Teams: Does Heterogeneity Make a Difference? [J]. Journal of Asia-Pacific Business, 2009, 10 (2): 107-129.

[53] Kolvereld, L. Organizational employment versus self-employment: reasons for career choice intentions [J]. Entrepreneurship Theory and Practice, 1996, 20 (3):

23-31.

[54] Konstantin Maschke, Dodo Zu Knyphausen-Aufsess. How the Entrepreneurial Top Management Team Setup Influences Firm Performance [J].Business Research, 2012, 5(1):83-123.

[55] Krueger N, Reilly M, Carsrud A, et al. Competing models of entrepreneurial intentions [J]. Journal of Business Venturing, 2000, 15(5):411-432.

[56] Larry C Farrell.The Entrepreneurial Age: Awakening the Spirit of Enterprise in People, Companies, and Countries [M].New York: Allworth Press, 2001:15.

[57] Lee, S M, Peterso, et al. entrepreneurial orientation and global competitiveness [J]. Journal of world Business, 2000(4):401-416.

[58] Lehtinen J R, Lehtinen U. Service Quality: A Study of Quality Dimensions [R]. Helsinki: Finland Service Management Institute, 1982.

[59] Lim K, Morse A, Mitchell K, et al. Institutional environment and entrepreneurial cognitions: a comparative business systems perspective [J]. Entrepreneurship Theory and Practice,2010,34(3):491-516.

[60] Lumpkin G T, Dess G G. Clarifying the entrepreneurial orientation on struct and linking it to performance [J]. Academy of Management Review, 1996(210):135-172.

[61] Lundstorm A, Stevenson L. Summary of on the Road to Entrepreneurship Policy [J]. Entrepreneurship Policy for the Future Series, 2005.

[62] Lundstrom and Stevenson.Entrepreneurship Policy; Theory and Practice [M].New York: Springer, 2005:1-35.

[63] Luthje C, Franke N. The making of an entrepreneur testing a model of entrepreneurial intent among engineering students at MIT [J]. R & D Management, 2003, 33(2):135-147.

[64] Meek W, Pacheco D, York J. The impact of social norms on entrepreneurial action:evidence from the environmental entrepreneurship context. Journal of Business Venturing, 2010, 25(5):439-509.

[65] Meek W, Pacheco D, York J, et al. The impact of social norms on entrepreneurial

action: Evidence from the environmental entrepreneurship context [J]. Journal of Business Venturing, 2010, 25（5）:493-509.

[66] Meyer A D. What is Strategy's Distinctive Competence [J]. Journal of Management, 1991, 17（4）: 821-833.

[67] Myleen M L, Michael L D. Entrepreneurial Team Characteristics that Influence the Successful Launch of a New Venture [J]. Management Research News, 2009, 32（6）: 567-579.

[68] Oliver R L, Linda G. Effect of Satisfaction and its Antecedents on Consumer Preference and Intention [J]. Advances on Consumer Research, 1981, 8（3）: 88-93.

[69] Parasurama A, Berry L L, Zeithaml V A, et al. Refinement and Reassessment of the Service Scale [J]. Journal of Retailing. 1991, 67（4）: 420-450.

[70] Phillip H, Phan, Wong P K. Antecedents to Entrepreneurship among University Students in Singapore: Beliefs, Attitudes and Background [J]. Journal of Enterprising Culture, 2002, 10（2）: 151-174.

[71] Robinson K C. An Examinantion of the Influence of Industry Structure on Eight Measures of New Venture Performance for High Potential in Dependent new Ventures [J]. Journal of Business Venturing, 1998, 14（2）: 165-187.

[72] Robson, Geoffrey B, Cohn C, et al. Change the Size Distribution of UK Firms [J]. Small Business Economics, 1994, 6（4）: 299-312.

[73] Sandberg W R, Hofer C W. Improving New Venture Performance: the Role of Strategy, Industry Structure, and the Entrepreneur [J]. Journal of Business Venturing, 1987, 2（1）: 5-28.

[74] Scott Shane. A general theory of entrepreneurship: the individual — opportunity nexus [M]. Edward Elgar Publishing, 2003: 145-161.

[75] Scott M C, Twomey D F. The long-term supply of entrepreneurs: students career aspirations in relation to entrepreneurship [J]. Journal for small Business Management, 1988, 26（4）:5-13.

[76] Shane S, Locke E A, Collins C J. Entrepreneurial motivation [J]. Human Resource Management Review, 2003, 13（2）: 257-279.

[77] Stam, W. Entrepreneurial Orientation and New Venture Performance: The Moderating Role of Intra-and Extra- industry Social Capital [J]. Academy of Management Journal, 2008, 51 (1): 97-111.

[78] Stevenson H H, Roberts M J, Grousbeck H I. New Business Ventures and the Entrepreneur [M]. Boston: Irwin/McGraw-Hill, 1999.

[79] StevensonH H, Jarillo J C. A Paradigm of Entrepreneurship: Entrepreneurial Management [J]. Strategic Management Journal, 1990, 11: 17-27.

[80] Tang J, Tang Z, Marino L, et al. Exploring an Inverted U-shape Relationship Between Entrepreneurial Orientation and Performance in Chinese Ventures [J]. Entrepreneurship Theory and Practice, 2008, 32 (1): 219-239.

[81] Tang Liyang. The Influences of Patient's Trust in Medical Service and Attitude Towards Health Policy on Patient's Overall Satisfaction With Medical Service and Sub Satisfaction in China [J]. BMC Public Health, 2011, 10 (1): 472-479.

[82] Thomas H, Pollock T. From I-O Economics' S-C-P Paradigm through Strategic Groups to Competence-based Competition: Reflections on the Puzzle of Competitive Strategy [J] British Journal of Management, 1999, 10 (2): 127-140.

[83] Thomson ER. Individual entrepreneurial intent: Construct clarification and development of aninternationally reliable metric [J]. Entrepreneurship Theory and Practice, 2009, 5: 1042-2587.

[84] Tse D A, Wilton P C. Models of Consumer Satisfaction Formation: An Extension [J]. Journal of Marketing, 1988 (25): 204-212.

[85] Ucbasaran D, The Focus of Entrepreneurial Research: Contextual and Process Issues [J]. Entrepreneurship Theory and Practice, 2001, 25 (4): 57-80.

[86] Venkataraman N, Ramanujam V. Measurement of Business Performance in Strategy Research: A Comparison of Approaches [J]. Academy of Management Review, 1986, 11 (4): 801-814.

[87] Wennekers S, Van Stal A, Thurik A R, et al. Nascent Entrepreneurship and the Level of Economic Development [J]. Small Business Economics, 2005, 24 (3): 293-309.

[88] Westbrook Robert A, Reilly D.Value-Percept Disparity: an Alternative to Disconfirmation of Expectations Theory of Consumer Satisfaction [J]. Advances in Consumer Research, 1983, 10（1）: 256-261.

[89] Yang J, Xu X. On Improving Chinese Government Communication Ability in Network Environment [C]. Proceedings of 2008 International Conference on Public Administration, 2008（1）: 229-234.

[90] Zahra S A. Competitive Analysis and New Venture Performance: Understanding the Impact of Strategic Uncertainty and Venture Origin [J]. Entrepreneurship Theory and Practice, 2002, 27（1）: 01-28.

[91] Zhu X N, Bai X Y. On Information Interaction for Improving Government Credibility in China [J]. Proceedings of 2008 International Conference on Public Administration, 2008（2）: 554-559.

[92] Bandura A. 社会学习理论 [M].陈欣银，李伯黍，译.沈阳：辽宁人民出版社，1989：20-22.

[93] 才智超.医务人员卫生法规知识知晓度调查及分析[D].长春：吉林大学，2013.

[94] 蔡莉,汤淑琴,马艳丽,等.创业学习、创业能力与新企业绩效的关系研究[J].科学学研究, 2014, 32（8）: 1189-1197.

[95] 曾刚,万志宏.中央银行沟通与货币政策：最新实践与启示[J].国际金融研究，2014（2）：11-18.

[96] 曾建国.大学生社会创业环境比较分析——基于北京、上海、长沙三城市的实证研究[J].继续教育研究，2014（6）：94-96.

[97] 陈初昇.构建公共服务型政府绩效评价体系的思考[J].产业与科技论坛，2010（9）：32-34.

[98] 陈劲,贺丹,邱嘉铭.背景差异对学生创业态度和倾向的影响——以浙江大学在校学生为研究对象[J].中国青年科技，163：48-59.

[99] 陈丽君,郁建兴,张瑶琼.基于政策知晓度的政策绩效评价：以浙江省湖州市城乡统筹政策就业促进政策和服务为例[J].公共行政评论，2009（6）：58-80.

[100]陈莉,李东福.日本中小企业创业支持机制研究[J].现代日本经济，2009（6）：

45-49.

[101] 陈敏生,赖伟,张真诚,等.上海松江区双向转诊知晓度与转诊意愿调查研究[J].上海交通大学学报:医学版,2010,30(3):340-344.

[102] 陈姗姗.创业型经济发展的内在演化规律、发展与管理模式[J].前沿,2012(8):81-83.

[103] 陈巍.创业者个体因素对创业倾向的影响——感知环境宽松性的中介作用[D].长春:吉林大学,2010.

[104] 陈秀丽,朱萌博.我国发展创业型经济的路径探析[J].现代财经,2009,12(29):62-65.

[105] 陈裕先,郭向荣.新世纪大学生创业环境建设探讨[J].中国成人教育,2006(4):44-45.

[106] 陈云.创业政策对大学生创业意向影响关系研究——以杭州市为例[D].杭州:杭州电子科技大学,2012.

[107] 崔勋,张义明,瞿皎皎.劳动关系氛围和员工工作满意度:组织承诺的调节作用[J].南开管理评论,2012,15(2):19-30.

[108] 大学生对创业仍"心动"大于"行动"[N].中国教育报,2011-08-17(4).

[109] 董保宝,葛宝山.新企业风险承担与绩效倒U型关系及机会能力的中介作用研究[J].南开管理评论,2014,17(4):56-65.

[110] 董亮,罗明明,涂小东.论新形势下如何加强大学生的创新创业能力培养[J].科技创业月刊,2007(9):43-44.

[111] 段利民、杜跃平.创业环境对大学生创业意愿的影响:兼对GEM模型的在检验[J].技术经济,2012,31(10):64-70.

[112] 范巍、王重鸣.创业倾向影响因素研究[J].心理学,2004,27(25):1087-1090.

[113] 方琦璐.创业机会识别、战略导向与新创企业绩效[D].杭州:浙江大学,2012.

[114] 方世建,桂玲.创业政策视角下创业和经济增长的关系[J].经济管理,2009,31(5):161-165.

[115] 傅晋华,郑风田,刘旭东.国外创业政策的主要特征及对我国的启示[J].中

国科技论坛，2011（9）156-160.

[116] 高静．基于 SEM 模型的大学生创业倾向影响因素研究——来自重庆的实证数据［J］．教育发展研究，2014，1：57-62.

[117] 葛丹明．江西省农业龙头企业对技术创新政策满意度研究［D］．南昌：江西农业大学，2013.

[118] 工业和信息化部中小企业司，赛迪研究院中小企业研究所．中国中小企业创业发展报告［M］．北京：中国经济出版社，2014：87-105.

[119] 龚江洪．当下大学生创业面临的困难及对策［J］．职业教育，2012，（11）：228-233.

[120] 郭必裕．我国大学生创业的特征及其分析［J］．白城师范学院学报，2002（1）：14-18.

[121] 郭洪，毛雨，白璇，等．大学创业教育对学生创业意愿的影响研究［J］．软科学，2009，23（9）：69-74.

[122] 韩力争．大学生创业自我效能感结构研究［D］．南京：南京师范大学，2011.

[123] 郝国庆．提升政府公共服务水平的着力点［N］．湖北日报，2013-03-20.

[124] 何晓柯．公众满意导向的政府绩效评估研究［D］．杭州：浙江大学，2007.

[125] 贺丹．大学生创业倾向的影响因素分析［D］．杭州：浙江大学，2006.

[126] 贺伟，龙立荣．实际收入水平、收入内部比较与员工薪酬满意度的关系——传统性和部门规模的调节作用［J］．管理世界，2011（4）：98-110.

[127] 胡芳肖，张美丽，李蒙娜．新型农村社会养老保险制度满意度影响因素实证［J］．公共管理学报，2014，11（4）：95-104.

[128] 胡荣华，陈琰．农村居民生活满意度统计分析——以江苏为例［J］．中国农村经济，2012（1）：80-91.

[129] 胡赦．对大学生创业法律保障问题的几点思考［J］．新西部：下半月，2007（5）：110-111.

[130] 胡望斌，张玉利，杨俊．基于能力视角的新企业创业导向与绩效转化问题探讨［J］．外国经济与管理，2010，32（2）：1-8.

[131] 胡望斌，张玉利．新企业创业导向转化为绩效的新企业能力：理论模型与中国实证研究［J］．南开管理评论，2011，14（1）：83-95.

[132] 季丹.创业环境对大学生创业意愿的影响研究[D].长春:吉林大学,2010.

[133] 贾建锋,赵希男,于秀凤,等.创业导向有助于提升企业绩效吗——基于创业导向型企业高管胜任特征的中介效应[J].南开管理评论,2013,16(2):47-56.

[134] 蒋雁.大学生创业倾向影响因素的结构方程构建与实证研究——以温州在校大学生为例[D].杭州:浙江工商大学,2008.

[135] 金启慧.高职学生创业倾向影响因素研究——以秦皇岛高职院校为例[D].长春:吉林大学,2010.

[136] 景云祥,卫家稳.创业型经济:改变经济增长逻辑的经济形态[J].学术交流,2006(10):87-90.

[137] 景云祥.打造创业型经济:政策工具的选择与运用[J].求实,2006(7):50-53.

[138] 蓝盛建,张怀刚.大学生创业困难及对策思考[J].人才资源开发:2015:183.

[139] 乐国安.当代大学生创业意向影响因素研究[J].心理学探索,2012,32(2):146-152.

[140] 雷宇桥.大学生创业问题与对策研究——以东北袜业园"大学生创业园"为例[D].长春:吉林农业大学,2014.

[141] 李辉,齐金玲.惠农政策知晓度及基层执行满意度研究——基于农民视角及云南、河南省的调查[J].湖南农业大学学报:社会科学版,2010,11(3):38-40.

[142] 李剑力.创业型经济的特征、功能优势与运行机制[J].学习论坛,2010(9):38-41.

[143] 李静薇.创业教育对大学生创业意向的作用机制研究[D].天津:南开大学,2013.

[144] 李林,卢文丽,王媛,等.天津市社区居民对家庭病床知晓度及意愿性调查[J].中国全科医学,2014,17(7):825-828.

[145] 李萌.创业型留学归国人员满意度及人才引进对策研究——基于天津市三区的调查[D].天津:天津大学,2013.

[146] 李玄.60-80岁庄河农村老年人健康知识知晓度与其健康相关生活质量的关系

研究［D］. 大连：大连医科大学，2010.

［147］李雪灵，姚一玮，王利军. 新企业创业导向与创新绩效关系研究：积极型市场导向的中介作用［J］. 中国工业经济，2010（6）：116-125.

［148］李宇，张雁鸣. 网络资源、创业导向与在孵企业绩效研究——基于大连国家级创业孵化基地的实证分析［J］. 中国软科学，2012（8）：98-110.

［149］李长安，谢远涛. 经济增长、要素价格对创业带动就业效应的影响研究. 北京师范大学学报：社会科学版，2010（3）：132-139.

［150］李政，李玉玲. 创业型经济的构成元素与发展途径［J］. 外国经济与管理，2005，27（10）：18-25.

［151］李政，金晓彤. 发展创业型经济的路径模型与政策趋势［J］. 经济社会体制比较，2008（2）：155-158.

［152］梁少群. 促进中国高新技术产业发展的金融创新体系研究［J］. 科技管理研究，2009（11）：104-105.

［153］梁正瀚. 大学生创业环境优化研究［J］. 学校管理研究，2013（24）：326-327.

［154］廖卓彦. 大学生创业所面临的困难及对策分析［J］. 学术论坛，2009（5）：230.

［155］林叶. 大学生创业意识现状调查研究［D］. 杭州：中国计量学院，2014.

［156］刘斌. 我国高科技园区科技金融发展实施策略的比较研究［J］. 上海金融，2013（4）：110-112.

［157］刘常勇. 知识经济时代的中小企业发展与竞争战略［J］. 求是学刊，1998（5）：47-52.

［158］刘建设. 大学生自主创业背景、困难与对策研究［J］. 内蒙古财经学院学报：综合版，2010，8（4）：65-67.

［159］刘武，朱晓楠. 服务接收者满意度指数模型：服务型政府绩效评价的新方法及其应用［J］. 公共管理研究，2004（14）：114-118.

［160］刘仙梅. 大力发展中小企业扩大就业. 生产力研究，2008（4）：129-131.

［161］刘祥琪，陈钊，赵阳. 程序公正先于货币补偿：农民征地满意度的决定［J］. 管理世界，2012（2）：44-51.

[162] 刘晓明,殷林森,李湛.中国改革开放30年科技型中小企业的创新与发展之路[J].中国科技论坛,2009(7):14-19.

[163] 刘银红.背景差异对大学生创业态度影响研究[J].合肥工业大学学报:社会科学版,2013,27(5):137-144.

[164] 刘昱.论创业型经济及其在中国的发展.科技管理研究,2007(2):58-61.

[165] 柳海瑞,闫琳琳.新农保的政策满意度及其影响因素分析——基于20省市农户的问卷调查[J].辽宁大学学报:哲学社会科学版,2012,40(3):66-73.

[166] 卢海燕.论服务型政府绩效评估指标体系的逻辑与框架[J].新视野,2011(5):53-55.

[167] 罗文斌,吴次芳,倪尧,等.基于农户满意度的土地整理项目绩效评价及区域差异研究[J].中国人口资源与环境,2013,23(8):68-74.

[168] 罗志恒.创业能力与企业绩效间的转化路径实证研究[D].长春:吉林大学,2009.

[169] 吕维霞.论公众对政府公共服务质量的感知与评价[J].华东经济管理,2010,24(9):128-131.

[170] 吕晓帆.个性特征、高校创业环境与大学生创业意向的关系研究[D].蚌埠:安徽财经大学,2013.

[171] 牛芳,张玉利,杨俊.创业团队异质性与新企业绩效:领导者乐观心理的调节作用[J].管理评论,2011,23(11):110-118.

[172] 潘雄锋,史晓辉,王蒙.我国科技发展的财政金融政策效应研究——基于状态空间模型的变参数分析[J].科学学研究,2012,30(6):865-869.

[173] 钱洁.民主化进程中政策沟通的途径及其障碍[J].唯实,2004(5):50-53.

[174] 饶建.扩大就业,促进以创业带动就业[J].经济界,2008(4):80-83.

[175] 任爽.大学生创业政策绩效评价研究——以杭州市为例[D].杭州:杭州电子科技大学,2012.

[176] 尚勇.中国民营科技企业研究报告[M].北京:中国经济出版社,2002.

[177] 沈超红,罗亮.创业成功关键因素与创业绩效指标研究[J].中南大学学报:社会科学版,2006(2):231-235.

[178] 沈卓.顾客满意度模型在政府绩效管理中的应用研究[D].上海:华东理工大

学，2013.

[179] 孙恒有. WTO 背景下我国政府服务质量差距分析 [J]. 领导科学, 2004 (18): 53-54.

[180] 万翠琳. 体育赞助营销企业品牌知晓度的影响——中国企业体育赞助的实证研究 [J]. 北京体育大学学报, 2010, 33 (5): 09-12.

[181] 万玺. 海归科技人才创业政策吸引度、满意度与忠诚度 [J]. 科学学与科学技术管理, 2013, 34 (2): 165-173.

[182] 王海芸, 宋镇. 企业高层次科技人才吸引力影响因素的实证研究 [J]. 科学学与科学技术管理, 2011, 32 (3):152-164.

[183] 王凌菲. 大学生创业为何困难重重 [J]. 科协论坛, 2008 (6): 158.

[184] 王米渠, 王颖冰. 男女心理差异 [M]. 安徽: 安徽人民出版社, 2009.

[185] 王巍. 大学生创业模式研究 [D]. 长春: 吉林大学, 2003.

[186] 王学杰. 对提高政策执行力的思考 [J]. 行政论坛, 2009, 16 (4): 38-41.

[187] 王延荣, 宋冬凌. 创业型经济发展的政策研究 [M]. 北京: 科学出版社, 2015.

[188] 王延中, 江翠萍. 农村居民医疗服务满意度影响因素分析 [J]. 中国农村经济, 2010 (8):80-87.

[189] 王晔. 背景差异视角下高校大学生创业态度及意向实证研究——以内蒙古为例 [J]. 经济论坛, 2013, 12:158-163.

[190] 王元, 王伟中, 梁桂. 中国创业风险投资发展报告 2014 [M]. 北京: 经济管理出版社, 2014: 5-20.

[191] 韦志江. 大学生创业问题分析与对策研究 [D]. 桂林: 广西师范大学, 2014.

[192] 魏玮, 毕超. 促进科技企业发展的金融支持体系建设研究——以西安市为例 [J]. 科技进步与对策, 2011, 28 (17): 106-110.

[193] 文亮, 李海珍. 中小企业创业环境与创业绩效关系的实证研究 [J]. 系统工程, 2010, 28 (10): 67-74.

[194] 吴家曦, 李华. 浙江省中小企业转型升级调查报告. 管理世界, 2009 (8): 15-19.

[195] 吴文娟. 我国大学生创业支持法律问题研究 [D]. 重庆: 西南政法大学, 2008.

[196] 向春, 雷家骕. 大学生创业态度和倾向的关系及影响因素——以清华大学学生

为研究对象[J].清华大学教育研究.2011,32(5):116-124.

[197] 项意,项喜章,吴素春.基于PEST的大学生创业环境分析及对策——以武汉市为例[J].科技创业月刊,2015(1):25-27.

[198] 谢颖昶.科技金融对企业创新的支持作用——以上海张江示范区为例[J].技术经济,2014,33(2):83-88.

[199] 邢占军.我国政府公共服务质量评价指标体系的构建与应用研究[D].济南:山东大学硕士学位论文,2012.

[200] 徐家庆.论大学生自主创业的动力和阻力[J].集美大学教育学报,2000,1(2):48-51.

[201] 许明华.大学生个人背景特征对创业态度及倾向的影响[D].长春:吉林大学,2007.

[202] 杨华领,谢元态.关于粮食扶持政策的农户满意度研究——基于中部地区调查数据的分析[J].老区建设,2009(14):9-11.

[203] 杨俊,田莉,张玉利,等.创新还是模仿:创业团队经验异质性与冲突性特征的角色[J].管理世界,2010(3):84-96.

[204] 姚先国,温伟祥,任洲麒.企业集群环境下的公司创业研究——网络资源与创业导向对集群企业绩效的影响[J].中国工业经济,2008(3):84-92.

[205] 叶红玉.提升我国科技创新的绩效水平[J],宏观经济管理,2014(11):70-73.

[206] 易朝辉.组织创业气氛、创业导向与创业企业绩效研究[J].管理学报,2012,9(10):1484-1489.

[207] 余绍忠.创业资源、创业战略与创业绩效关系研究——基于不同环境及组织结构的调节机制[D].杭州:浙江大学,2012.

[208] 张冬平,郭震,边英涛.农户对良种补政策满意度影响因素分析——基于河南省439个农户调查[J].农业技术经济,2011(3):104-111.

[209] 张帆.中美大学生创业创业环境的比较分析[J].科学管理研究,2010,28(1):112-115.

[210] 张芳艳.创业政策对大学生创业动力的影响研究[D].广州:华南理工大学,2011.

[211] 张付.我国公共政策传播渠道分析[J].中国流通经济,2013(11):39-44.

[212] 张钢,牛志江,贺珊.地方政府公共服务质量评价体系及其应用[J].浙江大学学报:人文社会科学版,2008,38(6):31-40.

[213] 张昊民,郭敏,马君.新加坡创业教育的国际化策略[J].创新与创业教育,2013,4(1):87-91.

[214] 张宏彦.基于科技创新导向的金融支持政策研究[J].科技进步与对策,2012,29(14):98-101.

[215] 张金威,吕维霞.论"顾客导向"的政府服务质量测评[J].南开学报:哲学社会科学版,2008(2):125-133.

[216] 张青.创业与经济发展关系研究回顾分析——基于不同经济学视角[J].外国经济与管理,2009,31(11):20-28.

[217] 张玉利,陈立新.中小企业创业的核心要素与创业环境分析[J].经济界,2004(3):29-34.

[218] 张云川,周雪敏,方登科,等.大学生创业意向影响因素研究——基于武汉高校的调研分析[J].中国改革热点与难点,2011,21(4):27-34.

[219] 赵都敏,李剑力.创业政策与创业活动关系研究述评[J],外国经济与管理,2011(3):19-26.

[220] 赵静,李傲,赵正,等.集体林权制度改革满意度评价研究——基于利益相关者视角[J].经济与管理研究,2014(3):16-25.

[221] 赵璐诗.美国、荷兰政府对大学生创业政策扶持经验及启示[J].商业经济,2013(1):20-33.

[222] 赵筱媛,苏竣.基于政策工具的公共科技政策分析框架研究[J].科学学研究,2007(2):52-56.

[223] 中国创新型企业发展报告编委会.2013-2014中国创新型企业发展报告[M].北京:经济管理出版社,2015.

[224] 周浩,郭淑霞,刘佳铭,等.石河子社区高血压、糖尿病防治政策知晓度现状及影响因素分析[J].中华疾病控制杂志,2014,18(5):423-426.

[225] 周晓峰,汪涛.社区卫生服务居民知晓度、利用、信任与满意度关系研究[J].中小企业管理与科技,2015(9):174-176.

[226] 朱红根,陈昭玖,张月水. 农民工返乡创业政策满意度影响因素分析[J]. 商业研究,2011(2):143-148.

[227] 朱琳. 公共服务质量评价体系的模型选择[J]. 企业经济,2010(7):47-49.

[228] 朱永跃,胡蓓,孙鹏. 基于因子分析法的大学生创业环境评价研究[J]. 黑龙江高教研究,2012(3):97-101.

后 记

经济全球化和多极化、文化多样化和社会信息化正在加快推进，新一轮科技革命和产业变革蓄势待发，未来五年到十年，信息、生物、新能源、智能制造等领域可能产生大范围技术进步和产业形态变化，世界经济结构和产业结构正处于深刻调整升级优化中，高端人才、技术水平、创新能力、创业活力等决定着各国在未来世界经济中的地位和竞争力。从发展阶段看，现在我国经济发展进入了新常态，传统增长动力在减弱，资源环境约束在加剧，要素成本越来越高，必须走转变发展方式、提质增效升级之路。我们要在世界新技术革命和产业变革的新格局中占据主动，不断满足人们消费需求多层次、多样化，需要更多地解决日常生产生活难题、形成新产业、新业态的产品和服务，必须依靠更大范围、更高水平的大众创业、万众创新。

改革开放以来，我国的创新创业在曲折中持续活跃发展。党的十八大以来，随着全面深化改革加快推进、创新驱动发展战略加快实施，各级政府出台了一批鼓励支持科技创新创业的政策，不断破除一切束缚创新创业的桎梏，极大地激发起了全体人民的创造潜力，增强了转型发展和提质增效的新动能。创新创业呈现了前所未有的蓬勃发展态势，正在成为一种价值导向、一种生活方式、一种时代气息、一种经济新常态的重要特征。

西安电子科技大学创新创业管理研究所的一批研究者，长期关注科技创新创业问题的理论和实践研究，在研究文献资料积累、学术论文发表、著作和教材出版、学生培养及科技创新创业实践指导方面取得了丰富的成果。呈现给大家的这部著作，是我们承担的 2014 年度陕西省软科学研究重大项目《科技创新创业政策环境研究》的最终成果。课题组组长杜跃平，副组长王林雪、段利民，课题成员包括了一批青年教师、博士生和硕士生。课题研究的计划组织、思路框架、篇章结构安排由杜跃平提出，经过课题组集体讨论确定。本书的内容包括三大篇：第一篇科技创新创业的理论与我国的实践；第二篇陕西省科技创新创业政策环境研究；第三篇陕西省大学生科技创新创业研究。各章的撰写有具体的分工。第1章：杜跃平；第2章：马晶晶、马元凯；第3章：段利民、李金威；第4章：马晶晶、张霞；第5章：杜跃平、徐杰；第6章：杜跃平、李金威；第7章：段利民、马晶晶；第8章：杜跃平、马晶晶；第9章：王林雪、马晶晶；第10章：马元凯、方雯；第11章：王林雪、马元凯；第12章：马晶晶、马元凯、黄丽娟。书稿完成以后，杜跃平、王林雪、段利民分别进行了修改完善，杜跃平进行了全书统稿。

项目研究和本书的完成，得到了陕西省科技厅软科学基金的资助，特别表示感谢。在项目调查研究过程中得到了西安市国家高新区企业家协会、宝鸡市渭滨区科技局、咸阳市科技局及西安地区若干高等院校老师和同学们的协助和大力支持；课题组成员在研究撰写过程中借鉴和引用了同行的大量相关学术研究成果；企业管理出版社的编辑在编辑过程中付出了辛勤的劳动，在此一并表示感谢。由于本书写作过程仓促，研究者水平有限，不足之处在所难免，敬请读者提出宝贵意见和建议。

杜跃平

2016年2月于西安电子科技大学南校区